中国抗日战争史

第二卷

全民族奋战：从卢沟桥事变到武汉沦陷（1937.7—1938.10）

张宪文　李继锋　等著

U0331433

化学工业出版社

图书在版编目（CIP）数据

中国抗日战争史·第二卷,全民族奋战：从卢沟桥事变到武汉沦陷（1937年7月—1938年10月）／张宪文等著.

北京：化学工业出版社，2017.10 （2025.2重印）

ISBN 978-7-122-29592-7

Ⅰ.①中… Ⅱ.①张… Ⅲ.①抗日战争史－中国－1937～1938 Ⅳ.①K265

中国版本图书馆CIP数据核字（2017）第094364号

责任编辑：王冬军　王占景
特约编辑：范国平
责任校对：蒋　宇
装帧设计：水玉银文化

出版发行：化学工业出版社（北京市东城区青年湖南街13号　邮政编码100011）
印　　装：三河市双峰印刷装订有限公司
开　　本：710mm×1000mm　1/16　印张：23¼　字数：339千字
2025年2月北京第1版第2次印刷

购书咨询：010-64518888
售后服务：010-64518899
网　　址：http://www.cip.com.cn

定　价：59.00元

第一部分　全面抗战的爆发

第1章　卢沟桥事变

第2章　平津地区的陷落

第三部分　全面抗战的深入

第 11 章　南京陷落前的国内外政局

第 12 章　徐州附近的会战

第 13 章　中州之战

第 22 章　华北抗日游击战由山地向平原的发展

第一部分

全面抗战的爆发

第 1 章
卢沟桥事变

一、卢沟桥见证日军蓄意挑衅

1937 年 2 月 20 日，日本外务省制订《第三次处理华北问题纲要》，声言要"对南京政权采取措施"。4 月中旬又召开外务、大藏、陆军、海军四相会议，阴谋侵占华北。6 月，关东军参谋长东条英机扬言："以对苏作战的军事观点来判断中国目前的形势，如我们武力许可，则应首先对南京政府加以一击。"[①] 驻屯华北的日军骤增，剑拔弩张，寻衅挑战，华北上空笼罩着战争的乌云。日本陈兵华北，驻屯军司令部设于天津，下辖河边正三混成第 4 旅团 6000 余人，分驻北平、通县、天津、塘沽、唐山、秦皇岛及山海关等要地，又扶植伪冀东防共自治政府所辖的保安队，盘踞在冀东通县、顺义、昌平、怀柔、密云一带，以德王（德穆楚克栋鲁普）、李守信为首的伪蒙军驻扎在察东地区，日伪军对北平已形成包围之势。卢沟桥距北平前门 15 公里，属宛平县，战略地位十分重要。其东面 7 公里

---

① ［日］秦郁彦：《日中战争史》第 351 页。

是丰台，为平汉、平绥和北宁三条铁路交会之地，是通向平津、保定的要衢；西南6公里是长辛店，为平汉路北段的要镇，华北诸铁路修车厂和材料厂都集中在这里。自1936年9月日军进占丰台，便对该地区形成巨大的威胁，他们可以随时截断平汉、平绥、北宁三条铁路之间的联系。因此，日军如果进而占领卢沟桥地区，则北平将失去任何屏障，形同日军囊中之物。

日军对华北志在必得，在"华北分离"的政治谋略遭到失败后，华北驻屯军迫不及待地宣称："为了把国民党和蒋政权从华北排除出去而行使武力，也是迫不得已的事情。"[1] 1936年，日军在华北大量增兵后，频繁制造事端，不断加剧华北紧张局势，到1937年夏，它的气焰更加咄咄逼人。日本政府及军部分别派神秘人物大谷光瑞和陆军省军事课高级课员冈本清福等人到华北调查。6月30日，满铁总裁松冈洋右派驻北平的一个特务曾对人说："一星期以内，如果不发生什么重大事件，就把我的脑袋给您。"7月1日，同盟社记者在天津向华北驻屯军参谋长桥本群表示：近期内北平将会发生非同寻常的事态。桥本回答说："您的担心是对的，但是……我认为第29军方面是不会挑衅的，学生们的骚动也不过如此，闹不起大乱子来。实际上不如说日本方面多少有些问题……浪人们和一些野心勃勃想捞一把的人渴望着闹事，在天津散布种种谣言，甚至有人说：'七月七日将发生一个事件'。"[2] 7月6日下午，冀北保安司令石友三异常肯定地对今井武夫说，日中两军将在卢沟桥发生冲突，并乞求日军不要攻击他驻北平黄寺的部分。[3]日军进驻丰台后，常常以演习为名在卢沟桥附近挑衅，从每半月一次到三五日一次。真枪实弹，昼夜不断，有时竟逼近宛平县城，模拟攻城，其用心和意图昭然若揭。

1937年7月7日夜，驻丰台日军第1联队第3大队第8中队，由中队长清水节郎带领，以卢沟桥为假想攻击目标，在宛平县城以北地区举行夜间军事演习，

① 复旦大学历史系日本史组编译：《日本帝国主义对外侵略史料选编》，第176页，上海人民出版社1983年版。
② ［日］《昭和的战争》（1），第8~9页，讲谈社1986年出版。
③ 《今井武夫回忆录》，第12~13页，中国文史出版社出版。

第 3 大队大队长一木清直在日军现场训话中，反复以
"七夕"（7 月 7 日）为题大做文章。7 月 7 日，这个
笼罩着神秘、险恶气氛的日子，一个多月来时隐时
显，越来越频繁地出现在日本军政人士和亲日分子关
于华北特别是北平形势的谈话中。日军蓄意制造的一
场阴谋开始了。当晚 10 点 40 分左右，在卢沟桥东北
的大瓦窑和永定河之间进行军事演习的清水节郎，
"仿佛"听到几声步枪射击的声音，集合点名时又发
现少了一名名叫志村菊次郎的士兵，日军在没有任何
确切证据的情况下，竟然武断地判定是中国军队开
枪，且诬指所谓失踪士兵已被中国军队胁迫进入宛平
城，欲闯入县城搜寻。驻城的第 29 军第 37 师 219 团
吉星文团长，"以值深夜，日军进城足引起地方不安，
且我方官兵正值睡眠，枪声非我方所发，当场拒

图 1.1　主政平津冀察的 29 军军
长宋哲元

绝"。① 失踪士兵虽在 20 分钟后即已平安归队，日军仍然一再无理要求进城搜查，
足见卢沟桥事变的发动是日军一次有预谋的行动。7 月 8 日凌晨 1 点左右，中国
驻屯军司令部得知卢沟桥事变爆发。凌晨 3 点，该驻屯军竟已制订出对事变的
《宣传计划》，由驻屯军主任参谋起草。该计划名曰宣传计划，实际上也包括了军
事行动、特务活动及外交活动计划，全文分"正文"及"说明"两大部分，汉文
译稿 4000 字。仅全文的要领部分就有四项八款数十条。如果事前没有充分的酝酿
和细致的讨论，要在最多不超过两小时的时间内拟出如此详尽缜密的计划是不可
想象的。其中有关于"要人的监禁"计划，仅对当时逗留山东乐陵原籍的第 29
军军长宋哲元就拟订了五种应付方案：（1）使宋迅速乘火车返回天津，否则用
（2）监视其行动，使之一二日内乘飞机返津，又否则用（3）如宋不欲返，暂严

---

① 《张自忠、冯治安、秦德纯致何应钦电》（1937 年 7 月 9 日），国民政府军司令部战史会档案，
中国第二历史档案馆藏。

密监控，再谋良策，（4）使其退避青岛，（5）万不得已时，济南特务机关长可果断采取最后手段，由驻屯军负责实施。仅此一端，即可看出设想之周到、计划之细密。"要人的监禁"之第一项目标，是由北平特务机关长实施、牟田口部队援助，"立即把秦德纯、冯治安绑架到北平警备队内，不许自由发表言论和行动"。对照日军早在事变爆发前就对中国军队将领的住宅和兵营、城门等目标一一勘探，制订了突袭计划等，可以更清楚地看出这个宣传计划的主要内容绝不是起草者在事变后一两个小时内的"创作"。计划还规定："占领卢沟桥"，令日军驻津步、炮、工兵部队速赴丰台，在步兵旅团长指挥下，最迟于 9 日正午占领宛平县城，"要不顾忌彼我伤亡，果断实行攻击"。华北日军最高机关仅仅得悉演习日军一名士兵"失踪"，受到几发不明来源、并未造成实际损害的步枪子弹射击，即在未查明真相以进行交涉的情况下，立即作出监禁中国要人、攻占宛平城及卢沟桥这样重大的决策，显然是有预定目标和计划的。计划反复强调"先发制人"、"先声夺人"、"取缔言论"、"主动引导"，为此采取"收买"、"威胁"抗日报纸，"利用"、"管制"亲日报纸等各种手段。计划"说明"部分特别指出，要"证明事件发生非我方有计划的行为。但过多的强调，将陷于自我辩解"。这无疑是"此地无银三百两"。尤其值得注意的是，该计划要求在宣传中避免使用有可能"表示不扩大、就地解决等意图"的措辞。[①] 这清楚地表明，卢沟桥事件的发动，以至事件向大规模侵华战争发展都是有预谋的。

据今井武夫回忆，"卢沟桥事变一爆发……都暗地里认为这也是日本军阀企图重演柳条沟（柳条湖）事件的阴谋。这不限于外国人，即使我国国民也认为是驻华陆军的越轨行为，虽都不敢作声，但都心照不宣"。[②] 实际上，不仅是一般日本"国民"，而且包括首相近卫文麿、海相米内光政、外相广田弘毅等在内的日本许多军政要人都认为是日本陆军制造的事端，特别是近卫在事变扩大为全面侵

---

① 《档案与历史》（总第 12 期），第 43~48 页。
② 《今井武夫回忆录》，第 41 页，中国文史出版社出版。

华战争以后，曾直言不讳地对一个前华北驻屯军参谋说："……支那事变是陆军的年轻人的阴谋。"① 至于"事端"具体是谁制造的，说法不一，有的说是土肥原贤二，有的说是华北驻屯军高级参谋和知鹰二，有的说是天津特别机关长茂川秀和。其中茂川秀和最值得注意，事变第二天即 7 月 8 日晚上，茂川与田中隆吉在天津一家日本餐馆喝酒时，曾向田中承认，卢沟桥事变是他组织人干的。在战后对他审讯时，他直言不讳地供认，卢沟桥边的第一枪是日本人放的，事变责任应由日军承担。② 卢沟桥日军的枪声，标志着日本军队蓄意挑起冲突，伺机发动全面侵华战争。

二、中国守军武力回击

面对日军随时挑衅，以扩大侵华战争的紧急局面，驻守北平的中国军队采取了紧急的警戒措施，密切监视日军行动。1937 年 6 月初，第 29 军加强了对北平市区、郊区的巡逻和城门的守卫，在卢沟桥一带既设阵地也增加了兵力，并对沙岗实行夜间警戒。自 6 月 26 日起，第 29 军对北平实行夜间特别警戒，由第 37 师师长冯治安负责指挥。卢沟桥和宛平城的守备更受重视，为加强驻守兵力，第 29 军在这里配置了 4 个步兵连，并配属重机枪一连及轻重迫击炮各一连，计 1400 余人，其中将一连部署于铁路桥东面一带，一连配置在宛平城西南角河岔一带；第 9 连驻扎在宛平县城内，第 10 连作为预备队驻石桥以西的大王庙内，重迫击炮连安排在铁路桥西头，轻迫击炮则部署于城东门内，重机枪连分守城内东南、东北两城角。③ 兵力部署完毕后，中国守军时刻警惕日军的行动。

7 月 7 日夜，日军挑衅的消息传到北平市长兼第 29 军副军长秦德纯处，他急

---

① ［日］滕原彰等编：《昭和的历史》（5），第 93 页，小学馆出版。
② 台湾《近代中国》第 41 期，第 109～110 页。
③ 《七七事变：原国民党将领抗日战争亲历记》，第 57 页，中国文史出版社。

图 1.2 宛平城门前防卫的第 29 军官兵

忙派出交涉员同日方交涉。此时，日方失踪士兵业已归队，然而日军仍然继续蛮横地坚持要进城搜查，他们一面诡称"须明了如何失踪情形，以便谈判"，[①] 甚至狂妄地要求中国军队退出宛平城西门，待日军进入城东门数十米后，再行谈判，一面又赶派援军包围宛平。冀察当局为防止事态扩大，同意中日双方各派代表前往宛平城作实地调查。翌日晨 5 时，当谈判代表刚步入县城不到 5 分钟，日军即以猛烈的炮火轰击宛平县城，并攻占了宛平东北方的沙岗。中国守军吉星文团长忍无可忍，下令还击。卢沟桥事变爆发，拉开了中日全面战争的序幕。

7 月 8 日晨，日军一木清直大队长下令向宛平县城的中国守军进行攻击，率领第 1 联队第 3 大队主力，排成 4 路纵队，向驻守龙王庙及铁路桥的中国守军扑来。中日两军首先在龙王庙附近遭遇，中国守军面对具有优势兵力和猛烈炮火的日军，顽强奋战，并冲入敌群，同冲上阵地的日军展开激烈的肉搏战，终因寡不敌众，陷入重围，"死伤官兵 180 余名"，[②] 日军也以死亡上百人的代价占领了龙

---

① 李云汉：《宋哲元与七七抗战》，第 189 页，台北传记文学出版社 1973 年版。
② 《严宽致何应钦电》（1937 年 7 月 8 日），国民政府军令部战史会档案，中国第二历史档案馆藏。

王庙铁路桥东头。与此同时，日军以另一部分兵力向宛平县城东门发起了进攻，并用猛烈的炮火轰击城墙。

卢沟桥战斗打响后，第 29 军将领秦德纯、冯治安、张自忠等召开紧急会议，并联名致电国民政府，表示抗战的决心："彼方要求须我军撤出卢沟桥城外，方免事态扩大，但我方以国家领土主权所关，未便轻易放弃。倘彼一再压迫，为正当防卫计，不得不与竭力周旋。"① 同时，第 29 军军部发出命令："卢沟桥即为尔等之坟墓，应与桥共存亡，不得后退。"秦德纯指示宛平守兵："保卫领土是军人天职，对外战争是我军人的荣誉，务即晓谕全团官兵，牺牲奋斗，坚守阵地，即以宛平城与卢沟桥为吾军坟墓，一尺一寸国土，不可轻易让人。"② 第 110 旅旅长何基沣也下达了三条命令：（1）不同意日军进城；（2）日军武力侵犯则坚决回击；（3）我军守土有责，决不退让，放弃阵地，军法从处。③ 面对日军以优势兵力向宛平县城大举进犯，中国守军官兵团结奋战，冒着猛烈的炮火，连续 3 次打退了敌军的猖狂进攻。双方激战至 7 月 8 日 15 时 50 分，日本驻屯军混成第 4 旅团指挥官河边正三匆匆从山海关赶到丰台督战，并增调重兵进关。29 军将士继续顽强抵抗，日军几次进攻宛平未果。接着河边便命第 3 大队在龙王庙附近渡过永定河，占领西岸，待援军到达后，9 日拂晓再攻宛平城。④ 8 日深夜，吉星文团又施夜袭，突击队员秘密接近铁路桥，出敌不意，两头夹击，冲入日军阵地，用大刀全歼了占领铁路桥的日

图 1.3　守卫卢沟桥的第 29 军士兵，他背后的大刀是西北军传统延续的标志

① 《中国外交史料丛编（四）：卢沟桥事变前后的中日外交关系》，第 194～195 页，台北 1965 年版。

② 《七七事变：原国民党将领抗日战争亲历记》，第 14 页。

③ 《七七事变：原国民党将领抗日战争亲历记》，第 34 页。

④ 日本防卫厅防卫研究所战史室：《中国事变陆军作战史》，第 1 卷第 1 分册，第 134 页。

军。9 日凌晨，第 29 军收复失地，完全恢复了永定河东岸的态势，减少了宛平城侧后的威胁。中国守军重新变被动为主动，沉重打击了日本侵略军的狂傲气焰。日军见宛平城久攻不下，为争取时间集结兵力，便玩弄伎俩，于 8 日深夜要求同中国方面进行交涉。9 日凌晨，就在中国守军刚刚收复铁路桥和龙王庙后，冀察当局为防止事态扩大，竟同意与日方谈判交涉，放弃了继续进攻的有利时机。

卢沟桥的枪声激怒了第 29 军官兵，激怒了全中国人民。全国上下群情激昂，声讨日本侵略军。中国共产党于 8 日通电全国，指出平津危急！华北危急！中华民族危急！呼吁进行全面抗战，武装保卫平、津，保卫华北，援助第 29 军。在中国共产党的号召下，全国各地的抗日活动风起云涌般开展起来。事变一爆发，中共北平地下组织立即组织发起北平各界抗敌后援会，发动群众团体开展各项救亡工作，援助第 29 军抗战，并派人与吉星文团取得联系，鼓励他们英勇抗战。8 日下午，北平民众救亡团体冒着危险赴前线慰劳抗日勇士。北平各校师生纷纷组织战地服务团准备赴前线效力，北平市民也踊跃援助前线。全国各地派出大批慰劳团体，赴卢沟桥慰问抗日官兵，冀察当局每天都收到大量全国各地发来的支援抗战的电报和信件，许多社会团体和个人，陆续汇出一笔笔款项，支持抗战，慰劳第 29 军官兵。各国华侨也迅速组织起华侨抗敌后援会、救灾总会、华侨筹饷会等团体，捐输财力，征集药品，或亲自回国，直接参加祖国抗战。卢沟桥中国守军的奋起抗敌，开始演变成一场全民族的抗战。

三、中日关于卢沟桥事变的谈判

七七事变后，中日关于卢沟桥事变的谈判以军事对抗为后盾进行了马拉松式的拉锯战。

根据应战而不求战的方针，蒋介石一方面于事变发生后积极进行了军事上的调动和部署，另一方面在调兵北上的同时，又表示愿意由冀察地方当局与日本谈判，希望尽可能和平解决这次事变。7 月 12 日，军政部长何应钦在卢沟桥事件第二次会报会议上，决定派熊斌北上，① 向宋哲元传达蒋介石"不挑战，必抗战"的指示。具体机宜是："如宋主任因环境关系认为需要忍耐以求和平时，只可在不丧失领土主权原则之下与彼方谈判以求缓兵，但仍须作全盘之准备。"② 根据蒋介石的意旨，宋哲元多次与日军进行所谓"和平谈判"。冀察地方当局亦相继与日本达成了中日双方三条口头协议、11 月的《卢沟桥事件现地规定》。宋哲元在与日人的周旋谈判中，为谋求卢沟桥事变和平解决，对日方作了令人遗憾的让步。

同时，事变发生后，南京国民政府一面加紧备战，一面同日本政府方面进行交涉，企盼通过外交等途径和平解决这次事变。事变的消息传至南京后的第二天，南京国民政府外交部即向日本大使馆提出口头抗议，军事当局也开始考虑华北局势恶化后的应对措施。两天以后，外交部再向日方提出正式抗议，要求日本军队撤回原防，并保留向日方要求赔偿的合法权利。③ 7 月 11 日，再度正式声明："中国的政策是对内推行经济建设，对外维持国际和平。对日关系，中国的政策是经由外交途径，基于平等与互惠立场，和平解决所有的悬案。"至于卢沟桥事件的解决，中国坚持："此次所议定或将来待成立之任何谅解或协定，须经中国中央政府核准始为有效。"④ 然而日本方面的立场也相当强硬，公然蔑视南京中央政府的地位，日本驻华大使馆参事日高信六郎于 7 月 11 日向中国外交部转达东京的立场：日本政府希望与地方当局"现地解决"，南京中央政府不能予以干预。7 月 12 日，南京政府外交部长王宠惠告知日高信六郎：只要日本政府停止派遣军队来华并将已到华北的军队撤回，中国将立即停止军事调动。对此提议，日本政府没有作出正式的反应。

南京政府鉴于进行直接交涉无效，遂于 7 月 16 日通过英国驻华大使许阁森

---

① 熊斌曾任西北军总参谋长，与第 29 军将领有私谊。
② 《卢沟桥事件第一次会报会议记录》，载《民国档案》1987 年第 2 期。
③ 薛光前编著：《八年对日抗战中之国民政府》(1937～1945)，第 31 页，台北商务印书馆 1978 年版。
④ 《中日外交史料丛编（四）：卢沟桥事变前后的中日外交关系》，第 213 页。

（Hughs K. Hugessen）向东京试探调解的可能性。因日本政府坚持把卢沟桥事变的解决完全限制在华北地方当局的职权范围内而告失败。7 月 17 日，日高信六郎将一份最后通牒式的备忘录送至南京政府外交部，警告南京政府不得干涉冀察当局与日本军方所订协定的实行，并严词限定中国政府"立即给予适当的答复"。19日下午，南京国民政府外交部向日本大使馆提出《备忘录》，重申中国政府"不扩大事态与和平解决本事件"的原则立场，提议中日"双方同时停止军事调动，并将已派武装队伍，撤回原地"。① 还表示欢迎国际方面进行"斡旋、调解、公断"。日本对中国政府的《备忘录》极为不满，日高于 20 日再访王宠惠。日高称："北方问题由冀察政委会洽，此次何妨授权该地折冲。"王答："交涉须由中央办理"，"须两方同时撤退"。同时表示："只须有一线和平希望，中国决不放弃其依据外交途径从事和平解决之努力。"②

日军以谈判为名，利用宋哲元的软弱和南京国民政府对和平的幻想，使缓兵之计得逞。中国守军 9 日收复失地后，军事力量对比对中国方面非常有利，第 29军除在卢沟桥附近永定河东岸合计约有一团兵力外，在北面有西苑驻军两个旅占据着八宝山，其中一部分已进入到卢沟桥西北约 3 公里的衙门口，在南面有第 38师常驻南苑。此外，平汉线方面已从南方向长辛店增援兵力。日军方面，当时能够逐步调往前线附近的，"只有驻屯在北平附近的步兵约两个大队。天津派来增援的炮兵部队，因为连日下雨，道路泥泞，被阻在通州，无法前进"。"也就是说，日本军部指挥官可能早发觉，如果开到卢沟桥的部队不寻找什么借口使之后撤，有被处于优势的中国军队包围的危险"。③ 这便是日军提议谈判的目的所在。到 7 月 16 日，日军完成了包围平津的战略部署。这时，日军入关部队已达 5 个师团之众，兵力超过 10 万，双方的军事力量对比发生了逆转。18 日，日军设最高司令部于丰台，由香月清司指挥。当他们一切准备就绪后，便大举进攻宛平，炮

---

① 《致日备忘录》（1937 年 7 月 19 日），载中共中央党校编《卢沟桥事变和平津抗战（资料选编）》，1986 年版。

② 《东方杂志》第 34 卷，第 16、17 号合刊（1937 年 9 月）。

③ 《今井武夫回忆录》，第 35～39 页。

轰长辛店，狂炸廊坊。19 日，香月发表所谓"声明"，称 20 日后日军将采取自由行动。宋哲元等第 29 军将领遂放弃一切和谈幻想，表示誓死抗战。日军大兵压境，中国方面就和平解决事变同日方进行的谈判和交涉，使中国军队尽失歼敌之良机，平津告急，华北处于危急之中！

四、冀察当局的软弱

面对七七事变的严重性，冀察当局缺乏必要的认识，对和平抱有幻想，企图通过让步，达到同日妥协从而保存实力和地盘的目的。

当时，驻守冀察和平津地区的宋哲元部第 29 军下辖第 37、第 38、第 132、第 143 步兵师，第 9 骑兵师和一个特务旅，加上地方保安部队，兵员总计约 10 万人。由于南京政府对日本侵略一贯采取妥协政策，也由于宋哲元与国民党中央长期以来的矛盾所形成的猜疑和隔阂，使宋哲元弄不清楚南京方面的真实意图：究竟是要抗战，还是要一如既往地妥协求和，或者是要借机派中央军北上以削弱自己的实力？因此，事变发生时，尽管宋哲元接到报告后即刻返回，但对事态的严重性却估计不足，他认为："目前日本还不至于对中国发动全面的战争，只要我们表示一些让步，局部解决仍有可能。"① 12 日，他发表谈话，认为卢沟桥事变乃系局部冲突，希望能合理合法地解决，同时表示愿意接受日方 10 日提出的道歉、惩凶、撤军等苛刻要求。② 同一天，何应钦密电宋哲元指出："惟卢事日趋严重，津市遍布日军，兄在津万分危险，务祈即刻秘密赴保，坐镇主持。"在此之前，7 月 9 日蒋介石也曾电令宋哲元速到保定指挥。然而宋哲元以第 29 军"兵力大部在平津附近，故先到津部署"③ 为名，拒不服从南京政府屡次催调命令。对于南京派出的"北上之师"，宋哲元由于惧其"渐次夺其地盘"，而以种种借口，

---

① 《七七事变：原国民党将领抗日战争亲历记》，第 51 页。
② 上海《大公报》，1937 年 7 月 13 日。
③ 《宋哲元致何应钦电》（1937 年 7 月 14 日），载《历史档案》1985 年第 1 期。

"均令其止于河北南境"。① 南京政府虽然派出参谋次长熊斌等一行前往解说国民党中央的方针，但由于南京方面在对日和战问题上徘徊不决，寄希望于"在华北有权力之各国"，通过外交途径出面调停。② 因而熊斌的"解说"仍然不得要领。宋哲元始终以为自己的行动是与南京政府的步调相一致的。对于南京的特使询及他与日军的谈判，宋哲元一面强调自己"向以国家为前提，以民族利益为依归，背中央意旨办理丧权辱国之事，决不去作"。③ 另一方面又对南京政府以往对日妥协的做法表示不满，他说："我有决心，决不屈辱，将来即令与日人成立何种协定，必较以往之何梅协定为佳。"④

因此，冀察当局在事变之初表现得非常软弱。宋哲元认为 11 日签订的秦—松协议是可以接受的，和平之门并未"完全"关闭，还要再努力交涉。他给何应钦复电称"先到天津，俟稍有头绪，即得赴保"。⑤ 但到达天津后，即被亲日分子包围，陈觉生、齐燮元等纷纷要求他留津与日人谈判，企求和谈。为制造和平气氛，宋哲元于 13 日下令：从 14 日起，北宁铁路列车运行正常化，解除北平戒严，释放被捕日人，严禁与日军摩擦。为博得日本人好感，他特意将此令通报日军。

但是，日本侵略者对冀察当局的一让再让并不满足。14 日夜，日军参谋又向宋哲元提出香月清司在"情况判断"中制定的七项要求。这七项要求苛刻得令人难以忍受，但宋哲元竟表示原则上无异议，惟希望延缓实行。随即又派张自忠、齐燮元、陈觉生与日方继续商谈，议定的结果是：立即实行撤兵和取缔抗日分子，处罚卢沟桥的营长，北平城防由第 38 师担任，日方提出由宋哲元道歉，中方提出由秦德纯代道歉。

宋哲元的态度，一方面是在紧急关头被亲日分子包围，中了日本奸计的结果；另一方面也反映出没有认清日军意在挑起全面战争的真实面目，错误判断为

---

① 《杨宣诚致何应钦电》（1937 年 7 月 22 日），载《历史档案》1985 年第 1 期。
② 台湾"国防部"史政局编：《抗日战史》，第 5 章，第 24 页。
③ 《熊斌致何应钦电》（1937 年 7 月 19 日），载《历史档案》1985 年第 1 期。
④ 《杨宣诚致何应钦的报告》（1937 年 7 月 22 日），载《历史档案》1985 年第 1 期。
⑤ 《宋哲元致何应钦密电》（1937 年 7 月 14 日），载《历史档案》，1985 年第 1 期。

日本人只想再次逼冀察当局让步。他想以"局部的让步"使日军中止侵略，显然是不切实际的。同时，南京政府和战不定的方针，既影响了整体布局，也松懈了宋哲元和第 29 军高级将领的备战情绪。宋哲元对蒋介石的和战意图不了解，因此下不了应战的决心，忽略了应战的思想准备，而只在和谈上浪费时间，结果贻误了战机。而日军则利用和谈带来的时间大肆调兵入关，进行华北作战的部署。16 日，日军入关部队已达 5 个师团约 10 万人以上，北平前线日军近万人，外围全落在其控制之中。① 此时宋部第 29 军尚分散于平津冀察各地，部队不仅未集结，反而按照日军要求，将北平的冯治安部调离，以赵登禹部换防，"企求对日示诚和平"。② 由于冀察当局在关键时刻犹豫动摇，以和谈麻痹了自己的斗志和备战意识，并下令拆除了防御工事，给北平城防留下了严重的后患。冀察当局的软弱，使中国军队丧失了有利战机。至 7 月 26 日，宋哲元发现自己中了日军的圈套，认识到"大战势不能免"，③ 决定武装抵抗侵略，惜已为时太晚。日军作战部署完毕，集中 3 万兵力，对平津发起总攻。

① 《七七事变：原国民党将领抗日战争亲历记》，第 312。
② 《严宽致何应钦密电》（1937 年 7 月 21 日），载《历史档案》，1984 年第 1 期。
③ 《宋哲元致何应钦密电》（1937 年 7 月 21 日），国民政府军令部战史会档案，中国第二历史档案馆藏。

第2章
平津地区的陷落

一、日本决心扩大侵略

日本政府接到卢沟桥事变详报后，其内部是一片发动侵华战争的喧嚣声，并分成了"扩大派"和"不扩大派"。持"不扩大"观点的有战争指导课课长河边虎四郎、战争指导课主任参谋掘场一雄以及陆军省军务课课长柴山兼四郎等少数人，参谋本部作战部长石原莞尔则是这一派的代表人物。这些人预见到对华全面战争将是长期的消耗战，主张对中国采取渐进的侵略方式。石原是北进政策的鼓吹者，在他看来，苏联是日本对外扩张的真正威胁，因此日本必须准备与苏联进行决战。但在日军与苏军相比苏方占绝对优势的情况下，有一个敌对的中国在背后，日本不可能同苏联对抗，因此他们认为还不到发动对华全面战争的时候。但这种意见在日本军部的影响是越来越小，日本皇族、政府和垄断资本家很快都认为应在对苏战争之前，首先要给中国一击。结果石原莞尔本人也迅即被调离军部。

"扩大派"人数众多，陆军大臣杉山元、参谋本部作战课课长武藤章、中国课课长永津佐比重是代表人物。他们认为"不扩大派"的顾虑完全是多余的，对"南京政权首先加以一击"，除去北进背后的威胁是最上策。在他们看来，这样干，不但可以解除侵苏的"后顾之忧"，而且可以利用华北等地煤、铁、盐、棉花等丰富的战争资源，大大加强对苏战备。由于长期狂热的军备扩张，国内经济不堪重负，再加上"满洲经营"计划遭到挫折，使这些垄断资本和法西斯势力的代表人物的侵华欲望更加强烈。同时，他们认为，日本如果发动全面侵华战争，苏联至少在1937年内不可能乘机进攻日本。因为苏联外部受到德国的威胁，内部陷入"肃反"的混乱，数百万人被逮捕，数十万人被处决，甚至连远东苏军的高级军官也被牵涉进去。在这之前，1937年6月发生的干岔子岛事件更坚定了这些人的判断。6月19日，苏军占领了苏联和伪满洲国边界附近的干岔子岛。30日，关东军向苏军发起攻击，7月初，苏军撤离该岛。这就是所谓干岔子岛事件。日军由此确信，苏军近期内不会向日本发动进攻。在7月11日正式作出向中国大规模增兵的决定之前，天皇裕仁曾担心"苏联从背后进攻"，陆军参谋总长闲院宫载仁明确回答："陆军认为苏联不会进攻。"针对天皇对苏联"万一进攻怎么办"的顾虑，杉山元说，一次派出大量军队，短期内就把中国的抗战压下去，"事变大约用一个月时间可以解决"。① 连原先被称为是"不扩大派"的参谋本部第二课也认为，如果进行以消灭南京中央政权为目的的全面对华战争，不过三四个月内就可以争取结束。② 主张扩大事态、发动全面侵华战争迅速成为日本政府的一致认识。

7月10日，日本陆军部决定从关东军抽出两个混成旅团，驻朝鲜军调1个师团，从本土抽调航空兵团和3个步兵师团赶赴华北战场。③ 在这之前，杉山元于8日午夜下令原定于7月10日复员的40000名士兵延期复员，等于增加了3个师团的现役兵员。同时，海军也作了派兵的准备。7月11日，日本召开内阁会议，讨

---

① 《消逝了的政治：近卫文麿手记》，转引自［日］井上清著：《天皇的战争责任》，第83页，商务印书馆出版。

② 日本防卫厅防卫研究所战史室：《中国事变陆军作战史》第1卷第1分册，第182页。

③ ［日］藤原彰：《太平洋战争史论》，第31页。

论增兵华北方案。日本政府对于派兵就意味着要进行全面侵华战争这一点是非常清醒的，海相米内光政在会上指出："必须考虑到派兵等于全面战争"，首相近卫、外相广田都表示同意这个意见。米内又问：如果作了战争动员，而没有必要派兵怎么办？杉山元则回答："不会有那样的事。"[1] 内阁会议批准了陆军部的增兵方案，同时发表"声明"："这次事件完全是中国方面有计划的武装抗日"，中国方面"无接受和平谈判之诚意，终于全面拒绝在北平之谈判"，因而"下了重大决心，决定采取必要的措施，立即增兵华北"，[2] 并任命香月清司中将为中国驻屯军司令，表明了日本全面对华作战的决心及准备。当天下午 8 时，冀察当局全面接受了日军提出的一切无理条件，由张自忠和日本驻北平特务机关长松井太郎分别代表中日双方正式签订了协定。然而杉山元在当天夜间再度召开的内阁五相会议上表示，尽管"松井—张自忠协定"已经签字，也不能相信中国军队会履行条件，决定调派关东军、朝鲜军的计划照旧进行。

随后，日军集结重兵分三路进犯华北，包围北平。一路为关东军酒井镐次和铃木重康独立混成第 1 旅团和第 11 旅团，分别由公主岭、古北口出发，经热河省向北平北侧地区集结；一路为朝鲜军川岸文旅郎第 20 师团，由山海关入关，进犯北平南侧地区，窥视天津；第三路以天津驻屯军河边旅团为基干从东侧包围北平。由日本国内所抽调的 3 个师团先以板垣征四郎第 5 师团经朝鲜入关，会合海军进攻天津、塘沽。7 月 12 日，日本新任中国驻屯军司令官香月清司到达天津，一面继续以缓兵之计迷惑宋哲元，一面则暗中加紧部署兵力，制定作战方案，处心积虑要消灭第 29 军所部。13 日，香月清司制定了《7 月 13 日中国驻屯军情况判断》，报告中表示当第一批增援兵力到达后，"必要时一举歼灭第 29 军"，"先以主力扫荡北平附近，然后根据情况可能进入保定、马厂一线"。报告规定了进入华北的各部队集结位置和完成战略部署的时间。

日本陆军部认为，对华作战的时机已经成熟，应该借口中国军队北上，把对华交涉政策改变为有限期交涉。尽管中国方面一再让步，日本侵略者得寸进尺，

---

① 日本防卫厅防卫研究所战史室：《中国事变陆军作战史》第 1 卷第 1 分册，第 146、190 页。
② 复旦大学历史系日本史组编译：《日本帝国主义对外侵略史料选编》，第 240 页。

狂妄叫嚣要"惩罚中国军队,铲除华北纠纷之根源","根据情况预计可能转向全面对华战争"。① 他们估计,日本军队在 19 日前后可以完成作战部署,于是把有限期定为 7 月 19 日。16 日,日本陆军部和参谋本部作出决定:"一、规定 7 月 19 日为履行期限,最低限度提出以下要求:(1)宋哲元正式道歉;(2)处罚责任者,包括罢免冯治安(第 37 师师长);(3)撤退八宝山附近的部队;(4)在 7 月 11 日提出解决的条件上,改为宋哲元签字。二、中国方面在上述期限内对我方要求事项不予履行时,我军即停止现地交涉,讨伐第 29 军。为此,下令动员在规定期限满了时需要的国内部队,并立即派往华北。"同时,日本军部无理要求南京国民政府使"中央军恢复旧态势,中止对日挑衅行动,并不妨碍就地解决"。② 次日上午,日本内阁会议审议了军部处理事变的对策,通过了关于现地谈判限期的决定,同时决定动员侵华日军 40 万人。会后,由日本驻华武官和驻华使馆参事官分别向南京国民政府提出通告。如此蛮横苛刻的要求,无疑是向中国政府发出了最后通牒。日军按照原定计划完成了扩大侵略战争的进攻部署。19 日,日军第 20 师团近万人在师团长川岸文三郎的率领下,由朝鲜龙山抵达天津,并以一部集结于唐山、山海关。20 日,关东军独立混成第 11 旅团主力抵达高丽营。至此,日军第一批增援兵力全部进入华北,抵达预定地点,形成了对北平的包围态势,并在平津一带不断挑衅,出动飞机狂轰滥炸。20 日,日本外务省发表声明,认为南京国民政府提出的《备忘录》,日本难以接受,目前事态已经发生变化。同时,日本军部正式决定"使用武力解决事变",③ 并得到了内阁的批准。日本侵略军彻底露出了真面目,终于在 7 月 28 日撕毁了事变以来中日双方签订的一切协议,悍然发动了全面侵华战争。

二、中国政府战与和的矛盾

卢沟桥事变爆发后,南京国民政府陷入和、战两难的窘境,经历了战与和的

---

① 日本防卫厅防卫研究所战史室:《中国事变陆军作战史》第 1 卷第 1 分册,第 177 页。
② 日本防卫厅防卫研究所战史室:《中国事变陆军作战史》第 1 卷第 1 分册,第 179~180 页。
③ 日本防卫厅防卫研究所战史室:《中国事变陆军作战史》第 1 卷第 1 分册,第 184 页。

抉择过程。它开始曾对和谈抱有幻想，后在日军不断扩大侵略的情况下，逐渐丢掉幻想，决心抗战，并在政治上发起强大的宣传攻势，在军事上加紧部署，同时辅以外交手段争取国际上的同情和支援，为全面抗战创造了有利的条件。

卢沟桥事变发生后，南京国民政府深知事态的严重性，并相应地作了一些军事部署。7月8日，蒋介石首先电令宋哲元："宛平城应固守勿退，并须全体动员，以备事态扩大。"① 9日，蒋介石电促军政部长何应钦由四川速返南京，筹划抗敌事宜。同日，又密令第26路军总指挥孙连仲部两个师开往保定集中，继往琉璃河开进；第40军庞炳勋部一师开赴石家庄（旧称石门），进驻沧县（今沧州），归宋哲元节制；又调第53军万福麟部3个师附第91师前往保定集中，向固安、永清、雄县布防，第84师高桂滋部调至大同、怀来。蒋介石的部署意在使晋察绥与中原连成首尾相连的防御体系。10日，蒋介石密令宋哲元："从速构筑预定之国防工事，星夜赶筑，如限完成为要。"宋哲元因热衷政治谈判，迟迟不回保定指挥，蒋便于12日派参谋次长熊斌北上，向宋哲元传达中央的抗战方略。同时要求北平方面，"从速切实加紧备战，万勿受欺"。② 7月17日，蒋介石命令商震部驻防黄河北岸的军队集中石家庄待命。但南京国民政府对日军将大举进攻，仍缺乏应有的思想准备和有效行动，对未来抗战采取持久战还是歼灭战，也无定案。为制定南京政府的和战方案与军事部署，在何应钦主持下，从7月11日至8月12日，在南京的国民政府军政要员每天召开会议，研讨抗日时局与对策，共举行了33次会议。

从7月中旬开始，国民政府最高军事当局对华北抗战计划提出了一些构想，主要有：（1）除抽调充足的武器弹药速运宋哲元部队外，为协同指挥，在石家庄设立行营，任命徐永昌为主任、林蔚为参谋长，并与山西的阎锡山、山东的韩复榘相联系，要求他们相机配合。（2）"以北平城、南苑及宛平为三个据点，将兵

---

① 《蒋介石致宋哲元密电稿》（1937年7月8日），国民政府军令部战史会档案，中国第二历史档案馆藏。

② 《蒋介石致宋哲元密电稿》（1937年7月10日），国民政府军令部战史会档案，中国第二历史档案馆藏。

力集结、修筑工事，作持久抗战之准备"。如日军包围攻击上述据点，"保定、沧州之部队及在任丘之赵（登禹）师，同时北上应援，庶平、津可保"。① 26 日决心大战后，蒋介石又要求"对沧州—保定、沧州—石家庄各线从速部署"，特别是"先应固守北平、保定、宛平各城的基础，切勿使之疏失。保定防务应有确实部队负责固守。"②

为贯彻实施上述构想，截至 26 日，中国军队除在平津的第 29 军外，另有 5 个师已集中沧保线，同时还有 5 个师正奉命向德（州）石线输送。以德石线为主力集中地，以沧保线为集中掩护线，并准备将沧保部队推至永定河岸，以便增援北平。此外，汤恩伯部被调往张家口，增援策应。然而，国民政府此时对发动全国性抗战仍然犹豫彷徨，尤其是在日本放出"不扩大"、"地方解决"的烟幕后，蒋介石更增强了避战求和的念头，对于事变解决仍抱有很大的"和平愿望"。国民党内部对事变的意见也并不完全一致。在对日军侵略企图的判断方面，有人认为日本不愿扩大事态，有人认为日军将大举进攻，形势如何发展，一时难以断定。在对于和战方略方面，有人主张若日方确不欲扩大事态，可以妥协，因为中国方面准备未周，开战难操胜算，不如缓兵以完成抗战任务；也有人主张采取强硬态度，决心抵抗，军事准备不可忽视。在对于战争全面化或局部化方面，有人主张一经开战，必然是全面化，应实行绝交、宣战；也有人主张依现实状况，仅能局部化，不能谈绝交。③ 蒋介石对日军进攻华北仍抱有侥幸心理，十分希望西方国家出面干涉。他亲自邀见英、美、法、德外交使节，恳请他们出面调停，即"斡旋、调解、公断等，我国政府无不乐于接受也"。④ 7 月 12 日，中国驻外人员秘密询问英美两国是否愿意出面调解中日危机。英国迅速提出了一个由英、美、

① 《钱大钧致秦德纯密电稿》（1937 年 7 月 12 日），国民政府军令部战史会档案，中国第二历史档案馆藏。
② 《何应钦致宋哲元等密电》（1937 年 7 月 11 日），国民政府军令部战史会档案，中国第二历史档案馆藏；《蒋介石致宋哲元密电稿》（1937 年 7 月 27 日），侍从室电稿，中国第二历史档案馆藏。
③ 《卢沟桥事件第四次会报记录》，《民国档案》1987 年第 2 期。
④ 《中国外交史料从编（四）：卢沟桥事变前后的中日外交关系》，第 203 页。

法进行联合调解的计划，但美国的反应十分冷淡。16 日，国民政府请英国驻华大使许阁森向日本转达：希望中日从 7 月 17 日停止调动军队，以逐步实现和平。同时，北上的中国军队行至保定一线后亦奉命停止前进。

中国政府战与和矛盾的根源是其"应战而不求战"的指导思想。这种思想的出现乃在于蒋介石的"最后关头"的界限虽然受到了严重的挑战，但毕竟还没有突破，日军尚未攻占平津，和平妥协还存一线希望。"在和平根本绝望之前一秒钟"，蒋介石不会放弃寻求"和平"的努力，这是蒋一贯的对日态度。7 月 17 日，蒋介石发表庐山谈话，第一次公开了总是含糊其辞的中日关系"最后关头"的界限，意在引起日方对卢沟桥事件严重后果的注意。蒋说："如果卢沟桥可以受人压迫强占，那末我们百年故都，北方政治、文化的中心与军事重镇的北平，就要变成沈阳第二！……今日的冀察，亦将成为昔日的东四省。北平若可变成沈阳，南京又何尝不可变成北平！所以卢沟桥事变的推演，是关系中国国家整个的问题，此事能否结束，就是最后关头的境界。"① 并郑重表示："万一到了最后关头，吾人当然只有牺牲，只有抗战。"正是基于蒋介石的这种思想，卢沟桥事变发生后，南京国民政府坚持"谈判"与"备战"并重的方针，陷入了战与和两难的境地。

国民政府的这种态度，极大地影响了中国军队的部署，"我集中部队，颇觉迟缓；战斗序列，犹未颁发；后方补给，亦未观定；前军各师，各自为政……指挥不一，亦危道也"。② 由于最高军事当局的战略指导是应战"折冲"，故增援平津的部队都停留在保定以南的冀中、冀南地区，仿佛在坐待日军选择进攻平津的日期。此外，国民党中央军和地方派之间的隔阂根深蒂固，非嫡系部队生怕被借机消灭，各军互相猜忌，观望不动，丧失了良机。对于中央军北上，连蒋介石的嫡系将领都存"未知中央此次对日战，对各该军，是否整个或分割加入战斗序

---

① 《中国国民党史文献选编》，第 247 页，中共中央党校出版社 1985 年版。
② 《陈诚致大本营对平津作战总结电文》（1937 年 8 月 4 日），国民政府军令部战史会档案，中国第二历史档案馆藏。

列，抑将乘机分别他调"之想。① 所以，地处华北对日最前线的宋哲元对此深存顾虑，对归他节制的孙连仲、庞炳勋两部，只允许到达保定，致使增援部队与第29 军相距甚远，难以呼应和协调作战。况且，由于南京政府战与和的矛盾，宋哲元对中央意图捉摸不清，生怕蒋介石借机削弱或牵制自己。因此宋哲元在接到南京政府积极备战的指示后心里并不踏实。打耶，和耶？宋哲元举棋不定，于是致电冯玉祥，"探询中央内情"。② 对冀察当局在处理事变时所表现出来的软弱起了一定的催化作用。

三、廊坊事件

宋哲元从日本大举增兵、变本加厉的侵略行动中，认清了战争的不可避免性，并于 22 日晚与北上的参谋次长熊斌等人的会晤中，了解了蒋介石准备抗日的态度，以及蒋介石令其移驻保定的用意，遂积极筹划抗战。与此同时，蒋介石补充第 29 军子弹 300 万发，并令河南一部分高炮部队调至保定，归宋哲元指挥。

7 月 25 日，廊坊事件爆发。廊坊位于平津之间，北宁铁路穿镇而过，扼平津间的交通枢纽，战略地位十分重要。时由第 29 军派第 38 师第 113 旅驻守。日本为攻陷北平，非占领这一军事要地不可。7 月 11 日开始，日军不断到廊坊实行挑衅、侦察，为攻占廊坊找借口、作准备。25 日下午 4 时，一列日军兵车开进廊坊站。初到站，日军声称是交通列车，修理沿途电话线。但从车上下来的却是日军第 20 师团第 77 联队第 11 中队的官兵，他们在站台上布置警戒，驱逐车站闲杂人等，并禁止站外的行人进站，实际上欲将车站非法占领。廊坊警察分局中国驻军派代表前去交涉，然日军蓄意挑衅，除仍留主力部队隐蔽在车站内之外，又派兵出站沿廊坊周围修筑工事，遂与当地驻军发生武装冲突。中国军队被迫主动出击日军，占据有利地形，利用早已筑好的工事，给日军以猛烈的打击。日军没带重

---

① 《刘峙致蒋介石密电》（1937 年 7 月 20 日），侍从室电稿，中国第二历史档案馆藏。
② 《卢沟桥事件第五十次会报记录》，载《民国档案》1987 年第 2 期。

武器，加之立足未稳，又一贯轻视中国军队，仓促应战，伤亡惨重，但仍占据车站进行顽抗，等待援军。廊坊驻军决定争取主动，在拂晓前将车站内日军全部歼灭，夺回车站。但当夜12时，因接到北平方面的调解冲突的通知，只得放弃拂晓前歼敌计划。与此同时，日本华北驻屯军却增派援兵千余人，还命令驻屯军步兵旅团第2联队第2大队在乘火车去北平途经廊坊时，下车参加该地战斗。26日拂晓，日军27架飞机开始在廊坊上空轮番轰炸。上午8时，日军增援部队基本到达，立即在飞机和装甲车配合下，对中国守军阵地发动猛烈攻击。车站、营房均毁于炮火。中国守军一面作殊死抵抗，一面撤入青纱帐，至下午1时，因不敌优势的日军，忍痛退出廊坊，转至安次县城关。日军占领了廊坊，断绝了中国军队平津之间的交通，第29军陷入了更加危急、被动的局面。

四、北平失守

日本"中国驻屯军"所辖各部至1937年7月20日为止，全部到达指定位置，完成了进攻部署。驻屯军司令部驻天津，步兵旅团司令部驻北平，下辖部队分散配置在丰台至山海关的北宁铁路线上。其中第1联队主力驻北平丰台与通县，一部驻天津；第2联队主力驻天津，其余分驻在塘沽、滦县、秦皇岛、山海关等地；增援华北的日军独立混成第1旅团集结于密云；独立混成第11旅团驻扎高丽营；第20师团主力到达天津，并以一部在唐山和山海关集结。原有的驻屯旅团全部集结于北平。总兵力约30000人。

中国方面，驻平津与冀察地区的第29军共辖步兵4个师，骑兵1个师和1个特务旅，2个保安旅，总兵力约10万人，其军部驻南苑。第37师驻北平和保定地区，师部驻北苑；第109旅驻保定，一部驻任县；第110旅驻西苑、八宝山、卢沟桥和长辛店一带；第111旅驻北平城内。第3师驻天津附近韩柳墅、小站、廊坊、马厂和大沽一带，该师第1旅驻大名、广平、长垣地区。第143师驻察哈尔省及河北省境内的平绥铁路沿线。骑兵保安部队及独立第39旅驻北平黄寺和北苑，并有一团驻北平城内。冀北保安部队和独立第 39 旅驻北平黄寺和北苑。在日军向平津地区集结期间，南京政府军事当局也派兵一部向保定和石家庄地区集结。在日军完成进攻部署后，第 29 军也令第 132 师在永定河以南集结，并令该师独立第 27 旅进入北平担任城防。

7 月 26 日，攻占了廊坊的日军继之又占领了平津间的北仓、杨村、落垡等车站，切断了天津与北平之间的交通。宋哲元得报后，立即召见外交特派员，告以"战争恐不能免"，① 急令第 143 师师长兼察哈尔省主席刘汝明迅速返察，做好作战准备。

就在同一天，驻丰台日军 500 余人自丰台乘卡车数十辆，开到广安门外财神庙以北集结。当晚 7 时许，约 200 名日军分乘载重汽车十数辆向广安门开来，冒充城内驻华使馆卫队野外演习归来，企图混进北平城。担任广安门城防的独立第 25 旅第 679 团刘汝珍部识破诡计，乃打开城门，诱引日军入城之后，一齐开枪射击。敌军顿时陷入一片混乱之中，损失惨重，敌首樱井德太郎负伤而逃。当日，香月清司向宋哲元发出最后通牒，限 29 军于 27 日正午以前将卢沟桥和八宝山附近的第 37 师撤至长辛店，并把北平城内的第 37 师所部全部撤出城外，然后陆续退往保定，"如果不实行，则认为贵军未具诚意，而不得不采取独自行动以谋应付"。② 按照日军要求，简直是要中国军队拱手让出北平。

不待中方答复，日军便于 7 月 27 日凌晨 3 时向通县发动总攻。双方激战至午时，中国军队寡不敌众，突围撤退。同日晨 5 时，日军也向团河围攻，并出动飞机 18 架配合作战，中国守军伤亡逾千人。至此，蒋介石和宋哲元都感到和平解决中日冲突已毫无希望。蒋电令宋部，"应固守北平、保定、宛平各城为基础，切勿使之疏失，保定防务应有确实部队负责固守"。③ 宋哲元一方面电呈南京国民政府，陈述华北局势严重；另一方面正式答复日方，拒绝一切无理要求，退回日本的最后通牒。宋哲元当日召集军政要员会议，会后发表了《决尽力自卫守土通

① 《中国外交史料丛编（四）：卢沟桥事变前后的中日外交关系》，第 202 页。
② ［日］秦郁彦：《日中战争史》，第 337 页。
③ 《蒋介石致宋哲元电》（1937 年 7 月 27 日），侍从室电稿，中国第二历史档案馆藏。

电》，表示在"国家兴亡，千钧一发之际"，要"决心固守北平，誓与城共存亡"。① 同时又下令设立北平城防司令部，任命冯治安为城防司令，张维藩为戒严司令，秦德纯为总参议，配备了城防部队，加紧构筑临时工事，准备固守北平。宋哲元又通令 29 军各部奋勇抵抗，连夜派冀察政务委员会委员戈定远驰赴保定，指示北上的第 40 军向静海、独流镇集结，策应天津，第 26 路军进驻长辛店、良乡，以支援北平，协同作战。

可是，宋哲元对日态度的摇摆，使抗日作战丧失了最宝贵的时间，日军绝不允许第 29 军有喘息的机会。7 月 27 日深夜，日军对北平南郊的南苑发起试探性进攻。28 日黎明，日军向北平地区第 29 军发起总攻。集结于团河附近的日军第 20 师团主力与位于北平东南约 15 公里处马驹桥的华北驻屯军一部，在 40 架飞机的掩护下，从东、南两面同时向南苑阵地进攻，另以混成第 4 旅团所部切断了南苑到北平间的公路联系。其独立混成第 1 旅团、独立步兵第 11 旅团，由北平北侧推进，攻击北苑和西苑。日军出动飞机轮番轰炸北平四郊中国守军的工事。战斗进行得十分激烈。第 29 军在敌重兵围攻下仓促应战，"因驻地分散，且中其缓兵之计，未能将兵力集中"，② 很快被敌军切成数段，分割包围。加之防御工事简陋，尤其是南区方面，仅以营房周围障碍物为掩体，在日军优势炮火和飞机的狂轰滥炸下，被炸得血肉横飞，惨不忍睹。很快，各部队之间的通讯失去联络，造成指挥失灵、秩序混乱，情况极其险恶。位于丰台的日本驻屯军主力，前出至大红门地区，切断南苑到城内的道路，阻击由南苑向城内撤退的第 29 军部队。下午，南苑战斗结束，第 29 军副军长佟麟阁壮烈殉国，第 132 师师长赵登禹在撤向北平时，受到日军袭击，中弹身亡。

当南苑战斗展开之际，第 29 军第 37 师一部曾向丰台之敌发动攻击，并一度收复丰台，但后又被日军增援部队击退。29 军在大瓦窑、大井村、小井村、五里店、卢沟桥车站等处都猛烈地反击了敌人。

---

① 上海《大公报》，1937 年 7 月 29 日。

② 《津浦铁路作战概要》，国民政府军令部战史会档案，中国第二历史档案馆藏。

28 日，昌平、高丽营的日军在飞机的配合支援下，分向沙河、小汤山、北苑一带猛扑。第 29 军所部在战事失利的情况下仍浴血奋战，节节抵抗，邻近傍晚向北城圈退却。日军独立混成第 11 旅团攻占清河镇，该地守军冀北保安部队第 2 旅退至黄寺。日军独立混成第 1 旅团占领沙河。为扭转被动局面，武清方面的中国军队进行反击，向廊坊展开攻势，切断敌人后路，威胁其侧背，但很快被敌军回援部队击退，于当晚向安次撤退。下午 2 时，宋哲元召开军政首脑会议，决定委派张自忠代理冀察政务委员会委员长、冀察绥靖公署主任兼北平市市长。入夜以后，战况对第 29 军更加不利，北平南、北郊的日军俱已迫近城垣。宋哲元见大势无法挽回，乃命令北平郊外作战部队向永定河右岸退却。第 29 军司令部也于当晚撤至北平市内，宋哲元召开了第 29 军最后一次高级军事会议，决定撤离北平。晚11 时，宋哲元偕北平市市长秦德纯及冯治安、张维藩等离平赴保定，留下张自忠收拾残局。第 37 师也奉令向保定方面撤退。

图 2.1　1937 年 8 月 8 日，占领北平的日军举行入城式

29 日上午，日军独立混成第 11 旅团进攻北苑与黄寺。黄寺守军冀北保安部队与敌战斗至中午后撤退。北苑守军独立第 34 旅与敌战斗后转移到古城，战斗结束后又返回北苑。该旅于 31 日被日军解除武装。留在北平城内的独立第 27 旅被

改编为保安队，维持治安，数日后突围到察哈尔省。第 29 军第 37 师奉令向保定撤退时，该师第 110 旅在宛平至八宝山之线掩护军部和北平部队经门头沟南撤。任务完成后，该旅于 30 日撤向保定。日军独立混成第 1 旅团和驻屯旅团分别在 30 日晚和 31 日进占长辛店西南高地和大灰厂附近地区。至此，文化古城北平完全沦陷于日本侵略者的铁蹄之下。

五、天津失陷

日军攻占北平，扼住了平汉、平绥铁路，然后以北平、山海关和唐山的兵力夹击驻守天津之第 38 师。天津形势危如累卵，十分险急。

天津是日本华北驻屯军司令部所在地，平日驻有日军河边旅团步兵第 2 联队、独立炮兵联队及战车、骑兵、工兵、化学各一个中队，驻屯军空军大部也集中在天津。七七事变爆发以来，日军相继控制了天津的海路和陆路交通，驻塘沽的日军千余人占领了塘沽码头，驻天津日军则占领了天津火车总站和东站。日军大量增兵天津，除步、炮兵外，还有大批飞机，"截至 27 日，津市共停日机 60 余架"，28 日下午 4 时，又有日军临时航空兵团飞机"百余架抵津东局子机场"。另外，日军还不分昼夜地进行侵占天津的战术演习，从 25 日起，已发展到演习巷战，到 27 日，日租界实行戒严。

此时，驻天津的中国部队不仅同北平失去了联系，且在数量上亦处劣势。天津市内及郊区只有第 38 师手枪团 1000 余人，独立第 26 旅的两个团约 3000 人，天津保安队 3 个中队和武装警察约 1500 人，共计 5500 余人。天津上空密布的战云使中国守军决定主动出击。他们在副师长李文田的率领下，于 28 日凌晨 1 时向日军发起攻击。由于中国军队主动出击，日军仓惶应战，战役之初的几个小时，中国军队打得很顺利，相继收复了天津东站和总站、北宁铁路总局。在东局子机场和海光寺战斗中，中国军队也给予日军以严重打击。中国军队的突然进攻，完全打乱了日军的部署。日军料所不及，仓惶应战，处境极为不佳。日本驻津总领事给日本驻北平大使馆的电报承认，"由于中国方面的攻击，我方处于极为危惧的状态"。①

29 日凌晨 2 时起，日军分四路出动，大举进攻天津市区。李文田与副指挥刘家鸾、天津市府秘书长马彦发出联名通电："自卢案发生，日本无端分别袭击平郊各处外，并于今日晨复强占我特别四分区，分别袭击各处，我方为国家民族图生存……誓与津市共存亡，喋血抗战，义无反顾。"② 38 师及天津保安队奋勇抵抗，并对日租界实施包围，大举反攻。经反复争夺，中国军队终于攻入日租界，并从大和街、旭街、福岛街三个方面包围了日军守备部队。在中国军队的攻击下，日军"已完全陷入危急状态"，租界内实行非常戒严，连日本侨民也被组织成"义勇队"，准备作困兽之斗。与此同时。中日两军在天津总站、飞机场、华北驻屯军司令部等处激战，战斗非常激烈。

29 日上午 8 时左右，大沽口第 224 团炮轰停驶于海面的日本军舰，日海军与步兵联合发动反扑，大沽口形成激战。同日，中国守军化装成保安队员进攻为日军所占据的公大第七厂，战斗从凌晨持续至下午，给日军以较大杀伤。

下午，香月清司命令第 20 师团高木支队迅速增援天津，关东军司令官也命令原计划向承德输送的一个支队转往天津。下午 2 时许，敌援军赶到，在战车、飞机的掩护下向中国军队反扑，并重点轰炸北宁路总站以北的保安队总部、北宁公园、市政府、金汤桥西畔的警察总部、日租界北端外的电话局、东站和万国桥之间的邮务总局以及南开大学，使总车站、南开大学校舍等处大半毁于战火。中国军队在敌我力量悬殊的情况下，付出了惨重代价，战斗力锐减。孤立无援的天津守军在敌四面包围和空中轰炸之下，有全军覆灭之虑，急需有力部队的增援。遗憾的是南京政府却对天津抗战采取了推脱观望的态度。27 日，宋哲元曾致电蒋介

---

① 天津《益世报》，1937 年 7 月 29 日。
② 天津《益世报》，1937 年 7 月 29 日。

石要求庞炳勋军迅即集结静海、独流镇一带，以便策应天津，被蒋介石托词拒绝。29日上午，宋哲元又致电军政部长何应钦，再次"拟请中央速派大队增援"，① 结果是石沉大海，杳无回音。中国军队在血战一昼夜后，自力不支，"惟天津方面，日方又增厚兵力，且随有大批飞机飞至"。② 李文田等率驻津各部被迫于29日下午3时撤离天津，到静海县和马厂两地集中。30日，在北平失守后的第二天，华北重镇天津也沦陷了。

---

① 《宋哲元致何应钦密电》（1937年7月29日），国民政府军令部战史会档案，中国第二历史档案馆藏。
② 《宋哲元致蒋介石密电》（1937年7月30日），国民政府军令部战史会档案，中国第二历史档案馆藏。

第 3 章
国民政府的抗战决策及部署

一、国防联席会议的抗战决策

1937 年 7 月底，随着华北两个最重要的城市北平和天津被日军占领，中国面临着和与战的最后抉择。蒋介石 8 月 4 日在日记中写道："平津既陷，人民荼毒至此，虽欲不战，亦不可得，否则国内必起分崩之祸。与其国内分崩，不如抗倭作战。"① 蒋介石这篇日记之后的第三天，也就是 8 月 7 日晚，他以国防会议议长的身份在南京的励志社主持召开了国防联席会议。

出席国防联席会议的人员有国防会议的委员和中政会委员，内有国民党重要领导人，政府中的院、会及各部首长、三军主要将领，以及重要省份的主政者，特别是包括那些和蒋介石关系较为疏远甚至紧张的省份的主政者，如广西的白崇禧、四川的刘湘、云南的龙云、山西的阎锡山，红军中的周恩来、朱德等都收到了与会的邀请。

---

① 《蒋中正日记》，1937 年 8 月 4 日。

8月7日上午，在国民政府礼堂内召开了国防会议，晚上8时，国防联席会议正式举行。会议的正式人员有蒋介石、林森、汪精卫、张继、居正、于右任、叶楚伧、戴季陶、孙科、陈立夫、阎锡山、冯玉祥、王宠惠、何应钦、唐生智、陈调元、刘湘、何成浚、陈绍宽、白崇禧、何键、朱绍良、余汉谋、蒋作宾、王世杰、吴鼎昌、张嘉璈、俞飞鹏，列席人员有邵力子、张群、黄绍竑、熊式辉、顾祝同、钱大钧、邹琳，加上负责会务工作的秘书厅长程潜，副厅长刘光、杨杰，秘书记录龚浩、徐祖诒，书记速记熊诚，共到会41人。

收到参会的邀请后，主政山西的阎锡山于8月2日就应召到了南京。8月4日，白崇禧乘南京提供的专机飞抵南京，此为蒋桂战争之后白崇禧第一次来到南京，蒋桂长期尖锐对立形成的不快和尴尬，在民族危亡之时迅速弥合。白崇禧抵京当日，蒋介石在日记中写道："白健生到京，团结可喜，其形态皆已改正矣。"[1]白崇禧于抵达的当晚出席在何应钦公馆举行的"会报"，向与会者通报了广西的军力。他表示广西共有7个师，其中有6个团的士兵充当兵工在开矿，因此，约有5个师的兵力可以使用于对日作战。[2]8月7日，刘湘抵达南京。此前南京方面曾担心对日战争爆发之后四川将领是否愿意出兵抗日，刘湘现身南京更使所有的疑虑与流言得以烟消云散。国防会议与国防联席会议的顺利召开令蒋介石信心满满，他在当天的日记中写道："国防会议开成，全国将领集京赴难，得未曾有之盛况，是为胜利之基也。"[3]

蒋介石以国防会议的议长身份主持了会议。他在致词中说："所有这次会议议决的计划种种，我们如果能够切实做去，而且能予适当之处置，就能够奠定了我们民族、国家复兴的基础，如果处置的不得当，那就必陷国家、民族于万劫不复之中。换言之，目前中国之情势，乃是生死存亡的最后关头。"[4]

---

① 《蒋中正日记》，1937年8月4日。

② 《卢沟桥事件第二十五次会报》，见《中华民国史档案资料汇编》第5辑，第二编军事（二），第51页。

③ 《蒋中正日记》，1937年8月7日。

④ 《国防联席会议记录》，中国第二历史档案馆藏，卷宗号：七八七　22431。

军政部长何应钦为与会者作了"卢沟桥事变之经过及处置"的报告，他提到华北战事形势的严峻，并提到会议召开时的前方战况："自八月一日起，杨柳青、南口以及平津等方面，均为轰炸甚烈。目前南口等地在对峙中。关于战事详报，还没有接到廿九军的报告，我方阵亡将士约五千人，其他物质上损失很重。日方死伤一千人，内中伤六百多人，死三百多人。"①

军事委员会办公厅（秘书厅）副主任刘光做了"军事准备事项"的报告。他提醒与会者，"关于敌军对我使用的兵力——秘密的增调大概有八个师，预备总数有廿四个师"。日军主力集中用于华北。②

至于中方的应对，刘光提及：中国将划分四个战区，兵力之支配大概为：一、冀鲁等地——六十个师；二、晋绥察——一十五个师至廿个师；三、上海、杭州、乍浦——十个师；四、福建、广东等地——一十五个师。预备军区：一、广东；二、四川；三、贵州、云南；四、平汉南段粤汉段。③

介绍完军事形势和军事准备之后，会议就转入其最为重要的任务：决定和战大计。在决定之前，蒋介石再度发表演讲，他提醒与会者注意该会议对国家安危、民族存亡的重要性。他说："现在这回中日战争，实在是我们国家生死存亡的关头，如果这回战争能胜利，国家民族就可以复兴起来，可以转危为安，否则必陷国家于万劫不复之中。中日战争，假如中国失败，恐怕就不是几十年，甚至于几百年可以复兴的。今晚能与各地长官，各位同志聚集在一齐，来讨论大计的决定，这对于我们国家的存亡，有绝大的关系……胜利是党国的幸福，生死存亡，义无反顾。就是失败，也可以对得起后辈和我们的祖先。因此之故，应绝对将个人的一切撇开，完全站在国家的立场上，来讨论决定大计。"④

蒋介石在演讲中还坦露了他对日本贪得无厌的厌恶和对两国和平的绝望，他说："许多人说，冀察问题、华北问题，如果能予解决，中国能安全五十年。否

① 《国防联席会议记录》，中国第二历史档案馆藏，卷宗号：七八七　22431。
② 《国防联席会议记录》，中国第二历史档案馆藏，卷宗号：七八七　22431。
③ 《国防联席会议记录》，中国第二历史档案馆藏，卷宗号：七八七　22431。
④ 《国防联席会议记录》，中国第二历史档案馆藏，卷宗号：七八七　22431。

则，今天虽能把他们打退，明天又另有事件发生。有人说将满洲、冀察明白的划个疆界，使不致再肆侵略。划定疆界可以，如果能以长城为界，长城以内的资源，日本不得有丝毫侵占之行为，这我敢做。可以以长城划为疆界。要知道日本是没有信义的，他就是要中国的国际地位扫地，以达到他为所欲为的野心。所以我想如果以为局部的解决，就可以永久平安无事，是绝不可能，绝对做不到的。"他呼吁说："大家今天要有一个决定，如果看到我们国家不打战要灭亡的，当然就非打战不可。是不是不打战将来失地可以不久能恢复的？请各位为民族为国家的存亡作个忠的打算，将敌人的优点缺点，同我们的优点缺点加以缜密的考虑，尽量的发表意见，以决定我们今后的方针。"①

继蒋介石之后，汪精卫率先对战与和的问题发表了意见，他列举了四点说明和日本开战的必要性，以及精神力量可以让中国取得胜利："一、目前中国的形势，已到最后关头，只有战以求存，绝无苟安的可能。二、战时的准备速率，并不因战事而有阻碍，且比平时为速。三、最后的胜利，是操纵在有高尚道德的一方面。四、精神是驾驭物质的，物质乃是为精神所利用的。物质的损坏不足惜，只要精神的贯彻永久的存在。"②

国民党元老张继在演讲中，主张与日本"宣告断绝国交，予日以严重态度，表示中国的坚毅决心"。③ 国民政府主席林森认为"只有抗战，予打击者以打击，才能谈生存的要义"，不过，他并不赞同张继的观点，因为从策略上考虑，"宣布'断绝国交'有影响战事上的运用，给他一个不宣而战，有利于我甚多"。④ 当时反对对日宣战者担心一旦进入法律上的战争状态，日本将利用交战国权利，对中国沿海进行封锁，对来往中国的船只进行检查，从而断绝外国对中国武器弹药及军需器材的供应。

四川省主席刘湘在会上表态说："一、四川人民愿在政府领导下，作不顾一

---

① 《国防联席会议记录》，中国第二历史档案馆藏，卷宗号：七八七 22431。
② 《国防联席会议记录》，中国第二历史档案馆藏，卷宗号：七八七 22431。
③ 《国防联席会议记录》，中国第二历史档案馆藏，卷宗号：七八七 22431。
④ 《国防联席会议记录》，中国第二历史档案馆藏，卷宗号：七八七 22431。

切的为民族求生存战。二、最后的胜利，必属于我，惟有持久抗战，可以奏杀敌致果之效，方知多难兴邦，言之不谬。三、以两年为期，四川可筹出兵员五百万。"①

最后，会议要求所有与会者对和战大计表态："如决定抗战，请各自起立，以资决定，并示决心。"② 结果，与会者不约而同全体起立，决心抗战。

会议除了确定对日抗战外，还决定与会者必须共同遵守以下两点："一、在未正式宣战以前，与彼交涉仍不轻弃和平。二、今后军事、外交上各方之态度，均听从中央之指挥与处置。"③

会议开了 3 个多小时，到深夜 11 点半才散会。这次会议在抗战史上意义重大，会上凝聚了当时中国党政军首脑及中央和边缘省份军事将领的共识，形成了全面抗战的正式决定。与会的张嘉璈（字公权）受到会场气氛的感染，他写道："全场中举国一致精神之表现，恐为数百年来所未曾有。"④

由于国防联席会议的召开，对日抗战正式上升为国策，战争动员、军事部署、战略制订和机构设置工作等因此次第展开。

二、战时机构的建立与《自卫抗战声明书》的发表

国防联席会议决定全面抗战后，中国开始组建战时政府，制定战时政策及军事战略，统制经济、发布命令和征用兵力，开始向战争状态过渡。

8 月 11 日，国民党中政会开会，决定设陆海空军大本营，由大元帅代表国民政府主席行使统帅海、陆、空军之权。该会还通过《国防最高会议条例》，决定成立国防最高会议，为"全国国防最高决定机关，对于中央执行委员会政治委员会负其责任"。以军事委员会委员长为国防最高会议主席，中政会主席为副主席。

---

① 《国防联席会议记录》，中国第二历史档案馆藏，卷宗号：七八七　22431。
② 《国防联席会议记录》，中国第二历史档案馆藏，卷宗号：七八七　22431。
③ 《国防联席会议记录》，中国第二历史档案馆藏，卷宗号：七八七　22431。
④ 姚崧龄：《张公权先生年谱初稿（上册）》，第182页。

成员包括"中枢党政军各方面的首脑人员"。职责为：1. 国防方针之决定，2. 国防经费之决定，3. 国家总动员事项之决定，4. 其他与国防有关重要事项之决定。国防最高会议主席拥有极大权限，可以对党政军一切事项"不依平时程序，以命令为便宜之措施"，从而赋予了蒋介石以战时的绝对统帅权。14日，国防最高会议举行第一次会议，决议设立国防参议会为国防咨询建议机关，以容纳党外抗日分子，同国防最高会议一起共同负责筹划抗战国策。[1]

中国战时机构的建立为即将到来的全国性抗战作了组织和战略准备，使中国能够在日本的进攻面前从容组织抗战和实施抗战方略。

1937年8月13日，日本海军陆战队一个小分队向上海江湾八字桥中国守军第87师阵地发动进攻，中国守军奋起还击，拉开了淞沪抗战的序幕。

8月14日，国民政府发表《自卫抗战声明书》，正式向国际社会表示："中国为日本无止境之侵略所逼迫，兹已不得不实行自卫，抵抗暴力。""中国今日郑重声明：中国之领土主权，已横受日本之侵略，国际盟约、九国公约、非战公约已为日本所破坏无余。此等条约，其最大目的在维持正义与和平。中国以责任所在，自应尽其能力，以维护其领土主权，并维护上述各种条约之尊严。中国决不放弃领土之任何部分，遇有侵略，则当于两国国交谋合理之解决，同时制止其在华一切武力行动。如是则中国乃当其和平意志，以期挽救东亚与世界之危局；要之吾人此次非仅为中国，实为世界而奋斗，非吾为领土与主权，实为公法与正义而奋斗。吾人深信，凡我友邦既与吾人以同情，又必能在其郑重签订之国际条约下各尽其所负之义务也。"[2]

自卢沟桥事变爆发后，日军占领平津、进攻华北，又在紧邻南京的淞沪地区挑衅，中国在日本步步侵略面前，实已到了忍无可忍的地步，开始步入全面抗战的轨道。

8月20日，成立大本营，并以大本营的训令颁发了国军战争指导方案和作战指导计划，确定以持久战为作战指导的基本主旨，并进行了较为正确的敌情判断

---

① 马起华：《中国国民党如何领导八年抗战》，载《近代中国》第47期，第10页。
② 复旦大学历史系：《中国近代对外关系史资料选辑》下册，第2分册，第11页。

和军事部署。《国民政府大本营战争指导方案》中说："一、本大元帅受全体国民与全党同志付托，统帅海陆空军，及指导全民，为求我中华民族之永久生存，及国家主权领土之完整，对于侵犯我主权领土，与企图毁灭我民族生存之敌国倭寇，决以武力解决之。""三、大本营对于作战指导，以达成持久战为基本主旨，因此将军令、政略、财政、经济、宣传、训练，划为六部，分担任务，各应本主旨，适切运用，紧密连系，俾获最后之胜利，为共同一致最高之原则"。蒋介石任陆海空军大元帅，程潜任参谋总长，白崇禧为副参谋总长。8 月 27 日，国民党中常会第五十一次会议决议，由军事委员会委员长行使陆海空军最高统帅权，并授权该委员长对于党政统一指挥。军委会下增设秘书厅，张群为秘书长，陈布雷为副秘书长，设立军令、军政、财政、经济、宣传、组训 6 个部，分掌有关事宜。① 从而正式以军事委员会取代大本营，成为战时最高统帅机构。

三、国民政府西迁重庆

平津的陷落震撼了南京，淞沪战事的爆发更直接威胁着国民政府的权力。尽管为了安定民心，表达中国政府抗日的决心，国防最高会议曾于 8 月 14 日宣布"外侮虽告急迫，政府仍应在首都不必迁移"，② 但是，迁都的准备工作实际上已在进行。7 月 27 日，蒋介石曾命令军事机关长官会报第 17 次会议讨论"各院部会实施动员演习及准备迁地办公"问题，"限三日具报"。③ 7 月 29 日，何应钦建议先将政府机关人员的眷属秘密疏散至内地。④ 9 月，德国军事顾问斯达开（Staike）亦建议考虑政府迁移问题。⑤

① 国民党中央党部档案，中国第二历史档案馆藏。
② 陈鉴波：《中华民国春秋》，第 749 页，台湾三民书局 1981 年 9 月版。
③ 《民国档案》，1987 年第 3 期，第 5 页。
④ 《民国档案》，1987 年第 3 期，第 7 页。
⑤ 中国第二历史档案馆编：《抗日战争正面战场》（上），第 397 页，江苏古籍出版社 1987 年版。

日军飞机的轰炸，也使南京笼罩在战争气氛中，自八一三抗战以来，日军"轰炸中国之密集部队及军事设施并掷炸弹 120 吨，参加轰炸南京的飞机在 800 架次以上"，① "无辜民众惨死在敌弹之下者，先后达 300 余人"。② 尤其是随着淞沪方面战况吃紧，国民政府从 10 月底起，就开始陆续向武汉、长沙和重庆三地疏散政府机关人员。

上海失守后，国防最高会议于 11 月 17 日在铁道部防空洞召开，决定国民党中央党部和国民政府迁往重庆。19 日，蒋介石在国防最高会议上对迁都重庆的决定作了说明。蒋介石称"国府迁渝并非此时才决定的，而是三年以前奠定四川根据地时所早已预定的"。他说："如果没有像四川那样地大物博、人力众庶的区域作基础，那我们对抗暴日，只能如一二八时候将中枢退至洛阳为止，而政府所在地，仍不能算作安全。"他称迁都重庆的目的是保证"我们国民政府不被消灭"，"只要国府存在，必与之抵抗到底"。③

当天晚上，国民政府主席林森及其随从人员由南京乘船，溯江西上，26 日抵达重庆。五院和其他各部、会也分别迁往重庆、武汉、长沙。但军事委员会仍留南京。

20 日，国民政府发表了《为贯彻长期抗战移驻重庆文告》，表明了中国决心抗战的意志。

为了安定军心和民心，11 月 21 日，蒋介石分别致电各省市国民党党部和政府、各军事将领，说明迁都之目的"在使中枢不受敌人暴力之威胁，贯彻我全国持久抗战之主旨，以打破日寇速战速决之迷梦"。他声称政府迁渝后，"我前方军事，不但绝无牵动，必更坚决进行"，"且中枢移驻内地，首脑既臻安固，则耳目手足，更能充分发挥其效用；就整个抗战大计而言，实为进一步展开战略之起点"。④

蒋介石自己留守南京指挥，直到 12 月 7 日乘飞机离开南京。

① ［英］田伯烈：《外人目睹之日军暴行》，第 80 页，正中书局 1938 年版。
② 《南京市长马超俊致行政院呈文》（1937 年），行政院档案，中国第二历史档案馆藏。
③ 蒋介石：《国府迁渝与抗战前途》，《总统蒋公思想言论总集》第 14 卷，第 653 页，台湾出版。
④ 《中华民国重要史料初编——对日抗战时期·第二编·作战经过（二）》（以下简称《作战经过（二）》），第 212～213 页。

四、工厂与文化教育机构的内迁

随着淞沪战事的爆发，集中于沿海、沿江大中城市及华北、东南一些较为发达地区的工厂有毁于战火或沦入日本人之手的危险。国民政府为保障支撑抗战所需工业物资的供应不致中断，决定有计划、有步骤地把一批重要的官办工矿企业迁移到西南和西北内地。一些爱国的民族资本家不甘沦为亡国奴，更不愿工厂落入敌伪之手，纷纷要求政府资助迁移到内地各省。同时，为保存中国的学术文化，华北和东部沿海地区的文化和教育机构也陆续内迁，形成了抗战初期蔚为壮观的工厂内迁和高校、学术文化机关内迁运动。

工厂内迁在七七事变爆发后不久即有筹划。1937 年 7 月 22 日，资源委员会奉国民政府军事委员会密令，设立国家总动员设计委员会，规定总动员具体事项有粮食、资源和交通统制，民众组织与训练，各地卫生机关及人员材料之统制和金融财政之筹划。其中资源统制指定由资源委员会、实业部、军政部、财政部、全国经济委员会、交通部、铁道部会同筹办，由资源委员会召集，负责具体实施。28 日，资源委员会机器、化学组召集会议，建议"迅速迁移机器及化学工厂，以应兵工需要，并派员先行接洽"。① 8 月 6 日，资源委员会机器化学组召开会议，议定机器厂内迁具体办法，其他如橡胶和食品等行业的工厂也被同意一并迁往内地。8 月 9 日，资源委员会根据派出人员与上海工业界人士商洽结果，拟定迁移工厂提案，致函行政院，请求政府补助工厂迁移费用和奖励工厂内迁，并由政府出面商请银行低利息借贷给工厂、拨给地亩额等，行政院于次日第 324 次会议议决："奖励金暂从缓议，余通过。由资源委员会、财政部、军政部、实业部组织监督委员会，以资源委员会为主办机关，严密监督，克日迁移。关于印刷厂之迁移，由教育部参加监督。"② 当日，由资源委员会及相关机关联合组成的监

---

① 《抗战时期工厂内迁史料选辑》(1)，《民国档案》，1987 年第 2 期，第 36 页。
② 《上海迁移工厂案节略》，国民政府军令部战史会档案，中国第二历史档案馆藏。

督委员会成立，资源委员会专门委员林继庸任主任委员，并当夜赴沪监督迁移。

8月11日，由各厂方代表组织的上海工厂迁移联合委员会成立，在监督委员会指导及监督之下进行工作，颜耀秋为主任，胡厥文、支秉渊为副主任，在监督委员会指导及监督下进行工作。"迁委会"决定各厂在武昌徐家棚附近集中，再分配西上宜昌、重庆，南下岳阳、长沙，同时由资源委员会派委员王宠佑在武汉主持划地及与银行接洽事宜，迁委会在武汉设立办事处，协助进行。迁委会并分别在镇江、苏州设分站，协助转运工作。至此，上海民营工厂的内迁工作正式开始。

八一三事变爆发后，上海一部分工厂的机件，集中闵行、北新泾或南市起运，另一部分靠近租界的工厂，先行抢拆至租界装箱，由苏州河或南市水陆起运。迁运的路线为用木船沿苏州河将机件运至松江，抵苏州后雇小火车装运至镇江，再移装民生公司江轮直驶汉口。至11月5日，日军在杭州湾登陆，松江河道告警，于是内迁物资改由怡和轮船运南通，转民船经运河至扬州、镇江。12日，上海沦陷。上海工厂内迁运动至此结束。这次工厂内迁，除去公营和国营的工厂外，共迁出民营工厂146家，机器材料抵汉口者为14600余吨，技术工人2500名。① 这对于拥有1186家民营工厂的上海来说，迁出工厂只为极少数，大量工厂沦于敌后，成为中国战时工业的一大损失。

随后，11月14日，全国厂矿迁移监督委员会成立，负责战区厂矿的内迁工作。16日，国民政府军事委员会核准颁布《工厂迁移协助方法》，将迁移范围扩至普通厂矿，全国规模的厂矿西迁运动由此开始。至1938年2月底，由江苏、浙江、山东、河南、安徽、山西、江西等省内迁至武汉的厂矿达137家，机料25728.2吨，技工2375人。

由于国民政府长期对日本存在幻想，对高校内迁未予重视，除南开大学与北洋大学曾自发到重庆与西安准备筹建分校外，其他所有高校都毫无动作。因此，

---

① 林继庸：《民营厂矿内迁纪略》，1942年自印稿第14～15页。

当战火蔓延后,东南沿海各高校很快都遭到日军的践踏,蒙受了巨大的损失。南开大学的校园被日军狂轰滥炸,几乎夷为平地;上海光华大学的全部建筑物被毁于八一三战火之中。在这种情况下,国民政府教育部始令沿海各高校内迁。据1939 年的统计,战前专科以上学校共 108 所,因战争迁后方者有 52 所,迁入上海租界或香港暂时续办的有 25 所,停办的有 17 所,其余 14 所或是原设后方,或是教会大学能在沦陷区勉强维持的。①

抗战期间各国立图书馆与博物院的书籍文物以及工作人员的内迁则筹划较早。国立中央图书馆在抗战初起时即奉令迁川,初在重庆设办事处,继迁白沙,最后迁重庆正式成立。在战时除保存原有图书外,并派人到上海秘密收购各种孤本秘籍,运馆收藏。或择要影印为丛书以广为流传。国立北平图书馆在战争未起以前,已将所存善本图书移存美国与香港。北平沦陷前该馆迁移,设办事处于长沙,继迁昆明。北平国立故宫博物院重要收藏于战争爆发前后分批迁移后方,妥为保全,未受日军损害。重要文物于 1933 年已先移至上海,继迁南京,成立南京分院。七七事变后,故宫博物院决定再从存在京沪的文物中选一批送到后方去,其中重要珍品共 80 箱,于八一三事变次日在南京装船运往长沙,存于湖南大学图书馆。不久,长沙已有空袭警报,再将这批文物运贵阳。至 1938 年 11 月,从贵阳城内的一个花园移到贵州省安顺县的华严洞内,至抗战胜利后才运回南京。同时,故宫博物院在南京的人员将其他全部文物连同内政部所藏古物,分从鄂、陕,辗转运输抵达重庆,并在重庆设立该院办事处,将各库宝物分散各安全地区,设立临时办事处典守保管。因此,上述两院一馆所藏中国文物精华,因战时有妥善之迁移与保全计划,幸免于日军的攫取与毁坏而能安然存在,避免了一场文化浩劫。

战时工厂与文化教育的内迁运动,在中国近代经济史和文化教育发展史上写下了重要的一页。它昭示了中华民族不屈不挠和坚韧不拔的民族精神,为战时后方工业的发展和中国战时教育文化的维持与发展奠定了基础。

---

① 吴俊升:《战时中国教育》,载《八年对日抗战之国民政府》,台湾商务印书馆发行,1978 年版。

第4章
淞沪会战

一、大山事件与中日双方的军事部署

淞沪地区位于长江下游黄浦、吴淞两江汇合处，扼长江门户，其中上海市是我国最重要的经济、金融中心和最大的国际贸易港口，在政治、经济和军事上具有重要战略地位。日本统帅部认为，占领上海"使其丧失经济中心的机能"，"切断其对外联系"，能使中国"军队和国民丧失战斗意志"，①迫使中国政府尽快屈膝投降。因此，日本军部在入侵华北的同时，拟在华东地区进行作战。

淞沪地区从1932年第一次淞沪战役后，事实上已成为不设防地带，上海更是一座不设防城市。按照当时签订的《淞沪停战协定》，中国军队无权在安亭经太仓到长江岸边的七丫口一线（当时的停战线）以东驻兵，这样，中国军队不能在上海市区及周围驻防，市内仅有淞沪警备司令杨虎所辖上海市警察总队及江苏保安部队两个团担任守备。然而，日军在沪兵力却有驻上海日本海军第3舰队及其

① 日本防卫厅防卫研究所战史室：《中国事变陆军作战史》第1卷第2分册，第18页。

所属陆战队 3000 余人。卢沟桥事变发生后，驻上海日本海军第 3 舰队司令官长谷川清于 8 月 4 日要求军令部秘密陆续向上海派遣特别海军陆战队。军令部的答复是："要慎重，待继续观察形势再作考虑。"8 月 7 日上午，日本海相米内提出为了保护青岛和上海的侨民，应准备紧急派遣陆军兵力的议案，并将此案交陆相杉山，建议内阁审议。可这一议案未得到内阁讨论而搁置起来。与此同时，自卢沟桥事变发生后，中国方面为应付突发事变，已于 7 月 8 日正式任命张治中为京沪警备司令，指挥第 87 师（驻常熟、苏州）、第 88 师（驻锡、澄）及江苏、上海保安队数团，在淞沪地区对日戒备。不久，又增调第 2 师补充旅开往苏州归张指挥。张治中即令该旅 1 个团化装为保安队进驻虹桥和龙华飞机场警戒，另以 1 个团化装成宪兵开驻松江。7 月 30 日，张治中向南京政府提出了"先发制敌"的建议，可得到的答复是："应由我先发制敌，但时机应待命令。"① 双方在淞沪地区达到剑拔弩张的程度。中国方面对于作战的准备较日方更为积极充分。8 月 1 日，张治中发表文告，鼓励所属官兵："期以忠勇坚毅，共迎行将到来之无限艰苦，但必有无限希望的岁月。"同日，张发表《告京沪区民众书》，呼吁"惟我亲爱同胞，共勉前程，共纾大难，时乎不再，凛凛勿忽"。②

图 4.1　两上淞沪战场的张治中

8 月 9 日下午 5 时左右，日军驻上海海军特别陆战队西部派遣队队长、海军中尉大山勇夫等两人乘摩托车越入中国保安队警戒线，向虹桥机场方向疾驰，不仅不听中国方面的停车命令，反向守兵开枪，中国保安队员被迫还击，将两人击毙。这就是所谓的"虹桥机场事件"，即大山事件。大山

---

① 《八一三淞沪抗战》，第 17 页，中国文史出版社 1987 年版。
② 《八一三淞沪抗战》，第 19 页。

事件的发生使上海的形势顿时紧张。上海市长俞鸿钧闻讯后即向日方领事提出交涉，谋求外交途径解决冲突，以防事态扩大。但驻沪日军却以此为借口，向中国方面提出苛刻条件：（1）撤退市内保安队，（2）所有保安队防御工事应拆除。[①]并以武力解决相威胁。中国政府拒绝了这一无理要求。于是长谷川清下令在佐世保待命的机动部队迅速向上海增援，并动员驻沪海军陆战队和日侨义勇团备战，将日舰 30 余艘集中吴淞一带，随时准备采取行动，陆军亦开始向上海调动，战争处于一触即发之势。

中国政府已意识到日军制造虹桥机场事件是大规模进攻上海的征兆，上海战事已不可避免，遂进行了一系列军事部署。京沪警备司令张治中在事变刚发生时即令"第87、88 两师，做输送前进的准备"。[②] 8 月 11 日晚，国民政府军事当局决定围攻上海，密令张治中率领所部第 5 军第 87、88 两师于当晚向预定之围攻线推进，准备对淞沪发动攻击，并急令该军在西安的第 36 师火速南返，参加上海战事。同时令在蚌埠的第 56 师，在嘉兴的炮 2 旅炮兵 1 团，在华北的炮团之一营"星夜开赴苏州归张治中指挥"。[③] 当日夜，张治中离开苏州，统率全军从苏州、常熟、无锡一带进发，利用事先控制了的火车和汽车向上海挺进，12 日晨，进驻上海。张治中令第 87 师的一部进至吴淞，控制罗店、浏河，主力前进至市中心区，第 88 师前进至上海火车北站与江湾间，炮兵第 10 团第 1 营及炮兵第 8 团进至真如、大场，独立第 20 旅在松江的一个团进至南翔；令炮兵第 3 团第 2 营及第 56 师之一部自南京、嘉兴各地兼程向上海输送；派刘和鼎为江防指挥官，率领第 56 师及江苏保安第 2、4 两团，负责东自宝山西至刘海沙的江防，并控制主力于太仓附近。[④] 至是日黄昏前，中国军队的战役部署基本就绪。原在上海的地方部

---

① 《上海作战日记》（1937 年 8 月 11 日），见中国第二历史档案馆编：《抗日战争正面战场》，第 263 页。

② 《八一三淞沪抗战》，第 19 页。

③ 《上海作战日记》（1937 年 8 月 11 日），见中国第二历史档案馆编：《抗日战争正面战场》，第 126 页。

④ 《八一三淞沪抗战》，第 20 页。

队主力于真如、闸北和江湾市中心区、吴淞各要点布防，一部警戒沪西沪南，掩护我军前进。中国军队进入了上海及其附近预定阵地。

张治中在所部完成对上海日军进攻的部署后，决定先发制敌，准备于 8 月 13 日拂晓以前开始对虹口和杨树浦日军据点发动进攻，以在日军援军和日军对中国军队的作战意图琢磨不定时，乘其措手不及，"一举将敌主力击溃，把上海一次整个拿下"。然因接获南京方面"不得进攻"① 电令而未能行动。致使军事计划耽搁，给了日军从容部署的机会，中国军队痛失进攻良机。

日军方面，虹桥机场事件发生后，海军第 3 舰队司令官长谷川清一方面向中国方面提出无理要求，另一方面命令在日本佐世保待机的海军一部进入上海。在日本国内，海军中央部研究了这一事件后，要求第 3 舰队"慎重行事"。10 日召开的日本内阁会议上，海相米内表示尚待判明真相，并希望派遣陆军部队。12 日，日本参谋本部和军令部达成陆海军共同作战的决定。13 日上午 9 时，日本内阁会议正式作出了向上海派遣陆军部队的决定。

中日双方的战役部署表明，上海战事虽已不可避免，但这时双方的战略重点都置于华北方面，所以双方投入的兵力是有限的。中国方面在平津陷落后，军事当局认定日军向上海进攻不可避免。在这种情况下，乘日军的注意力还放在华北而尚未动员国内兵力发动对上海进攻之前，采取主动行动，首先消灭驻沪日军，然后抵抗和消灭登陆之敌较为有利。因此，中国方面对于作战的准备较日方更为积极充分，中国军队决定采取"先发制敌"的方针，主动向驻沪日军发动攻击。

二、中国军队主动进攻与封江战役

中国军队挫败了日军的挑衅后，国民政府也向全国人民和世界昭示了其抗战决心，以图趁日方援兵未到之机，一举歼灭在沪日军，然后再与来援之敌决战。

---

① 《八一三淞沪抗战》，第 20 页。

8月13日夜，蒋介石下令警备军改编为第9集团军，张治中为总司令，并于"14日攻击虹口及杨树浦之敌"；苏浙边区军改编为第8集团军，张发奎为总司令，守备杭州湾北岸，并扫荡浦东之敌，炮击浦西汇山码头及公大纱厂；空军于14日出动，协同陆军作战，并任要地防空。14日下午3时，张治中下达总攻击命令，出动炮兵和步兵向日军阵地进攻，实施攻击。中国空军也出动3架飞机对虹口及汇山码头等处日军据点进行轰炸。随后第87、第88两师并列，向虹口、杨树浦之敌发起进攻，战斗至日暮，中国军队夺回八字桥、持志大学、沪江大学等地。傍晚，张治中接到蒋介石命令："今晚不得进攻，另候后命。"① 此后两日中国军队继续攻击，将五洲公墓、爱国女学、粤东中学及日海军俱乐部各点克复。当时日机限于航程，未对中国军队形成很大空中威胁，中国空军在连日空战中取得击落日机42架的辉煌战绩。

8月16日，蒋介石致电张治中：第36师或钟松旅加入第87师方面，预定明日（17日）拂晓全线总攻击，一举歼灭敌军，占领虹口为要。② 中国军队再次对杨树浦方面之敌发起进攻，第87师攻占了日海军俱乐部，第88师冲入日军坟山阵地。但日军工事坚固，中国军队的炮火无法将其摧毁，且中国军队攻击的重点日海军陆战队司令部是日军防御的核心阵地，故虽付出重大代价仍未能攻克。19日再攻，"原求遇隙突入，不在攻坚，但因每一通路皆为敌军坚固障碍物阻塞，并以战车为活动堡垒，终至不得不对各点目标施行强攻"。③ 至下午5时，王敬久第87师前锋部队突入至杨树浦租界至岳州路附近。张治中令所部扩大战果，调整部署突入贯穿杨树浦租界至汇山码头，截断敌左右翼的联络，向东西压迫，一举而歼灭敌人。至20日拂晓前，中国军队的进展，西至欧嘉路，东至大连湾路，南至昆明路、唐山路。日军组织兵力从昆明路方面多次反攻，都被中国军队击退。8月20日，国民政府军事委员会正式颁布中国军队战斗序列及作战指导计划，将全

① 张治中：《揭开八一三淞沪抗战的序幕》，见《八一三淞沪抗战》，中国文史出版社1987年版。
② 《中华民国重要史料初编——对日抗战时期·第二编·作战经过（二）》，第170页。
③ 《张治中致蒋介石电》（1937年8月19日），国民政府军令部战史会档案，中国第二历史档案馆藏。

国划分为5个战区，京沪杭地区为第3战区，冯玉祥任司令长官（9月17日以后由蒋介石自兼），顾祝同任副司令长官，陈诚任前敌总指挥。同时制定了作战方针："国军一部集中华北持久抗战，特别注意确保天然堡垒；国军主力集中华东，攻击上海之敌，力保淞沪要地，巩固首都；另以最少限兵力守备华南各港口。"①第3战区将全部兵力（共19个师又16个旅）划分为淞沪围攻军，指挥官为第9集团军总司令张治中；长江南岸守备区，指挥官为第54军军长霍揆章；长江北岸守备区，指挥官为第11师师长常恩多；杭州湾北岸守备区，指挥官为第8集团军总司令张发奎；浙东守备区指挥官为第10集团军总司令刘建绪。

图4.2 战火中的上海南京路一片狼藉

同日凌晨，中国方面第36师第106旅由杨树浦区北缘开始前进，天明时进抵沙泾港、梧州路、昆明路之线，左与大连路之第87师右翼连接。淞沪围攻军再次对敌发起总攻，并将攻击重点由虹口日海军陆战队司令部改为汇山码头，拟将日军截为两段，再分别围歼之。经一夜激战，第36师突破日军阵地进抵百老汇路，22日晚上又一度进至汇山码头，但遭到日海军炮火的阻击，又因进展过快，对巷战地区搜索不严，以致日军便衣队与汉奸乘机纵火扰乱。中国攻击部队前后隔绝，同日军形成混战，伤亡惨重，官兵死伤达2000人，被迫撤回唐山路原守阵地。

① 《国民革命战史第三部：抗日御侮》第5卷，第14页，台湾黎明文化事业股份有限公司1978年4月版。

23 日凌晨，为阻止日军沿江西犯，免使中国军队遭受腹背夹攻的威胁，蒋介石下令采取封江措施。早在淞沪大战前夕，蒋介石下令致电国民政府交通部长俞飞鹏，要求"凡招商局之江船，平时应多留航于汉口与南京、镇江间，勿使其多留上海为要，又废还大小船只，不论几何，应令全入江内候令"。[①] 8 月 11 日夜，蒋介石在下令张治中向上海预定围攻线开进的同时，命令海军阻塞江阴水道，同时命令第 39 军刘和鼎辖驻蚌埠之第 56 师及江苏保安第 2、第 4 两团，任东自宝山、西至江阴刘海沙的江防，并控制主力于太仓附近。该日深夜，中国海军部长陈绍宽率舰队至江阴，指挥"甘露"、"青天"等 3 艘测量舰和两艘炮舰将长江江阴下游的航行标志如灯标、灯船、灯塔等一律拆毁，并将港道阻塞，阻止日舰冲入。8 月 12 日，江阴江面阻塞工作初步完成，事先抽调海军舰龄较长的"通济"、"自强"号等 8 艘舰艇及向国营招商局和各轮船公司征集"通济"、"华富"号等 20 艘轮船一共 28 艘凿沉堵塞江面；不久又征用 3 艘商轮和抽调"海容"号等军舰沉塞。这样前后共凿沉大小军舰、商轮 35 艘，合计吨数 6 万 8 百余吨。[②] 随后为加强阻塞效果，又将镇江、芜湖、九江、汉口、沙市各地的趸船计 8 艘拖往江阴江面下沉，并由苏、浙、皖等地征用石子 2354 英吨、大小民船和盐船共 185 艘陆续沉塞，"以弥补罅隙"；同时中国军队又在江阴一带江面密布水雷，并派海军第 1 舰队"平海"、"宁海"、"应瑞"、"逸仙"号主力战舰泊守江阴，严阵以待。中国军队在长江江阴段构筑了坚固的封锁线。

8 月 14 日，沪战正酣，中国海军为严防日军溯黄浦江上犯，抄陆军后路，遂将"普安"号运输舰沉塞浦江董家渡水道。并"以闭塞吴淞口，击灭在吴淞口以内的敌舰，绝对防止日舰通过江阴以西为主要目标，派出一部协同沿江各要塞及陆地部队的作战"。[③] 8 月 16 日，中国电雷学校教育长欧阳格从江阴率鱼雷艇到上

---

① 《蒋介石致俞飞鹏手令》（1937 年 8 月 4 日），载《中华民国重要史料初编——对日抗战时期 · 第二编 · 作战经过（一）》。

② 《海军抗战纪事》，中国第二历史档案馆藏，载《民国档案》1986 年第 1 期，第 55 页。

③ 国民政府大本营训令第一号《战争指导方案》，国民政府军令部战史会档案，中国第二历史档案馆藏。

海，派大队副安奋邦率第 105 号艇艇长和士兵 5 人冒险开到南京路的外滩附近，向停泊日本领事馆码头附近的日本"出云"号旗舰连续发射鱼雷，将其击伤。至 17 日，中国海军完成了浦东区的三道江面阻塞工事，"分别敷布水雷外，又因上海港汊纷歧，另用中、小型水雷于作战陆军各部队防区择要敷设，并担任破坏桥梁、供给陆军地雷等工作"，[①] 阻止日军从水上登陆，威胁上海市区。

面对中国海军坚固的江面封锁，日军军舰无计可施，于是从 8 月 16 日起，出动大批飞机空袭泊守江面的中国军舰，企图冲破江阴封锁线。中国海军英勇作战，以舰队高射炮构成强大的防空网，击退日机一次又一次的进攻，与日机周旋了 30 多天。8 月 22 日，"宁海"舰击落日机一架。9 月 22 日，日军出动大队飞机集中围攻中国军舰，中国海军各舰官兵浴血奋战，历时 6 小时，日机不支遁去，共有 5 架受伤，中国海军"平海"、"应瑞"两舰受伤，"平海"舰舰长高宪申，高射炮指挥见习生孟汉霖、高昌衢等壮烈殉国。23 日，日军又出动六七十架飞机分批向中国军舰围攻，尤以"平海"、"宁海"为其轰炸目标，中日海、空军再度展开猛烈的海、空战，终因敌机麇集，寡不敌众，平、宁两舰先后被炸沉，中国海军官兵伤亡惨重，但日军也付出 4 架飞机被击落、2 架飞机受伤的代价。[②] 25 日，日军飞机再次来犯，16 架飞机轮番轰炸江阴附近的中国海军第 1 舰队"逸仙"号舰，第 1 舰队司令陈季良率领全舰官兵沉着应战，"击落敌机两架沉没江中"。[③]"逸仙"号军舰也因被炸进水，被迫搁浅。中国海军赶派"建康"等舰驰往救护，并令第 2 舰队司令曾以鼎率"楚有"舰赴江阴接防。"建康"号在救援途中遭日机前后夹击轰炸，舰中 8 弹，舰长齐粹英、副舰长严又彬均被炸成重伤，全舰付出了伤亡 34 人的代价，舰也因进水过多，沉没江底。10 月，中国海军第 2 舰队移驻江防总部，继续负责江防要塞事宜。日军不断出动强大机群进行空袭，至 10 月 8 日，中国海军又有 8 艘军舰弹竭船损，沉没江中。

---

① 《海军抗战纪事》，第 55 页。
② 《海军抗战纪事》，第 56 页。
③ 《海军抗战纪事》，第 56 页。

与此同时，从 8 月 20 日起，日军连续出动飞机轰炸淞沪海军各机关，海军司令部、江南造船所、吴淞海岸巡防处等先后被炸毁，中国海军"永健"号亦"屡遭空袭，迭次抗战，相持数日，终于 25 日被炸沉"。[①] 中国海军一面在浦江布设水雷，一面寻机炸毁日舰及其重要军事建筑。9 月 8 日，中国海军炸毁日海军在浦东新三井的第 3、第 4 两号码头及趸船，并炸沉日海军汽油艇两艘。9 月 29 日晨，中国海军再次谋炸日海军"出云"号旗舰，"亦几命中，该舰左右防御物均被炸毁，舰体受震损伤"。[②] 中国海军同浦东刘和鼎江防部队一起，组织炮队，扼守要隘，以严防日军溯黄浦江上犯，包抄淞沪陆军后路。

从 10 月 29 日起，中国海军奉令退守长江两岸，拆下舰载重炮，组织炮队，分别配置于江阴、浦东及太湖各处，随时准备"候敌来犯，予以痛击"。

中国海军的封江战役，打破了日本海军深入长江，准备南进和包抄淞沪陆军的企图，有力地配合了中国军队在淞沪地区的作战。

三、日军增援与沿江争夺战

8 月 21 日，日军调集舰只约 30 艘在吴淞、川沙、浏河一带炮击江岸，其援军将在各该地登陆的企图已极为明朗。第 3 战区决定将长江南岸守备区编为第 15 集团军，陈诚任总司令，辖第 18 军、第 39 军、第 74 军、第 6 师、炮兵第 16 团。与第 9 集团军的作战分界线为南翔—蕴藻浜—吴淞镇南端一线，准备攻击吴淞以西登陆之敌。

日本上海派遣军于 8 月 22 日乘船到达舟山群岛以北海面，当天午夜时抵川沙河口。司令官松井石根决定，"与海军协同，以一有力兵团在川沙镇方面，以主力在吴淞附近登陆"，[③] 企图于登陆成功之后迅速占领罗店镇，尔后直指嘉定、南翔，控制京沪铁路，攻击淞沪地区中国军队侧背。

---

① 《海军抗战纪事》，第 54 页。
② 《海军抗战纪事》，第 54 页。
③ 日本防卫厅防卫研究所战史室：《中国事变陆军作战史》第 1 卷第 2 分册，第 12 页。

23 日凌晨，日军增援部队第 3 师团、第 11 师团以及第 1、第 8 师团各一旅团在吴淞、狮子林、川沙口等处陆续登陆，并即向中国军队左翼军方面宝山、罗店、浏河一线进攻，同时对中国军队右翼军方面的川沙及浦东各地，也采取积极的行动，以一部在殷行至张华浜之间登陆，对淞沪围攻军侧翼造成威胁。当时中国第 15 军各部除第 56 师以外，均未到达指定位置。川沙口仅有第 56 师一个连，抵挡不住强敌，日军当天进占川沙镇，并以主力进攻罗店。吴淞方面日军 2000 余人在强大火力掩护下登陆，守备该处之保安团势单力薄，亦无法阻敌。张华浜地区，日军第 3 师团 1000 余人登陆后，中国守军市警察总队竭力抵抗。天明后，日军出动飞机 10 余架、海军军舰 10 余艘对中国军队阵地进行猛烈轰击，中国守军被迫后退。张治中得悉情况后，除命市区各部固守阵地外，急令"教导总队第 2 团阻击张华浜之敌，第 78 师调一个旅支援吴淞，并抽出第 98 师向宝山、杨行、罗店前进，由该师师长夏楚中指挥该师及第 11 师阻击登陆之敌"。[①] 当天下午，第 11 师不顾敌机轰炸进至罗店西南，立即对占领罗店之日军一部展开攻击，毙敌百余，收复罗店。

图 4.3   淞沪战场云集了当时中国最精锐的部队

———————————

① 《张治中致蒋介石电》（1937 年 8 月 24 日），国民政府军令部战史会档案，中国第二历史档案馆藏。

24 日，日军后续部队登陆，一部占据吴淞炮台，主力向狮子林前进。在这之前，22 日，陈诚作出部署，令右翼军第 18 军军长罗卓英辖第 11、第 67、第 98 师、炮兵第 16 团，攻击宝山城、狮子林、川沙口一带登陆之敌，压迫于长江而歼灭之，第 39 军刘和鼎军所辖第 14 师、第 56 师协同右翼军之攻击，并继任浏河至江阴间的江防。24 日，这些部队先后到沪，陈诚又令："第 98 师攻击杨行、宝山线（含）以左地区之敌；第 11 师攻击新镇、月浦、狮子林线（含）以左地区之敌；第 67 师为预备队，并以有力之一部由罗店、聚源行、朝王庙以左地区配合第 11 师进攻。"[①] 第 98 师鉴于日军正加紧进攻吴淞、宝山两地，敌若得手既可南攻上海市，又可西取罗店，对中国军队威胁甚大，遂向这两处日军展开进攻，与吴淞镇守军配合，至傍晚将敌压到江边，歼敌三百余，解了吴淞镇之围。同时另一部由八字桥向宝山城立足未稳之敌 300 余人急袭，激战一小时收复宝山，日军残部向狮子林退逃。第 11 师于 23 日由刘家行向罗店急往驰援，25 日拂晓到达罗店外围月浦、周宅之线，在西钱桥、顾宅、新镇一带同日军展开遭遇战。接替该师罗店防务的第 67 师，亦向罗店以北日军发动猛烈攻击，但由于日军构筑工事速度很快，炮火猛烈并有飞机支援，致使该师陷于困境。午后，日军进逼罗嘉公路，第 199 旅与敌反复肉搏，双方伤亡惨重，对峙于罗店以北。

张华浜地区，桂永清教导总队虽英勇阻击，但未奏效。27 日晨，日军数百人在舰炮支援下登陆，攻入殷行镇。后第 36、第 87 两师抽调 4 个团兵力，几经攻击，方将敌赶回张华浜，张华浜方面成对峙状态。杨树浦、虹口正面突入日军阵地之部队于 24 日晚撤回，沿租界各路口固守。25 日，夏楚中第 98 师向宝山、狮子林发起攻击，击退了狮子林的日军。26 日，夏楚中以第 588 团第 3 营守卫宝山城，第二营一个连守卫狮子林炮台，该师主力在沿江宝山、狮子林至江内腹地月浦中间地带构造工事。入夜，又以一团接替第 11 师罗店以东新镇、顾家角阵地。

第 15 集团军于 27 日晚再由月浦镇、新镇、罗店、蒲家庙之线攻击日军。罗

---

① 《陈诚致蒋介石电》(1937 年 8 月 24 日)，国民政府军令部战史会档案，中国第二历史档案馆藏。

店正面日军为第 11 师团主力，敌以飞机 6 架、大炮 10 余门对中国军队猛烈轰炸，步兵千余人分路向中方阵地猛扑。激战至次日中午，在日军强大的火力攻击下，中国军队虽数次增援并发起反攻，但日军终于突入罗店。守军在熊熊烈火之中与敌展开激烈巷战，由于伤亡惨重，罗店再度陷入敌手。中国军队决意夺回罗店，第 18 军军长罗卓英下午 5 时下令向罗店包围。中日两军在罗店附近展开了空前激战。29 日拂晓，中国军队第 98 师、第 67 师、第 11 师、第 14 师分别以主力向罗店四周发起攻击。日军凭借飞机和炮火对中国军队进行狂轰滥炸，并组织反扑。中国军队因各部苦战竟日，减员严重，十分疲惫，攻击未能奏效，伤亡惨重。鉴于日军援军陆续支援，第 15 集团军为避免更大牺牲，30 日，将围攻罗店之敌的部队撤至罗店外围宝山、狮子林、新镇、顾家角、南北塘口、西苏塘、金村、金家宅、袁家宅、杜宅南北和周宅一线防御。

日军攻占罗店后，松井石根遂命第 11 师团一部协助第 3 师团迅速攻占吴淞镇。31 日，日军第 3 师团第 68 联队在海空火力支援下，从吴淞登陆，中国该处守军第 61 师一个团在敌强大火力袭击下伤亡惨重，吴淞镇失守。同时，日军舰 20 余艘、飞机 10 余架，对狮子林炮台进行轰击，使守军蒙受重大损失。次日，敌步兵千余登陆围攻炮台，第 98 师一部与敌反复白刃格斗达 4 小时，最终全部捐躯。9 月 2 日、3 日，日军在海、陆炮火掩护下继续向杨家桥、月浦之间阵地猛攻，中国军队顽强抵抗，屡挫敌锋。日军见不能得手，遂将主力移至江边，在海军炮火支援下集中攻中国军队右翼，激战多时，中方因伤亡严重，渐呈不支，4 日黄昏被迫转移到顾家宅、周家宅、杨家桥一线。

由青岛调来增援上海的日军第 11 师团天谷支队，9 月 2 日奉命沿吴淞—月浦—罗店公路攻击罗店方面中国军队之侧后。敌以 30 余辆战车为前导，从军工路突破中国军队阵地，后继续向西进犯，5 日与进攻月浦的日军会合。中国军队被迫撤守月浦东侧阵地，致使守卫宝山城之第 98 师第 583 团第 3 营陷入重围。日军舰炮、飞机猛烈轰炸，并以战车攻击，守军在营长姚子青带领下沉着应战，当晚，姚营长致电师部："誓本与敌偕亡之旨，固守城垣，一息尚存，奋斗到底。"[1]
敌久攻不下，6 日，向城内发射大量硫黄弹，全城房屋尽被大火烧毁，姚营身处危城之中犹尽力奋战。敌用重炮轰毁城墙，姚子青带领余部与敌激烈巷战，直至全营壮烈牺牲，宝山城陷落。

　　狮子林、福山城血战的同时，为收复罗店，中国军队反复向日军发起攻击。日军虽伤亡甚重，但凭借舰炮、飞机及各种轻重火器顽抗，使中国军队攻击未能成功。6 日傍晚，陈诚集团军再攻，至 7 日凌晨，第 14、11 师已将罗店包围，但此时天色渐明，日军得以集中火力猛烈轰击，福山之敌又向月浦进犯，第 14 师侧后受到威胁，只得放弃进攻，撤至月浦以东。

　　9 日起，日陆海空军联合向月浦进犯，中方第 98 师、第 1 师奉命固守，与日军血战数昼夜，双方付出惨重代价。至 12 日，第 15 集团军各部奉命撤至杨家宅、紫藤树下、永安桥、张家宅、陆福桥一线。

　　8 月 27 日第 9 集团军调整部署：右翼军孙元良第 88 师，位于北站至沙泾港间原阵地，围攻虹口敌军，并以一部任沪西一带及潭子湾、北站间警戒；中央军宋希濂第 365 师，位于沙泾港东岸、唐山路、华德路、引翔港镇北端至虬江口一线，围攻杨树浦之敌；左翼军王敬久第 87 师固守吴淞并围攻张华浜方面之敌，另以一部任虬江口至张华浜间警戒。[2]

　　9 月 1 日至 5 日，第 9 集团军辖区战况较为沉寂。6 日晨，日军以海军火力支援在虬江码头登陆，第 9 集团军以左翼军预备队第 57 师加入战斗，将登陆之敌包围于码头栈房之内。7 日，张华浜日军渡河向第 87 师南泗塘阵地发动猛攻，经守军坚决反击，激战终日，将渡河之敌大部歼灭。同日，虬江码头之敌沿军工路进攻，企图与张华浜之兵会合，遭中国军队阻击，未能得逞。日军不断向中国军队阵地发起猛攻，并猛烈炮轰上海市区，中国守军同日军展开了激烈的巷战和阵地

---

　　① 《姚子青致第 98 师师长夏楚中电》（1937 年 9 月 5 日），国民政府军令部战史会档案，中国第二历史档案馆藏。
　　② 《张治中致蒋介石电》（1937 年 8 月 28 日），国民政府军令部战史会档案，中国第二历史档案馆藏。

战，双方呈胶着状态。至 11 日，杨家行阵地被突破，市中心区直接与日军形成对峙。12 日，因左翼第 15 集团军被迫后撤，第 9 集团军侧后受到蕴藻浜北岸日军的威胁，被迫将主力移进至八字桥、江湾、庙行、蕴藻浜南岸一线，同日军呈对峙状态。

至 9 月中旬，日军以两个师团的兵力同中国军队激战，进展不大，双方在海岸沿线胶着，呈犬牙交错状态。17 日，中国军队全线撤守北站、江湾、庙行、朝王庙、罗店西南至双草墩之间，与敌对峙。①

四、战事的扩大与胶着

中国军队经过对沿江登陆日军的英勇抗击，终因损失过大，被迫转入防御。9 月 2 日，第 3 战区发布第二期作战计划，"战区以持久抗战之目的，限制登陆之敌发展，力求收各个击破之效。各个击破不能达成时，则依状况逐次后退于敌舰射程外之既设阵地，施行韧强抵抗，待后方部队到达，再行决战而收最后胜利"。② 决定以陈诚集团军为江岸防守军，张治中集团军为上海围攻军，张发奎集团军为浦东防守军，担任淞沪战场作战。至该月中旬，中国军队以前所未有的规模扩大淞沪战役的兵力部署，到达淞沪前线的部队达 50 个师和 5 个炮兵团。但由于此时战局对中国军队不利，南京国民政府已面临日军占领上海，进窥南京，夺取京沪杭地区的严重危局，于是为挽回战局，乃决心大规模增兵淞沪战场。同时，从 9 月 13 日起，国际联盟召开全会，10 月 6 日通过远东问题咨询委员会第二报告书，宣称日本为侵略国；并决定在布鲁塞尔召开"九国公约"国家会议。国际上的动向，使南京国民政府对于"国际干涉"的期望为之上升，从而也促成了蒋介石加强淞沪战场、守住上海的决心，以待国际局势的变化。南京国民政府重建了第 3 战区司令长官部，9 月 21 日起由蒋介石自兼总司令，以顾祝同为副总司

---

① 《第三战区淞沪会战经过概要》，国民政府军令部战史会档案，中国第二历史档案馆藏。
② 《国民革命战史第三部：抗日御侮》第 5 卷，第 16 页。

令。10 月初开始，陆续调集部队增援淞沪战场，使参加淞沪会战的部队达 28 个军又 8 个师、4 个独立旅，共约 73 个师，70 余万人。中央军嫡系军队参战的占其总数的五分之三。蒋介石以全国总兵力的三分之一多的部队投入淞沪战场。9、10 月份的会战是规模巨大的，空前激烈的，极其悲壮的，达到了淞沪会战的最高潮。

与此同时，日军参谋本部制订了新的作战计划，决定以 10 月底为期，在华北、上海两个方面发动新的攻势。从 9 月中旬至 10 月上旬，日本除增派了 3 个师团多的兵力外，又将华北方面的 2 个师团大部、东北方面的 1 个师、国内新动员的 1 个师团，联合组成第 10 军，转用于淞沪战场；还将华北方面的一个师团调归日本上海派遣军指挥。于是，日军在上海的兵力，增加到 9 个多师团，10 月上旬其总兵力约为 20 万人，而华北方面的兵力则下降为 7 个多师团。这样，日军"将主作战转移到华中"。①

9 月 13 日，日军重藤支队、第 101 师团、第 9 师团先后到达。上海派遣军决定以第 3、第 11 及第 101 共 3 个师团进攻中国军队南翔至大场一线阵地，并以重藤支队协同第 1 师团攻击罗店附近中国守军。14 日起，敌军在飞机、战车和火炮掩护下向中国军队发起全线进攻，重点指向宝罗公路东南方。第 15 集团军各师与敌在潘泾河附近淑里桥一带激战，双方损失惨重，"每日数千"。② 17 日，第 18 军撤至杨家宅、陆福桥、施相公庙一线，终于制止了日军攻势。日方见消灭中国军队之企图不能实现，乃改向西方进攻，企图压迫中国军队后退。

中国军队于 21 日调整部署，第 3 战区分为右、中、左 3 个作战军。右翼战军司令官张发奎，辖第 8、第 10 集团军；中央作战军司令官朱绍良，辖第 9 集团军及第 18、第 61 师，独立第 21 旅；左翼作战司令官陈诚，辖第 15 集团军及新编成的薛岳第 19 集团军，分别担任浦东地区、闸北地区和罗店西南地区的防守。

从 23 日拂晓起，日军约两个联队对第 66 军陆福桥至杨家桥间阵地发起进攻，

---

① 日本防卫厅防卫研究所战史室编：《大本营陆军部》上册，第 374～375 页，中文摘译本。
② 张秉均：《中国现代历次重要战役之研究——抗日战役述评》，第 113 页，台湾"国防部"史政编译局编印，1978 年版。

不断以重炮猛烈袭击，并以战车掩护步兵冲锋。中国军队与敌反复肉搏，阵地失而复得者多次，双方伤亡惨重。次日，中国军队左翼作战军调整阵线，以江家屯、窦家弄、孟湾、顾家镇、北店宅、太平桥、周家牌楼、万桥、罗店南端经施相公庙、朝王庙至浏河为主阵地；以江家屯沿蕴藻浜至陈家行、沿杨泾河、广福、孙家宅至施相公庙为二线阵地。25 日，日军以两个师团的兵力继续猛攻，30 日拂晓进抵陆宅。该处第 67 师一个连苦战数昼夜，与敌展开白刃肉搏，前仆后继，最后仅 2 人生还。同时由于第 77 师万桥阵地被敌突破，左翼军各部撤往蕴藻浜南岸之原定第二线阵地。

10 月 1 日，日本内阁四相会议决定进一步扩大侵华战争，制定了《处理中国事变纲要》，进一步明确"军事行动之目的，在于使中国迅速丧失战斗意志。应采取适当手段使用兵力占据要地"。日本上海派遣军司令官认为，由于中国军队的顽强抵抗，罗店西南战事呈胶着状态，从侧翼包围中国军队的企图无法实现，决定改为中央突破。计划于攻陷大场后进入苏州河一线，消灭上海以北之华军，然后向南翔进攻。①

5 月起，日军第 9 师团和新到达之第 13 师团向蕴藻浜地区发动猛攻，中日双方激战四昼夜，都遭受重大伤亡。中国方面第 77、59、90、67 师及第 66 军教导旅不得不撤至后方整补，由后续部队接防。8 日，敌强渡蕴藻浜，第 8、61 师及税警总团等部与敌激战数日，损失惨重，未能将渡河之敌歼灭，以致日军于黑大黄宅至东西赵家角一线构成宽约二里之桥头堡阵地，掩护其后续部队南渡，并进犯大场。

由于大场形势关系全局，第 3 战区急令新到之廖磊第 21 集团军向该方面增援，并于 15 日调整部署，将蕴藻浜南岸地区划归中央作战军负责。为恢复蕴藻浜南岸阵地，战区决定对敌实施反击。"以新到之韦云淞第 48 军为一路攻击军，由黄港、北侯宅、谈家头附近向蕴藻浜南岸之敌发起进攻，进出唐桥站、田都之

---

① 日本防卫厅防卫研究所战史室：《中国事变陆军作战史》第 1 卷第 2 分册，第 56、79 页。

线；以叶肇第66军为二路攻击军，由赵宅附近向东进攻，进出杨家宅、徐家宅一线；以第98师为三路攻击军，由广福南侧向孙家头、张宅一线进攻；原守备各师编为一至三个突击队向当面之敌进攻，协助各路攻击军前进"。① 20日，第66军克服敌之顽强阻击，收复三新宅、唐桥头，但第21集团军当面为日军主力，虽付出重大代价仍未获进展，左翼第15集团军也未得手。21日，全线停止进攻转为防御。

22日、23日两日，敌以主力向第21集团军猛攻，北侯宅、沈宅、谈家头一线阵地被突破，第21集团军不得不撤至小顾宅、大场、走马塘、新泾桥、唐家桥一线。第9集团军左翼各师也随后撤至大场附近。24日，日军乘胜进犯大场。在敌强大陆、空火力打击下，朱耀华第18师"苦战竟日，至25日阵地大部被毁，遂被突破"。大场失守。至此，中央作战军四面受敌，退路有被切断之危险，遂于26日放弃北站至江湾间阵地，向苏州河南岸、江桥镇、小南翔一线转进。为掩护主力安全转移，第88师第524团一营官兵在副团长谢晋元指挥下，坚守闸北四行仓库，孤军奋战阻敌前进，给日军以重大杀伤。

由于中央作战军正面缩小，第3战区决定将其撤销。战区正面分左右两路作战军，分别由陈诚、张发奎指挥。

31日起，日军在周家桥、姚家宅、姜家宅等处强渡苏州河。日军第3师团左翼一部刚渡过河，便因遭到守军阻击受挫；该师团右翼部队则于11月5日强渡成功。日军第9师团11月1日渡河后，中国军队从苏州河北岸南翔方面调来部队进行反击，曾使敌军一度陷入困境。"虽未悉数歼灭，但至11月8日敌未扩大其过河点"。② 但日军第11师团攻占了南翔附近之江桥镇，威胁中国军队侧后，解除了其第9师团的压力。9日，中国军队全线后退。日军第3、第9师团于该日傍晚进抵龙华、高家湾，完成了对上海南市的封锁，中国留在南市及浦东地区之保安队等2000余人，继续坚持与敌作战数日，方停止有组织之抵抗。

---

① 《第三战区淞沪会战经过概要》，国民政府军令部战史会档案，中国第二历史档案馆藏。
② 《第三战区淞沪会战经过概要》，国民政府军令部战史会档案，中国第二历史档案馆藏。

至此，淞沪抗战从 8 月至 10 月已延续两个月，在中国军队的英勇抗击下，日军虽然投入 9 个多师团的兵力，且在武器装备上占有绝对优势，但仍不能达到目的。日军每前进一步都要付出重大代价，这对其速战速决战略无疑是一个沉重的打击。

五、日军登陆杭州湾与上海失陷

日军参谋本部为迅速解决上海战争，10 月 20 日下令：增派第 10 军及必要兵力，与海军协同在杭州湾北岸登陆，以利于上海派遣军完成任务；上海派遣军执行现任务，同时协助第 10 军登陆。①

日军选定的登陆地点，是位于上海南方的杭州湾北岸之金山卫和全公亭。这里海岸线平直，近岸有 40 尺以上的水深，且接近苏州河中国军队的侧背，是淞沪地区最良好的登陆场所。日军登陆后如占领松江，即可切断沪杭铁路，与北面的上海派遣军配合，对淞沪地区的中国军队形成包围。淞沪抗战初期，中国方面为防止日军增援部队在沿江沿海登陆，曾设置杭州湾北岸守备区，以第 8 集团军 4 个师又 1 个旅担任防守。后因上海方面战事紧张，第 55、57、62 师及独立第 45 旅先后被调往浦东一带协助正面作战，以致从全公亭到乍浦几十公里长的海岸线，仅有第 62 师之一部及少数地方武装担任守卫。这是中国军事当局指挥上的严重失误。

11 月 5 日拂晓，日军先以舰炮对金山卫附近中国军队阵地轰击数小时，然后步兵在飞机掩护下，于全公亭、金丝娘桥、金山卫、金山嘴、漕泾等处同时登陆。中国以两个连兵力对日军 3 个师团之众，力量悬殊，无法阻止日军登陆。上午，全公亭方面登陆日军已达 3000 余人。南京大本营得悉日军登陆，"迅调浦东第 62 师主力、独立第 45 旅及新到枫泾之第 79 师攻击登陆之敌，并令新到青浦经 67 军

① 日本防卫厅防卫研究所战史室：《中国事变陆军作战史》第 1 卷第 2 分册，第 87 页。

向淞江推进，以资策应"。① 各部队虽遵令移动，但由于正值雨后，道路泥泞，又遇日机不断轰炸，中国增援部队行进迟缓，未等赶到，日军已在几乎没有阻挡的情况下源源登陆。日军在金山卫、全公亭的登陆成功，使中国军队处于被夹击包围的危险境地，上海已势所难保。

日军于杭州湾源源登陆后，以第6师团主力沿沪杭铁路前进，另以一部直扑松江，企图攻击苏州河南岸中国守军之背后，使中国军队腹背受敌，6日，敌先头部队到达米市渡附近，傍晚渡过黄浦江，冲破中国军队阻击，以大队人马向松江推进。7日，中国军队第62、第79师分别向亭林镇、金山城之敌发起进攻，但被击退。第8集团军副总司令黄琪翔鉴于日军主力已进至黄浦江右岸，迫近松江，决定将浦江右岸部队左移渡江，而以第67军吴克仁部守城，并阻止日军渡江。吴克仁部刚刚从豫北调来增援作战，集结未毕，被渡江攻城的日军各个击破，"松江、枫泾于11月9日同时失于敌手"。②

7日，日军参谋本部为统一上海方面作战指挥，决定将上海派遣军与第10军编组为华中方面军，以松井石根大将为司令官，意图尽快结束上海战事，包围歼灭集结淞沪的中国军队。至此，日军在淞沪战场投入的兵力已有大约30万人。

日军进占松江、枫泾后，又向西直指嘉兴、平望，沪杭铁路被敌切断，北面日军也已突破苏州河中国军队防线。为打破敌人的包围与巩固南京防卫，蒋介石决定中国军队立即撤退，左右两作战军向吴福国防线转移，以保卫南京，并以一部转移沪杭线方面阻击敌人。

中国军队开始由苏州河方面退却后，日军遂向苏州河以南和以西推进。11日晚，在南市及浦东担任掩护的中国军队撤离，上海沦陷。

淞沪会战历时3个月，给日本侵略军"速战速决"战略以沉重一击，使日本陆军和海空军遭到从七七开战以来从未受到过的打击和损失，迫使其不断增兵，

---

① 《第三战区淞沪会战经过概要》，国民政府军令部战史会档案，中国第二历史档案馆藏。
② 《第三战区淞沪会战经过概要》，国民政府军令部战史会档案，中国第二历史档案馆藏。

把 20 多万日军吸引到长江三角洲地带，从而减轻了其他战场的压力，对全国抗战是一个强有力的支援。这次战役鼓舞了全国人民的抗日热情，也为沿海工业内迁、物资设备和企事业机关的转移、保存经济实力赢得了时间。中国广大官兵浴血奋战，几十万人在与日本侵略者的拼搏中为国捐躯，他们的英勇事迹永远是中华民族解放斗争史上光辉的篇章。

但这次战役中，中国军事当局在战略指导上犯有错误。首先，上海地处我国东南沿海，并不居于中国大陆的战略枢纽地带，因而上海之战在战略上难以起到转换全局的作用。从这个意义上说，它是不能同华北作战的意义相提并论的。上海地区接近海岸，向内是一片地势平坦、河网交错的狭小地区。上海市区又驻有日军，占有海空军绝对优势的日军，便于在此实施登陆，又可收陆海空军联合作战之效，对于中国军队作战显然不利。上海左濒临长江口，右紧靠杭州湾，形成一个"凸"形边境，对日军的优势兵力而言，有凸形边境可资利用，就可以从上海的两翼实施登陆，进行战略包围，容易迂回成功。因此，上海抗战应当夺取先机，以果断的行动和优势兵力，一举彻底歼灭市区之敌。中国驻上海地区部队认识到这一点，在敌未大动前主动对市区之敌发起进攻。可惜，南京最高军事当局和战不定，优柔寡断，在战斗发起后 3 次下令前线部队停止攻击，加之攻击力量不足，以致丧失先机，未能达成初战之目标。

次之，中国军队应有足够的兵力和火器的准备，部署于长江口岸和杭州湾沿线及其附近岛屿，并组织好后继力量，对抗敌军登陆，在敌军登陆过程中就给予歼灭性打击。但是中国方面在事前既无抗敌登陆作战之准备，又未组织好足够的后继力量，以致让日军在长江口沿岸登陆成功，逐次扩展攻势，造成对中国军队的致命威胁。再者，以中国军队的综合条件，完全不应当在上海郊区与敌军进行阵地战，但中国 70 万大军却同敌军进行了长达几十天的阵地战，这种以己之短对敌之长的做法，使中国军队在日军海陆空强大火力下遭受了极为惨重的损失，"每小时死伤辄以千计"，违背了保存自己、消灭敌人的基本原则。进行旷日持久的大规模会战，尤其是在淞沪这个特定地区，对中国是不适宜的。在达到一定的战略和战役目的后，应当适时转移兵力，使自己立于主动地位。但南京最高军事当局在战局逆转已无可挽回时，仍然大规模地增兵，自陷于被动。而在凸形边线两翼疏于防卫，特别是在最易实现战役展开、对上海形成迂回之势的金山卫地区疏于防守，以致日军登陆成功，导致中国军队淞沪抗战最后失败，更是军事指挥上的重大失误。当中国军队面临被包围的险境时，蒋介石又未及时下令撤退，"待部队溃乱、战线动摇时才被迫而撤退，因此不能为整齐而有计划的退却"。①仓惶之中，多年经营的多道坚固国防工事基本未能利用，使日军得以迅速扑向南京，对南京的防卫造成了极为不利的影响。

---

① 《陈诚个人回忆资料》，载《民国档案》1987 年第 1 期。

第 5 章
中国共产党全面抗战路线的提出和八路军出师抗战

一、洛川会议提出"抗日救国十大纲领"

卢沟桥的炮声点燃了全国抗战的烈火。事变爆发第二天，中国共产党即向全国发出通电，指出："平津危急！华北危急！中华民族危急！只有全民族实行抗战，才是我们的出路！"号召"全中国同胞、政府与军队团结起来，筑起民族统一战线的坚固长城，抵抗日寇的侵掠"！① 同日，红军将领毛泽东、朱德、彭德怀等联名致电蒋介石、第29军将领宋哲元等，要求"实行全国总动员，保卫平津，保卫华北，规复失地"。② 并且表示要"为国效命"，"随时准备调动"，"与日寇决一死战"。③

---

① 《中国共产党为日军进攻卢沟桥通电》(1937年7月8日)，原件藏于中国人民解放军军事博物馆（以下简称军博）。

② 《红军将领请缨杀敌致蒋电》(1937年7月8日)，原件藏于军博。

③ 《红军将领为日寇进攻华北致宋哲元电》(1937年7月8日)，原载《解放周刊》第1卷，第10期。

正确的抗战路线和战略方针，是取得抗战胜利的基本保证。在通电全国号召抗战的同时，中国共产党对抗日救国的路线、方针、战略、策略进行了探求。1937年7月23日，毛泽东发表了《反对日本进攻的方针、办法和前途》一文，指出："抗战存在着两种方针、两套办法和两个前途，要争取抗战胜利，就必须实行坚决抗战的方针，反对一切游移、动摇、妥协、退让；就必须采取全国军队的总动员，全国人民的总动员，改革政治机构，实行抗日外交，改良人民生活，加强国防教育，厉行抗日的财政经济政策，建立巩固的民族统一战线等项办法。"① 毛泽东的这篇文章初步阐述了中国共产党的全面抗战路线。

为了促使国民政府军事当局迅速制订全国抗战的战略方针，加强对日作战的指导，8月4日，中共中央提出了准备交付国防最高会议的有关国防意见，并相应拟出了全国抗战的战略计划及作战原则方案。方案具体提出了全国抗战所应采取的战略方针和作战原则：（1）战略的基本方针是持久的防御战，但应抓住适当时机给敌以反击，最后把日寇从中国赶出去；（2）在战役上应以速决战为原则；（3）作战的基本原则是运动战，应在决定的地点和适当的时机集中优势兵力、兵器，给敌以决然的突击，避免单纯的阵地消耗战；（4）在必要的战略要点和经济中心，设置坚强工事，配备足够兵力，以钳制敌人；（5）一切防御阵地避免单线式，应缩小其正面，伸长其纵深，守备部队应采取积极的动作，切勿单纯的防守；（6）我军处于战略的内线，而在战役的指导上，应争取外线作战，以求得歼灭敌人；（7）广泛地开展游击战争，其战线应摆在敌之前后左右，以分散、迷惑、疲倦敌人，破坏敌之后方，以造成主力在运动中歼敌的有利条件。② 提案强调："只有上述作战原则之下，才是保持持久战的有效方法和消灭敌人，取得抗

---

① 《毛泽东选集》（袖珍合订本），第315～323页。
② 《确立全国抗战之战略计划及作战原则案》（1937年8月），见彭明主编《中国现代史资料选辑》第5册。第192页，中国人民大学出版社1989年3月版。

战胜利的手段。"① 8 月 11 日，周恩来、叶剑英、朱德在南京军事会议上，又就此方案作了进一步阐述和补充说明。中共中央关于抗战战略和作战原则的重要建议，相当部分被国民政府军事委员会所采纳。

为适应全国抗战爆发后，尤其是八一三事变以来急剧变化的形势，确定领导人民争取抗战胜利的路线、纲领、战略、策略，中共中央政治局于 8 月 22 日至 25 日在陕北洛川冯家村召开了扩大会议。毛泽东、周恩来、朱德、洛甫、博古、任弼时、关向应、彭德怀、刘伯承、张国焘、贺龙、林彪、徐向前等 22 人出席，毛泽东在会上作了关于军事问题、国共两党关系问题和中国共产党在抗日战争时期基本任务的重要报告。

图 5.1　1937 年 8 月，周恩来（右二）、朱德（右一）、叶剑英（左二）等红军将领前往南京共商抗战大计

毛泽东在报告中分析了抗战开始后出现的新形势。指出：7 月 7 日卢沟桥中国军队的抗战"已经成为中国全国性抗战的起点"。中国的政治形势也"从此开始了一个新阶段，这就是实行抗战的阶段"。在这一阶段中，中国共产党"同国

① 《确立全国抗战之战略计划及作战原则案》（1937 年 8 月），见彭明主编《中国现代史资料选辑》第 5 册，第 192 页，中国人民大学出版社 1989 年 3 月版。

民党及其他抗日派别的区别和争论已经不是应否抗战的问题，而是如何争取抗战胜利的问题"。"单纯的政府抗战只能取得某些个别的胜利，只有全面的民族抗战才能彻底地战胜日寇"，所以"今天争取抗战胜利的中心关键在使已发动的抗战发展为全面的、全民族的抗战"。为此，中国共产党在此一阶段的中心任务应该是："动员一切力量争取抗战的胜利。"① 根据这一任务，会上制定并通过了著名的抗日救国十大纲领，其主要内容为：

（一）打倒日本帝国主义；

（二）全国军事的总动员；

（三）全国人民的总动员；

（四）改革政治机构；

（五）抗日的外交政策；

（六）战时的财政经济政策；

（七）改良人民生活；

（八）抗日的教育政策；

（九）肃清汉奸卖国贼亲日派，巩固后方；

（十）抗日的民族团结。②

抗日救国十大纲领是中国共产党全面抗战主张的具体体现。为实现这一纲领，中共中央要求全体党员和红军将士英勇地"站在抗日的最前列，坚持抗日战争中无产阶级的领导权，成为全国抗战的核心"。③

关于军事问题，毛泽东根据抗战以来敌我双方实力和战况的变化，提出了红军战略转变的问题。报告指出：全国抗战的战略总方针是持久战，而不是速决

---

① 《中共中央关于目前形势和党的任务的决定》（1937年8月25日），见《中国人民解放军抗战史料选编》，中国人民解放军军事科学院（以下简称军科院）藏。

② 毛泽东：《为动员一切力量争取抗战胜利而斗争》（1937年8月25日），见《毛泽东选集》（袖珍合订本）第324至329页。

③ 《中共中央关于目前形势和党的任务的决定》（1937年8月25日），见《中国人民解放军抗战史料选编》，军科院藏。

战。要使红军的任务与抗战以来的战情相符合，中国共产党的工作及其领导下的抗日红军重心必须放在战区和敌后，为此规定红军在抗战中的基本任务是：第一创造抗日根据地，第二钳制和消灭敌人，第三配合友军作战，第四保存和扩大部队，第五争取民族革命战争的领导权。因此，红军的战略方针应为：独立自主的山地游击战（并不是不要平原，它包括有利条件下消灭敌人的运动战和向平原发展的游击战争，但着重于山地游击战）。会上强调了这一方针，明确红军必须实行军事战略的转变，由国内革命战争的正规战转向抗日民族解放战争的游击战，从而担负起开辟敌后战场，配合正面战场，创建抗日根据地，争取抗战最后胜利的历史使命。[1]

关于同国民党的关系，毛泽东强调了统一战线中共产党独立自主的原则。指出：一方面要巩固和扩大统一战线，另一方面又要对国民党保持高度的阶级警惕。要放手发动抗日的群众运动，和国民党的片面抗战路线作斗争，使国民党接受共产党提出的全面抗战主张，实现无产阶级对资产阶级及其他同盟者在思想上和政治上的领导。[2]

会议还就一些具体问题，如红军出兵的时机、数量、兵力使用以及陕甘宁留兵多少等问题交换了意见。会上一致通过了《关于目前形势与党的任务的决定》，通过了毛泽东起草的《为动员一切力量争取抗战胜利而斗争》的宣传提纲。为了加强中国共产党对军事工作的领导，会议决定由毛泽东、朱德、周恩来、彭德怀、任弼时、叶剑英、张浩、贺龙、刘伯承、徐向前、林彪组成中共中央革命军事委员会，毛泽东为军委主席，朱德、周恩来为副主席。

洛川会议是在中国民族革命战争伟大历史转折关头召开的一次重要会议，会上制定的全面抗战路线、战略方针和各项具体政策，对日后指导中国共产党领导民众实行全面、持久的抗战起了极为重要的作用。

---

[1] 《中共中央关于目前形势和党的任务的决定》（1937 年 8 月 25 日），见《中国人民解放军抗战史料选编》，军科院藏。

[2] 《中共中央关于目前形势和党的任务的决定》（1937 年 8 月 25 日），见《中国人民解放军抗战史料选编》，军科院藏。

二、中国工农红军主力改编为八路军

中共领导下的武装力量的改编，是全面抗战爆发前国共谈判的核心问题之一。由于双方在军队改编的许多问题上存在严重分歧，故至抗战爆发仍未达成协议。七七事变后，红军将士满怀爱国热情，多次发表通电，向国民政府要求早日开赴抗日前线，并于 7 月 14 日宣布自行改编。[①] 次日，中共代表向国民政府递交了《中共中央为公布国共合作宣言》，宣言中表示：愿立即取消苏维埃政府，红军改名为国民革命军，受国民政府军事委员会指导，开赴抗日前线。[②]

由于中共方面的一再催促，加上八一三后淞沪战场形势吃紧，各战场均需大量兵力投入，于是，国共两党在以往谈判的基础上达成协议。1937 年 8 月 22 日，国民政府军事委员会宣布红军主力部队改编为国民革命军第八路军，并同意设总指挥部，下辖 3 个师，每师 15000 人。8 月 25 日，中共中央革命军事委员会发出改编命令，将中国工农红军第一、第二、第四方面军和陕北红军等部改编为国民革命军第八路军（9 月 11 日，按全国统一的战斗序列，改称第 18 集团军），以朱德为总指挥，彭德怀为副总指挥（9 月 11 日，改称正、副总司令），叶剑英为参谋长，任弼时任政治部主任，左权任副参谋长，邓小平任政治部副主任。下辖第115 师、第 120 师、第 129 师和总部特务团。红一方面军及陕北红军第 74 师等编为第 115 师，师长林彪，副师长聂荣臻，参谋长周昆，政训处主任罗荣桓（11月，政训处主任改称政治委员，下同），副主任肖华，下辖第 343 旅（旅长陈光，副旅长周建屏），第 344 旅（旅长徐海东，副旅长黄克诚），以及独立团和 3 个直属营，全师共 15500 人。红二方面军及陕北红军第 27、28 军等部改编为 120 师，师长贺龙，副师长萧克，参谋长周士第，政训处主任关向应，副主任甘泗淇，下

---

① 毛泽东：《红军改编命令》（1937 年 7 月 14 日），原件藏于军博。
② 《中共中央为公布国共合作宣言》（1937 年 7 月 15 日），见彭明主编《中国现代史资料选辑》第 5 册，第 213 页。

辖第 358 旅（旅长张宗逊，副旅长李井泉）、第 359 旅（旅长陈伯钧，副旅长王震），以及教导团和 5 个直属营，全师共 14000 余人。红四方面军及陕北红军第29、30 军等部改编为第 129 师，师长刘伯承，副师长徐向前，参谋长倪志亮，政训处主任张浩，副主任宋任穷，下辖第 385 旅（旅长王宏坤，副旅长王维舟）、第 386 旅（旅长陈赓，副旅长陈再道），以及教导团和 5 个直属营，全师共 13000人。加上总部直属队 3000 余人，全军共近 46000 人。与此同时，还由各主力部队抽调部分部队组成八路军后方总留守处（1939 年 8 月正式改称留守兵团），肖劲光任主任，下辖警备第 1 至 8 团、第 385 旅旅部和第 770 团等部，担负保卫陕甘宁边区的任务。[1]

中国工农红军顺利改编，使中国共产党领导下的武装力量实现了由国内革命战争向抗日民族解放战争的伟大历史转变，为中国工农红军出师抗战奠定了基础。

三、八路军主力出师山西

洛川会议和红军改编期间，正是日军向华北和淞沪地区展开大规模进攻之时。尤其在华北，日军在平津失陷后大举增兵，于 8 月中旬又沿平绥、平汉、平津 3 条铁路线向中国军队发起新的进攻。

为了配合国民政府军队保卫华北，中共中央早在 8 月上旬就已对红军出师抗日的行动步骤作出初步设想，拟以"三分之一兵力，以冀察晋绥四省交界地区为中心，向着沿平绥路西进及沿平汉路南进之敌执行侧面游击战，另以一部向热、察地区活动，威胁敌后方"。[2] 以后，随着战局发展，中共中央在洛川会议上又就八路军出师后的兵力部署作了进一步研究，决定：八路军全部部署于以恒山山脉

---

① 《第八路军战斗序列表》（1937 年 8 月 25 日），见彭明主编《中国现代史资料选辑》第 5 册，第 536 至 538 页。

② 《洛、毛关于国防问题给朱、周、叶的指示》（1937 年 8 月 4 日至 5 日），见《中国人民解放军抗战史料选编》第 1 辑，军科院藏。

为中心之冀察晋绥四省交界地区，以此为战略依托，向察哈尔（旧省名，辖今河北西北部及内蒙古一部分）南部、热河南部和河北西部发展。此一部署的要旨是使八路军主力在出师后能向平、津之敌之侧翼和后方深入展开，分割敌关东军与平津的战略联系。从侧后袭扰、牵制和打击日军，钳制日军的正面进攻，以此协同，配合友军作战。

由于华北战况日趋严重，红军改编后未等整编补充就绪，中共中央军委即按既定部署，令第115师为东进先遣队，于8月22日由陕西三原地区誓师出征。8月31日，第115师主力经韩城县芝川镇东渡黄河，至侯马乘火车沿同蒲路北上，日夜兼程直趋晋察冀交界地区。9月3日，第120师主力也由陕西省富平县庄里镇出发，沿先遣队线向华北前线挺进。9月6日，八路军总指挥部由陕西省泾阳县云阳镇东进前线指挥作战。与此同时，八路军总部对八路军主力出师后的作战指导思想和具体部署向各师发出电文指示，指出：敌在华北作战计划，以占领平津、南口、张家口之线为第一步，以占领沧州、保定、涞源、大同之线为第二步，以进占德州、石家庄、太原、归绥为第三步。但敌现有兵力疲劳，进入山区后，部队供应困难，重炮、坦克均不能发挥其威力。在此形势下，八路军为坚持华北局面，尽可能保障山西持久战，争取民主政治的实现。为此，八路军在各方面须起积极模范作用：应以机动灵活的袭击战术，求得消灭敌之小部，兴奋友军，转变其死守、呆板之战术，造成持久胜利的发展局面，模范地遵守纪律，积极发动群众，组织群众，与群众打成一片；对一切友军政权，取尊重合作态度；扩大本身，利用时间加紧必要之训练。具体部署是：第120师主力以灵活的游击战向左云方向袭击，并发动晋西北及绥东群众，首先组织宁武、朔县、神池、五寨、平鲁、右玉、林格尔、清水河、偏关、河曲、保德地域的游击队；王震率第718团进至五台东北豆村镇、台怀镇地区，开展五台以北、以东等地区之群众工作。第115师第343旅控制上寨附近，以小部袭扰灵丘、涞源之敌；第344旅位于阜平东北，随时协助第343旅相机袭击由灵丘向平型关西进或由涞源向平汉路南进之敌；在可能条件下，组织有力游击队深入紫荆关、蔚县、涿鹿之间活动。预计，第

129 师抵正太路以南，在辽县设后方机关，开展太行山脉工作。①

遵照上述指示和部署，9 月中旬，第 115 师主力进至五台、繁峙、灵丘等晋东北地区和冀西阜平地区；第 120 师主力于 9 月下旬进至宁武、神澥等晋西北地区。总部和第 120 师第 358 旅也于是月末进入五台。9 月 30 日，八路军第 129 师整装完毕，由韩城、芝川渡过黄河，向山西抗日前线进发。

---

① 《朱、彭、任关于八路军作战指导思想与具体部署致各师电》（1937 年 9 月 2 日），见《中国人民解放军抗战史料选编》第 1 辑，第 1 册，军科院藏。

小　结

七七事变，日军攻占平、津，使蒋介石及国民党统治阶层对日妥协的幻想彻底破灭，中日关系的"最后关头"终于被突破。

8月7日，国民党中央和地方的政军要员云集南京，就全国性的抗战战略指导方针和作战部署进行了紧张的决策，决定开展"全面抗战"并实行"持久消耗"的作战原则。

国共谈判为世人所瞩目。由于中国共产党采取了正确的政治路线，也由于国民党政府从抗日大局出发，双方就中国工农红军的改编问题取得了一致意见，中国工农红军主力改编为国民革命军第八路军，并开赴前线作战，第二次国共合作正式完成。至此，中华民族抵御外侮的全面抗日战争在南北战场迅速展开。

第29军在卢沟桥事变发生后首先奋起抵抗日军进攻，成为中华民族全面抗战的起点，这是具有历史功绩的。但在日军进攻面前，却迅速失败，尽管因素较多，但更重要的原因，是第29军领导人幻想苟安的结果。

八一三事变爆发后，上海地区首辟东部战场。淞沪作战在开始之初规模并不大，但不到一个月便扩大为抗日战争的重心。中国几十万大军集中于上海周围这一地势平坦、河网交错的狭小地区，与装备、素质都居于优势的日军进行旷日持久的阵地战。华北战场因此降到次要地位。淞沪会战的结果，使中国精锐部队受到严重损失。这对于国民政府"持久消耗"的战略指导原则来说，不能不说是一次失策。

第二部分
日本全面扩大
侵略战争

第 6 章
华北战事的发展

一、平绥线重镇的失陷

日军占领平津，遭到中国军队的顽强抗击，也激起了中国人的抗日热情。日本内部再次对战争前途发生分歧，"温和派"认应限制战争规模，否则日本将陷入一场旷日持久的全面战争之不能自拔，而"强硬派"则狂妄地断言，中国不堪一击，可在"三个月灭亡中国"。结果，"强硬派"的主张占了上风，日本遂调集大军对华作战，走上了全面战争的道路。

日军所以断言能在 3 个月内结束战事，基本判断是在此期能以重兵歼灭中国军队的精锐，攻占政治经济中心地区，因而采取了"速战速决"战略，南北两个战场同时开战，沿铁路线长驱直入，夺取具有战略影响力的中心城市，并乘机消灭中国的主力部队。为加强华北日军的力量，先后从国内紧急动员了第 5、第 6 和第 10 共 3 个师团赶赴华北增援，企图以大兵压境之势沿平汉线、津浦线快速南下，与中国部署在平津以南的部队进行决战，"将其击败后进入保定、独流镇一线"，① 再伺机南下与华中日军会合。平绥线方面，日军原只计划派独立混成第11旅团集结在南口和北平之间，监视该方向中国军队的动向，视情况变化占领南口，以保证平汉线作战时的右翼安全。最初，关东军曾数次要求进攻平绥线，以彻底安定华北，"巩固满洲国的基础"，被陆军部以"并非当前之急务"为由加以否决。②

然而，战场形势瞬息万变。日军在集结过程中发现中国汤恩伯第13军已经抢先在南口附近布防，对其未来作战威胁甚大，且关东军一再坚持向平绥线挺进，日本中国驻屯军便决定先派独立混成第11旅团及板垣征四郎第5师团沿平绥线向西攻击南口，以排除主力南下作战的背后威胁。同时关东军也派出由3个旅团组成的"察哈尔派遣兵团"，沿热河内蒙古一线作战，直攻张家口，与第11旅团等部对平绥线上的中国军队形成东西夹击之势。由于这场突然决定的战事主要是在察哈尔进行的，故日本方面又称其为"预料外的察哈尔作战"。

平绥线是连接华北西北的大动脉，该线上的南口是阻止战火燃到山西的屏障，又可予平津日军以威胁。张家口是西北重镇，中国方面预计日军会沿平绥线西犯，故对此线的防卫颇为重视，蒋介石在7月30日致电绥远省主席傅作义，对局势作如下分析："平汉线与津浦线之正面作战，若不从察绥方面向敌侧背攻击，则战无了局。"③ 次日，他连发数次电报，布置察省防务。他令第13军军长汤恩伯、第17军军长高桂滋急速率部入察，协助察哈尔省主席、第68军军长刘汝明准备平绥线的作战，电称"俾部队一到，即可随时进入阵地作工，不致废时，总须我部队阵地深沟宽壕，使敌骑与唐（坦）克不能侵入阵地"；④ 命令刘汝明

---

① 《日本军国主义侵华资料长编——（大本营陆军部）摘译》（上），第339页，四川人民出版社1987年4月版。

② 《日本军国主义侵华资料长编——（大本营陆军部）摘译》（上），第339页，四川人民出版社1987年4月版。

③ 《蒋介石致傅作义电》（1937年7月30日），载《作战经过（二）》，第80页。

④ 《蒋介石致毛恕可电》（1937年7月31日），载《作战经过（二）》，第96页。

"从速将平绥线青龙桥、八达岭等处各要点铁路炸毁，勿使敌利用。"① 8 月 1 日，蒋介石命令组成第 7 集团军，从绥远和山西增援平绥线，委傅作义为总司令、汤恩伯为前敌总指挥。

8 月初，日军独立混成第 11 旅团向南口附近开进，由于沿途洪水暴发，日军行动稍缓，使中国军队有了少许构筑工事的时间。8 月 8 日，日军千余人在重炮掩护下进攻南口，中国士兵凭险抗击，展开激战。日军采用了多点攻击战术：除第 11 旅团主攻南口外，第 5 师团一部绕出南口背后的居庸关、镇边城等处；关东军的察哈尔派遣兵团经张北直攻张家口；大井支队从北方扑向延庆；另有伪蒙军在商都一带频繁活动，牵制中国骑兵第 1 军，其目的是要截断平绥线，各个击破中国军队，迅速结束该方面战事，保证津浦、平汉线作战的顺利展开。

日军 8 日的进攻被击退后，重新调整部署，于 12 日拂晓发动了更大规模的攻势，当天，5 千日军在飞机、坦克、重炮掩护之下。同时向南口及其附近的得胜口、虎峪村、苏林口一线阵地全面进攻，中国守军顶着猛烈的炮火，顽强战斗，在敌人重点攻击的南口阵地，中国士兵身陷焦土，在残缺不全的工事中作战，誓死不退。日军凭着强大火力，一度冲入南口镇，但当晚中方即组织逆袭，成功地将敌人驱出，守住了南口，此役中日双方各伤亡 500 余人。②

图 6.1　日军进攻南口，受到中国守军抵抗。图为日军坦克突进南口

① 《蒋介石致刘汝明电》（1937 年 7 月 31 日），载《作战经过（二）》，第 97 页。
② 张宪文：《抗日战争的正面战场》，第 45 页，河南人民出版社 1987 年 6 月版。

两次猛攻受挫，日军便再次向该方面增加兵力，第5师团主力投入战斗，全线作战由板垣征四郎统一指挥。中国方面也感到南口"防线太长，兵力太单薄"，① 在敌军优势兵力之下恐难持久，决定增援第13军。蒋介石希望阎锡山的晋军能就近支援，但阎反应冷淡。13日，军事委员会电令在石家庄的李默庵第14军及陈铁第85师编成第14集团军，由卫立煌任总司令，紧急用列车运往易县，从北平以西山地向南口迂回，驰援汤恩伯部，限令10天内到达。并令孙连仲第1军团进占房山西北高地，掩护第14集团军的前进。同时，军事委员会又电令平绥线西段的第143师（师长由刘汝明兼）出击张北、崇礼城，骑兵第1军（军长赵承绶）出击德化、商都和南壕堑等地，一面策应南口，一面消耗此处的敌人，便于未来作战，蒋介石还直接给属晋绥军的傅作义电报，请他出兵"援助汤军，以全公私，勿使其孤军受危，南口失陷"。②

13日，日军对南口中方阵地再兴攻势，战斗到了白热化的程度。日军先以猛烈炮火轰炸，然后以坦克横冲直撞，士兵则随在战车之后冲进南口，火力上处于劣势的中国守城官兵不避牺牲，与敌殊死血战，反复肉搏争夺，致阵地得而复失，失而复得，数度易手。至14日，南口主阵地守军一团官兵几乎全战死，阵地陷敌手。以后数天，日军乘势向南口左右两侧的阵地攻击，想一举解决战事，但中国士兵寸土不让，顽强阻击，第13军虽形势渐趋不利，仍据险固守待援，并不时对敌军实施逆袭，双方在南口周围地区形成僵持。

此时，第143师攻克崇礼并威逼张北城下，骑1军在察北的牵制行动也取得相当战果。第7集团军总司令傅作义率部乘火车急赴怀来支援南口，日军感到硬攻南口一时难奏效，决定改变进攻策略，把重点从南口改为张家口，得手后再夹攻南口。

军事委员会于8月20日将全国划分成5个战区，规定各战区的作战任务及方

---

① 《阎锡山致蒋介石电》（1937年8月12日），国民政府军令部战史会档案，中国第二历史档案馆藏。

② 《蒋介石致傅作义电》（1937年8月14日），第104页，载《作战经过（二）》。

针。平绥线划归第 2 战区，其作战任务的中心是"应以战区现有之兵力，最低限度，必须固守南口、万全之线"。① 可是，在日军的猛攻下，中国军队处处被动，根本无法贯彻实施。

张家口是平绥线上的重镇，察哈尔省府所在地，由刘汝明第 68 军防卫，该军实力较弱，主要部队是第 143 师。平绥线东段开战后，第 143 师策应作战，比较顺利，但对敌人的全力进攻却缺乏准备。8 月中旬，该师派兵向张北周围地区追击敌军，不料正遭从西北扑向张家口的日军关东军察哈尔派遣军当头迎击，顿时陷入被动，转攻为守。该地中国军队本来就显薄弱，刘汝明处处设防，没有集中收缩兵力，结果各处阵地均被轻易击穿，日军很快占领张家口附近的重要据点，兵临城下。

8 月 21 日，日军集重兵猛攻张家口，当天气候恶劣，倾盆大雨，中国守城部队泡在泥泞的水中抗击敌人，战况至为激烈。占有火力优势的日军选择中方较弱的右翼为主攻方向，终于由此处打开缺口，冲入城内。刘汝明因手边机动兵力不足，一味防守，未能组织有效的反击，傅作义曾率两旅由下花园等处回援张家口，但无法挽回败局。经过长时间的争夺，日军在 27 日基本控制了张家口，刘汝明奉命率部向宣化、涿鹿一带突围，后撤向洋河南岸。张家口失守。其后傅作义部试图反攻张家口，受挫退至柴沟堡。

日军进攻张家口，企图沿平绥线东进。已陷困境的汤恩伯第 13 军腹背受敌，在南口一线的处境更为困难，不得不收缩防线，苦守延庆、居庸关、怀来等要点，凭长城天险抵抗，等待援军。8 月 23 日，日军第 5 师团经镇边城突向第 13 军司令部所在地怀来，将其占领，而中国增援的卫立煌第 14 集团军先头部队虽赶到青石口，与镇边城日军接触，对第 5 师团的侧背发起冲击，令日军震惊不小，但"因渡永定河渡河迟滞，且通信器材不全，与汤部未取得联络，亦未能阻敌于途中"。② 25 日，南口及周围要点全失，次日，蒋介石仍希望能守住平绥线的一段，电令汤恩伯："必须死守现地，切勿再退；否则，到处皆是死地，与其退而死，

---

① 《国民革命战史第三部：抗日御侮》第 4 卷，第 11 页。
② 《白崇禧回忆录》，第 154 页，解放军出版社 1987 年 5 月版。

不如固守而死，况固守以待卫（立煌）军之联络，即是生路。"① 然而，第 13 军因连日鏖战，伤亡大半，和卫立煌军也一直联系不上，便不顾蒋介石死守待援的命令，向桑乾河南岸突围。

张家口、南口的失守，使平绥线东段全为日军占据，察南已无险可守，日军很快侵占察哈尔全境，山西门户洞开。但日军由于遇到中国军队较顽强的阻击，只能在这个原先认为属于辅助的战场方面不断投入兵力，影响了其对平汉线、津浦线的作战准备。故日方在战后总结时认为，由于其主力的集中迟缓，一段时间内 "华北战线的主动权在于中方"。②

此后，日军兵分两路：板垣征四郎第 5 师团自怀来攻击晋北门户天镇、阳高，矛头直指晋北重镇大同；关东军的察哈尔派遣兵团则以重兵继续从张家口沿平绥线西侵，企图完全占领平绥线。

9 月初，第 5 师团逼近大同前哨天镇，与中国奉命设防的李服膺第 61 军发生遭遇战。5 日，日军 3000 余人在飞机、坦克的掩护下猛攻天镇。中国士兵面对强敌，殊死抵抗，不避牺牲，多次打退敌人优势火力的进攻，激战 5 天杀伤大量日军，自己也损失惨重。10 日，日军攻克天镇周围的据点，守军的处境很险恶，李服膺下令所部弃防后撤。天镇弃守，大同门户洞开，第 5 师团乘胜抵大同城下。中国军队不及布防，城内兵力薄弱，第 2 战区司令长官阎锡山不顾军事委员会的阻止，决定弃守大同，集中兵力在内长城一线设防。12 日，日军在未遭遇抵抗的情况下，占领了大同。

负责在平绥线西段抗击日军的是赵承绶骑兵第 1 军，蒋介石命令该军要固守晋北及绥远要地，"另一部固守集宁，不得已时对集宁以西地带尽量破坏交通设施、桥梁、水井，逐次西退，最后死守绥远待援"。③ 然而，在日军的强大攻势面前，以骑 1 军一军兵力（2 个骑兵师，2 个步兵旅）防守如此漫长的铁路线，显

---

① 《蒋介石致汤恩伯电》（1937 年 8 月 26 日），载《作战经过（二）》，第 108 页。
② 《日本军国主义侵华资料长编——（大本营陆军部）摘译》（上），第 341 页。
③ 《蒋介石致第二战区电》（1937 年 9 月 18 日），国民政府军令部战史会档案，中国第二历史档案馆藏。

图6.2 关东军参谋长东条英机（中）在大同车站

得力量单薄，该军也无顽强抗敌的斗志，所以一再溃败，节节后退。10 月 10 日，关东军察哈尔派遣兵团 1 个旅团配合伪蒙军的 9 个骑兵师攻击平绥线上的要点归绥，并于 3 天后将其占领。16 日，日军进入平绥线最西端的包头，完全控制了平绥线。

日军侵占包头，已经深入中国的西北地区，但因战线太长，兵力不敷分配，无力再兴攻势。中国军队退至五原、临河一带与敌对峙。为便于该方面的统一指挥，特于 11 月 9 日设立第 8 战区，以蒋介石兼任司令长官，朱绍良为副司令长官，统辖绥远、宁夏、甘肃的部队，防敌进犯西北。

二、战区的设立

随着战火的不断扩大，尤其是南北两个战场同时开战，中日双方都调整了军事部署和指挥系统。

日本参谋本部对侵华兵力调整如下：在华北战场，1937 年 8 月底将原"中国驻屯军"改编为"华北方面军"，以寺内寿一大将为方面军司令官，下辖香月清司第 1 军、西尾寿造第 2 军等部共 8 个师团及临时航空兵团，约 37 万人。其作战任务是："应占领平津地区及其附近要地，并确保该地区之安定。挫伤敌之战争意志，获取结束战争之局势，应迅速歼灭河北省中部之敌。"① 在华中战场，8 月中旬组成"上海派遣军"参加淞沪会战，11 月又扩编为"华中方面军"，以松井石根为司令官，下辖松井石根第 10 军及原上海派遣军各部，共约 30 万人，其作战任务是，迅速占领华中重要城市，歼灭国民党精锐部队，迫使中国尽早投降。

中国方面，军事委员会鉴于全国抗战的局面已经形成，为指挥便利起见，在 8 月 20 日发布了部队战斗序列和作战指导方针，首次将国土按抗战需要划分成若干大的作战区域即战区，作为军事委员会领导之下的独立作战机构。当时确定的作战总方针为："部队之运用，以达成持久战为作战指导之基本主旨，各战区应本此主旨，酌定攻守计划，以完成其任务。"② 并将全国军队划分为 5 个战区，序列如下：

军事委员会委员长：蒋介石；参谋总长：程潜。

第 1 战区：司令长官蒋介石（兼），下辖宋哲元第 1 集团军、刘峙第 2 集团军、卫立煌第 14 集团军等部，作战区域为平汉、津浦两铁路线；

第 2 战区：司令长官阎锡山，下辖杨爱源第 6 集团军、傅作义第 7 集团军、赵承绶骑兵第 1 军等部，作战区域为山西、察哈尔和绥远三省；

第 3 战区：司令长官蒋介石（兼），下辖张发奎第 8 集团军、张治中第 9 集团军、刘建绪第 10 集团军、陈诚第 15 集团军等部，作战区域为江苏、浙江两省；

第 4 战区：司令长官何应钦，下辖蒋鼎文第 4 集团军、余汉谋第 12 集团军等部，作战区域为福建、广东两省；

第 5 战区：司令长官蒋介石（兼，后由李宗仁调任），下辖韩复榘第 3 集团军、顾祝同第 5 集团军，作战区域为江苏北部及山东。

---

① 《日本军国主义侵华资料长编——（大本营陆军部）摘译》（上），第 355 页。
② 中国第二历史档案馆编：《抗日战争正面战场》（上），第 3 页。

5 个战区之外，还有 4 个预备军。①

军事委员会下达给各战区的主要任务是：第 1 战区派出有力部队对近迫当面之敌实施柔性攻击，并抽调部队支援第 2 战区；第 2 战区最低限度以现有兵力固守南口、万全一线，会合增援部队向赤城、沽源一线发起攻势，确保山西；第 3 战区迅速扫荡入侵淞沪之敌，确保京沪政治经济中心；第 4 战区完成对付敌人海空军袭扰的战备。并指出，5 个战区中，"主战场之正面在第一战区，主战场之侧背在第二战区"。②

战区的设置在军事上有着较大的意义，它避免了作战过程中部队建制过小、不易统一的弊端，使部队能够做到相对集中，调配使用。各战区任务相对固定，便于发挥官兵的主观能动性，制订可行的作战计划。八年抗战中，因局势变化，战区时有增减，作战区域及长官也常有更换，但作为一种基本的作战机构一直保存了下来，对抗日战争的胜利是有一定贡献的。

三、中国军队在津浦路的溃败

津浦、平汉两条铁路线是华北通往华中的大动脉，日军要实现其"速战速决"战略，迅速占领中国腹地，歼灭中国野战军主力，一定要沿两线南下。平津作战结束，日军就着手准备进攻津浦、平汉线，8 月开始的平绥线作战，原本是为保障未来平汉线、津浦线作战时侧翼安全的。日本华北方面军针对中国军队在河北的集结，制定了"迅速击灭河北省中部之中国军，以确保平津地区安定"的作战目标，计划于 9 月上旬分别击溃在保定、沧州一带集结的中方部队。③ 根据日方计划，香月清司指挥第 1 军进攻平汉线，西尾寿造统率第 2 军负责津浦线作战。

① 《国民革命战史第三部：抗日御侮》第 4 卷，第 9～16 页。
② 中国第二历史档案馆编：《抗日战争正面战场》（上），第 12 页。
③ 《国民革命战史第三部：抗日御侮》第 4 卷，第 22 页。

中国军事当局对华北防务颇为重视，卢沟桥事件一发生，就于 7 月 9 日命令尚在庐山受训的孙连仲率第 26 路军速往保定、石家庄集中，"令庞炳勋部与高桂滋部，皆向石家庄集中"，[①] 支援平津，阻敌南下。8 月初，又设立了以徐永昌为主任、林蔚为参谋长的军委会石家庄行营，统一指挥河北境内的作战，华北的军队编为宋哲元为总司令的第 1 集团军和刘峙为总司令的第 2 集团军，分别负责津浦、平汉线作战。8 月 20 日，新的战斗序列公布，两线作战统归第 1 战区指挥，石家庄行营撤销。作战开始不久，军事委员会鉴于第 1 战区部队实际上被分割成两块，加之华北地区连降暴雨，战场间联系不便，又将 8 月划定的第 1 战区一分为二：平汉线北段为第 1 战区，蒋介石兼任司令长官（程潜代理）；津浦线北段为第 6 战区，冯玉祥任司令长官，鹿钟麟为副司令长官。

在津浦线上，宋哲元第 29 军从平津败退至静海、马厂一线与日军对峙；吴克仁第 67 军、庞炳勋第 40 军、刘多荃第 49 军等部分别向沿线沧县、德县（今德州）等战略要地集结，构筑防御工事，准备正面阻敌。同时，平汉、津浦两线之间地带也布有郑大章骑兵第 3 军、万福麟第 53 军。平津开战后，蒋介石知敌人之南侵势不可免，7 月间一再催促尽快完成沧（县）保（定）、德（县）石（家庄）两线国防工事的修筑。

9 月 11 日，日军攻占马厂一线阵地，其配置为第 10 师团沿津浦线，第 19、第 109 师团在该线西侧，分途南犯，直趋中国第 6 战区预定的重点防守地区沧县和德县。沧县不仅是津浦线上的重镇，还是从侧翼策应保定、石家庄的关键，蒋介石为弥补兵力上的不足，曾指示第 40 军军长庞炳勋："沧县以北之运河如可造成泛滥，则可以决堤阻敌。"[②] 破堤阻敌的计划虽未实现，却是以后花园口决堤的先声。

21 日，日军第 10 师团先头部队沿津浦线攻至沧县以北的姚官屯，遇中国第

---

① 《蒋介石致程潜等电》（1937 年 7 月 9 日），载《作战经过（二）》，第 35 页。
② 《蒋介石致庞炳勋电》（1937 年 9 月 12 日），国民政府军令部战史会档案，中国第二历史档案馆藏。

39 师（师长庞炳勋兼）的正面抵抗。双方在姚官屯附近展开激战，日军以飞机、大炮轰炸第 39 师阵地，将外围堑壕铁丝网全都炸毁，阵地几乎被炸平，一天战斗下来，守军官兵伤亡两千余人。① 22 日、23 日两天，战况至为激烈，守军在外围阵地被突破后，退到主阵地继续顽强作战，击落敌机 1 架，大量杀伤敌人。23 日，第 10 师团一部曾在优势炮火及坦克掩护下冲入姚官屯车站等几处中方的主要防御阵地，守军士兵与敌肉搏苦战近 20 小时，终于驱赶走敌人，夺回了阵地。24 日，日军再度大举进攻，连续血战的中国军队伤亡惨重，兵员装备严重不足，且"天气已凉，该军官兵多穿单衣，终日在泥水之中，夜间实难支持"，② 后援部队也迟迟未到。庞炳勋面对敌人大军压境，自感孤军难撑，下令弃防西撤。第 10 师团遂进占沧县，并随即继续南侵。同时，由津浦线西侧南下的日军第 16 师团也突破中国守军防线，策应津浦路方面的作战。

沧县失守后，第 6 战区把防御重点南移至德县，沿路逐次抵敌。29 日，战区副司令长官鹿钟麟赴南皮指挥第 59、第 49、第 40 军的主力乘夜色侧击第 10 师团，打击敌人，取得一定斩获，但因敌情不明，部队间配合不良，"未收大获，乃沿铁路东侧向南撤退"。③ 10 月 3 日，日军第 10 师团前锋抵达德县，军委会曾命令第 3 集团军总司令韩复榘以两个师的兵力快速进驻德县布防，然而，直到日军攻至德县城下，也只有一个团到达。该团官兵凭城防守，与敌激战，终因寡不敌众，牺牲惨重。5 日，津浦线上的重镇德县再告陷落。之后，日军仍沿津浦线南下，韩复榘部利用河道等天然屏障设置防线，一部则在津浦线东侧机动。

随着战局变化，中国方面调整兵力部署，原在津浦线作战的第 1 集团军移向平汉线，划归第 1 战区。军委会决定撤销第 6 战区，津浦线上的作战改隶第 5 战区。第 5 战区的主要任务是确保山东。

---

① 《津浦路作战概要》，国民政府军令部战史会档案，中国第二历史档案馆藏。
② 《冯玉祥致蒋介石电》（1937 年 9 月 23 日），国民政府军令部战史会档案，中国第二历史档案馆藏。
③ 《国民革命战史第三部：抗日御侮》第 4 卷，第 29 页。

10月下旬，淞沪和山西两个战场鏖战正急，日军兵力不敷分配，从津浦、平汉两线抽调主力支援他处，蒋介石命韩复榘以第3集团军主力击破正面敌人，反攻沧县、德县，扰敌后方，牵制日军向山西战场增兵。然而，韩复榘意图保存实力，迟疑观望，失去良机。

日军第10师团为争取主动，避开中国军队在铁路线正面的防御工事，于11月5日分兵以三路南下：一部向东南攻击，先后占领陵县、临邑；一部向西南攻占恩县、高唐；一部仍沿津浦线南下，侵占禹城。11月中旬，三路日军威逼黄河北岸，韩复榘见黄河以北阵地难保，便命令所部退至河南岸，并炸毁了黄河大桥，企图借黄河天堑阻止敌人南侵，津浦线北段的战事以中国军队的溃败告终。

图6.3　被炸毁的黄河铁桥

津浦线北段的作战持续两个月时间，中国军队在兵力上远远超过日军，加上作战期间连续阴雨，不利于敌人发挥其机械性能好的优势，但中国军队除在沧县有正规的抵抗外，几乎是一触即溃，一路败退。究其原因：一是指挥系统混乱，津浦线作战先后曾归第1、第6和第5共3个战区指挥，号令不一，参战各部队又是临时组合而成，相互间分属不同派系，心存芥蒂，无法密切配合。设立第6战区的一个重要因素是在该线作战的宋哲元、庞炳勋、韩复榘等均系冯玉祥西北军旧部，军委会希望冯出面指挥协调各部，不料，"冯之部下，咸对冯之指挥有所畏惧与表示不信任，或以密电，或经口头，屡向军委会报告，不服冯之指挥"。①
最后，只好将第6战区裁撤。二是大敌当前，某些将领仍根深蒂固地存在着保存实力的思想，不能全力抵敌，韩复榘一再拥兵自重，就是典型的例子。三是在战术上只知在铁路沿线死守硬拼，不能充分利用人多地形熟悉等条件，灵活机动地对敌人的侧背予以打击，进行消耗和牵制。

四、平汉线北段作战与保定、石家庄的陷落

与平津线北段作战同时进行并有密切联系的，是平汉线北段作战。

平津作战结束后，中国军队多集中于保定，平汉线及保定的战略地位更显突出，成为中日双方必争之地。对中方来说，拥有保定，进可以收复平津，退可以沿路拒敌，粉碎其"速战速决"战略。为防敌人南侵，拱卫保定，中方在平汉线保定以北地段上设置了三道防线，其配置如下：孙连仲第1军团（第26路军）及檀自新骑兵第10师在房山、琉璃河、固安一线布防；曾万钟第3军在易县、涞水、高碑店一线构筑阵地；关麟征第52军在满城、保定及新安一线设防。此外，又以裴昌会第47师集结在第一与第二道防线之间的涿县，作为机动。蒋介石一再催促有关将领加速修筑御敌工事，他在给石家庄行营主任徐永昌等的电报中称："构筑据点、赶修城防，与构筑阵线同样重要；而据点尤宜固守也。此时应严令各县长赶修城防，速为固守之备。遵办如期完成者，加赏晋级；否则严惩勿贷，并作为有意放弃城垣，不尽职守，以汉奸罪论也。此事比任何防务为急要，务希派员督促，并筹划守城之准备为要。"②

平绥线作战先期发动后，蒋介石曾有利用平汉线支援平绥线，甚至两线合击反攻平津的设想。他先命令卫立煌率第14集团军北上增援南口，后又批准第2集团军反攻北平的计划，该计划称第2集团军"应以一部在固安附近牵制当面之

---

① 《白崇禧回忆录》，第158页。

② 《蒋介石致徐永昌刘峙电》（1937年8月10日），载《作战经过（二）》，第116页。

敌，另一部沿平汉线前进。主力由房山县西北山地向北平进出，协同南口友军会攻北平"。[1] 8 月 19 日，蒋电令徐永昌、刘峙，"各路各派有力之一部，向平汉路攻击前进，使敌军首尾不能相应，以达成卫（立煌）军之任务。如津浦路不及出动，则平汉路亦应单独前进"。[2] 然而，随着日军大举增兵华北，中方反攻计划成为泡影。

为掩护第 14 集团军的北上行动，孙连仲率第 1 军团向良乡、坨里作局部进攻，牵制日军。8 月 21 日，该部与日军第 20 师团接触战斗，南口失守，第 1 军团即后退设防。

9 月 4 日，日本华北方面军司令寺内寿一下达作战命令，要求第 1 军"消灭面前敌之先遣兵团……准备攻击保定附近之敌"。[3] 10 天后，第 1 军对平汉线发起总攻击，分三路南下：第 20 师团沿铁路线向房山、琉璃河正面攻击；第 6 师团、第 14 师团则在平汉线东侧分别渡过永定河，攻固安和永清，对保定以北的涿县成合击之势。中国守军均在正面凭借所筑工事抗击来犯之敌，战况甚烈，至 18 日，日军首先从右路突破防线，中国部队纷纷后撤，放弃涿县。其中第 3 军退向保定，万福麟第 53 军移至任丘，其余各军则撤到石家庄一带重新布防。这样，中方设置的第一道防线被敌突破。第二道防线则是不战而溃。

日军决心全力攻击平汉线，迅速占领保定。第 1 军沿铁路两侧急速南下，21 日已经到达保定以北，在铁路西侧，第 20 师团一部与中国关麟征第 52 军在满城发生战斗，击穿守军阵地，并挺进方顺桥，抄保定守军的后路。一部直攻曹河，从正面压迫保定。同时，华北方面军命令在津浦线作战的第 2 军以一个师团朝正定突击，切断平汉线中国军队的退路，命令第 5 师团派主力配合第 1 军攻保定。平汉线上的态势不利于保定城的防守，中国军队"本拟于保定附近与敌决战，然仅有关麟征三个师，不愿将其消耗于河北"，[4] 遂决定退出保定。9 月 24 日，日军

---

① 《刘峙致蒋介石电》（1937 年 8 月 18 日），载《作战经过（二）》，第 124 页。

② 《蒋介石致徐永昌刘峙电》（1937 年 8 月 19 日），载《作战经过（二）》，第 126 页。

③ 《日本军国主义侵华资料长编——（大本营陆军部）摘译》，第 356 页。

④ 《白崇禧回忆录》，第 157 页。

占领平汉线上战略要地保定。

从保定后撤的中国军队退至石家庄以北的滹沱河南岸，沿河筑防。此时战区划分有所变化，程潜主持的第 1 战区专门负责平汉线作战，他将主力集中于滹沱河以南的石家庄附近，"预期由左翼转移攻势，与敌决战。"① 其部署为：第 14 集团军司令卫立煌指挥平汉线（含）以西作战，第 20 集团军司令商震指挥该线以东作战，其中卫立煌部是所设想与敌决战的主力。然而，部队尚未到达指定位置，日军在晋北攻克雁门关，太原告急，蒋介石为挽晋北危局，速令第 14 集团军赶往忻口增援。平汉线上中国部队骤减，只能放弃与敌决战的计划，由商震部逐次抵抗，尽力阻敌迅速沿线南下。日军已有再在石家庄附近对中国军队实施"重大打击"的设想，② 从津浦线南侵的敌第 2 军派出一部沿子牙河西进，配合第 1 军的作战，严重威胁第 1 战区的右翼。敌强我弱，石家庄的失守已势不可免。

10 月 6 日，日军前进至东长寿，遭鲍刚独立第 46 旅的顽强阻击，双方激战甚烈，中国守军"苦战一昼夜，牺牲殆尽"。③ 8 日，日军对正定发起总攻，守军抵抗，战斗中，中国空军战机曾轰炸交通线，企图阻敌增援，但日军火力凶猛，坦克入城横冲直撞，中国守军伤亡较重，渐渐不支，退出城外。10 日，日军乘胜强渡滹沱河，攻击中国守军主阵地，石家庄危在旦夕，蒋介石怕主力遭厄运，同时山西战场更加吃紧，便令第 1 军、第 14 军团及第 3 军等部先期转移至晋东娘子关阵地，只留商震第 32 军在藁城、万福麟第 53 军在石家庄附近地区阻击和牵制敌人。由于石家庄的防御十分薄弱，日军在入城时只遇到象征性的抵抗，当天即占领了河北重镇石家庄。

此后，日军顺着平汉线长驱南攻，如入无人之境，"各兵团利用列车及汽车连续急追，到处捕捉中国军"，④ 数日内连陷元氏、高邑、临城、内邱、邢台、邯郸等地。中国军队无法组织有效的抵抗，一味退却，至 10 月 17 日主力又集结在

---

① 《华北作战经过概要》，见《作战经过（二）》，第 140 页。
② 《日本军国主义侵华资料长编——（大本营陆军部）摘译》，第 364 页。
③ 《国民革命战史第三部：抗日御侮》第 4 卷，第 24 页。
④ 《日本军国主义侵华资料长编——（大本营陆军部）摘译》，第 367 页。

漳河南岸。19日，日军第14师团强渡漳河，中国第52军顽强抗击，与敌激战两昼夜，终于遏止住了日军的势头。但平汉线河北境内段已经全部落入敌手。

随着全国战场的形势变化，10月下旬中日双方均变更了其在平汉线上的兵力部署。中方第1战区将主力编为第20军团，集结在林县、汤阴等处整理，由汤恩伯升任军团长指挥；撤销了第6战区，宋哲元第1集团军转属第1战区指挥，受命守备大名、内黄一带；日方则因平汉线北段基本打通，便抽调第6师团和第16师团转用于上海战场，第109师团转用于娘子关方面，仅留第14师团在该线，以牵制中国军队。平汉线在双方的战略上都降为次要地位，减少了兵力。

当山西战场吃紧时，军事委员会曾命令第1战区派部队"星夜向石家庄及娘子关前进，攻击敌之侧背，以解娘子关之危"。[1] 可是中国军队尚未行动，日军已有觉察，并先发制人。11月4日攻击豫北要邑安阳。中国军队虽有主动出击，但一触即退，安阳、大邑迅告失守。平汉线北段的战事暂告一段落。

中国军队在平汉线上的迅速溃败，固然有其客观原因，如日军机动性强，沿铁路线作战有优势；华北多平原地带，无险可守；主力被转用他处等，但更重要的则是指挥方面的失误及国民党军队腐败所致。在战略上，作战方针朝令夕改，令部队无所适从，作战过程中，多次发生临时变更作战计划、部队位置及配属的事；防御上，死守几道线型工事，缺少必要的纵深保护，结果是日军只要集中力量击破一点，全线即溃，开战前蒋介石一再督促加紧建的几道国防工事，没有发挥什么作用；有些军事将领贪生怕死，想保存实力，与敌交战，一触即退。如在涿县保定作战中，有的将领"因循敷衍，得过且过，其责任心之薄弱，牺牲精神之缺乏，已达极点"。撤退过程形同溃败，军纪极坏，"官不知兵，兵不见官，……一退数百里，将民财骡马拉抢一空"。[2] 第2集团军总司令刘峙在平汉线上一退再退，直遁河南，时人讥讽为"长腿将军"。此外，据日方资料，第53军

---

① 《国民革命战史第三部：抗日御侮》第4卷，第25页。
② 《袁德性致侍从室报告》（1937年10月24日），国民政府军令部战史会档案，中国第二历史档案馆藏

军长万福麟从涿县作战起即"私通"日军，在石家庄作战时又由于日军的"谋略"工作而退却，"于是中国军队立即全线崩溃"。① 无论从抗战的精神士气，还是从抵御日军的实绩看，在平汉线、津浦线作战的中国部队都是抗战初期各战场中表现较差的。

平汉线北段作战的失利，保定、石家庄的陷落，使华北战局发生了逆转，日军击穿了整个河北，打开中国腹地，直接威胁华北晋、豫、鲁各省，也牵制了中方在其他战场（如上海）的用兵，而日军占据平汉、津浦两大铁路动脉，便于其充分发挥机械化部队的优势，对日后作战有重要影响。

---

① 《日本军国主义侵华资料长编——（大本营陆军部）摘译》，第367页。

第 7 章
中日军队在山西的鏖战

一、雁门关内长城一带的战事

日军攻占南口和张家口后，便在北宁、平绥两路，平、津、张以南、以西300 公里正面完成了战略展开，造成全面进击华北之态势。中国军队在河北、晋北和绥西作战的失利，使日军得以突破同蒲路和平汉路，河北、山西两省战略走廊洞开，华北战场的中央战线宣告瓦解，中国军队被迫循山路向华北战略枢纽的山西境内撤退。日军也转锋指向山西北境长城线。战火烧到了山西省境内。

山西省位于黄土高原东部，四面环山，东面有恒山、五台山和太行山为天然屏障，北部山地沿内长城有雁门关、平型关等重要关口，地势雄固，易守难攻，为华北的天然堡垒，是一非常重要的战略要点，自此东进可以控制河北省，南下足以逐鹿中原。中国军队固守山西，从战略态势上能使河北省境内的日军感受到来自侧背的严重威胁，并牵制其进一步南侵。日军为解除侧背之忧，并沿平汉路迅速南下，在占领了大同之后，向退守晋北神池、雁门关内长城一线的中国军队发起了猛攻。中日两军在这兵家必争之地展开了一场大规模的鏖战。

1937 年 9 月中旬，占领大同的日本关东军察哈尔派遣兵团以其混成第 15 旅团沿同蒲路南下，锋指太原；日本华北方面军第 5 师团则由宣化、涿鹿南下，相继占领察南要地阳原和蔚县后，师团长板垣征四郎决定突破晋察省界向广灵攻击。中国军队在平绥路西段战斗中止后，奉第 2 战区司令官阎锡山令，于 9 月 11 日退守神池、平型关、雁门关内长城一线，设置第二道防线，凭借天险阻止沿同蒲路南下的日军。阎锡山同时令汤恩伯负责指挥第 17 军及第 73 师担任晋察交界处广灵方面的作战，阻击由察哈尔省西侵的日军第 5 师团。12 日，蒋介石命陈栖霞率空军 4 个中队北上支援晋省作战，另令第 18 集团军朱德部归第 2 战区指挥，阎锡山负责灵邱（今灵丘）部署。

9 月 13 日，阳原方面日军第 5 师团步兵第 21 旅团 2000 余人向广灵西北的火烧岭以西刘家沟一带第 84 师阵地猛烈进攻。第 5 师团日军主力则由蔚县直趋广灵，向广灵正面安头山、洗马庄第 73 师各阵地猛扑，并以一部由蔚县经石门峪南进，向灵邱东北约 80 里刁泉一带中国军队阵地攻击，"激战终日，敌未得逞并死伤甚众"。[①]

另外，日军步兵第 41 联队向广灵阵地左翼尹家店一带迂回，企图切断广灵与灵邱中国军队的联络。中国军队李仙洲第 21 师、高桂滋第 84 师、刘奉宾第 73 师同日军剧烈激战后，因伤亡过重，13 日夜放弃两阵地，"奉汤恩伯令，撤至鳌峪、上白羊、石人山、陈家沟之线预筑工事"。[②] 14 日，广灵失守。

15 日，汤恩伯奉令调第一战区，由第 6 集团军副总司令孙楚接替指挥广灵方面作战。同日，阎锡山命第 6 集团军在灵邱东南方山地经恒山、凌云口、北楼口占领阵地，拒止敌人；命第 7 集团军在狼峪、茹越口、广武镇、阳方口至利民堡之线，占领阵地，拒止敌人。同时令第 71 师、第 72 师和第 35 军为预备军，分别

---

① 《阎锡山致何应钦密电》（1937 年 9 月 16 日），国民政府军令部战史会档案，中国第二历史档案馆藏。

② 《李仙洲等致蒋介石密电》（1937 年 9 月 14 日），国民政府军令部战史会档案，中国第二历史档案馆藏。

控制于繁峙、代县和阳明堡。

15日拂晓，占领广灵之日军2000余人，南下向第73师松山阵地发起攻击，激战8小时左右，被敌攻陷。不久该师又出动步兵4个连进行反击，克复该山。随即，敌集中炮火轰击，中国守军伤亡过半。日军又向中国守军侧翼包围攻击，该师被迫向义泉岭撤退。同日，日军向中国军队独立第3旅阵地攻击，被中国军队击退。18日晚，日军再次向独立第3旅阵地发起猛攻，该旅伤亡甚重。孙楚副总司令命该旅及第73师退守将军山、龙泉寺、窑沟之线。20日，中国军队出动空军飞机3架在广灵、灵邱一带侦察并轰炸日军，并对由蔚县向广灵推进的日军实施低空攻击。但由于涞源方面日军向西增援，与广灵南下之敌协同攻击，中国守军腹背受敌，难以持久。21日，中国军队逐次退守平型关、凌云口内长城之线。

日军主力矛头直指平型关，阎锡山急令所部在平型关布防，命刚从广灵、灵邱方面撤退的高桂滋第17军和第73师防守平型关正面，第73师占领平型关南之马跑泉经平型关至跑池南侧之线；第17军占领东跑池经团城口至西河口西北高地之线；第15军占领大坪村经凌云口至北楼口之线阵地。[①]

9月22日拂晓，日军逐渐接近内长城线。日军第5师团出动第20旅团主力3个大队附炮兵部队共约5000余人沿灵邱至大营公路向西推进，该日夜，其前锋直逼平型关和团城口，与中国军队展开激战。守军独立第8旅和第84师出击应战，阵地失而复得数次。23日天明，日军主力到达，以约1个师团的兵力，分两路进攻平型关及团城口，"激战至午，卒将敌击退"。同时，日军一部800余人向平型关东北金崎店、小窝单方面中国军队阵地猛攻。也被击退。日军旋以坦克车数十辆等沿公路猛攻平型关附近东西跑池阵地，守军寡不敌众，经一夜苦战而全部壮烈殉国。中国接防部队第17军和第73师各抽劲旅猛烈反攻，血战至24日午后将日军击退，收复东西跑池及附近高地，中国军队"前仆后继，伤亡惨巨"。[②] 同

---

① 《第二战区平型关战役作战经过要报》，国民政府军令部战史会档案，中国第二历史档案馆藏。

② 《阎锡山致蒋介石密电》（1937年9月24日），国民政府军令部战史会档案，中国第二历史档案馆藏。

日，阎锡山命令傅作义率预备军增援平型关，参加平型关前线指挥。

奉命配合平型关日军正面进攻的驻浑源日军步兵第 21 联队，于 21 日进发经王庄堡南下，意在由龙嘴村、大坪村直捣大营，断绝平型关中国守军退路，遭到第 15 军的阻击，激战两日，日军的企图终未得逞。

傅作义率领预备军两个旅于 24 日到达平型关后，日军也增兵 5000 人，分别向东西跑池、海拔 1886.4 米无名高地、团城口及讲堂村各处中国军队阵地猛攻，激战终日。中国军队虽屡挫敌锋，终因伤亡过重，东西跑池及海拔 1886.4 米无名高地再度陷于敌手。傅作义决定组织兵力于 25 日拂晓向日军反击，夺回失地，恰遇日军于团城口方面向我进攻，第 17 军被敌击退，东西跑池以北团口、鹞子涧、六郎城一带险要都被日军占领。第 71 师及独立第 8 旅被迫先对日军进行阻击，激战至午时，将日军右翼击溃，夺回山头数个。旋陈长捷第 72 师又加入作战，中国军队实施反攻，由公路两侧出击，夺回鹞子涧一带高地，并将日军包围于东西跑池的深沟内。

日军关东军察哈尔派遣兵团主力攻陷应县、山阴等地后，续向内长城一线进攻，以策应日军第 5 师团作战。但雁门关地势险要，中国军队严阵以待，日军转而向守军兵力较单薄和山地纵深较浅的茹越口突击，以截断平型关中国军队的后路。阎锡山急令“第 6 集团军应联合第 17 集团军及总预备队迅速击破进攻平型关之敌，第 7 集团之杨澄源军应竭力抗拒茹越口一带之敌，其余各军固守原阵地，以待我主力转移反攻该敌”。[①] 27 日，日军向茹越口发动猛烈进攻，炮击一昼夜，中国守军独立第 203 旅两个营损失殆尽。阎锡山命杨澄源抽兵于晚间出击歼灭当面之敌，但未成功。29 日，日军再以极为猛烈的炮火配合步兵强攻，守军竭力抵抗，伤亡殆尽，旅长梁鉴堂阵亡，茹越口防线终被日军突破。中国军队退守繁峙以西铁角岭继续抵抗。日军尾随而至，第 34 军奋力拼战，阎锡山又命预备军 3 个团投入战斗，血战两昼夜，但终未能阻止劲敌，敌进陷繁峙，威胁平型

---

① 《阎锡山致蒋介石密电》（1937 年 9 月 27 日），国民政府军令部战史会档案，中国第二历史档案馆藏。

关中国军队后方。平型关中国军队分兵驰援不及，为免遭日军包围，中国军队遂放弃平型关，缩短防线，于 30 日夜向五台山、代县、雁门关至阳方口之线撤退。

日军第 5 师团迅速由平型关进至大营，随即西进与察哈尔派遣兵团第 15 混成旅团会合于繁峙。10 月 1 日，日军会合部队全力向代县发起猛攻，中国军队立足未稳，代县当日即被攻陷，中国军队被迫再次南撤。

朔县、平鲁方面，中国军队何柱国骑兵第 2 军于 9 月 25 日进守井坪镇，并以一部驻守朔县。进攻绥远的日军察哈尔派遣兵团独立混成第 1 旅团也于此日以主力南下，先后击败平鲁、井坪镇中国守军，旋于 28 日晨以精锐部队将朔县包围，凭借坦克和野炮向朔县城池发起猛攻，守城部队誓死抵抗，激战一天，日军大炮轰毁县城北门，日军由北门和东门冲入，"我守城部队，仅谷田附率领 10 余人自南门冲出，其余官兵 700 余人均全部殉国"。[①] 朔县失守。30 日，该敌越过阳方口，直指晋北交通要点宁武。10 月 6 日，宁武失守。至此，中国军队内长城线被日军突破。为了阻敌南下，保卫太原，第 2 战区司令长官部决定组织忻口会战，调集部队相继开赴忻口。

二、八路军首战平型关

1937 年 9 月上、中旬，当八路军主力开赴华北抗日前线之时，正值晋北战事紧急之际。平绥线的日军长驱直入，乘势突破雁门关及晋北长城各口，企图迅速侵占太原。山西省形势危急。

为了保卫太原和山西省腹地，中国方面第 2 战区除调主力第 6 集团军和第 7 集团军于雁门关、茹越口、平型关一线，利用长城沿线有利地形和既设国防工事抗击日军外，同时，要求八路军先头部队迅速开赴晋东北，协同坚守长城防线。

---

① 《何柱国致何应钦密电》（1937 年 9 月 30 日），国民政府军令部战史会档案，中国第二历史档案馆藏。

为此，八路军总部令第 115 师进至平型关以西之大营镇，待机打击进犯平型关之敌。① 贺龙率第 120 师师部及张宗逊旅开赴晋西北，驰援雁门关。②

9 月 14 日，八路军第 115 师先头部队进抵大营镇，并派出侦察分队查明平型关地区情况。平型关位于山西省的东北部，是晋东北的一个咽喉要道，两侧峰峦叠起，陡峭险峻，左侧有东跑池、老爷庙等制高点，右侧是白崖台等山岭。在关前，从平型关山口至灵丘县东河南镇，是一条由西南向东北延伸的狭窄沟道。其中，关沟至东河南镇长约 13 公里的地段，沟深数十丈不等，沟底通道宽不过 3 至 5 米，仅能通过一辆汽车，而南北沟岸却是比较平坦的山地，地势最为险要，是伏击歼敌的理想战场。

22 日，日军第 5 师团第 21 旅团一部，由灵丘向平型关进犯，并占领东跑池地区。23 日，第 115 师林彪、聂荣臻等决心抓住日军骄横、疏于戒备的弱点，利用平型关东北的有利地形，以伏击手段歼敌，并在上寨召开干部会议，进行深入的战斗动员。当天夜里，师部率主力进至平型关以东冉庄、东长城村地带。③

23 日、24 日，国军与日军在平型关外围激战数次，损失很重。24 日，第 2 战区第 5 集团军给第 115 师送来《平型关出击计划》，拟定以第 71 师附新编第 2 师及独立第 8 旅一部，配合第 115 师向平型关以东之日军出击。④ 同日，第 115 师组织各级指挥员到关沟至东河南镇地段观察地形，并作出设伏部署。具体部署是：以第 343 旅第 686 团占领小寨村至老爷庙以东高地，实施中间突击，分割歼灭沿公路开进之敌，尔后向东跑池方向发起进攻；以第 685 团占领老爷庙西南至关沟以北高地，截击敌先头部队，协同第 686 团围歼进入伏击地域之敌，并阻击东跑池之敌回援，尔后协同防守平型关的中国军队，夹击东跑池之敌；以第 344

① 军科院军事历史研究部编著：《中国人民解放军战史》第 2 卷，第 37 页，军事科学出版社 1987 年 7 月版。
② 中共中央文献研究室编：《周恩来年谱》（1898～1949），第 383 页，中央文献出版社、人民出版社 1990 年 6 月第 2 版。
③ 军科院军事历史研究部编著：《中国人民解放军战史》第 2 卷，第 38 页。
④ 军科院军事历史研究部编著：《中国人民解放军战史》第 2 卷，第 38 页。

旅军687团占领西沟村、蔡家峪、东河南镇以南高地，断敌退路，并阻击由灵丘、浑源方向来援之敌；以第688团为师预备队。[1] 为隐蔽行动企图。发挥战斗的突然性，第115师派侦察部队到各要路口，断绝行人，封锁消息，各部队在当日深夜利用夜暗、冒大雨进入伏击阵地，做好各项战斗准备。

25日拂晓，日军第5师团第21旅团一部和大批辎重车辆，沿灵丘至平型关公路西进，100余辆汽车载着日军和军用物资在前面开路，200多辆大车和骡马炮队随后跟进，接着开过来的是骑兵。[2] 7时许，日军全部进入我伏击地带。由于道路狭窄，雨后泥泞，其车辆、人马拥挤，行动缓慢。第115师抓住此有利战机，全线突然开火，日军顿时被打得晕头转向，不知所措。山沟里，人马、车辆乱成一团。第115师乘敌混乱之际发起冲击。第685团迎头截击，歼敌一部，封闭了敌南逃道路。第687团将敌后尾部队分割包围，切断了敌之退路。第686团勇猛地冲向公路，与敌展开白刃格斗。在我军的猛烈打击下，日军伤亡惨重。余敌仍顽强地利用车辆、辎重作掩护，进行反击。其中一部企图夺取老爷庙及其附近制高点，掩护突围。我军686团第2营控制老爷庙及其以北高地，将敌压缩于狭谷之中。战斗始终打得很激烈。[3]

敌师团长板垣征四郎急令其在蔚县、涞源之部队向平型关增援，但被第115师独立团、骑兵营阻击于灵丘以北和以东地区，并在灵丘以东之腰站毙伤其300余人。

当日13时许，伏击圈内的日军被我军歼灭。黄昏，第343旅向东跑池方向发起进攻，由于友军未按预定的计划出击，致使该地日军2000余人由团成口突围。[4]

---

① 军科院军事历史研究部编著：《中国人民解放军战史》第2卷，第38页。

② 李天佑：《首战平型关》；解放军历史资料丛书编审委员会：《八路军回忆史料》（1），第209页，解放军出版社1988年10月版。

③ 李天佑：《首战平型关》，《八路军回忆史料》（1），第211页。

④ 李天佑：《首战平型关》，《八路军回忆史料》（1），第212页。

平型关战斗，第 115 师歼灭了日军 1000 余人，击毁日军汽车 100 余辆，马车 200 余，缴获大量枪支弹药和其他军需品。第 115 师亦伤亡 600 人左右。①

这次战斗是一次成功的伏击战。其战前进行深入的动员和周密的准备，战斗中拦敌之先头，切断敌之退路，实施中间突击分割歼敌，发扬勇敢战斗、猛打猛冲精神等，是获得成功的主要原因。

八路军开赴抗日前线，首战告捷，取得了全国抗战以来第一个歼灭战的胜利，震动中外。9 月 26 日、28 日，蒋介石连续致电朱德、彭德怀，表彰八路军"一战歼寇如麻，足证官兵用命，指挥得宜"。平型关战斗打破了日军"不可战胜"的神话，大大地增强了全国军民抗战必胜的信心，提高了八路军的威望，扩大了中国共产党的政治影响。

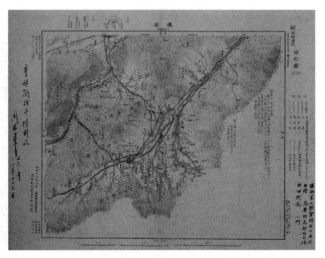

图 7.1 平型关大捷缴获的日军地图，该图后成为周恩来的赠品

这次战斗，虽然给日军以有力的打击，但扭转不了国民党军第 2 战区山西战场作战的被动局面。日军遭打击后，一方面，第 5 师团被迫将其进至浑源和保定的一部分兵力转移至平型关方向，继续进攻平型关，牵制中国守军，吸引茹越口

---

① 张宪文：《中华民国史纲》，第 486 页。

中国守军东援；另一方面，改变作战计划，以察哈尔派遣兵团独立混成第15旅团等部经应县向茹越口、繁峙突击。30日，阎锡山下令其军队放弃雁门关至平型关的内长城防线，向五台山、代县一带转移。①

三、忻口会战

国民政府军事当局为确保山西，挽回危局，决定将部署在平汉线的兵力四个半师转用于忻口。第2战区司令长官部遂在忻口附近进行部署，准备与日军作一决战，"以攻势防御之目的，以主力占领崞县、原平、蔡家岗、灵山、界河铺、南怀化、大白水、卫家庄、1482高地迄阳方口既设阵地线，两翼依托五台山及宁武各山脉，缩短防线，集中兵力，对侵入之敌乘其立足未稳迅速击灭之"。②10月2日，卫立煌奉命率第14集团军所部第14军和第9军，由石家庄经正太路抵达太原，增援忻口，由平型关撤退下来的第15军、第17军、第33军、第34军、第35军、第61军亦相继开赴忻口。为使中国军队能在忻口从容布防，阎锡山命令由雁门关撤退下来的第19军王靖国所部10个团守崞县，以第34军第196旅姜玉贞部3个团守卫原平。

10月1日，日本参谋本部命令华北方面军以"一部兵力在山西省北部作战占领太原"。③2日，日军第5师团主力以及关东军察哈尔派遣兵团混成第2旅团和混成第15旅团等部由代县南下，与防守崞县的城外中国守军发生遭遇战。崞县和原平保卫战展开，忻口会战揭开序幕。

5日起，进攻崞县的日军关东军混成第2旅团以占绝对优势的飞机、大炮和坦克掩护其步兵对中国守军发起攻击。中国守军顽强抵抗，阵地被毁殆尽。7日，日军突入北城，东西城墙守军奋勇夹击，与敌巷战肉搏。入夜，中国守

---

① 张宪文：《中华民国史纲》，第486页。
② 《第二战区忻口会战纪要》，国民政府军令部战史会档案，中国第二历史档案馆藏。
③ 日本防卫厅防卫研究所战史室：《中国事变陆军作战史》第1卷第2分册，第62页。

军各高级军官亦率所部亲自参加堵击，日军仍有增无减，局势无法挽回。8日凌晨，王靖国所部余部在与敌苦战七昼夜后突围，由滹沱河撤至大莫村，崞县陷落。

原平镇连日遭敌猛攻，守军在第196旅姜玉贞旅长的指挥下与敌奋勇厮杀。6日，日军以飞机、坦克掩护数倍于我之步兵猛扑，中国军队拼死抵抗，屡挫敌锋，双方死亡极众。血战至11日下午，第196旅仅剩官兵数百人，仍然据守原平东北角，与敌肉搏巷战达两小时之久，姜玉贞亲自督阵，壮烈牺牲，其余官兵除极少数突围出城外，伤亡殆尽。原平不守。

攻占原平的日军继续南侵，于11日在云中河北岸的下王庄附近与忻口前进阵地上的孔繁瀛第161旅遭遇。忻口位于同蒲铁路要点忻县之北，右靠五台山脉，左依宁武山脉，是太原的北大门。此处一旦失守，日军便可长驱南下，直逼太原城。中国方面由第2战区前敌总司令、第14集团军总司令卫立煌为忻口战役总指挥，指挥部设在忻县城内，第7集团军总司令兼第35军军长傅作义为预备军总指挥，指挥部设在金山铺。战线东起崞县的龙王堂、蔡家岗、南郭下，经忻口和南怀化，西达崞县南峪村，具体兵力分布如下：

右翼地区东起龙王堂，西至界河铺，其中在南郭下、东西荣华、东西南贾重点部署。以刘茂恩指挥第15、第17、第33军等部，组成右翼兵团，指挥部设在受禄村。

中央地区东起界河铺，西至新练家庄，其中在云中河北的下王庄、弓家庄、旧河北等村与云中河南的界河铺、关子、南怀化等村重点部署。以郝梦龄指挥第9军、第13军1个团，第19军、第33军5个团、第35军、第38军、第61军等部，组成中央兵团，指挥部设在忻口西北高地后沟战备窑洞内。

左翼地区东起新练家庄，西至南峪，其中在大白水、滕腾、南峪等村重点部署。以李默庵指挥第14军及第66、第71、第85等师，组成左翼兵团，指挥部设在沙窊村。另以高桂滋第17军及晋绥军第34军第203旅残部共约5个团组成总预备队，并配以10个炮兵团。

这样，中国军队在正面先后投入 99 个团，加上在敌后配合作战的八路军，中国军队在此投入的兵力约达 13 万余人。①

日军方面，为统一晋北作战指挥，将位于内长城以南的关东军察哈尔派遣兵团四个半旅划归第 5 师团长板垣征四郎指挥。这样，在晋北的日军共约 3 个师团，7 万余人，炮 250 门，战车 150 辆。

11 日，日军在与孔繁瀛部发生遭遇战后，双方展开激烈的争夺，敌虽有飞机、大炮和坦克助战，但未能突破守军阵地。13 日，日军发起全线大规模攻击，一部对中国军队忻口防线实行中央突破，向中国守军第 54 师南怀化阵地猛攻，激战 9 小时至中午，该师阵地工事被轰毁，守军伤亡惨重，阵地被突破。卫立煌急调第 10、第 21、第 72 师各一部增援，协同夹击敌人，与敌血战一昼夜，山头失而复得数次，将第 54 师所失阵地及南怀化夺回，并包围歼灭当面之敌。② 14 日，日军增兵 3000，再攻南怀化，并同时向中方阵线左右两翼攻击。南怀化阵地又被攻陷，第 21 师师长李仙洲、第 218 旅旅长董其武等相继受伤。双方在忻口西北南怀化东北高地上展开拉锯战。15 日，第 218 旅进驻下王庄、弓家庄一线，与第 161 旅协同向南怀化敌侧背攻击。16 日，中央地区中国军队发起总攻。激战中，中央兵团指挥官、第 9 军军长郝梦龄，第 54 师师长刘家麒，独立第 5 旅旅长郑廷珍相继阵亡，指挥中断，攻势受挫。战况处于胶着状态。

左翼地区，12 日，日军由永兴村南下，占领阎庄。13 日，在飞机大炮轰击下，以战车为掩护，日军向中国军队第 14 军大白水主阵地发起攻击。第 10 师陈牧农旅首当其冲，英勇抵抗，伤亡过半，敌突入大白水村。中国军队组织反击，将敌逐出村外。日军改以卫村为前进阵地，向朦腾和南峪阵地发起攻击。守军第 34 军第 71 师据守两村高地，隔河与敌对峙，日军在河沟两岸遗尸累累。敌为报复，对第 71 师阵地疯狂炮击。为摧毁敌人的前进阵地，第 14 军李默庵部派出一突击队，两次夜袭

---

① 《忻口战役始末》，载《民国档案》1986 年第 1 期。

② 《黄绍竑等致何应钦密电》（1937 年 10 月 14 日），国民政府军令部战史会档案，中国第二历史档案馆藏。

卫村，夜袭部队数百人大部牺牲，但未能完成任务。两军处于相持状态。

右翼地区日军于 13 日从桃园村东渡滹沱河，向中国军队第 15 军灵山阵地猛攻，马祺臻第 195 旅在东、西荣华村与敌拼杀，伤亡重大，阵地被敌攻占。日军旋向东、西南贾进犯，受到邢清忠第 191 旅的阻击。14 日，日军主力转攻南郭下，守军第 192 旅顽强抵抗，将敌阻滞于南郭下和东、西南贾一线。第 84 师则固守蔡家岗亘灵山、界河铺之线，与由南郭下村方面来犯数千之敌激战。18 日，卫立煌命左翼兵团第 94 师接防营房里至龙王堂之线，以威胁日军侧面，[①] 总预备队第 17 军第 251 旅在蔡家岗接防。第 15 军遂集中主力在南郭下一带与敌决战。双方在南郭下村的神山附近展开激烈的争夺战。第 15 军多次粉碎日军的进攻。

为了阻敌前进，中国军队不断向中央地区增兵。20 日，第 38 军第 529 旅在中央地区投入战斗。21 日，卫立煌又令陈铁第 85 师由左翼增援中央地区。日军在中国军队英勇阻击下，未能取得进展，第 5 师团所属第 9 旅团第 41 联队约 2000余人又于 20 日组成国崎支队，调往上海方面作战。板垣征四郎不断向华北方面军司令部求援。22 日，约有 2000 余人的萱岛支队到达忻口前线。日军遂于 24 日再次发起大规模进攻，双方激战数日，守军第 85 师伤亡殆尽，日军突破几道缺口。27 日后战况又出现胶着状态。27 日，日军将在平津地方担任警戒的第 109 师团第136 联队的一个大队派到第 5 师团方面，29 日又将该联队的另一个大队及独立混成第 1 旅团的机械化步兵联队派到 5 师团方面，此外，日军第 11 师团第 71 联队也加入忻口作战。这样，日军在忻口投入配备现代化武器的兵力已达约两万余人。29 日，日军再次向中国军队发起全线进攻。日军新增精锐第 11 师团第 71 联队 2000 人向左翼朦腾村猛扑，中国军队奋勇拼搏，"战至未刻，将敌二千人完全歼灭。我 83 师连日牺牲，全师不足一团"。[②] 30 日、31 日，双方继续对峙，日军进攻仍然没有取得进展。11 月 2 日，因晋东方面战局危机，晋北中国军队侧后受

---

① 《黄绍竑等致蒋介石密电》（1937 年 10 月 18 日），国民政府军令部战史会档案，中国第二历史档案馆藏。

② 《阎锡山致何应钦孔祥熙密电》（1937 年 10 月 31 日），国民政府军令部战史会档案，中国第二历史档案馆藏。

到威胁，奉第2战区司令长官阎锡山令，卫立煌命忻口部队"为确保太原计，今夜向太原以北青龙镇东西线既设阵地转移"。① 忻口撤守。

四、八路军夜袭阳明堡

忻口战役、太原会战中，八路军奉命配合友军"对增援之敌，负责阻止，对退却之敌，相机歼灭"，② 在敌之翼侧和后方打击与钳制敌人。

为积极配合友军保卫忻口、太原，1937年10月6日、7日，八路军总部令第115师协同友军袭取平型关、大营镇，相机收复浑源、应县；令第120师以主力位于岱岳（今山阴县）以西山地，完全断绝大同与雁门关之间交通，以第358旅主力配合友军夹击宁武以南之敌；令第129师以一部进至正太铁路之寿阳、平定地区，积极钳制与打击西进之敌。③ 八路军各师根据总部命令，迅速开赴指定地区打击和钳制日军。

第115师独立团由晋东北向察哈尔省南部地区出击。10月10日，该团攻占涞源县城。15日，该团在广灵至灵丘之间的冯家沟伏击敌第5师团的运输大队，毙伤日军100余人，缴获100余辆车和大量弹药给养，16日，乘胜收复广灵县城。

第115师骑兵营等部由晋东北挺进冀西。10月18日，骑兵营奔袭曲阳县城，歼敌大部，收复该县城，缴获大量给养，并于当日打退定县之日军的反扑。至10月29日，骑兵营等部又连克平山、唐县、完县等县城，并袭击清风店车站，严重地威胁日军平汉铁路北段的交通。

10月14日，第115师344旅主力在平型关东北小寨村附近，截击由灵丘驶来之敌汽车130余辆，并打退日军一个大队的连续反扑，激战终日，毙敌100余人，毁敌汽车数十辆，迫敌退回灵丘县城。接着，该旅连续收复平型关、团城口、沙

---

① 《卫立煌致蒋介石密电》（1937年11月2日），国民政府军令部战史会档案，中国第二历史档案馆藏。

② 张宪文：《中华民国史纲》，第489页。

③ 军科院军事历史研究部编著：《中国人民解放军战史》第2卷，第40页。

河镇及繁峙、浑源县城。①

第 115 师的出击，打击了敌运输部队和后方留守部队，切断了张家口至代县的敌后方交通线，有力地支援了友军的忻口、太原会战。

第 120 师主力挺进晋西北地区袭击敌之侧翼和后方。10 月 10 日夜，以第 358 旅第 716 团第 2 营为基础组成的雁北支队，在怀仁、岱岳之间的南辛庄伏击敌运输队，毙伤日军 100 余人，击毁敌汽车 18 辆，同时破坏了公路，炸毁了桥梁，截断了怀仁至朔县的交通。随后，该支队又分路袭击了北辛庄、安营村、周庄、织女泉、口前、尚希庄、马邑、岱兵之敌。每次战斗，都取得了胜利。② 10 月 14 日，第 358 旅在第 359 旅协同下，攻占同路上大牛店等地，歼敌一部。18 日，第 358 旅第 716 团主力在雁门关以南黑石头沟公路两侧高地设伏，袭击敌运输部队，共毙伤敌 300 余人，击毁敌汽车 20 余辆。20 日夜，第 716 团一部袭取了雁门关。21 日，该团再次于黑石头沟地区伏击敌运输部队，歼敌一部，击毁敌汽车 10 余辆。在此前后，第 359 旅主力在阳明堡西南之王董堡附近数次伏击敌运输汽车队，先后毙伤敌 30 余人，毁敌汽车 30 余辆。③

图 7.2　八路军第 120 师领导人在前线观察地形。右起：贺龙、周士第、关向应、甘泗淇

第 120 师各部队的出击，切断了日军由大同经朔县至宁武和由大同经雁门关至忻口的交通运输线，给进攻忻口之日军的援兵和补给等方面造成很大的困难，大大削弱了日军的进攻力量。④

① 军科院军事历史研究部编著：《中国人民解放军战史》第 2 卷，第 41 页。
② 刘华香等：《雁门关外怒火燃》，见《八路军回忆史料》（1），第 259 页。
③ 军科院军事历史研究部编著：《中国人民解放军战史》第 2 卷，第 43 页。
④ 王震：《一二〇师与晋西北抗时根据地》，见《八路军回忆史料》（1），第 137 页。

日军的地面交通运输线被八路军第 115 师、第 120 师等部切断后，进攻忻口之日军的粮、弹、油料等供应濒于断绝，其攻势减弱，加之日军对忻口方面地面攻击受挫，遂更频繁地由阳明堡前线机场出动飞机，对忻口、太原中国守军阵地进行轮番轰炸。

10 月 16 日，奉命到崞县、代县以东地区侧击敌人的第 129 师先头部队第 769 团进抵阳明堡以南滹沱河东岸的苏龙口、刘家庄地区，发现敌机不断地由滹沱河西岸起飞，飞向忻口、太原。经反复侦察，并从敌机场逃出的一民工得知：敌机场就在阳明堡西南约 3 公里处，有敌机 24 架，日军的 1 个联队大部驻在阳明堡街里，机场只有警卫部队 200 余人，场内设有掩体、地堡、掩蔽部，周围有铁丝网，警戒疏忽。第 769 团遂决定出敌不意，夜袭阳明堡敌机场。① 其具体部署是：以第 3 营袭击机场；以第 1 营钳制和阻击崞县的日军，以第 2 营（欠第 7、8 连）为团预备队，以第 8 连破坏王董堡西南的桥梁，保障第 3 营侧后的安全；团迫击炮连位于滹沱河南岸，支援第 3 营战斗。

10 月 19 日夜，第 769 团各部分别向预定地点开进。第 3 营主力偷渡滹沱河之后，利用朦胧的月光，迅速接近敌机场，并成战斗队形展开。由于以夜战见长的第 3 营各部行动肃静神速，加之敌警戒疏忽，第 11 连进入机场后距敌机 30 米时，敌还未发觉。但第 10 连在向敌警卫部队接近时，为敌发觉，当即先敌开火，以迅猛的动作将该敌压制在掩蔽部内。第 11 连在第 10 连的掩护下以敏捷的动作，扑向敌机群，先以猛烈的火力打击敌哨兵和在机舱里的敌驾驶员，继则以手榴弹、燃烧弹塞进敌机舱。敌机顿时燃烧起火爆炸。敌警卫部队见飞机起火，十分慌急，不断向中国军队反扑。中方突击队与敌展开白刃格斗，战斗十分激烈。几十分钟后，敌警卫部队大部被歼，多数敌机燃烧在熊熊的烈火之中。当驻阳明堡街里的日军装甲车急忙赶往机场增援时，第 769 团已经撤出了战斗。这次战斗，仅 1 小时，毁伤敌机 20 余架，毙伤日军 100 余人。② 中方伤亡 30 余人。③ 此次战斗，

---

① 陈锡联：《夜袭阳明堡飞机场》，见《八路军回忆史料》(1)，第 215 页。
② 陈锡联：《夜袭阳明堡飞机场》，见《八路军回忆史料》(1)。第 217 页。
③ 军事科学院游击战研究组选编：《阳明堡机场袭击战斗》，见《光辉的游击战》，第 34 页，军事科学出版社 1985 年 11 月版。

主要由于正确掌握敌情，乘敌之隙，发挥近战、夜战特长，所以取得了胜利。这一战斗的胜利，使日军在晋北战场上一时失去了空中优势，有力地支援了忻口、太原会战。

图 7.3　在阳明堡战斗中牺牲的八路军第 129 师 385 旅 769 团 3 营营长赵崇德（又名宗德）

10 月 22 日至 28 日，第 129 师第 386 旅主力先后在长生口、东石门、马山村、七亘村等地打击沿正太铁路西犯之日军。① 其中，26 日和 28 日，第 386 旅第 772 团两次在七亘村有利地形设伏，袭击敌之辎重部队，以伤亡 30 余人的代价，取得了歼敌 400 余人的胜利。②

八路军第 115 师、第 120 师、第 129 师在此阶段取得的战果，为中外人士所注目。第 2 战区前线总指挥卫立煌盛赞八路军是"复兴民族的最精锐的部队"，给忻口战役以有力的支持。朱德、任弼时撰文称忻口战役是国共合作中八路军与国民党军"联合作战的范例"。③

---

① 李聚奎：《两战长生口》，见《八路军回忆史料》（1）第 313 页。
② 军科院军事历史研究部编著：《中国人民解放军战史》第 2 卷，第 45 页。
③ 傅钟：《敌后抗战的开端》，见《八路军回忆史料》（1），第 70 页。

五、晋东门户娘子关失守

为确保太原和解除晋北中国作战部队的后顾之忧，第2战区司令长官部决定组织娘子关保卫战，"以第1战区由保定南移之部队，进占娘子关一带山地，确实保守之，并相机进袭石家庄，威胁由平汉路南进之敌军"[①]。蒋介石命由平汉路撤退下来的第1战区主力孙连仲、冯钦哉的第26、27两路军和曾万钟第3军等部共约7个师的兵力，沿晋冀交通动脉正太路井陉至娘子关一线布防，扼守晋东要隘娘子关，开辟保卫太原的东线战场，由第2战区副司令长官黄绍竑指挥。

平汉路方面日军攻占石家庄后，即新增土肥原师团在漳河一带与商震第20集团军展开激战，并以川岸文三郎第20师团及108、109师团各一部和伪满军一师渡过滹沱河，由正太路进犯，企图进出娘子关以西地区，威胁太原，并策应日军第5师团在晋北方面的作战。

中国军队向娘子关附近转进，仓促进入阵地，立足未稳，日军即跟踪而至，向中国军队阵地发起猛烈攻击。11日，日军分别向井陉、贾庄发起进攻，并以一部约八九百人向第17师正面长生口绕攻，直抵旧关，进逼娘子关侧后，中国守军部署未定，部队散乱，无法组织有效堵阻，井陉、长生口被突破，旧关也于12日失守。同日，黄绍竑命原定增援晋北的孙连仲第26军回援，同时令第3军向旧关、新关附近集结。是日夜，又令第17师以一部向长生口出击，迟滞日军前进，并固守娘子关以东要地雪花山。最初较为得手，克复刘家沟、长生口等处，后遭敌反攻，雪花山守军指挥官因疏忽致使阵地丢失。第17师发动反攻，损失严重仍未克复阵地，不得已退守乏骡岭。

---

① 《第二战区娘子关保卫战作战方针和指导要领》，国民政府军令部战史会档案，中国第二历史档案馆藏。

图 7.4　山西东门户娘子关西门

14 日晨，日军出动一个联队共千余人，分别向旧关镇及苇泽关侵入，遭到第
26 路军第 79 旅迎头痛击。孙连仲另派第 27 师一部绕袭核桃园，分兵向关沟之敌
猛烈夹击，"激战两日，肉搏 10 余次，当将关沟之敌歼灭殆尽"。① 15 日晨，第 3
军第 34 旅由大小梁家亘王家岭向旧关推进，同第 26 军一部围攻旧关，中国军队
全线发起数次猛攻，激战至晚间，"敌已有动摇模样"。16 日拂晓，日军实施反
击，中国军队虽将关沟残敌肃清，但旧关被包围的日军利用东南及西北高地顽
抗，日军并派飞机大力支援，中国军队无法展开攻势。傍晚起，日军向第 27 路军
工兵营所在的旧关西南高地反攻，将阵地突破。前往增援的第 27 军教导团伤亡惨
重，几至全部牺牲。17 日，中国军队继续攻击，拟先切断旧关之敌后路，然后将
其歼灭，而日军又大举反攻，双方激战，肉搏 10 余次，伤亡均重。中国军队以火
力封锁了核桃园至旧关的通路。

19、20 两日，日军由正面向乏骡岭中国第 17 师阵地攻击。中国守军在赵寿
山师长率领下与敌殊死搏杀，伤亡惨重，全师 13000 余人，仅剩 2700 人，被迫撤
离，阵地失守。而旧关至核桃园一带之日军则连日遭中国军队的攻击，山沟中陈
尸累累，伤亡甚重。残敌千余退守旧关附近高地。19 日，日军第 20 师团长接到
攻占阳泉平原的命令，决定兵分两路，右纵队沿井陉、新关至石门口大道及其以

---

① 《孙连仲致蒋介石密电》(1937 年 10 月 16 日)，国民政府军令部战史会档案，中国第二历史
档案馆藏。

北攻击前进；左纵队共步兵4个大队、山炮兵1个大队沿测鱼镇至石门口大道前进，即迂回攻击娘子关中国守军的右侧背。[①] 当日奉命增援晋东的第18集团军第129师到达阳泉，奉令进驻马山村、七亘村一带，掩护娘子关守军右侧背。

21日，中国军队继续进攻旧关之敌，日军据高顽抗，至晚11时，核桃园及大小龙窝完全被中国方面占领。娘子关正面日军得到增援，则用飞机、火炮协同步兵猛攻北峪、（1000）标高地及南峪以北附近高地中国军队阵地，北峪等阵地被其突破。22日拂晓，日军猛烈进攻南峪东南（1000）标高地等地，（1000）标高地"守兵全数殉国，敌迫近地都"。黄绍竑决定缩短防线，将剩余部队移至锦山及娘子关以北高地固守，以节兵力，同时令第27军在臭水、桃林坪、观音陀山一带构筑阵地。[②] 第26军已在娘子关血战八昼夜，兵力不满6000人，应付娘子关正面长达50余里的防线，实感困难。孙连仲请求增援，阎锡山命令自四川步行北上的川军第122师、第124师沿正太线前往增援。此后直至26日，娘子关正面中日双方军队一直处于对峙状态。

日军左纵队由横口车站渡河西进，23日到达南障城，并以大部南下测鱼镇方面，一部约二三百人抵达刘家珊、固栏村附近。24日，测鱼镇方面步骑联合之敌3000余人在七亘村遭到第129师386旅771团阻击，因众寡悬殊，该团损失较重。日军向马山村进攻，刚到该处之川军一部被击退。为缩短阵线，中国军队当日令第3军由固兰村后撤，日军一股约300人遂乘机由中国军队阵地空隙窜入十家路、乱安村，向固驿镇中国军队右侧背进攻。黄绍竑急令第122师一部与第3军向敌夹击，但至25日，敌左纵队已全部到达固驿镇附近，与中国守军发生激战。

25日，日军以一部骑兵为主体，由马山村方面闯入中国方面第3军右翼后十字道、乱安村及固驿村南端高地，同守军展开激烈争夺。同时在西回村西方高地，川军第122师同日军遭遇，发生激战。此时，马山村至平定道路除第122师

---

① 日本防卫厅防卫研究所战史室：《中国事变陆军作战史》第1卷第2分册，第72~73页。

② 《黄绍竑致蒋介石密电》（1937年10月22日），国民政府军令部战史会档案，中国第二历史档案馆藏。

外，已无兵可派把守。为防止日军断我后路，26 日，黄绍竑与阎锡山会商后，"抱最大决心以 26 路军留一小部守娘子关，主力移至巨城镇、移穰镇，进出柏井驿、桥头村，以本日第二次新加入之川军 124 师之一旅推进石门口，准备对敌总攻"，① 并调冯钦哉部 3 个团，准备于上下盘石至巨城镇间抗拒娘子关方面敌军。娘子关主阵地遂于是日被日军突破。守军旋即按计划全线撤退，晋东门户娘子关失守。

六、太原城防之战

娘子关失守影响中国军队全晋战局，太原危在旦夕。为挽救山西危局，28 日，蒋介石致电阎锡山，要求娘子关方面作战各军在寿阳以东地区利用山地坚强抵抗，"如无命令，即将全部牺牲亦不许退至寿阳以西，如有不听命令者，决依军法从事"。② 中国军队匆忙向寿阳以东地区后撤，以占领阵地，确保阳泉、平定、寿阳、榆次及其附近地区。

然而，日军为使中国军队无喘息机会、无法组织起新的防线，继续猛烈追击中国军队，在攻陷娘子关后，将两路纵队分作左追击队和右追击队，分别向阳泉、平定追击。在这之前，25 日，日军以两个联队的兵力西侵，在东回镇附近，将川军第 122 师一旅击溃后，又北攻我第 122 师另一旅及第 3 军后方，截断平定至阳泉道路。阎锡山令第 26 军、川军第 124 师及第 27 路军一部占领西郊村、移穰镇、巨城镇之线，阻止敌人西进。27 日，左路日军先头到达桥头村。右路日军当夜击退中国守军第 17 师，攻陷巨城镇。另以一部由娘子关沿正太线进逼移穰镇，当日该镇也被攻陷。28 日，移穰镇日军向中国军队左翼乱柳村一带猛攻，桥头村之日军向第 30 师上庄阵地猛攻，激战数小时后，中国军队全线被优势之敌突破，伤亡奇重。同时敌以一部向石门口进攻，激战之后，中国守军一旅只剩 400

---

① 《黄绍竑致蒋介石密电》（1937 年 10 月 26 日），国民政府军令部战史会档案，中国第二历史档案馆藏。

② 《蒋介石致阎锡密电》（1937 年 10 月 28 日），国民政府军令部战史会档案，中国第二历史档案馆藏。

余人，退至西郊。蒋介石为解晋东危机，令第 1 战区部队立即向石家庄、娘子关迂回攻击。但缓不济急，日军继续西侵。29 日，孙连仲奉蒋介石之命，率部在寿阳以东抵御日军。当时迎战敌军的正面仅有第 26 军所部 5000 余人独立支撑，勉力阻击敌人。日军千余人向第 42 军阵地猛攻，该军损失惨重，仍坚守阵地。终因寡不敌众，日军突破守军阵地。当日，日军攻占平定。30 日。日军又在阳泉以南将第 26 路军各师包围攻击，各师伤亡极重。被迫向西撤退，日军进占阳泉。经过多日厮杀，中国军队减员严重，战斗力大减，第 26 路军到 25 日前仅剩 5000 余人，第 3 军仅余 2000 余人，川军及第 27 军"皆溃不成军，已失掌握"。31 日，阎锡山致电蒋介石，告以"敌至多三日即到寿阳，谨请速作不得已之准备，以免延误"。① 11 月 1 日，蒋介石命汤恩伯迅率所部参加晋东作战，同时电令第 22 集团军总司令邓锡侯，要求第 22 集团军协同晋东部队夹击西进之日军。

鉴于晋东战局对中国军队已十分不利，日军正沿正太铁路步步进逼，已威胁晋北中国军队侧后，太原告急，阎锡山于 11 月 2 日命卫立煌撤出忻口阵地，回防太原外围，以期会同晋东之孙连仲、曾万钟和冯钦哉各部实行野战防御，协助傅作义集团军固守太原。

3 日，晋东方面日军进至寿阳，即将县城包围猛攻，守城中国军队与敌激战一日，双方伤亡均重，终因众寡悬殊，守城部队于夜间突围出城，寿阳失守。日军步兵第 31 旅团（欠步兵一个联队）亦由九龙关进入昔阳，向榆次急进。4 日晨，日军与孙连仲第 26 路军余部在榆次附近激战，战斗持续一天，日军后续部队到达，孙连仲部被压迫至榆次西南地区，敌遂占领榆次县城，太原危急。

太原城防由傅作义负责。傅作义"以第 35 军及第 73 师一部分任东西城防守，并以一部配备于城外，以新编第 3 团配备于北城，独立第 1 旅配备于西城，第 213 旅配备于南城，新编第 8、第 9 两团为预备队"。② 阎锡山原定中国军队利用太原

---

① 《阎锡山致蒋介石密电》（1937 年 10 月 31 日），国民政府军令部战史会档案，中国第二历史档案馆藏。

② 《第二战区太原会战纪要》，国民政府军令部战史会档案，中国第二历史档案馆藏。

附近既设阵地实行依城野战，俟敌进攻太原时夹击而歼灭之。但晋东军队被敌击溃，仅孙连仲与司令部少数人员到达太原。晋北军队撤退时，日军即猛烈追击，并以飞机轰炸骚扰，因而仓促之际未能组织新的防线，卫立煌部被迫退到汾河西岸。同时，从正太线撤退下来的部队如惊弓之鸟，争相南移西渡，溃乱不堪。这样，太原城防战的重任主要落在了傅作义集团军身上。

5 日，日军第 5 师团攻占阳曲城。6 日凌晨，其先头部队已到达太原北郊，随后，其主力于城东、城北两面展开，开始攻城，与中国配备城外之部队激战，并以飞机、火炮向城内轰炸。7 日，东路日军川岸第 20 师团之先头部队约 1500 余人，亦到达城南狄城附近，一部进抵双塔寺，与城东的第 5 师团会合。此时城西汾河上各处桥梁均被日军占领，太原城遂完全陷于被包围状态。

8 日晨。日军东、北两路的兵团主力步炮兵齐集城下，由东、北两面剧烈攻击城垣，与此同时，日军出动飞机 13 架轮流轰炸，北城楼被焚，东、北两城到处起火，火焰弥漫全城，电话逐段被毁，城内与外界通讯联络中断。至 9 时，东北及西北两城角由于日军的连续集中轰击被毁。随后，东、北两面城墙亦相继被轰开破口十余处，城内各掩蔽部及弹药洞多被轰塌。日军步兵在枪炮掩护下，向城内猛冲，中国军队于城墙埋伏的炮垒队被敌击散。"我东、北两城步兵誓死不退，一面同入城之敌拼杀，一面封锁城墙各口，敌我皆争取最后胜利，死亡异常惨重。"① 至下午 4 时，中国守军将城墙各破口全部封锁，仅在东北城角一处尚有入城之敌千余人，守军同日军展开激烈巷战，日军被歼大半。入夜，日军出动飞机空降增兵，并利用夜间隐蔽有利于夹杂混战，向中国守军发起突袭，中国军队伤亡甚多，西、南两城部队及预备队被敌击溃。守城部队经过血战，官兵所剩无几。城防总司令傅作义见局势已无法挽回，下令撤守。守军余部由大南门突破重围，经文水一带向离石附近转移。华北重镇太原城陷落。

---

① 《太原保卫战战斗详报》(1937 年 11 月 3 日~8 日)，国民政府军令部战史会档案，中国第二历史档案馆藏。

第 8 章
八路军开辟敌后战场

一、中国共产党独立自主山地游击战方针的贯彻

在八路军日夜兼程向华北抗日前线挺进时，沿平绥路西犯之敌关东军察哈尔派遣兵团已先后突破中国军队防线，占领大同，而后以一部西进夺取绥远，主力则沿同蒲路南下，进攻雁门关、茹越口。与此同时，平绥路上由宣化、新保安、怀来向晋东北进犯之敌也攻占了蔚县、广灵、涞源，企图包抄中国军队第 2 战区主力于恒山南段而歼灭之。总观华北战局，中国军队平汉路防线已溃，同蒲路亦已陷入敌之右翼迂回圈，整个山西和太原均处在日军战略包围之中。国民政府军事委员会为使八路军出师后迅速配合其正面防御作战，曾于 8 月中旬要求八路军先遣部队出发后立即进入平汉路以西、平绥路以南地区，截断敌之后方交通，以掩护第 1 战区左翼，并策应南口作战。但八路军进至山西时，南口、大同、张家口已失，日军正趁势向中国军队华北防线的恒山支点合围。在这种情况下，如果八路军仍按原订计划集结于晋东北地区，势必陷于敌之战略大包围中。为此，中

共中央及时对八路军出师后的部署作出变更。

9 月 17 日，中共中央军委主席毛泽东致电八路军总部朱德、彭德怀、任弼时、林彪、聂荣臻、刘伯承等，传达了军委变更八路军战略部署的决定。决定首先对当时敌情作出判断，指出：敌正以大迂回之势企图夺取太原，威胁平汉线中央军而最后击破之，夺取黄河以北。以此姿态，威胁河南、山东之背，而利于最后夺取山东，完成其夺取华北五省之企图。其总的战略方针是采取右翼迂回。夺取华北，首在攻略山西，敌日前正以第一步中央突破之姿势达成其第二步分向两翼迂回之目的。据此判断，恒山山脉必为敌军夺取冀察晋三省之战略中枢。因此，过去决定八路军全部在恒山山脉创造游击根据地的计划在上述敌我情况下，已根本不适用了。此时如依原计划执行，我将全部处于敌之大迂回中，将完全陷于被动地位。为争取战略机动地位，即展开于敌之侧翼，钳制敌军进攻太原与继续南下，援助晋绥军，使之不过于损失力量，为真正进行独立自主的山地游击战，为广泛发动群众，组织义勇军，创建游击根据地，支持华北游击战争并为壮大红军本身起见，拟变更原定部署，采取如下之战略部署：

（1）我二方面军（指八路军第 120 师）应集结于太原以北忻县待命，准备在取得阎之同意下，转至晋西北管涔山等地活动。

（2）我四方面军（指八路军第 129 师）于适当时机，进至吕梁山脉活动。

（3）我一方面军（指八路军第 115 师）则以自觉的被动姿态，即时进入恒山山脉南段活动。如敌南进，而友军又不能将其击退，则准备依情况逐渐南移，展开于晋东南之太行、太岳两山脉之中。①

考虑到"红军此时是支队性质，不起决战的决定作用。但如部署得当，能起在华北（主要在山西）支持游击战争的决定作用"。② 19 日，毛泽东再电八路军

---

① 《9 月 17 日毛泽东给朱、彭、任等的电报》，见中国人民解放军国防大学党史党建政工教研室（以下简称国防大学）编《中共党史教学参考资料》第 16 册，第 21 页。

② 《9 月 17 日毛泽东给朱、彭、任等的电报》，见国防大学编《中共党史教学参考资料》第 16 册，第 21 页。

总部，指出：敌于太原，志在必得，此时部署应远看一步。五台、定襄、盂县地区狭小，敌占太原后，即在其包围中，因此，第 120 师应位于晋西北，处于大同、太原之外翼，向绥远与大同展开游击，方能给进攻太原之敌以相当有效的钳制。所以第 120 师应速赴晋西北占先着，如再去五台则失去战略意义。第 129 师可与第 115 师靠近，位于晋南太岳山脉中。20 日，毛泽东又电八路军总部，强调指出："游击战争主要应处于敌之侧翼及后方，在山西应分为晋东北、晋西北、晋东南、晋西南四区，取四面包围袭击之姿势，不宜集中于五台山脉一区，集中一区是难以立足的。"① 中共中央军委依据战局发展，适时变更八路军的战略部署，将原定 3 个师集中部署于冀察晋绥四省交界地区的计划改变为分别依托恒山、管涔山、太行山、吕梁山，向敌交通线和中心城市取四面包围的态势，这对八路军摆脱敌之迂回包围，扩大回旋余地，以及各师的相互策应，保持战略上的主动地位和迅速实现战略展开，创建敌后抗日根据地，都具有重要的意义。

中共中央军委关于变更八路军战略部署的决定，是根据中共中央关于红军改编为八路军后应采取"独立自主的山地游击战"的战略方针而作出的。关于此一方针，早在红军改编实现前，毛泽东就曾致电当时在南京与国民党谈判的中共代表，明确指出：中共在抗战中的作战方针将"是在整个战略方针下执行独立自主的分散的游击战争，而不是阵地战，也不是集中作战，因此不能在战役战术上受束缚，只有这样，才能发挥红军的特长，给日寇以相当打击"。② 以后洛川会议召开，中共中央又具体地规定，八路军的作战方针应是："基本的是游击战，但不放松有利条件下的运动战。"毛泽东根据八路军在华北作战将面临的客观形势，把以上方针概括表述为"独立自主的山地游击战"的战略方针。八路军出师后，为加深八路军指战员对中央这一方针的理解，增强他们贯彻执行中央决策的自觉性，保证战略思想由国内革命战争向抗日游击战争转变的顺利实现，并让友军和

---

① 《中共中央关于调整八路军战略部署的决定》，见《八路军事件人物录》，第 8 页，上海人民出版社 1988 年 10 月版。

② 何理：《抗日战争史》，第 91 页，上海人民出版社 1985 年 7 月版。

当局也能了解和同意这一方针，9 月 12 日，毛泽东发电给即将偕周恩来去南京的彭德怀，要他不论"在晋在冀在京，均着重解释我军'独立自主的山地游击战争'这个基本原则"，并强调说明："这些原则包含：（1）依照情况使用兵力的自由；（2）红军有发动群众创造根据地组织义勇军之自由；（3）南京只能作战略规定，红军有执行此战略的一切自由；（4）坚持依傍山地与不打硬战的原则。"① 中共中央军委作出变更八路军战略部署的决定后，毛泽东于 9 月 21 日再次就"独立自主的山地游击战"的原则致电彭德怀，强调指出："今日红军在决战问题上不起任何决定作用，而有一种自己的拿手好戏，这就是真正独立自主的山地游击战（不是运动战）。要实行这样的方针，就要战略上有有力部队处于敌之翼侧，就要以创造根据地发动群众为主，就要分散兵力。而不是以集中打仗为主。"② 24 日，中共中央电示八路军总部："目前应以全力布置恒山、五台、管涔三大山脉之游击战争，而重点于五台山脉。"25 日，毛泽东进一步明确："整个华北工作，应以游击战争为唯一方向。一切工作，例如民运、统一战线等等，应环绕于游击战争。华北正规战如失败，我们不负责任；但游击战争如失败，我们须负严重的责任。"③

遵照中共中央和毛泽东上述一系列指示，八路军总部决定将主力配置作重新调整，由集中变为分散，并于 9 月 21 日和 25 日先后对各师、旅、团发出指示和训令，要求各部队在"以机动灵活的袭击，求得消灭敌人小部的同时，立即在我军所到之处独立自主地担负起群众工作，动员群众，组织群众游击队，发展群众游击战争，开创持久的胜利发展局面。"④ 训令对各部开展游击战争和做群众工作的地区也作了明确划分：第 115 师于涞源、灵丘以南，五台、盂县以东，曲阳、行唐、灵寿以西晋察冀边地区；120 师主力于左云、清水河、保德、宁武、平鲁

① 《9 月 12 日毛泽东给彭德怀的电报》，见国防大学编《中共党史教学参考资料》第 16 册。第 20 页。

② 《9 月 12 日毛泽东给彭德怀的电报》，见国防大学编《中共党史教学参考资料》第 16 册，第 22 页。

③ 《9 月 25 日毛泽东给周恩来并转刘、杨、朱并告朱、彭、任的电报》，见国防大学编《中共党史教学参考资料》第 16 册，第 23 页。

④ 《八路军总部关于动员群众发展游击战争的训令》，见《八路军事件人物录》，第 7 页。

等晋西北地区，第 359 旅于柏兰镇、定襄以南，盂县、井陉以北，平山县以西地区；第 129 师预定在正太路以南地区。①

依上述部署，八路军三大主力师迅速按指定地区就位。第 115 师迎着日军的疯狂攻势挺进晋东北抗日前线，平型关大捷后，即以五台山为依托，于恒山山脉就地活动，发动群众。第 120 师转赴晋西北，进入管涔山区，一面以主力向沿同蒲路南犯之敌实施侧后袭击，一面抽出部分兵力配合地方工作团，深入晋西北各县发动、组织群众，开展游击战争，同时分兵一部挺进雁北，在大同以西、以南展开。第 129 师也于 10 月中旬进抵正太路南，在晋东南地区寻机待敌，准备参加正太路作战。这样，八路军 3 个主力师出师不久，即被配置 3 个重要的战略支点上，为尔后八路军在华北敌后广泛开展游击战，实现更大规模的战略展开提供了前进阵地。

"独立自主的山地游击战"的战略方针的确立，使出师后的八路军能根据战局的发展和自身的力量，从坚持持久抗战的目标出发，独立自主地部署力量，这一点在军事上具有首要的意义。八路军挺进华北后，军事路线在当时可有两种选择，一是和国民党军队一起进行内线作战，实行阵地防御；一是挺进敌后，在敌人后方开展游击战争。中国共产党果断地选择了后者。正是依据这一方针，八路军得以根据战局变化变更部署，变集中为分散，使主力部队处于敌人侧翼和后方的战略机动位置，既有力地配合了友军的正面作战，又使自身获得广大的回旋余地，得以独立自主展开于敌之后方。尤其是 3 个战略支点的建立，更是全局在胸，深谋远虑的重大步骤。它为八路军日后独立支撑华北战局，肩负起敌后持久抗战的历史使命奠定了基础。

二、八路军在华北敌后的战略展开

八路军三大主力部队相继进入晋东北、晋西北和晋东南，分别立足于五台

---

① 《八路军总部关于动员群众发展游击战争的训令》，见《八路军事件人物录》，第 7 页。

山、管涔山和太行山，占据了敌后游击战争的战略阵地。利用这一阵地，八路军一面以主力配合国民党友军进行了平型关战役、忻口战役、保卫太原战役，一面派出工作团，分散各地，协助中共地方党进行抗日宣传、组织和发动工作，为坚持长期的游击战作充分准备。

11 月 8 日太原陷落。日军继续进攻。沿同蒲路南下之日军推进至太谷、文水一线，沿平汉路南犯之敌也于 11 月上旬突破第 1 战区漳河防线，进占大名和豫北重镇安阳。沿津浦路南犯之敌则于 11 月中旬进至齐河、济阳、黄河北岸，准备渡河攻占济南，侵夺山东全境。沿平绥路西上之敌更早在 10 月中旬即占领了归绥、包头。至此，第 1、第 2 战区的中国军队已丧失华北的最后战略支撑点，退出了冀、察全境和晋、绥大部以及山东北部地区。八路军主力所在的晋东北和晋西北已成敌后，从而出现了正面和敌后两个战场。

中共中央对华北战局的这一发展早有预测。1937 年 10 月 8 日，毛泽东曾致电周恩来、朱德、彭德怀、任弼时等，指出：“太原失守后，华北正规战争阶段基本结束，游击战争阶段开始。这一阶段游击战争将以八路军为主体，其他则附依于八路军，这是华北总的形势”。① 10 月 13 日，毛泽东向国民政府提出关于太原失守后华北战略部署的意见，要求蒋、阎“改变集中主力分战线固守的消极阵地防御方针，以运动战、歼灭战对付入侵之敌，变被动为主动，以此支持华北持久抗战，保卫中原各省。”② 但这个正确方针未被当局采纳。太原失守后，中共中央军委当即向八路军总部发出指示，指出：“在华北以国民党军为主体的正规战争已经结束，以共产党为主体的游击战争进入主要地位，日寇不久即将移其主力向着内地各县要点进攻。晋西北、晋东北、晋西南、晋东南敌军均将向之进。因此，八路军 3 个师的部署，应控制一部兵力担负袭击敌人的任务，大部分兵力分散到各要地，进一步发挥独立自主的精神，在统一战线基本原则下，废苛捐杂

---

① 《太原失守后由正规战转入游击战的指示》（1937 年 10 月 8 日），见国防大学编《中共党史教学参考资料》第 16 册，第 6 页。
② 《毛泽东向国民党提出太原失守后华北战略部署的意见》（1937 年 10 月 13 日），见《八路军事件人物录》，第 11 页。

税，减租减息，发动群众，建立群众武装，筹集军饷，收编溃军，扩大八路军，准备充分力量，以对付日军向处于内线的八路军发动的围攻。"① 同日，毛泽东又致电朱德、彭德怀和八路军各师领导人，更为明确地强调：八路军当前的任务是"发挥进一步的独立自主原则，坚持华北游击战争，同日寇力争山西全省的大多数乡村，使之化为游击根据地，发动民众，收编溃军，扩大自己，不靠别人，多打小胜仗，兴奋士气，用以影响全国。"② 与此同时，毛泽东在延安为党的活动分子作了《上海、太原失陷以后抗日战争的形势和任务》的报告。报告强调：在华北以共产党为主体的游击战争进入主要地位的情况下，中国共产党必须更加坚持统一战线中的无产阶级领导权和独立自主原则，反对阶级投降主义和民族投降主义，扩大与巩固抗日民族统一战线，变国民党的片面抗战为全面抗战，这是"把抗日民族革命战争引向胜利之途的中心一环"。③

根据上述八路军总部作出部署，规定各师除留一定数量野战兵团作战略机动外，主力即行转入创建山西抗日根据地的斗争："第 115 师一部以五台为中心，向察南、冀西发展，创建晋察冀边区抗日根据地，师部率第 343 旅向晋东南太岳山脉和晋西南吕梁山脉挺进，创建以吕梁山为依托的晋西南抗日根据地；第 120 师依托管涔山，以晋西北为中心，伸向晋察绥边，在东、西两个方向上，同时挺进桑干河流域和大青山；第 129 师则以晋东南为支点，开展太行山脉的游击战争，并伺机向冀、鲁、豫平原地区发展，创建晋冀鲁豫抗日根据地。此外，总部还要求各师分遣有力部队组成远征游击队，实施战略挺进，有步骤地去建立新的战略支点，创建新战略区域，推进敌后游击战在全华北的扩展。"④

---

① 《中共中央向八路军发出发动群众，准备反围攻的指示》（1937 年 11 月 9 日），见《八路军事件人物录》，第 12 页。

② 《给朱、彭、任及周、刘、杨并告林、聂、贺、肖、关、刘、徐、张的电报》（11 月 13 日），见国防大学编《中共党史教学参考资料》第 16 册，第 24 页。

③ 《毛泽东选集》袖珍本，第 357 页。

④ 《朱、彭、任就山西分兵发动群众给八路军三个师的指示》（1937 年 11 月），军科院《中国人民解放军抗日战争史料选编》第 1 辑，第 1 册。

1. 晋察冀边区的开创

晋察冀边区地处恒山、五台山、燕山山脉的连接地带，是威胁日军占据的平绥、同蒲、正太、平汉四条铁路线及平、津等大城市的地区。早在八路军出师之初，毛泽东就电示八路军总部："五台山脉应使成为重要的游击战争区域之一，现在就宜加紧准备。"① 以后在命令八路军总部以全力布置恒山、五台、管涔三大山脉之游击战争时，又特别强调"重点在五台山脉"。② 据此，八路军总部在平型关战役后，部署第115师主力南下开辟新战场的同时，即以一部兵力留五台地区协助中共地方组织开展群众工作，创建抗日根据地。该部兵力由第115师独立团、骑兵营、教导队以及总部特务团等各一部组成，共约3000人，由第115师副师长聂荣臻率领。他们接受任务后，趁敌集中力量南进，后方较为空虚之际，以五台为中心大力向四面发展：杨成武、邓华率领师独立团向北部晋察冀边之浑源、广灵、灵丘、阳原、蔚县以及涞源、易县展开；王平率骑兵营向东部冀西地区挺进，收复曲阳、完县、满城等县城及广大乡村；以一部兵力掩护工作团向南发展，开辟平山、盂县地区；总部特务团则在刘道生率领下向西发展，开辟五台以西和定襄地区。各部队一面作战，一面配合中共地方组织，就地发动群众，宣传抗日，摧毁日伪组织，组织抗日武装。由于工作深入，民众抗日热情高涨，一个月后，北部地区除组建了一批游击队外，独立团扩编为独立师（后改为第1支队）；东部地区组建抗日义勇军和游击队共4000余人；南部地区建立了平山团、井（陉）获（鹿）等游击队；西部游击武装也有很大发展；而主力部队也由近3000人扩大到7000余人，从而为进一步发展抗日游击战争奠定了基础。

11月7日，遵照中共中央军委的命令，成立晋察冀军区，聂荣臻任司令员兼政治委员，下辖4个军分区。12月，各军分区主力部队均整编为支队，4个军分

---

① 《9月20日毛泽东给八路军总部电》，军科院军事历史研究部编著《中国人民解放军抗日战史》第2卷，第50页。

② 《毛泽东关于恒山、五台山地区工作布置致周恩来等电》（1937年9月24日），国防大学八路军史料编写组存。

图 8.1　聂荣臻（左二）在前线战场侦察敌情

区共有 4 个支队。每个支队 3 个大队（相当团）。每个大队辖 3 至 4 个中队（相当营）不等，约由 1500 至 2000 人编成。1938 年 1 月 10 日至 15 日，晋察冀边区军政民代表大会在阜平召开。会议决定统一边区的军事、行政、财政、经济、文化教育和民运工作，并以民主选举的方法产生了边区政权机关——晋察冀边区临时行政委员会，以聂荣臻等 9 人为委员。军区和边区抗日民主政权的建立标志着以五台为中心的晋察冀边区抗日根据地的形成。华北第一个敌后游击根据地胜利诞生了。

2. 晋西北抗日根据地的创建

晋绥地区位于同蒲铁路大同至太原段以西，长城线以南，汾（阳）离（石）公路以北，黄河以东，包括山西西北部和绥远东南部。1937 年 9 月，该地区陷入敌手。与此同时，八路军第 120 师遵照毛泽东"开赴管涔山脉，展开于大同、太原翼侧，向绥远大同发展"① 的指示，于 9 月下旬开进晋西北神池、八角堡地区。该师一面以主力侧击沿同蒲路南进之敌，配合友军作战，一面以教导团和师政治机关教导团干部等共 700 余人组成工作团，在师政训处主任关向应（8 月 2 日后任师政治委员）率领下，分赴朔县、偏关、临县、岚县等 14 个县开展工作。同时

---

① 《毛泽东关于第 120 师开赴管涔山脉向绥远大同发展的指示》，见军科院《中国人民解放军抗日战争史料选编》第 1 辑，第 1 册。

以该部第 716 团第 2 营为骨干，组成雁北支队，由团长宋时轮率领，挺进雁门关以北，收复平鲁、右玉等县，开展游击战争。部队和工作团到达各县后，在当地统一战线组织"牺牲救国同盟会"配合下，很快打开了局面。一个多月后，各县先后建立了抗日游击队自卫军，总人数达 1 万余人。太原失陷后，地方工作团随师主力进至汾阳、离石地区和晋中平原，进而在晋西北全境展开。至 1938 年初，晋西北抗日根据地初步形成，主力部队和地方武装都有较大的发展。部队整编时，主力部队已由初到前方时的 3 个团 8200 余人扩大为 2 旅 6 个团约 25000 余人，雁北支队也由 1 个营扩大为 5 个营，并将神池、五寨地区的游击队编成了独立第 1 支队。

3. 晋冀豫抗日根据地的建立

晋冀豫边区东起平汉铁路，西至同蒲铁路，北起正太路，南至黄河，直接威胁敌之主要交通线，是坚持华北抗战的重要战略地区和向冀鲁豫平原发展的前进基地。根据八路军总部的部署，10 月中旬，刘伯承、张浩率第 129 师师部和第 386 旅进抵正太路南平定地区，一面以主力侧击沿正太路西犯之敌，一面派出干部深入太谷、榆次、阳泉、昔阳、和顺等县展开群众工作。11 月初又派出骑兵营进入冀西临城、赞皇地区活动。同月中旬，第 129 师在和顺县后拐镇召开干部会议，传达中央军委关于创建以太行、太岳山脉为依托的晋冀豫边区抗日根据地的指示。会后，即由师政治部主任宋任穷等率领工作团和部分武装分赴武乡、沁源、安泽、晋城、长治、屯留等地，进一步开展抗日宣传、动员活动，建立各种民众抗日武装，镇压汉奸，组建抗日民主政权。随着各项工作的深入，全区掀起了参军热潮。至 12 月，以该师教导团及部分连队为骨干，先后成立了秦（基伟）赖（际发）支队、先遣支队、谢（家庆）张（国传）大队、汪乃贵支队、赵（基梅）涂（锡道）支队、桂干生支队等多支抗日武装，活跃在太行山区各地，与地方党组织相配合，执行开辟根据地的任务。是年底，活动于石家庄、井陉、获鹿、赞皇、元区、临城地区的中共地方党，在杨秀峰领导下，得主力部队协助，成立了冀西游击总队。与此同时，中共太（行山）南特委、冀豫特委、晋冀特委相继成立，晋东南各地抗日工作蓬勃展开，至 1938 年初，包括晋中、太南、冀西 3 个地区的晋冀豫抗日根据地初步创立。

4. 晋西南抗日根据地的开辟

以吕梁山脉为依托的晋西南地区，是陕甘宁边区的东部屏障和联系晋冀豫边抗日根据地的纽带。早在太原失陷前，毛泽东即指示八路军总部：对以吕梁山为依托的晋西南，八路军应作适当部署。[①] 于是，八路军总部于 1937 年 9 月令第 115 师由正太路南进，适时转向吕梁山脉。

太原失陷后，吕梁部分地区成为敌后，第 115 师师部率第 343 旅进至灵石、孝义以西地区打击南犯之敌，同时派出工作团赴万楼、永和等县，在那里发动群众，组织抗日武装，开创抗日根据地。

1938 年 2 月 26 日，敌第 20 师团一部南下占领隰县。27 日，敌第 109 师团西犯军渡、碛口。第 115 师主力奉中央军委令转至隰县、大宁地区，寻机作战，对西犯黄河河防之敌进行钳制、打击。3 月 14 日，第 115 师先遣分队在午城镇以东地区伏击由蒲县西犯之日军步、骑兵千余人，毙敌 100 余人后，又主动转至午城西北侧高地继续钳制敌人，掩护主力进至机动位置。敌进占午城后继续西犯。16 日，日军 20 师团辎重部队 200 余人，骡马百余匹由午城西进至罗曲村附近，被隐蔽在大宁以东罗曲、午城、井沟公路两侧的第 345 旅第 685 团主力全歼。17 日，第 686 团又在井沟以西伏击由蒲县向大宁运送物资的日军汽车 60 余辆，歼敌 200 余人，第 685 团则于罗曲村将由大宁出来接应其辎重车队的敌军击退。17 日夜，第 343 旅一部袭击了午城镇，毙敌 50 余人，烧毁敌汽车十余辆。敌遭此打击后派兵报复。18 日，日军第 108 师团步、骑兵 800 余人在飞机掩护下，由蒲县出动西援午城，进至井沟地区时，遭到预伏于井沟至张庄公路两侧高地的第 686 团和汾西游击队的猛烈袭击。敌顿时陷于混乱，一部窜入井沟、张庄据守，一部占领张庄以南地区顽抗。我军迅速调整部署，趁敌立足未稳，对其展开围歼。敌猛烈冲

---

① 军科院军事历史研究部编著：《中国人民解放军战史》第 2 卷，第 69 页。

击，企图突围。我 686 团顽强战斗，终将敌连续冲击打退。19 日拂晓战斗结束，敌除 100 余人逃脱外，均被消灭。① 午城、井沟战斗历时 5 天，歼敌千余，毁汽车 70 余辆，缴获骡马 200 余匹和大批军用物资。这一胜利有力地打击了日军的嚣张气焰，迫使大宁之敌东撤，从而粉碎了敌西犯黄河河防的企图，并初步打开了晋西南北部地区的抗战局面。

午城、井沟战斗后，中共山西省委、山西抗日决死队相继进入晋西南，在晋西南南部、中部大力发动群众，组织抗日武装。八路军主力部队则继续活跃于晋西南地区，对同蒲铁路、太军公路（太原至军渡之公路）进行破坏，一方面阻滞敌渡黄河，一方面协助地方发展游击队，取得了汾离公路三战三捷的胜利。② 至是年夏，以孝义、灵石和隰县部分地区为中心的晋西南根据地初具规模。

三、打退日军对晋察冀军区的首次围攻

八路军以山西为主阵地的战略展开和华北敌后抗日游击战争的开展，对进犯之敌和为敌所控制的铁路、公路干线以及北平、石家庄、太原等中心城市构成严重威胁。1937 年 11 月 24 日，日本大本营召开第一次御前会议，听取和批准了参谋本部对华作战计划，确定于抽调兵力在华中、华北扩张战果的同时，在华北要"致力于治安的恢复"，"促进占领地区的全面安定"。③ 为此，日华北方面军决定以第 2 军之第 10 师团和第 5 师团夺取山东全境，另以第 1 军主力在关东军察哈尔派遣兵团协同下对我华北敌后初创之抗日基地进行围攻、"扫荡"，企图以此扼杀八路军以及存在于这些地区的其他中国军队和抗日力量。

①　《午城、井沟战斗》（1938 年 2 月 14 日至 18 日），见《八路军事件人物录》，第 128 页。
②　军科院军事历史研究部编著：《中国人民解放军战史》第 2 卷，第 107 页。
③　《华北方面军对占领地区维持治安的指导》，见日本防卫厅战史室编《华北汉安战》（上），第 66 页，天津人民出版社 1982 年 6 月版。

对敌人的这一行动，中共中央早有充分估计。1937 年 11 月 9 日，毛泽东明确指出："在华北正规战争业已结束，游击战争转入主要地位的形势下，日军不久将以主力向我军所在的晋西北、晋东北、晋东南、晋西南各要点进攻。我在上述四区活动之部队应控制一部执行袭击敌人的任务，大部分散于各要点，组织群众武装，在统一战线基本原则下，放手发动群众，废除苛捐杂税，实行减租减息，收编溃军，购买枪支，筹办粮饷，实现自给，扩大部队，打击汉奸，发展左翼；进一步发挥独立自主精神，期于一个月内取得显著成效，以便准备充分力量对付敌向我内线的进攻。"① 遵此指示，八路军各部作了反对敌人围攻、"扫荡"的各项准备。

敌人进攻的首要目标是以五台为中心的晋察冀。晋察冀边区是八路军在华北造成的第一块抗日根据地。它的创立极大地振奋了五台地区军民的抗日热情，他们在聂荣臻指挥下，乘日军后方空虚，主动出击，收复城镇，断敌交通，给敌以巨大的袭扰。西线日军为扼杀这块根据地，解除后顾之忧，在 1937 年 11 月间，即晋察冀军区成立半个月后，即调集察哈尔派遣兵团、第 5 师团、第 14 师团及伪军约两万余人，从平汉、平绥、正太、同蒲等铁路沿线分 8 路向晋察冀边区进犯，企图一举摧毁这个初创不久的抗日根据地。

面对来势汹汹之敌，晋察冀军区作了反围攻的各种准备，确定了"以游击队袭扰、疲惫、消耗敌人，主力机动歼敌"的方针。②

1937 年 11 月 24 日，各路敌军开始出动。由平绥、同蒲沿线出动之敌 4000 余人，分别从怀来、应县、阳原、天镇等据点向蔚县、广灵等地进犯。晋察冀军区第 1 支队以主力于浑源、广灵间之乱岭关道路两侧高地设伏，首先歼灭了应县出动之敌 200 余人。12 月 5 日，敌关东军察哈尔派遣兵团在占领蔚县后继续南犯，在蔚县以南之北口村遭我第 1 支队截击，死伤百余名。已进占广灵的阳原之敌也

---

① 《中央军委毛泽东关于敌主力向山西内地各要点进攻和我之斗争方针给朱、彭等的指示》（1937 年 11 月 9 日），见《中国人民解放军抗战史料选编》第 1 辑，军科院藏。
② 军科院军事历史研究部编著：《中国人民解放军战史》第 2 卷，第 53 页。

因遭到当地军民的游击袭忧，被迫向蔚县方面收缩兵力。与此同时，由平汉路沿线出动的敌人 3000 余人，也在西犯涞源途中，在北奇村、紫荆关、王安镇连续遭到晋察冀军区骑兵营和第 1 支队的袭扰和打击，一再被阻，疲惫不堪。其中由易县出动的一路 300 余人，在进占交通要点大龙华的当夜（12 月 2 日）即遭我第 1 支队的突袭，被消灭 200 余人，残部狼狈逃回原据点。而由保定西出之敌则为我阻止于满城附近，由新乐出动之敌在进占行唐后，也停滞不前。至此，由平汉路西犯之敌已被迫停止向我边区腹地开进。①

值此敌被迟滞阻遏之际，中共中央军委及时指示八路军总部："晋察冀边区反围攻作战应避免正面抵抗，袭击敌之后尾部队。在敌之远近后方活动，使敌处于我包围之中。在确实有利条件下，集结适当力量，给敌以部分歼灭和有力打击。"同时指示第 120 师、第 129 师须在同蒲、正太铁路上积极活动，予以有力的配合。②

12 月 14 日，军区第 2 支队夜袭平原镇，歼敌百余。15 日，敌第 109 师团一部 1500 余人由寿阳、平定出动合击盂县，在进至清城镇时，遭到军区第 3 支队主力的伏击，被消灭 200 余。同日，第 115 师 344 旅以第 687 团一部设伏于山寨地区，击退了由井陉北犯之敌。21 日，第 344 旅主力与军区第 3 支队一部在温塘占据有利地形伏击由平山出动的敌第 5 师团第 21 联队，敌 1000 余人被歼 400 有余，残部逃回平山，不敢复出。③ 至此，围攻晋察冀边区的敌军除以一部兵力占据着蔚县、广灵、浑源、定襄、盂县、平山、行唐等县城外，大部退回铁路沿线，反围攻作战取得胜利。在这次反敌 8 路围攻中，晋察冀军民共歼敌 1400 余人，缴获大量武器、弹药、军需品，④ 极大地鼓舞了边区军民的抗日斗志，对巩固和发展根据地起了极大的推动作用。

---

① 军科院军事历史研究部编著：《中国人民解放军战史》第 2 卷，第 53 页。
② 《毛泽东关于晋察冀反围攻战问题给集总的指示》（1937 年 12 月 5 日），见《中国人民解放军抗战史料选编》第 1 辑，军科院藏。
③ 《第 64 军抗战战史》（油印本），第 9 页，军科院藏。
④ 《晋察冀军区战史》（油印本），第 9 页，军科院藏。

四、粉碎日军对晋西北、晋东南和陕甘宁边区的进犯

日军在发起对晋察冀边区的 8 路围攻后，为确保其平汉、同蒲、平绥、正太等主要交通线的安全，加强对华北占领区的控制，又相继对我晋西北、晋东南和陕甘宁边区大举进犯。1938 年 2 月下旬，日华北方面军决定以日驻蒙军第 26 师团的两个联队、第 109 师团和伪蒙军李守信部约一万余人，从平绥、同蒲和太（原）汾（阳）公路沿线各据点出动，分 5 路向晋西北抗日根据地进犯，妄图一举歼灭该地区中国军队主力或迫其退过黄河。

21 日至 28 日，敌 26 师团干田联队由朔县出动，攻占宁武、神池、保德和五寨；竹内联队由井坪镇出动，占领了偏关、河曲；李守信的伪蒙军为第 3 路，由绥远南下，占领清水河后，进至偏关与日军会合。与此同时，在太汾公路集结之日军第 109 师团一部 2000 余人由汾阳进占离石后，续向黄河东岸的军渡、碛石攻击前进；第 109 师团另一部则由文水、交城出动，进占叉口、古交、河口地区，并向娄烦进犯。当时在晋西北偏关、兴县、临县、静乐和宁武地区虽有晋绥军 4 个军，但除 35 军曾稍作抵抗外，其余均先后撤退。

为粉碎敌之进犯，保卫晋西北抗日基地，八路军第 120 师除原有少数部队留在根据地协同地方游击队进行游击作战外，原在同蒲路北阳曲至忻县段进行交通破袭的师主力星夜回师根据地。3 月 2 日，军渡、碛口之敌突然东返离石，转而北犯方山，临县、五寨之敌则继续南下占领岢岚。在此情况下，中央军委电示 120 师集中两个旅主力打敌一路，借此"破坏敌之包围计划，巩固晋西北根据地，策应其他区域之作战"。[①] 第 120 师决心集中 4 个团的优势兵力，首先打击深入五寨、岢岚，孤立突出的一路敌军，尔后向神池、宁武方向发展。

3 月 7 日，第 120 师以第 359 旅（欠第 719 团）围困岢岚之敌，迫其弃城突

---

① 军科院军事历史研究部编著：《中国人民解放军战史》第 2 卷，第 59 页。

围；以第368旅向岢岚东北机动，准备截击弃城逃窜之敌，同时阻止五寨之敌增援；令警备第6团、雁北支队、独立第1支队、师骑兵营、第359旅第719团、决死第4纵队及地方游击队分别在保德和神池之间以及朔县以北、宁武外围袭扰，牵制日军，配合主力作战。3月10日，岢岚之敌在我连续三日的打击和围困下，水源、补给断绝，待援无望，弃城突围北逃。第359旅跟踪追击，在三井镇歼其一部，余敌仓惶逃入五寨县城。

五寨原有守敌数百名，连同逃来之敌，共千余人，被我包围后负隅顽抗。第120师乃取"围点打援"之策，以少数兵力围困五寨，主力调至孟寨与神池之间待机歼敌。17日，当第358旅进至义井镇以南的虎北村、口中村地区时，与由神池南下增援五寨的敌军千余人遭遇。该旅迅即占据有利地形，先敌展开，向敌主动发起冲击。激战6小时后，敌不支逃窜，我乘胜追击逃敌至义井镇附近。接着，第359旅击退了由三岔堡向五寨增援之敌，遂使五寨之敌陷于完全孤立。与此同时，120师雁北支队也3次袭击井坪镇，攻占威远堡，破坏敌朔县马邑附近的铁路桥；警备第6团及地方游击队连日袭扰保德；第719团则在神池、宁武之间破敌交通，使侵入晋西北之敌军补给日益困难，处境愈加不利，迫不得已于3月20日开始全线撤退。我军一举收复偏关、河曲、保德、五寨四城，并趁势截击撤退之敌。23日，神池为我收复。至此，侵入晋西北内地之敌，除宁武县城尚有1500余人外，其余均被击退。

31日，朔县之敌步骑兵600余人在飞机支援下，经阳方口南犯，企图接应宁武被困之敌突围。这支敌军行至石湖河与麻峪附近时，遭我第120师第359旅伏击，遂据守石湖河有利地形顽抗，宁武之敌乘机出城反扑，威胁第359旅侧背。这时，围攻宁武之敌的第358旅第715团主动出击，与第359旅形成对敌夹击之势。激战进行到黄昏，敌被歼300余人，干田联队队长被击伤，石湖河之敌窜回阳方口，宁武之敌退回城内。两日后，因待援无望，被围之敌趁夜弃城北逃。我军发起追击，歼敌后尾一部，宁武城收复。这样，晋西北反围攻作战取得最后胜利。是役，敌人被歼1500余，我缴获敌山炮一门，汽车14辆，步、机枪200余支，骡马百余匹，收复了为敌所占的7座县城和大片国土，稳定了晋西北的战局，巩固了初创的根据地。①

在120师各部进行晋西北反围攻作战的同时，晋东南之第129师主力也于1938年2月中旬向正太铁路阳泉至井陉段主动出击，在长生口截击敌军，歼敌130余人，打了个漂亮的伏击战。② 此后，第129师主力迅速南移至襄垣东南地区，执行邯（郸）长（治）公路破袭任务。该部继续采取"攻其所必救"，"吸打敌援"，"伏击歼敌于运动中"③ 的正确打法，于3月中下旬又相继在神头岭、响堂铺打了两个更大规模的伏击战，取得歼敌200余人的战果。④

第129师在正太路、邯长路上的主动出击，连续战斗，给敌以震惊。为保障其侧后方的安全，日华北方面军乃于1938年4月初决定调集重兵，集中其第1军，第108、第109师团等部3万余人，由第1军司令官香月清司指挥，采取分进合击战术，由同蒲、正太、平汉铁路及邯长公路等沿线分9路进攻晋东南辽县（今左权县）、榆庄、武乡地区。面对敌之企图，八路军总部决定避敌锋芒，先以一部兵力在地方游击队配合下，执行在内线消耗、疲惫、钳制敌人的任务，主力则跳出敌之合围圈，转至外线，寻机击敌。具体部署为：第386旅和第385旅第769团及第115师第344旅第689团秘密转移至敌合击圈外的涉县以北地区隐蔽待机；第129师直属团、决死一纵队以及配属八路军协同作战的第2战区第3军、第17军等部担任疲惫和钳制敌人的任务。同时令晋察冀军区和第120师以部分主力向平汉、正太、同蒲铁路出击，牵制日军，配合晋东南反敌围攻。⑤

4月4日起，敌军开始出动。至4月10日前后，各路敌人相继侵入我根据地，但均遭阻击。由洪洞出动的日军第20师团一个联队被决死一纵队和友军一部阻击

---

① 《收复晋西北七城战役》，见《120师暨晋绥军区战史》（油印本），军科院藏。
② 《129师第386旅长生口围城诱伏战斗》，见军科院游击战研究组选编《光辉的游击战》，第36页，军事科学出版社1985年11月版。
③ 《刘伯承军事文选》，第176、180页。
④ 《神头战争详报》、《响堂铺战斗详报》，军博抗日馆藏。
⑤ 《朱、彭关于配合晋东南反围攻给贺、聂等的指示》（1938年4月10日），见《中国人民解放军抗战史料选编》第1辑，第2册，军科院藏。

图 8.2　八路军攻克武乡县段村敌据点

于沁源地区；由榆次出动的第 109 师团一部被第 129 师独立支队阻滞于道坪、阔郊、马坊一带；由祁县、太谷出动的第 109 师团另一部被友军一部和八路军游击队阻滞于东、西团成地区；长治、屯留出动的第 108 师团两个联队突破友军防御线后，侵入沁县、武乡和襄垣、辽县；由元氏、赞皇出犯之敌被我游击队阻遏于九龙关以西地区；由邢台出动的敌第 16 师团一个大队在营头、浆水以东受阻；由涉县出动之敌则被友军骑兵第 4 师阻止于麻田地区；平安、昔阳出犯之敌也因受到八路军和游击队的坚决阻击而多次变更进攻路线，于 14 日方进至辽县、芹泉。

于是，敌人合击我军主力于榆、辽、武地区的计划已告落空。出犯的 6 路敌军均被迟滞、阻击，进退维谷，只有第 108 师团 3 个联队进入了晋东南根据地腹地，但也因连续作战，相当疲惫，并且孤立突出。在此情况下，八路军总部抓住有利战机，依据中央军委"集中主要力量，打破敌人一路"的作战原则，命令转至外线隐蔽待机的第 129 师主力及第 689 团于 4 月 10 日迅速由涉县以北地区隐蔽急进，返至武乡附近地区伺机歼敌。4 月 15 日，侵占武乡之敌 108 师团第 117 联队 3000 余人北犯榆林扑空后，回撤武乡。第 129 师一部趁敌困饿，向武乡发起进攻，敌于当日黄昏放弃武乡，连夜沿浊漳河东撤。第 129 师立即以调回至内线的 4 个主力团发起追击。第 772 团、689 团为左纵队，第 771 团为右纵队，沿浊漳河两岸山地实施平行追击，第 769 团沿武乡至襄垣大道尾追。16 日拂晓，平行追击的部队超越敌人，在武乡以东长乐村将逃敌大部截住。第 771 团与第 772 团各以一部向型村、李庄突击，以猛烈火力袭击拥挤在道路上的敌军，将敌行军纵队分割为数段。各部队将士勇猛扑向敌阵，与敌展开搏斗。这时已过长乐村的日军 100 余人为解救被围部队向我第 772 团左翼戴家垴阵地反扑。防守该阵地的 772 团 10 连与敌抢夺要点，殊死肉搏，激战 4 小时，击退敌多次冲击，其中一个排全部壮烈牺牲，阵地方被敌攻占。12 时，第 689 团赶到，展开猛烈反击，又将阵地夺回。此时，敌第 105 联队由辽县方面赶来增援，被我军阻击。被围于长乐村以西之敌大部分被歼。由于敌又有援兵赶到，第 129 师遂以一部迷惑、牵制敌人，主力撤出战斗。是役歼敌千余，缴获步、马枪 100 余支，军需品若干。我方也伤亡 800 余人，第 772 团团长叶成焕光荣殉国。①

图 8.3　1938 年，第 129 师第 386 旅参谋长周希汉（站立者）
在粉碎日军"九路围攻"前进行战斗动员

　　长乐村战斗是我军粉碎日军对晋东南"九路围攻"具有决定意义的一仗。此后，各路敌军纷纷撤退，我则乘胜追击，又在沁源以南，沁县、沁源之间，辽县、和顺之间给退却之敌以有力打击。至 25 日，晋东南辽县、黎城、潞城、襄垣、屯留、沁县、沁源、高平、晋城等县城先后为我收复，盘踞长治之敌完全陷于孤立。

①　《山西武乡县长乐村战斗详报》，1938 年 4 月，原件存于军博。

27 日，长治之敌南撤，在高平以北的张店、张度岭和高平以西的町店，又遭到我第 344 旅和决死一纵队的截击，伤亡惨重。至此，敌"九路围攻"被彻底粉碎。此役历时 23 天，我军共歼敌 4000 余人，收复县城 18 座。晋冀豫抗日根据地由此得到进一步扩大，第 129 师也获得了进一步向冀南、豫北平原发展的有利条件。①

陕甘宁边区是共产党指导八路军抗日作战的中心。为切断晋西北与陕甘宁边区的联系，日军在对晋西北抗日根据地进行"扫荡"的同时，于 1938 年初开始调集重兵向陕甘宁黄河河防发动进攻。2 月下旬，日军以第 101 师团为主力，配合以第 109 师团、第 26 师团和独立第 2、第 4 混成旅团等部，沿汾（阳）离（石）公路西犯。其时，陕甘宁边区仅有部队 15000 余人。3 月 2 日，毛泽东致电八路军各师，发出关于"巩固河防，保卫西北"的指示。② 在中共中央、中央军委的直接领导下，在晋西北、晋东南抗日根据地的有力配合下，陕甘宁边区军民采用"积极防御"的方针，依托黄河天险和工事，给进犯之敌以迎头痛击。3 月 13 日，日军第 26 师团 2000 余人进抵神府河防对岸，炮击我河防阵地，尔后在十余架飞机掩护下开始强渡黄河。陕甘宁留守兵团警备第 6 团沉着应战，以猛烈火力，击敌于半渡之中；并以机动兵力一部迂回河东，袭击敌之侧背，毙伤其百余人，在第 120 师积极配合下，渡河之敌被迫撤退。4 月，敌第 109 师团在离石一带集结兵力，企图再犯河防。5 月初，敌经大武向军渡进犯，企图占领军渡，突破我宋家川河防阵地。为打破敌之企图，我留守兵团警备第 8 团主力东渡黄河，进至汾离公路北侧。5 月 10 日夜，该团在离石城西北王老婆山地区袭击西进之敌，击溃其一个大队。日军遭到打击后，只好放弃渡河。保卫陕甘宁边区的战斗得到八路军第 115 师、第 120 师、第 129 师各部的有力配合。其中第 115 师第 343 旅第 686 团在薛公岭的 3 次伏击战就歼敌近千人，③ 给企图西犯黄河之敌以有力

① 《晋东南反"九路围攻"战役》（1938 年 4 月 4 日至 27 日），见《中国人民解放军战役战例选编》（一），解放军政治学院出版社 1984 年 10 月第 1 版。

② 《八路军事件人物录》，第 12 页。

③ 《八路军事件人物录》，第 135 页。

打击。从 1938 年 3 月至 1939 年底，日军先后向陕甘宁边区河防发动大小进攻 23 次，其中较大的进攻达 7 次之多，每次使用兵力少则 2000 余人，多则 10000 余人，均被击退。在一年零九个月中，八路军留守兵团河防部队先后进行大小战斗 78 次，粉碎了敌之西渡阴谋。这一时期第 120 师晋绥根据地的发展和巩固也起了屏障陕甘宁边区的作用，使日军对陕甘宁边区的威胁逐步减轻。

第 9 章
南京保卫战的失利

一、苏嘉锡国防线的崩溃

1937 年 11 月 8 日，第 3 战区司令长官部鉴于日本第 10 军主力渡过黄浦江，占领松江城，淞沪守军腹背受敌，有被日军分割包围的危险，遂决定各集团军"先期向平嘉吴福线既设阵地转移，以节约并保持战力，拒止敌人，待后续兵团到达，再以广德为中心，于钱塘江左岸方面转移攻势"。[1] 当晚 21 时，顾祝同命令右翼军"除以一部占领独山、虎啸桥、太平桥、新埭、枫泾之既设阵地外，主力转进于珠家阁沿青浦东侧冬水桥、章堰镇、仇江至吴淞江之线占领阵地"；左翼军"速以一部于仇江、黄渡镇沿吴淞江北岸至姚家渡之线占领阵地。"[2]

其具体部署是：第 3 师、第 87 师在七宝镇、虹桥机场、顾家湾、潘家巷之

---

[1] 张秉均：《中国现代历次重要战役之研究——抗日战役述评》，第 138 页。
[2] 《顾祝同致蒋介石密电》（1937 年 11 月 8 日），国民政府军令部战史会档案，中国第二历史档案馆藏。

线，占领收容阵地；第 1 军、第 36、第 88、第 102 师以及第 58 师 1 个旅由胡宗南军团长部署转进；教导总队经安亭至昆山附近候车运京；第 55 师除一旅（欠 1 个团）固守上海南市外，主力应占领泗泾镇、四安桥、张家浜之线前进阵地；第 51、第 58、第 154、第 46 师分别于青浦、章堰镇、仇江之线占领阵地；第 107、第 108 师、独立第 45 旅应固守松江及其黄浦江北岸原阵地；第 26 师经安亭至吴福线占领阵地。[1]

然而，因"退却命令之下达太迟，各部队非仅无余裕之准备，竟有未接退却命令而随邻部队之撤退而撤者，且对于退却之道路未予明示，各部均拥挤于公路，秩序至为混乱"，[2] 加之日军飞机的轰炸、扫射与追击部队的攻击，各路守军难以在青浦、白鹤港、安亭、嘉定、浏河一线形成坚固的防线。顾祝同遂于 10 日命令左翼军一部在青阳港至周墅、支塘、白茆口一线占领阵地，掩护主力撤至甪直、正仪、巴城、唐市、古里、梅李、福山一线占据吴福线之阵地，并在唯亭、外跨塘至常熟城一线构筑第二线阵地，摆下了死守吴福国防工事的阵势。12 日，左翼军各部队到达指定位置。

在日军方面，第 10 军于 11 日派第 6 师团以及国崎支队向昆山方面追击，配合上海派遣军的正面攻势；以第 18、第 114 师团向嘉兴、平望之线突进。同时，上海派遣军加快了长江方面的登陆作战，重藤支队（约 3 个联队）和由华北调来的第 16 师团乘舰艇 60 余艘在白茆口至浒浦镇一带江面巡弋。13 日，重藤支队和第 16 师团先后在白茆口附近登陆，并迅速击溃了刘培绪第 40 师的阻击。以一部向支塘镇攻击，主力向常熟、福山之线挺进。在京沪铁路方面，日军主力正向昆山逼近。

为此，第 3 战区于 13 日下令放弃昆支线阵地，撤至平嘉吴福主阵地固守。其部署如下：

---

[1]《顾祝同致蒋介石密电》（1937 年 11 月 8 日），国民政府军令部战史会档案，中国第二历史档案馆藏。

[2]《第三战区淞沪会战经过概要》（1937 年 12 月），中国第二历史档案馆藏。

（1）昆支掩护线（昆山、周墅、任阳至支塘），由第19集团军副总司令吴奇伟指挥第51、第36、第88、第6师以及税警总团担任。

（2）吴福线第一阵地（南邵渡、甪直、正仪、巴城、东塘墅、古里、梅李至浒浦镇），分由第14、第8、第160、第159、第154、第32、第44、第60师防守。

（3）吴福线主阵地（北坎、唯亭、常熟至福山之线）。北坎、同里至车坊镇由第9集团军代总司令上官云相指挥第107、第58、第87、第3师以及太湖警备队防守；沙湖至唯亭由第19集团军代总司令香翰屏率第53、第57师防守；相城、莫城至常熟由第15集团军总司令陈诚率第133、第67、第13、第11师防守；第21集团军总司令廖磊指挥第171、第173、第174、第176、第56、第76师防守常熟至福山。

（4）平嘉阵地（平湖、嘉善、嘉兴至平望）由张发奎指挥第16、第19、第55、第62、第108师以及独立第45旅固守（另有第6、第59、第90师未到达阵地）。①

针对中国军队的进一步后退，日军方面军司令官判断华军"不会停留在该线上而是再向西面退却"，②遂于14日颁布命令：

（1）方面军决定占领常熟、苏州、嘉兴一线，准备尔后的作战。

（2）上海派遣军应占领福山、常熟、苏州一线，以约2个师团在昆山、太仓附近集结，使之作为余的直辖，还应准备使在其指挥下的第10军的部队回到原所属。

（3）第10军须占领平望镇、嘉兴、海盐一线。③

14日，日军的进攻全面展开。

---

① 《第三战区吴福线阵地部署要图》，参见张秉均：《中国现代历次重要战役之研究——抗日战役述评》。
② 日本防卫厅防卫研究所战史室：《中国事变陆军作战史》第1卷第2分册，第98页。
③ 日本防卫厅防卫研究所战史室：《中国事变陆军作战史》第1卷第2分册，第99页。

在上海派遣军方面，日军第 16 师团在几十辆战车掩护下，向韦云淞第 48 军猛攻，区寿年第 176 师在支塘西北顽强抵抗，在掩护主力通过支塘西撤的任务完成后，向常熟退去。15 日，日军攻占昆山。第 11 师团主力由太仓猛攻莫城。

在第 10 军方面，第 6 师团由松江向西挺进，突破了苏嘉国防线，14 日占领平望镇，并向南浔镇进逼，威胁吴福线侧翼阵地。

中国守军并不能有效地利用吴福线坚固的国防工事顽强抵御日军。这一方面是由于"吴福线既设工事无图可按，无钥开门，无人指示"，① 使作战部队无法进入国防工事内；但更重要的是"各部队完全脱离掌握，士气沮丧"，② 完全丧失了战斗力所致。

鉴于日军的新攻势，第 3 战区决定放弃吴福线。16 日晚，顾祝同向廖磊和罗卓英发布命令：

（1）京沪路正面我军于明（17）日开始向锡澄线转移。但以一部在唯亭、外跨塘掩护，待至 20 日转移。

（2）第 15、第 21 集团军应迟滞敌人，使我军得有确实占领阵地之余裕。

（3）各兵团尔后之行动，预为指示如下：第 48 军附第 171 师经无锡到长兴、宜兴；第 18 军及第 13、第 98 师经无锡到广德；第 15、第 105 师由王东原军长指挥到广德；第 20 军由杨森军团长指挥到溧阳；第 60 师至无锡北石幢桥，归胡宗南军团长指挥；刘和鼎军长指挥第 56、第 40、第 76 师（欠 1 旅）、独立第 34 旅、苏保第 4 团，转移至南闸镇，支援第一线之战斗。

（4）常熟之战斗，应维持至 19 日，尔后以有力之一部沿常锡公路逐次抵抗，掩护主力之转移。③

---

① 《罗卓英致蒋介石密电》（1937 年 11 月），国民政府军令部战史会档案，中国第二历史档案馆藏。

② 《第三战区淞沪会战经过概要》（1937 年 12 月），中国第二历史档案馆藏。

③ 张秉均：《中国现代历次重要战役之研究——抗日战役述评》，第 147～148 页。

第 3 战区于 16 日制订的第 3 期作战计划，将战略重心移向广德。它规定京沪线方面，仅 "以最小限之兵力"，利用吴福、锡澄、宜（兴）、武（进）等阵地，"节节抗战"；沪杭线方面，"应扼守崇德、石湾、南浔线及临平、吴兴线"，待川军 6 个师运达后，攻击沪杭方面之敌。①

17 日，日军向福山、谢家桥、常熟、莫城猛攻，第 176、第 44 师伤亡较重。18 日，虞山阵地失陷。19 日，日军攻占常熟、莫城、苏州，第 15、第 21 集团军于同日夜向锡澄线退去。

日军大本营曾将华中方面军的攻势限制在苏州、嘉兴一线以东地区，但华中方面军司令官却无意将攻势停顿下来，于 19 日命令上海派遣军和第 10 军分别进行攻占无锡、湖州（吴兴）的准备，并于 20 日下达了进攻命令。②

为了迟滞日军进攻速度，蒋介石下令无论如何必须死守锡澄阵地。鉴于吴福国防线失守的教训，他于 20 日电令顾祝同等指派军队 "预为发掘" 锡澄线国防工事，并 "派人看守，预先配置及工事图发给师以上司令部使用，并令地方政府预置柴水食盐等物"。③ 次日，他又致电第 7 战区司令长官刘湘、南京卫戍司令长官唐生智、第 3 战区副司令长官顾祝同以及陈诚、薛岳、张发奎、罗卓英、廖磊等高级指挥官，令其 "无论如何困难，必须确保现有阵地，及适时予敌以打击"。④

然而，当日军于 23 日向锡澄线发起进攻时，各部队仍是兵败如山倒，溃败之势终无法挽回。左翼军除一部沿铁路退往常州外，主力向浙、皖、赣边退却。无锡、常州、江阴先后失陷。

在右翼军方面，蒋介石由徐州调来周祖晃第 7 军（欠第 171 师），命其守备

① 《第三战区第三期作战计划》（1937 年 11 月 16 日），国民政府军令部战史会档案，中国第二历史档案馆藏。

② 日本防卫厅防卫研究所战史室：《中国事变陆军作战史》第 1 卷第 2 分册，第 107 页。

③ 《蒋介石致顾祝同等电》（1937 年 11 月 20 日），国民政府军令部战史会档案，中国第二历史档案馆藏。

④ 《蒋介石致刘湘等电》（1937 年 11 月 21 日），国民政府军令部战史会档案，中国第二历史档案馆藏。

宜兴、长兴、吴兴。徐启明第 170 师到达长、吴后，南浔已为日军占领，遂同程树芳第 172 师一道推进至昇山、吴兴。同时。刘湘指挥的第 23 集团军（辖第 144、第 145、第 146、第 147、第 148 师）5 个师集结在广德、泗安、安吉一线，以为第 7 军后援。

20 日，日军第 6、第 18、第 114 师团以及国崎支队向广德方向推进，24 日攻占昇山、吴兴，由于川军增援不力，第 7 军损失惨重，旅长夏国璋阵亡。日军穷追不舍，25 日又占长兴，第 7、第 48 军向临安、孝丰一线退却。同时，川军沿泗安、广德逐次抵抗，第 145 师师长饶国华牺牲，第 144 师师长郭勋祺负伤。30 日，广德失陷，日军向宜兴、溧阳攻击前进。

至此，第 3 战区主力向郎溪、宣城及镇江、南京退去，日军除一部向宣城、芜湖西侵外，主力由郎溪转向南京。

纵观苏嘉锡国防线战事，中国守军在 10 天之内，连失多年经营的两道国防线，使日军得以迅速扑向首都南京，对南京保卫战造成了不利影响。究其最主要的原因，在于高级指挥官部署不力，仓促撤退，丧失了战场转换的有利时机，结果使主动撤退演变成溃退，严重影响了各级官兵的战斗意志。

二、南京保卫战的部署

日军攻占上海以后，积极进行攻击南京的筹备，华中方面军高级将领纷纷要求日本大本营废除禁止攻占南京的限制令。他们认为："要解决事变，攻占首都南京具有最大的价值"，并判断中国军队自上海溃败以后，"抵抗在各阵地均极其微弱，很难断定有彻底保卫南京的意图。在此之际，军如停留在苏州、嘉兴一线，不仅会失去战机，而且将使敌人恢复斗志，重整战斗力量，其结果要彻底挫伤其战斗意志将很困难"。[①]

---

① 日本防卫厅防卫研究所战史室：《中国事变陆军作战史》第 1 卷第 2 分册，第 106 页。

日大本营最终批准了华中日军的计划，于 12 月 1 日正式将上海派遣军、第 10 军归入华中方面军战斗序列，以松井石根大将为司令官，并下达了以"攻占敌国首都南京"① 为内容的《大陆命第八号令》。

从 12 月初起，日军分三路直扑南京。其上海派遣军以第 11、第 13、第 16 共 3 个师团沿镇江、丹阳、句容西进，直逼汤山、栖霞山地区；以第 3、第 9 师团由金坛、天王寺直扑淳化；其第 10 军所属第 6、第 18、第 114 师团以及国崎支队则沿宜兴、郎溪、溧阳、溧水、洪蓝、小丹阳一线直逼南京。日军的企图是从东、南、西三面合围南京。②

在国民政府方面，对于保卫南京的战略筹划已久。淞沪抗战爆发后，蒋介石即对首都附近各线阵地的加强与构筑，作了明确指示，命令教导总队"派兵指导赶筑工事"，分三期完成。③ 9 月初，又调第 53、第 77、第 121 师来京，以加强首都防卫。

11 月 12 日上海失陷，日军乘胜追击，直取南京的意图已十分明显。中国军队一退而不可收拾，连失吴福、锡澄两道国防线，使南京的形势变得十分严峻。在南京的弃与守问题上，蒋介石接连召开了 3 次军事会研究对策。在会上，绝大多数将领认为南京不宜坚守，只有唐生智坚决主张"死守南京，和敌人拼到底"。④

唐生智的主张得到了蒋介石的首肯。蒋介石此时寄希望于国际出面干涉，因此，他认为"南京决守城抗战，图挽战局，一月以后，国际形势必大变，中国当可转危为安"。⑤ 于是，11 月 24 日正式任命唐生智为南京卫戍司令长官，罗卓英、刘兴副之，周斓为参谋长。

---

① 日本防卫厅防卫研究所战史室：《中国事变陆军作战史》第 1 卷第 2 分册，第 109 页。
② 日本防卫厅防卫研究所战史室：《中国事变陆军作战史》第 1 卷第 2 分册，第 109～110 页。
③ 《蒋介石致何应钦电》(1937 年 9 月 2 日)，国民政府军令部战史会档案，中国第二历史档案馆藏。
④ 《李宗仁回忆录》(下册)，第 697 页，广西文史资料委员会 1980 年版。
⑤ 《蒋介石致李宗仁、程潜等电》(1937 年 12 月 6 日)，见《作战经过（二）》，第 219 页。

图 9.1　京沪线上的中国军官在部署防御阵地

　　唐生智就职后，即于 27 日对中外记者发表谈话，表示："本人奉命保卫南京，至少有两事最有把握：第一，即本人及所属部队誓死与南京共存亡，不惜牺牲于南京保卫战中；第二，此种牺牲定将使敌人付出莫大之代价。"① 为了表示破釜沉舟、决死一战的决心，他将下关到浦口的两艘能运载七八百人的渡轮撤往武汉，并授命驻浦口的第 1 军禁止任何部队从南京北渡。②

　　保卫南京的部队共有"15 个师强"，约 15 万人左右。③ 但这些部队大多数为新近从淞沪战场败退下来的，虽经整补，但新兵较多，战斗力普遍较弱。

　　南京的防御体系分为东南正面阵地和复廊阵地两部分。

　　东南正面阵地设于江宁镇、牛首山、淳化镇、汤山、龙潭镇一线，为南京的外廊防御线，其部署为：以孙元良第 72 军（辖第 88 师）派出右侧支队至江宁镇附近，任右翼掩护；以俞济时第 74 军（辖王耀武第 51 师、冯圣法第 58 师）任牛首山至淳化镇附近之守备，并向秣陵关、湖熟镇派出前进部队；以叶肇第 66 军（辖谭邃第 159 师、叶肇第 160 师）任淳化镇附近至凤牛山之守备，并向句容附近

① 武汉《大公报》，1937 年 11 月 28 日。
② 唯真：《抗战初期的南京保卫战》，见《文史资料选辑》，第 12 辑，第 9 页。
③ 《第三战区南京会战经过概要》（1937 年），国民政府军令部战史会档案，中国第二历史档案馆藏。

派有力之前进部队；以邓龙光第83军（辖巫剑雄第154师、李江第156师）任凤牛山附近经拜经台至龙潭之守备，并向下蜀派出前进部队；以徐源泉第2军团（辖丁治磐第41师、徐继武第48师）在栖霞山、乌龙山一线占领阵地，并封锁长江。①

复廓阵地包括雨花台、紫金山、乌龙山、幕府山及南京城垣，为南京城防阵地，守备情况为：以孙元良第88师任右地区雨花台及城南之守备；以桂永清教导总队约两个师任中央地区紫金山及城垣东部之守备；以宋希濂第78军（辖第36师）任左地区江山、幕府山及城北守备；以王敬久第71军（辖沈发藻第87师）任河定桥至工兵学校一线之守备；以宪兵部队（约两个团）任清凉山附近之守备。②

南京外围的战事从12月5日傍晚开始。

当晚，日军第16师团约3个联队在坦克、大炮掩护下向句容发起进攻，其主力分两路向土桥镇、牧马场包抄第66军两翼，并攻占新塘，切断句容守军退路。第66军虽派兵进攻新塘，但未能驱敌，使句容守军"陷入苦战，损失颇大"。③ 6日上午，向牧马场攻击前进之日军主力一部侵入孟塘，威胁汤山守军侧背，至午后2时，其前锋已进至高家庄、大胡山一线，金汤大道和第66军后方联络线有被切断之虞。唐生智急令第36师、第41师及第66军各派一部向孟塘、大胡山间凹地发动进攻，但由于各部队进展迟缓，未能协同作战，丧失了全歼该股日军的有利时机。④

同日，日军第9师团1个联队猛攻湖熟镇，守军第51师力战不支，被迫后撤，湖熟失陷。

7日、8日两天，日军在南京外围发动了全面进攻。在汤山方面，第一线阵地于7日被日军突破，守军退守第二线阵地。8日，日军主力协同炮兵机械化部队

---

① 《南京保卫战斗详报》（1937年12月），国民政府军令部战史会档案，中国第二历史档案馆藏。
② 《南京保卫战斗详报》（1937年12月），国民政府军令部战史会档案，中国第二历史档案馆藏。
③ 《南京保卫战斗详报》（1937年12月），国民政府军令部战史会档案，中国第二历史档案馆藏。
④ 《南京保卫战斗详报》（1937年12月），国民政府军令部战史会档案，中国第二历史档案馆藏。

向汤山及汤水镇猛攻，汤水镇于8日午后失守。同时，固守高家庄、大胡山一线之敌在得到增援后，向第41师及第36师1个团猛烈反攻，我军伤亡较重。在淳化方面，日军连续两天的步、炮、空立体攻势，使第51师伤亡惨重，其第5营官兵几乎全部壮烈牺牲，由于后援不继，淳化镇遂于8日午后4时陷落敌手。在秣陵关方面，日军第114师团继攻占秣陵关后，又以40余辆坦克为先导，强攻将军山，迫使守军退往板桥一线，牛首山主阵地也告不守。

鉴于南京外围阵地均被突破，为集中兵力固守南京，8日晚，唐生智下令各部队退守复廓阵地，其部署要旨为："右侧支队固守板桥镇大山之线。第74军固守牛首山一带据点至河定桥之线。第88师固守雨花台。第71军第87师固守河定桥至孩子里（江南铁路北）之线，右与第88师及第51师，左与教导总队联系。教导总队固守紫金山。第2军团固守杨坊山、乌龙山之线及乌龙山要塞。第36师固守红山、幕府山一带。第66军至大水关附近集结整理待命。第83军之第156师及第36师之1团，在青龙山、龙王山线掩护撤退。在镇江之第103、第112师向南京急进。"①

然而，守军仓促后撤，给日军造成可乘之机。当晚，日军2000余人，坦克10余辆跟踪第51师后撤部队前进，乘守军立足未稳，连占高桥门、七桥瓮、中和桥，并于9日拂晓突进至光华门外大校场、通光营房。此时光华门仅有少数守兵，见情况危急，即将城门紧闭。日军遂用野山炮将城门轰开两个缺口，并以小股部队突入门洞内固守。幸赖第87师后续部队的增援反攻，方将大校场之日军击退，稳定了阵地，但一部分日军仍盘踞在通光营房和光华门城洞里顽抗。②

9日，华中方面军司令官松井石根派飞机向城内中国守军撒下了劝降书。这份由松井石根亲自拟、由冈田译成中文的《致南京卫戍总司令唐生智劝降文告》

---

① 《南京保卫战战斗详报》（1937年12月），国民政府军令部战史会档案，中国第二历史档案馆藏。
② 《南京保卫战战斗详报》（1937年12月），国民政府军令部战史会档案，中国第二历史档案馆藏。

声称，"百万日军业已席卷江南，南京城即陷于包围之中"，"贵军苟欲继续交战，南京则必难免于战祸，是使千载文化尽为灰烬，十年经营终成泡沫"。劝降书规定，中国军队须于次日正午将答复交至中山门外句容道上的步兵哨所，否则，即对南京城发动进攻。①

南京卫戍司令长官对日军的劝降书未予理睬，于 9 日晚发布"卫参作字第 36 号命令"如下："（1）本军目下占领复廓阵地为固守南京之最后战斗，各部队应以与阵地共存亡之决心，尽力固守，决不许轻弃寸地，摇动全军，若有不遵命令擅自后移，定遵委座命令，按连坐法从严办理。（2）各军所得船只，一律缴交运输司令部保管，不准私自扣留，着派第 78 军军长宋希濂负责指挥。沿江宪、警严禁部队散兵私自乘船渡江，违者即行拘捕严办。倘敢抗拒，以武力制止。"②

日军劝降不成，松井石根恼羞成怒，于 10 日 13 时命令向南京城实施总攻击。日军的进攻从雨花台、通济门、光华门、紫金山同时开始。

光华门附近的战事最为激烈。日军在强大炮火的掩护下，两次冲入城内，但均被中国守城军队消灭。卫戍司令部急令第 156 师增援通济门及光华门城垣守备，并以第 159 师控制于明故宫附近策应，另派第 103 师守备中山门附近城墙。这一部署，使守军力量大大加强。同日晚，第 156 师组织敢死队坠下城墙，趁夜幕将潜伏在城门内的日军及其盘踞在通光营房里的敌人消灭殆尽。光华门、通济门城防得以转危为安。③

在紫金山方面，教导总队居高临下，据险固守，挡住了第 16 师团的猛烈进攻。连日军第 16 师团长中岛今朝吾也称"中山陵是非常坚固的，很难攻克"。④

① 日本陆军画报社编：《支那事变战迹之刊》，昭和十三年版。
② 《陆军第 78 军南京会战详报》（1938 年 1 月），国民政府军令部战史会档案，中国第二历史档案馆藏。
③ 《南京保卫战斗详报》（1937 年 12 月），国民政府军令部战史会档案，中国第二历史档案馆藏。
④ ［日］木村久迩典：《中岛今朝吾中将和南京事件》。

图 9.2　日军战车攻击南京城墙防御工事

10 日傍晚，日军攻占了运动场、谭延闿墓一线，我军退守遗族学校、中山陵、吴王坟（今梅花山）附近。12 日，吴王坟阵地失守，日军逼近中山门，城门被轰塌三处。

雨花台附近阵地自 10 日以来连续遭受日军第 114、第 6 师团的猛烈攻击。由于敌以一部由大胜关渡江占领江心洲，向第 74 军侧背攻击，迫使该军撤至水西门。这样，雨花台阵地便突见孤立。11 日午后，第 88 师雨花台右翼安德门、凤台门阵地均为日军攻破，中华门城门亦被轰毁，当夜命第 88 师收缩阵地。12 日，日军攻势更猛，至正午，雨花台主阵地全被日军占领。唐生智急命第 154 师增援，但第 88 师在退入城内时，云梯、城门撤闭不及，被日军突入城内 300 余人，第88、第 87 师一部向城北溃败。第 51 师曾奉命反攻中华门城堡，并与日军在城墙上展开激战，但终未能夺回阵地。日军主力从中华门蜂涌入城，南京城防于是被攻破。

三、南京失守

守城各军在得知中华门失守的消息后，均放弃阵地，相继退往城内，而城内守军拒不放行，这样，城外部队沿城墙向下关逃奔，城内部队也向下关涌去，城内城外一片混乱。①

11 日傍晚，唐生智曾连接蒋介石两份电报，声称"如情势不能持久时，可相机撤退，以图整理而期反攻之要旨也"。② 唐生智遂于 12 日晚 5 时召集各高级将领开会，下令守军突围。然而就在这时，蒋介石又致电唐生智，要其再坚守南京。电报称："若敌不敢猛攻，则只要我城中无恙，我军仍以在京持久坚守为要。当不惜任何牺牲，以提高我国家与军队之地位与声誉，亦为我革命转败为胜惟一之枢机。如南京能多守一日，即民族多加一层光荣，如能再守半月以上，则内外形势必一大变；而我野战军亦可如期策应，不患敌军之合围矣。"③

这一电报内容显然是脱离实际的。唐生智遂下令第 74 军由铁心桥、谷里村、陆郎桥以右地区突围；第 71、第 72 军从高桥门、淳化、溧水以右地区突围；教导总队、第 66 军、第 103 师、第 112 师，第 83 军于紫金山、麒麟门、土桥镇一线向皖南突围。渡江突围部队为第 2 军团、第 36 师、宪兵部队及直属队。④ 不幸的是，唐生智最后又口授命令要旨："87D（师）、88D（师）、74A（军）、教导总队诸部队，如不能全部突围，有轮渡时可过江，向滁州集结。"⑤ 正是这一补充命令，造成了灾难性的后果。

由于下关与浦口之间，仅有几艘小火轮和 200 余条民船，一夜之间要运送原定的两个师过江已属不易，现在陡然又增加了 5 至 6 个师兵力，是根本无法完成的。更严重的是，此口一开，许多原定向东南突围的部队，均蜂拥至江边，其数量已达 10 个师约 10 余万人。"中山、中正马路上兵民混杂，枪声四起，秩序大乱"；⑥ 挹江门前，"人马愈停愈多，堵塞无隙地，不独车辆不能进退，人与人之

---

① 《第三战区南京会战经过概要》（1937 年），国民政府军令部战史会档案，中国第二历史档案馆藏。
② 《南京保卫战战斗详报》（1937 年 12 月），国民政府军令部战史会档案，中国第二历史档案馆藏。
③ 《蒋介石致唐生智等电》（1937 年 12 月 12 日），见《作战经过（二）》，第 219～220 页。
④ 《南京保卫战战斗详报》（1937 年 12 月），国民政府军令部战史会档案，中国第二历史档案馆藏。
⑤ 《南京保卫战战斗详报》（1937 年 12 月），国民政府军令部战史会档案，中国第二历史档案馆藏。
⑥ 《陆军第 66 军战斗详报》（1938 年 7 月 4 日），国民政府军令部战史会档案，中国第二历史档案馆藏。

间已无法转动"；① 渡江时 "人人争渡，任意鸣枪，船至中流被岸上未渡部队以枪击毁，沉没者有之，装运过重沉没者亦有之"。② 负责掩护机关及直属队渡江的第 78 军军长宋希濂鹄立江北，"遥闻隔江嚎恸之惨，惟有相向唏嘘，默然泪下"。③ 据第 3 战区所撰的《南京会战经过概要》记载，近 10 万等待渡江部队，"终以人数过多，除一部渡江及泅水而过者，大部均作壮烈之牺牲"。④

南京保卫战，中国军队 15 万疲惫之师在三面被围、背水一战的不利情况下，英勇抗击了日军机械化部队五个半师团 10 余万人的优势兵力，以伤亡万余人的代价歼敌逾万人，⑤ 是值得后人称颂的。

然而纵观南京保卫战，无论在战役指挥上、战术实施上，还是战略决策上，均有较大的失误。

就战略上来说，淞沪及苏、锡、常地区失守后，南京的战略价值已经丧失。且 "南京是个绝地，敌人可以三面合围，而北面又阻于长江，无路可退"，⑥ 根本不适合于大兵团作战。蒋介石想以坚守南京来等待国际局势的变化，这是最大的战略失策。

在战役指挥上，消极防御，被动挨打，采取阵地防御战，是这次会战失败的重要原因。战役中，防守军队不能主动出击，而是分兵把守、处处设防，结果处处失守。在紫金山防卫战中，教导总队第 1 旅旅长周振强等将领曾建议集中全部机动兵力，攻击日军后方，这一出奇制胜的方案竟被唐生智、桂永清拒绝。⑦ 组

① 《防空学校关于参加南京战役呈军政部的报告》（1938 年），国民政府军令部战史会档案，中国第二历史档案馆藏。

② 《陆军第 78 军南京会战详报》（1938 年 1 月），国民政府军令部战史会档案，中国第二历史档案馆藏。

③ 《陆军第 78 军南京会战详报》（1938 年 1 月），国民政府军令部战史会档案，中国第二历史档案馆藏。

④ 《第三战区南京会战经过概要》（1937 年），国民政府军令部战史会档案，中国第二历史档案馆藏。

⑤ 孙宅巍：《南京保卫战双方兵力的研究》，见《抗日战争史事探索》，第 115～128 页，上海社会科学院出版社 1988 年 12 月版。

⑥ 《李宗仁回忆录》（下册），第 697 页。

⑦ 《第二军团京东战役战斗详报》（1938 年），国民政府军令部战史会档案，中国第二历史档案馆藏。

织指挥混乱的最大失误，就在于没有组织 10 万大军进行周密、有效地撤退，致使9 万余人困于城内、江边而无法北渡，城破之后悉遭日军惨杀。

在战术实施上，各级指挥官"缺乏互信观念，无独立作战精神，往往道听或悬揣友军情况之不利而自乱其作战步骤"，"畏惧敌人心理过甚，但求局部苟安，全无旺盛企图心"，① "对上级命令不重视，尤其不按指定之时间履行任务"。②

另外，部队素质差，补充的新兵缺乏战斗经验，致有"误烟幕为毒气，见坦克车而溃退之现象"。③

---

① 《南京保卫战战斗详报》(1937 年 12 月)，国民政府军令部战史会档案，中国第二历史档案馆藏。
② 《南京保卫战战斗详报》(1937 年 12 月)，国民政府军令部战史会档案，中国第二历史档案馆藏。
③ 《宪兵司令部战斗详报》(1937 年 12 月)，国民政府军令部战史会档案，中国第二历史档案馆藏。

第 10 章
惨绝人寰的南京大屠杀

一、日军疯狂屠杀平民与战俘

1937 年 12 月 13 日，南京城陷落。最早入城的是攻陷中华门的谷寿夫第 6 师团，随后，日军纷纷从中华门、雨花门、通济门、光华门、中山门、太平门涌入城内。与此同时，国崎支队占领了浦口，第 16 师团一部攻入下关，日本海军封锁了长江，中国守军退路被切断。松井石根在劝降书中曾保证，日本军队"对于非武装的平民与不怀敌意的中国军队，则采取宽宏和善的态度"，① 然而，等待着南京人民的却是一场惨绝人寰、震惊世界的大屠杀。千年文明、六代豪华的古都，一时鲜血成河，变成了人间地狱。

由于挹江门、和平门被守城部队堵塞，从中华门、中山门至下关码头的中山路、中正路以及通往燕子矶的中央路上拥挤着数十万惶恐的人群，他们中大部为逃难的群众和伤病的士兵。城破之后，他们便成为日军捕捉的首批屠杀目标。13

---

① 《外人目睹之日军暴行》，第 5 页。

日上午，第 6 师团入城后，首先将马路上的难民作为攻击目标，以各种兵器疯狂射击。14 日，更多的日军侵入南京城，继续这种令人发指的暴行。从雨花台、中华门、健康路、昇州路、白下路到鼓楼、模范马路、下关乃至浦口，到处成为日军的屠杀场所，"南京所有的池塘里都堆满了死尸。有的头在外面，有的拳在上面，血肉模糊，惨不忍睹。竹林里面、马路旁边，遍地死尸"。①

图 10.1　日军在南京进行血腥的大屠杀，数万中国战俘遇害

当天下午，日军又打开挹江门、和平门，把屠杀的范围扩大到城外和江边。在中山码头和下关火车站附近，日军用轻重机关枪向聚集在江边的难民疯狂扫射，并向人群投掷手榴弹，数万同胞惨死在日军的屠刀下。大批人被迫跳入江中，但不是被汹涌的江水卷走，就是被岸上和江面上日本人的枪炮打死，鲜血染红了江水。"宽阔的江面上"，"满眼皆是尸体"，长江因而成为"死尸之江"。②远东国际军事法庭判决书写道："1937 年 12 月 13 日早晨，当日军进入市区时，完全没有遭遇到抵抗"，"日本士兵完全像一群被放纵的野蛮人似地来污辱这个城市"，他们"单独地或二三成群地在全市游荡，任意实行杀人、强奸、抢劫和放火……对一点也未开罪他们的中国男女和小孩毫无理由地和不分皂白地予以屠

---

① 　郭岐：《陷都血泪录》，载《侵华日军南京大屠杀史料》，第 3 页，江苏古籍出版社 1985 年 7 月版。

② 　《扬子江在哭泣——日本第 16 师团出兵大陆的纪录》，第 28～30 页，创价学会青年部反战出版委员会编。

杀，终至在大街小巷都遍地横陈被杀害者的尸体"。①

日本侵略军除了随心所欲射杀无辜难民外，还有目的地捕捉青壮年男性居民，进行集体屠杀，甚至连向日军投降或徒手到"安全区"避难的中国军人也不能幸免。

"安全区"是11月下旬由留在南京的部分外国侨民组成的"南京安全区国际委员会"（The International Committee for the Nanjing Safety Zone）划定的，以美国、日本驻华大使馆和金陵大学、金陵女子文理学院等教会学校为中心，南至汉中路，东至中山路，北至山西路，西至西康路，占地近4平方公里，内设难民收容所约20个。安全区国际委员会成立后，曾与中日双方进行交涉，要求承认安全区的中立地位，不驻扎军队，不设立军事机关，不加以轰炸。这一要求得到了中国方面的完全承认，并援助其大米30000担，面粉10000担，现款80000元。日本方面也曾保证："难民区倘无中国军队或军事机关，则日军不致故意加以攻击"。②

南京城沦陷后，成千上万的当地居民和外地难民避入"安全区"，各难民收容所人满为患，最多的收容所达30000人，以至于安全区内的难民人数最多时达290000人之多。有几千名中国军人在向国际委员会缴枪后，也被允许进入安全区避难。正因为此，日军以安全区内有抗日军人为名，在安全区内进行搜捕，然后对搜得的成年男子进行集体屠杀。

日军进行集体屠杀的手段是："使其互为束缚，再以机枪扫射，不死者亦掷以手榴弹，或以刺刀迫入地窖，或积叠成山聚而焚之。"③

下面是档案材料中对日军进行的几次较大规模的集体屠杀事件的记载：

12月15日下午1时，我军警2000余名，为日军俘虏后，解赴汉中门外用机枪密集扫射，饮弹齐殒，其负伤未死者，悉遭活焚。

15日夜，中国军民9000余人被押往鱼雷营屠杀，日军用4挺机枪扫射，仅9

---

① 张效林译：《远东国际军事法庭判决书》，五十年代出版社1953年版。
② 《外人目睹之日军暴行》，第236页。
③ 《陷京三月记》，载《侵华日军南京大屠杀史料》，第91页。

人生还。后来又在宝塔桥、鱼雷营一带进行多次集体屠杀，被杀戮的军民总数在
30000 人以上，尸横遍野，惨不忍睹。

16 日下午 6 时，麋集华侨招待所之难民 5000 余人被日兵押往中山码头，用
机枪射杀后，弃尸江中。

17 日，日军将从煤炭港和首都电厂搜捕来的 3000 余工人、难民和士兵，沿
煤炭港及上元门江边以机枪扫射，一部分以木柴烧死。

18 日夜间，复将我被囚幕府山之军民 57418 人，以铅丝扎捆，驱集下关草鞋
峡，亦用机枪射杀，其倒卧血泪中尚能挣扎者，均遭乱刀戳毙，并将全部尸骸，
浇以煤油焚化。

在水西门、上新河一带，约有 28730 余人被日军以铅丝缚住手脚，推入水中，
再复以机枪扫射，或盖上柴草，浇上煤油点火焚毙。

在燕子矶，无法渡江的中国士兵和难民 50000 余人，被日军围困在沙滩上，
经过十几挺机枪的疯狂扫射后，很少有人生还，大部分尸体漂流江面。[1]

经中国审判战犯军事法庭《谷寿夫战犯案判决书》认定，被集体屠杀的遇难
者人数达 190000 余人。[2] 此外，"零星屠杀，其尸体经慈善机关收埋者 15 万余
具"，因此，军事法庭确认在这次南京大屠杀中死于非命的中国军民人数在
300000 万以上。[3]

中外目击者纷纷记录或报道了南京大屠杀的惨状。

曾参与红十字会掩埋尸体工作的贾某事后控诉说："尸骸都是老百姓，他们
的手被用铁丝反绑着，在无情的机关枪炮火底下死亡了"，城南的"尸骸都是被
刀刺死的，每人至少有十几刀"。[4] 回民掩尸队的沈锡恩说："当时南京城里，到

① 参见 1947 年国民政府国防部审判战犯军事法庭判决日本战犯的有关文件，中国第二历史档案馆藏。
② 《谷寿夫战犯案判决书》（1947 年 3 月 10 日），国民政府军令部战史会档案，中国第二历史档案馆藏。
③ 《谷寿夫战犯案判决书》（1947 年 3 月 10 日），国民政府军令部战史会档案，中国第二历史档案馆藏。
④ 林娜：《血泪话金陵》，载《侵华日军南京大屠杀史料》，第 142 页。

处都可以看到横七竖八的尸体。乌龙潭里漂满了尸体，偌大一个塘，几乎看不到水面，水也成了红的。九华山下也堆满了来不及收埋的尸体。"①

国际红十字会南京委员会（The International Red Cross Committee of Nanjing）主席、美国圣公会牧师马约翰（John Magee）用摄影机拍下了日军残暴屠杀中国军民的镜头。② 德国驻华大使馆的政务秘书罗森博士（Dr. Rosen）1938年3月4日在其向德国政府的报告中说，直到3月4日，"在南京下关附近的扬子江江面上还漂浮着大屠杀后留下的30000具尸体"，"在南京周围四五十里的地方见不到人影，到处是无人掩埋的尸体"。③《纽约时报》记者窦奠安（F. Tillman Durdin）从南京发出的报道称："所有街巷内都有市民的尸体，其中有老人、妇女和小孩。"他亲眼目睹一个难民所里400名难民被绑赴刑场的情景，"日本兵把他们五十人一排，绑成一串。由拿着步枪、机关枪的日本兵部队押往屠场"。他描述了日本军人屠杀200名中国男女的场景："屠杀只花了10分钟。日本兵使男人们在墙壁前排成一列，加以枪杀，然后许多拿着手枪的日本兵，乱七八糟的在中国人尸体周围毫不在乎地用脚踢，如果手脚还有动的，就再给一枪。"④

日本记者也目睹了日军的屠杀暴行。东京《日日新闻》随军记者铃木二郎于12月13日在中山门附近亲眼见到集体屠杀俘虏的惨状："俘虏们在25公尺的城墙上排成一列，许多日本兵端著插上刺刀的步枪，齐声大吼，冲向俘虏们的前胸或腰部刺去，一个接着一个被刺落到城外去了。只见飞溅的血雨喷向半空，阴森的气氛，使人寒毛直竖，浑身战栗。我……感到简直是坠入了刀山、油锅、血污池的十八层地狱。"⑤

《朝日新闻》随军记者今井正刚说："我于12月15日夜间，在大方巷朝日新闻

---

① 《沈锡恩证言》，载《侵华日军南京大屠杀史料》，第476页。

② 该影片于1991年5月由马约翰的儿子提供，并在纽约公开放映。另据德国波茨坦档案馆发现的德国驻华外交官罗森博士致德国政府的报告中，也对这一胶片所载内容作了纪录。

③ 罗森的报告藏于德国档案馆波茨坦分馆，DBCh，2208。

④ 窦奠安的报道译文见《民国档案》1995年第3期第64～67页。

⑤ 《切齿刻骨的"南京大屠杀"——日军士兵的自白和日本记者的证言》，见［日］曾根一夫：《南京大屠杀亲历记》，第223～224页，台湾黎明文化事业股份有限公司1986年版。

办事处前面马路上，看到数千人头攒动，一望无际的中国人群，被赶赴下关屠场。我跟随到那里，在天色微明的扬子江畔，目击了这样一幕大屠杀的悲惨情景：在码头上，一片黑黝黝的尸体堆叠如山，在尸山里蠕动着的人影，总有 50 人，乃至 100 人以上，转来转去拖拽着尸体——微弱的呻吟、滴沥着鲜血、抽搐着手脚——丢向江流里去。……过了一会，作业完毕，苦力们被排列在江边，哒！哒！哒！一阵机关枪声，只见仰面朝天、翻身仆地、跃起腾空——都跌落江中，被滚滚波涛卷走。"①

日本随军摄影记者河野公辉说："在南京举行入城仪式（12 月 17 日）之前，看到长江里面有 50 个，乃至 100 个尸体汇聚成一堆、一堆地顺流而下……南京城外有一个池塘里，一片鲜红的血海，非常好看。"②

就连当时到过南京的日本政府拓务次官八角三郎中将也在报告中说，曾看到光华门一带积尸遍野，"汽车通过这里时，还需要从尸体上碾过"。③ 松井石根也承认：日军"士兵之暴行，使皇威一举扫地"。④ 日军第 16 师团长中岛今朝吾在远东军事法庭上承认自己"确曾命令指挥下的第 16 师团，对中国'军队'进行残酷的扫射"，"到 15 日深夜为止，光是下关码头一地，就杀死中国军民达 20000 之多"，并揭露第 13 师团山田支队在幕府山残杀中国军民达 20000 余人。⑤

日本军队不仅杀人如麻，而且杀人的方法五花八门，手段十分残忍。除了机枪扫射外，还有刀劈、砍头、犬咬、活埋、破腹、肢解、挖心、水溺、火烧、割生殖器、刺穿肛门等。

二、日军强暴妇女、劫夺财物

日军除了屠杀之外，还大肆奸污中国妇女。凶残的日本官兵兽性大发，到处

---

① ［日］曾根一夫：《南京大屠杀亲历记》，第 225 页。
② ［日］曾根一夫：《南京大屠杀亲历记》，第 223 页。
③ ［日］八角三郎：《视察华中华北》，日本国政一新会，1938 年。
④ ［日］松井石根：《阵中日志》。
⑤ 郭岐：《南京大屠杀》，第 217～218 页，台湾中外图书出版社 1981 年版。

搜索妇女，不分黑昼，不择地点，肆意强奸、轮奸妇女。上至80岁的老太婆，下至八九岁的幼女，均不能免。他们甚至开着汽车闯入"安全区"，对中国妇女滥施兽行。最残酷的是轮奸，有的妇女被轮奸达数十次。许多妇女遭奸淫后又被日军残害，裸尸街头。南京的"城墙角下，大道两旁，池塘边，田沟里，到处是赤裸的女尸"。① 李克痕在《沦京五月记》中写道："街头上有很多轮奸致死的女同胞的尸身，通身剥得精光，赤条条的，乳房被割下了……有的小腹被刺破了好些洞，肠子涌出来，堆在身旁地上。"② 远东国际军事法庭认定，"在占领后的一个月中，在南京市内发生了二万左右的强奸事件"，"全城中无论是年轻的少女或老年的妇人，多数都被奸污了"。③

伴随着屠杀和奸淫的是大规模的抢劫和有计划的破坏。南京各大公司、商号首先遭到洗劫。"日军先把各商店各仓库里的存货，装满了一卡车一卡车搬运出去，然后将房屋付之一炬"。④ 随后，日军士兵便三五成群地挨门逐户地搜索居民住宅，金银、财宝、衣服、食物等一概抢走，甚至连安全区内的外国使馆和外侨住宅也不能幸免。抢劫之后就放一把火毁灭罪证，当时城内外到处黑烟缭绕，烈

图10.2　1937年12月，抢劫大量财物的日军出现在南京街头

① 武汉《大公报》，1938年2月7日。
② 《侵华日军南京大屠杀史料》，第109页。
③ 《远东国际军事法庭判决书》，第456页。
④ 《侵华日军南京大屠杀史料》，第169页。

焰冲天。中华路、夫子庙、太平路、中正路（今中山南路）、国府路（今长江路）、珠江路等主要街道上到处是断壁残垣。昔日热闹繁华、人口稠密的首都，如今成了一座尸横遍地、满目创痍的人间地狱。

南京的文化和古迹也遭摧残。夫子庙建筑群（包括大成殿等古建筑）化为灰烬；牛首山幽栖寺被日军纵火付之一炬；陈武帝万安陵前石麒麟被日炮击毁；甚至连朝天宫屋脊上的吻鸱也被日军拆毁。南京博物院的 3000 箱文物、中央图书馆等公私藏书 80 万册图书文献以及小九华山三藏塔里的唐僧舍利，均被日军劫运到日本。

日军在南京 3 个月的烧杀淫掠，严重违反了国际战争公约。"这不是个人的，而是整个陆军、即日军本身的残暴和犯罪行为"。[①] 日军对南京人民乃至中国人民欠下的这笔血债，是永远抹杀不掉的。

---

① 《远东国际军事法庭判决书》，第 456 页。

小　结

随着日本在华北华中侵略步伐的加快，侵略范围的扩大，战火在全中国蔓延，全民族抗战的局面已经形成。

侵华日军凭借其武器装备的优势，将在卢沟桥燃起的战火扩大为以灭亡中国为目标的全面侵华战争，并狂妄地提出了"三个月灭亡中国"的口号。在战略上，日军采取了沿铁路线南北对进，快速占领中国重要都市，一举歼灭中国军队主力的方针，以求"速战速决"。

面对一场攸关民族存亡的大决战，中华民族空前的团结。各党派各团体，本着"兄弟阋于墙，外御其侮"的精神，摒弃前嫌，走到抗日救亡的大旗之下，广西、云南、四川等省的地方部队纷纷开赴抗日前线，中国人民同日本侵略军展开了殊死的搏斗，涌现出大量可歌可泣的民族英雄。在初期抗战中，中国方面较为被动，对敌人采取处处设防的遏制方针，试图利用战前规划修筑的数道国防线，阻滞日军的侵略速度，打破其"速战速决"的美梦，也使自己能有较充裕的时间完成从正常体制向战时体制的过渡。

于是，在南口、在忻口、在娘子关、在太原、在南京、在平汉线、在津浦线……在日本侵略军到达的几乎所有地方，中日双方都展开了激烈的战斗。虽然日军占领了许多重要城市，给中国军队相当沉重的打击，但在中国抗日军民的顽强抗击下，其"速战速决"的战略受到挫败，未能实现在短期内灭亡中国的目标。不但如此，伴随着战争进程的延长，日军的某些优势在丧失，而兵力不足等弱点也显现了出来。

中国国民党军队在抗战初期的失败固然有客观因素，但作战时单纯依靠正规军，没有充分利用全国人民巨大的抗日热情和力量，在战略指导上只依靠较为呆板的线型防御工事，加上少数部队高级将领贪生怕死，保存实力等，致使日军尽管在数量上比中国军队少，却能在较短时间里攻陷许多战略要地。

国共两党在抗日旗帜下实现了第二次合作，中国工农红军主力改编为八路军奔赴华北前线，两党领导下的军队在山西战场互相配合，并肩作战，予日军很大打击。但两党有着不同抗日战略路线，最后导致了抗日战争两个战场（以国民党军队为主体的正面战场和以共产党军队为主体的敌后战场）的出现。

第三部分

全面抗战的深入

第 11 章
南京陷落前的国内外政局

一、毫无效力的"国际调停"

七七事变爆发以来,面对日本全面侵华,国民政府被迫采取了武力抵抗的手段。但与此同时,蒋介石和国民党也对借助国际力量来迫使日本撤军寄予较大的期望,这主要体现在依靠国际调停和英、美出面干涉的外交政策上。

依赖国联早在九一八事变后就已被证明是无效的。尽管如此,国民政府还是于 7 月 13 日向国际联盟递交了请求国联制止日本侵略行动的声明。此后,还不断通过中国驻日内瓦代表团和驻欧使节向国联控诉日本。8 月 31 日,蒋介石对路透社记者发表谈话时,强调国际间对于现时中日两国不宣而战的战争,应行干涉,并称"此种国际干涉非完全为中国,实为谋求国际间整个的安全"。① 9 月 13 日,中国首席代表、驻法大使顾维钧向国联提出正式申诉书,请求国联采取适宜及必要的行动。然而结果如何呢?国联行政院授权远东咨询委员会处理。该委员会花

---

① 《国民革命战史第三部:抗日御侮》第 2 卷,第 8 页。

了半个月时间，写了两份报告书，呈递国联大会表决。

10 月 6 日，国联大会就远东咨询委员会所提出的关于中日冲突事件调查报告作出了决议："大会表示对于中国予以精神上之援助；并建议国联会员国应避免采取一切行动，其结果足以减少中国抵抗之能力，致增加中国现在冲突中之困难。又建议国联会员国，应考虑各该国能单独协助中国至何种程度。"[1] 在这个决议中，甚至不敢使用"侵略"的字眼，这种不伦不类、不痛不痒的决议，实在无助于中国抗战，相反助长了日本的侵略气焰。

于是，国民政府把更大的希望寄托在九国公约会议之上。因为日本和美国虽不是国联会员国，却是《九国公约》的签字国，相信《九国公约》对日本的约束力要比国联大。况且 1922 年在华盛顿会议上签订的《九国公约》中明确规定：

（1）尊重中国之主权与独立暨中国领土与行政之完整。

（2）给予中国完全无碍之机会，以发展并维持一有力巩固之政府。

（3）施用各国之权势，以期切实设立并维持各国在中国境内之商务实业机会均等之原则。

（4）不得因中国状况，乘机营谋特别权利，而减少友邦人民之权利，并不得奖许有害友邦安全之举动。[2]

因此，国民政府便以此来作为要求各签约国制裁日本侵华的依据。

7 月 16 日，国民政府外交部向《九国公约》签字国的美、英、法、意、比、荷、葡七国递交了备忘录，提请各国注意日军袭击卢沟桥中国驻军、进兵华北是违背《九国公约》和《非战公约》的。9 月 4 日，蒋介石在接见美联社记者时声称，"制止日本之侵略行为，乃为九国公约与凯洛格条约（非战公约）签字国及国联各会员国之责任"。[3] 随后，中国又请求召开九国公约会议，经英美等国同意，决定于 11 月 3 日在比利时首都布鲁塞尔举行。

---

① 《中日外交史料丛编四：卢沟桥事变前后的中日外交关系》，第 360 页。
② 《国民革命战史第三部：抗日御侮》第 3 卷，第 14 页。
③ 《蒋总统秘录》第 11 册，第 77 页。

中国政府请求召开九国公约会议的目的与方针是很清楚的，最终是希望国际制裁日本。然而，国民政府高级官员也认识到"依照目前形势，会议无成功希望"，① 这从外交部长王宠惠致驻欧大使的电文中已经看得很清楚。但是，中国为什么还如此做呢？主要是想利用这个国际舞台，"使各国认识失败（指九国公约会议）责任应由日本担负"，"使各国于会议失败后对日采取制裁办法"，并"竭力设法促使英美赞成，并鼓励苏联以武力对日"。② 同时，企图在会议期间"向参加各大国请求战费借款及军械贷款"。③ 这种想法虽很实际，却是十分幼稚的。

事实上，布鲁塞尔会议在会前就已显示出它不可能取得对中国有利的结果。因为英美等大国"希望比京会议能使用当事双方同意之方式结束战事"，而不顾日本拒绝出席会议这一个事实。美国代表戴维斯（Norman Davis）甚至对中国代表顾维钧作了种种苛求。一是要求中国代表团在大会发言后即行退席，俾使调解者可以不受影响而完全自由的进行讨论，并称"此系一种策略，所以应付日人对于国联大会之攻击"；二是要求顾维钧在大会发言中"不妨承认日本对于原料来源之需要，并应为人口过剩辟一出路。同时重申中国在经济方面极愿意与日本通力合作"。④ 另外，戴维斯还直截了当地告诉中国驻比利时大使钱泰不要存在依靠布鲁塞尔会议制裁日本的幻想，他说："盟约有制裁办法尚且不能实行，九国公约无制裁办法，中国岂可奢望？"他劝中国不要空言恢复原状，而要办几件实事来取得日本的欢心，如

图 11.1　美国总统罗斯福

---

① 《王宠惠致顾维钧等密电》（1937 年 10 月 24 日），《国民档案》，1989 第 2 期，第 28 页。
② 《王宠惠致顾维钧等密电》（1937 年 10 月 24 日），《国民档案》，1989 第 2 期，第 28 页。
③ 《国防最高会议致外交部函》（1937 年 10 月 26 日），《民国档案》，1989 第 2 期，第 28 页。
④ 《顾维钧致外交部密电》（1937 年 10 月 28 日），《民国档案》，1989 第 2 期，第 36 页。

取消抵制日货，保护日侨生命财产等。① 这等于是逼迫中国对日本的侵略采取退让政策。

在会议召开期间，英美等国并不愿意真正以实力阻止日本的侵略行动，而采取调和的方式。罗斯福甚至指示美国代表团不必采取主动。英国则完全看美国的脸色行事，"美国如能前进至何种程度，英国亦准备前进至同样程度"。② 英国曾主张由英美两国调解中日战争，美国加以拒绝。英国希望美国首先对日本侵华表示强硬的态度，英国随后仿效，美国则表示不必且无须在会议中居于领导地位。这样，正是由于美英两国的互相推诿，不负责任，使会议既不谴责日本是侵略者，也没有制定任何反对侵略者的制裁措施，只发表了一个确认日本违反《九国公约》及《非战公约》，建议日本停止军事行动的软弱无力的宣言。

二、"英美干涉"幻想的破灭

国际组织如前所述的软弱态度是同英、美、法等西方主要帝国主义国家对日本侵华听之任之，采取绥靖政策密切相连的。在抗战前期，蒋介石和国民政府则一直把制止日本进一步扩大侵略的希望寄托在西方大国联合干涉之上。

7 月 21 日和 24 日，蒋介石接连召见了英国驻华大使许阁森，要求英国政府从中调停。他说："现在局势只有英美两国努力从中设法，或可变为和缓"，"惟有请英、美两国从速努力防患于未然，以免战祸"。③ 然而，英国的反应，仅仅是由艾登外相对日本发出要终止英日谈判的威胁而已。对侵略者一向采取姑息政策的英国首相张伯伦不愿对日本采取有效的制裁行动。

7 月 25 日，蒋介石又召见美国驻华大使约翰逊（Nelson Johnson），称"美国

---

① 《钱泰致外交部电》（1937 年 10 月 29 日），《民国档案》，1989 年第 2 期，第 38 页。
② 《顾维钧致外交部密电》（1937 年 10 月 28 日），《民国档案》，1989 年第 2 期，第 36 页。
③ 《党史概要》第 3 册，第 1147 ~ 1149 页。

向来主张和平与人道主义，所以在道义上亦有协助制止日本的义务"。① 而美国国务卿赫尔（Cordell Hull）在 8 月 12 日发表的声明中，仅表示"希望中日两国不要诉诸战争"。② 更有甚者，在中国抗战急需军火物资的时候，罗斯福总统竟于 9 月 4 日宣布禁止美国政府所属商业运输工具（包括商船和飞机）运送军火或军用品前往中国和日本。这个所谓中立法仅对中国不利，因为中国除了枪支弹药可以自给外，所有重型武器和军火，几乎全部从欧美进口。由于这个禁令的实施，中国向美国购买的 19 架飞机，中途被迫停运，应聘在中国空军担任教官的美国人无法前往中国。③ 与此同时，美国还在源源不断地向日本运去石油、橡胶、钢铁、铜锡、汽车、飞机零件等，这些物资从表面上看似乎不属军品，实际上却是重要的军火原料，美国此举是为侵华日军输血。美国陆军部长史汀生（Henry lewis Stimson）因而指出，"日本的侵略得到了我国大力支持，这种侵略行为不仅受到支持，而且我们的援助是如此有效，如此举足轻重，如若断绝援助，这种侵略就可能被制止和停止"。④

除此之外，国民政府除了命令正在欧美访问的特使孔祥熙继续促请欧美各大国出面调停外，9 月 5 日，又派胡适访美、蒋百里访欧，但收效均甚微。蒋百里在欧洲到处碰壁，胡适在美国也不得要领。当胡适拜会罗斯福时，罗斯福甚至避免承认中日战争状态的存在。10 月 5 日，他在芝加哥发表了防疫隔离演说。他说：

> 今日情势，关涉全世界，不仅是某一条约遭受破坏，而是战争与和平问题，国际法问题，尤其为人道问题……同时亦关涉世界经济、世界安全与人类祸福。
>
> 不遵法律，犹如疫疠，蔓延全世界，有增无已，事极不幸。当此疫疠方

---

① 《党史概要》第 3 册，第 1147～1149 页。
② 《党史概要》第 3 册，第 1147～1149 页。
③ 王正华：《抗战时期外国对华军事援助》，第 191 页，台北环球书局 1987 年 4 月版。
④ 王绳祖：《国际关系史》（上），第 460 页，武汉大学出版社 1983 年 7 月版。

兴之际，社会人士应如赞同隔绝病人，以保护公共卫生，不受其传染。①

但是，这篇演讲并没有敢公开点名批评日本的侵略行为，亦未能公开声援中国的对日军事抵抗行动。

正是由于英美这种不介入的态度，才使得日本更加有恃无恐，气焰十分嚣张，甚至对英美驻华官员和机构也实施攻击。8 月 26 日，许阁森大使受日本飞机的扫射而负伤。9 月 19 日，日本要求外国外交机构、侨民和军队退出南京，在遭到拒绝后，于 21 日起对南京狂轰滥炸。12 月 12 日，美舰"奔尼"号（Panay）在南京附近江面被日机炸沉，逃入救生艇的美国水兵还遭到日机的低空扫射，致使 3 人死亡、17 人受伤。同时，两艘英国商船在芜湖附近被日机炸沉，一艘军舰亦遭炮击。

英美同日本之间这一系列事件，确使蒋介石和国民政府高级官员兴奋了好一阵子，他们认为英美一定会对日本的挑衅行动予以报复。蒋介石在获悉许阁森受伤的消息后写道："此事未知英国取何种态度，或于全部战局之胜负有关也。"②岂知英美政府在受到如此侮辱的情况下，却一再忍耐，直到南京陷落，也没有采取任何制裁措施。

南京陷落以后，中国抗战进入了艰难时期，尤其是急需军火和军事物资援助。此前孔祥熙在欧洲活动的结果，曾向英国和法国各购得战斗机和轰炸机各 36 架，还同意大利签订了购买兵器合同。然而，8 月底至 9 月初，日本封锁了中国全部海岸线后，各国以避免同日本发生冲突为借口，取消了对中国的武器供应。美国更是没有援助一枪一弹。

下面是蒋介石于 1938 年 1 月 30 日写给罗斯福的一封求援信节录：

> 贵国于世界各国之和平与秩序，更于远东国际之公平及和睦，向居领导之地位。就往事言，远东如有不稳之情形时，美国无不及时予以有效之援

---

① 《国民革命战史第三部：抗日御侮》第 3 卷。第 17～18 页。
② 《蒋总统秘录》，第 11 册，第 72 页。

助，至今思之，仍感于怀……此次远东大难之应付，各国均盼望美国之合作。

中国鉴于中美间之非常友谊，在此并力奋斗国家存亡一发千钧之时，其希望美国援助，尤属势所必然。中正用敢重向阁下要请尽力设法，务使日本之侵略，能得从速终了……吾人急迫之愿望，则美国即于此时在经济上及物质上予中国以援助，俾得继续抵抗。①

然而，直到 1938 年底，仅得到罗斯福"最慎重及同情之考量"② 的答复，以及费了九牛二虎之力才搞到 2500 万美元的桐油贷款。

再看英国。中国驻英大使郭泰祺不断向英政府呈请军事及财政援助，得到的答复仅是"正在研究"，"不久或可设法"③ 之类的推托之辞。订购的飞机也以供不应求为借口迟不交付。3 月 28 日，立法院长孙科亲自拜见艾登外相，请求财政援助，但英国反应冷淡。相反，同年 5 月 3 日，英国却同日本签订了关于中国海关的协定，承认在日本占领区内所有海关税收，一律存放于日本横滨之正金银行。这是对中国主权的极大损害。

在法国方面，其对华政策一直惟美英马首是瞻。由于顾忌其在东南亚的利益，不敢得罪日本，因而给中国的抗战也设置了不少障碍。日本封锁中国海岸线后，中国从苏联购买的大量军火装备需要假道越南运入中国，但法国政府禁止通过。驻法大使顾维钧在法国交涉了近一年，仍遭到拒绝。

于是，蒋介石依靠英美干涉的幻想彻底破灭了。他这时才"深知中国不能从各主要国家获得有形的援助；他已了解至少在暂时中国只能独自抵抗其敌人。中国并未由任何西方民主国家获得军事的援助。反之，中国却屡被劝，从速对日本和平解决，以利国际的通商"。④

为什么会出现这种国际局势呢？这主要是欧洲国际关系的影响。中日战争爆

① 《战时外交（一）》，第 78 ~ 79 页。
② 《战时外交（一）》，第 81 页。
③ 《战时外交（一）》，第 24 页。
④ 傅启学：《中国外交史》，第 542 页。

发之时，欧洲局势日趋紧张，德、意法西斯力量正在迅速增长，欧战的爆发已迫在眉睫。英、法等国根本无力顾及其在东亚及中国的利益。日本已经看到了这一点，特别是与德、意结盟，使之更加有恃无恐。美国在其孤立主义的外交政策之下，当然不会陷入中日纠纷中去，为了中国而同日本撕破脸皮，何况，日本还是美国重要的贸易伙伴。因此，为了保住他们在太平洋地区的利益，美、英、法皆不肯轻易得罪日本。这种国际政治气候，决定了任何想依赖英美等大国来迫使日本停止侵华的图谋都是一种不切实际的幻想。

三、陶德曼调停的失败

日本的全面侵华战争进展得并不那么顺利，尤其是淞沪战场上的胶着状态，迫使日本大量增兵，三个月灭亡中国的神话破灭，让"皇军"脸面丢尽。于是，日本政府内主和势力抬头，他们希望"战祸不要延及华中，早日成立和平协定，俾日本实力，不致在中国浪费，以便对苏"。[①] 日本军部也企图利用中国在军事上的失利，对中国政府展开劝降活动，以达到军事手段所无法达到的目的。

于是，日本决定利用德国做劝诱中国谈判的中介人。10 月 21 日，日本外相广田弘毅约见德国驻日大使狄克逊（Herbert Dirksen），正式表示希望能由德国出面斡旋和平。他说："日本随时都准备与中国直接谈判，假如有一个与中国友善的国家，如像德国和意大利，劝说南京政府觅取解决，日本也是欢迎的。"[②] 德国政府欣然同意。

德国为什么乐意调停中日战争呢？这同德国的远东政策有很大关系。众所周知，德国对中日两国开展等距外交，同中日均有良好关系。中国是德国的重要贸易伙伴，是德国国防战略资源的主要供应国，而日本则是德国强有力的政治盟友，德国对中日间爆发的战争深感左右为难，因为这使德国二元的远东政策受到

---

① 《中国外交史》，第 533 页。
② 《中国近代对外关系史资料选辑》下卷第 2 分册，第 34 页。

挑战。德国当然希望中日之间停止战争。这样，调停的责任自然落在德国驻华大使陶德曼（Oskar Trautmann）身上。

1937 年 11 月 5 日，作为"信使"的陶德曼奉命在南京拜会了蒋介石，转达了日本提出的议和条件：

（1）内蒙自治；

（2）华北沿满洲国边界至平津以南一带设立非武装区，区内治安由中国警察维持之，如和议即刻成立，则华北全部行政仍属于南京政府，但须遴选与日本友善之官吏一人，主持最高行政职务。如和议目前不能成立，而华北有产生新行政机构之必要，则该行政机构于和议成立后，仍将继续存在，截至现在止，日本政府并无在华北设立自治政府之举动；

（3）上海设立非武装区较现有者略大，由国际警察管理之；

（4）停止排日政策；

（5）共同反共；

（6）减低日货之进口关税；

（7）尊重外国人权利。①

日方还威胁说，"如战争延长则将来条件必较此苛刻数倍"。② 但蒋介石表示日本提出的条件不能接受，他强调，假如"日本不愿意恢复战前状态，中国不能接受日本的任何要求。中国如同意日本的要求，国民政府将会被舆论浪潮所冲倒"。③ 蒋介石之所以拒绝，主要是他还寄希望于布鲁塞尔会议会有制裁日本的措施，同时，上海战事胜负没有明朗化。

然而，没过多久，布鲁塞尔会议草草收场，并无任何制裁日本的实际行动；太原、上海相继失陷，南京危在旦夕；加之德国政府更积极的活动，蒋介石一度

---

① 《中华民国重要史料初编——对日抗战时期·第六编·傀儡组织（三）》（以下简称《傀儡组织（三）》，第 112～113 页。

② 《傀儡组织（三）》，第 112～113 页。

③ 《蒋总统秘录》第 11 册，第 93～96 页。

动摇。于是，12 月 5 日，他第二次会见陶德曼，表示"中国政府愿以德国所提出的各点作为谈判基础"。① 但是，也提出了几项条件：（1）日方无信，已签字之条约尚往往撕毁，我方相信德方，愿德方始终执调停之劳；（2）华北行政主权应当完整，此为我方坚持之点；（3）日方所提条件可作为讨论之基础，但不能作为如哀的美顿书中所列条件无可变更；（4）日方不能以战胜者自居，因我方并未承认为战败者；（5）日方不能将此条件片面的随意宣布。② 同时，蒋介石还表示希望希特勒向中日两国建议停止敌对行动，因为"在敌对行动继续进行的时候，是不可能进行任何谈判的"。③

可是，由于日本在军事上取得的胜利，南京陷落在即，它的谈判价码果然涨了数倍。当狄克逊向广田表示中国愿意按日方所提条件进行谈判时，广田声称，"能否在最近取得伟大的军事上的胜利以前所起草的基础上进行谈判有疑问"。④

12 月 21 日，日本内阁会议通过了"为日华和平谈判事项给德国驻日大使的复文"，提出了十分苛刻的条件。包括基本条件四项和条件细目九项。

基本条件：

（1）中国应放弃容共和抗日满政策，对日满两国的防共政策给以协助。

（2）在必要地区设置非武装地带，并在该地区内各个地方，设置特殊机构。

（3）在日、满、华三国间，签订密切的经济协定。

（4）中国应向帝国作必要的赔款。

日华媾和谈判条件细目：

（1）中国正式承认满洲国。

---

① 《蒋总统秘录》第 11 册，第 93～96 页。
② 《傀儡组织（三）》，第 113 页。
③ 《蒋总统秘录》第 11 册，第 93～96 页。
④ 日本防卫厅防卫研究所战史室：《中国事变陆军作战史》第 1 卷第 2 分册，第 136 页。

（2）中国放弃排日和反满政策。

（3）在华北和内蒙设置非武装地带。

（4）华北在中国的主权下，为实现日、满、华三国的共存共荣，应设置适当的机构，赋予广泛的权限，特别应实现日、满、华的经济合作。

（5）在内蒙古应设立防共自治政府，其国际地位与现在的外蒙古相似。

（6）中国须确立防共政策，对日、满两国的防共政策予以协助。

（7）在华中占领地区，设置非武装地带，在上海市地区，日华合作负责维持治安和发展经济。

（8）日、满、华三国在资源开发、关税、贸易、航空、通讯等方面，应签订必要的协定。

（9）中国应向帝国作必要的赔款。①

这哪里是什么"和谈条件"，无疑是要蒋介石和国民政府投降的最后通牒。因此，当 12 月 26 日陶德曼将上述复文转告行政院副院长孔祥熙时，孔祥熙表示"没有人能够接受这样的条件"。蒋介石这时才认识到"今日除投降外无和平，舍抗战外无生存"，② 日本提出和谈的目的在于"征服与灭亡我国；与其屈服而亡，不如战败而亡"。③

1 月 13 日，外交部长王宠惠召见陶德曼，请其向日本转达中国政府的答复："经过适当考虑之后，我们觉得：改变了的条件太广泛了。因此，中国政府希望知道这些新提出的条件的性质和内容，以便仔细研究，再作确切的决定。"④ 这实际上是拒绝的答复。日本方面认为这种答复"只能说明中国方面没有诚意，是在

---

① 日本防卫厅防卫研究所战史室：《中国事变陆军作战史》第 1 卷第 2 分册，第 139～140 页，第 147 页。

② 《蒋总统秘录》第 11 册，第 100 页。

③ 《蒋总统传》，第 285 页。

④ 《蒋总统秘录》第 11 册，第 104 页。

采取拖延政策"。① 于是，1 月 16 日，日本政府竟狂妄地发表了 "不以国民政府为对手" 声明，声称："攻陷南京后，帝国政府为给予中国国民政府最后反省机会已及于今日。然而，国民政府不解帝国之真意，竟策动抗战，内不体察人民涂炭之苦，外不顾东亚全局之和平"，"因此，帝国政府今后不以国民政府为对手"。②

国民政府也于 18 日发表声明，宣布 "中国政府于任何情形之下，必竭全力以维持中国领土主权与行政之完整。任何恢复和平办法，如不以此原则为基础，决非中国所能忍受。同时任何在日军占领区域内，如有任何非法组织，僭窃政权者，不论对内对外，当然绝对无效"。③

这一声明，使得日本依靠德国调停而使中国接受丧权辱国条件的企图归于失败。1 月 20 日，国民政府召回驻日大使许世英，不久，日驻华大使川越茂亦奉召回国。中日之间谈判接触暂告中断。

四、《中苏互不侵犯条约》签订

在抗战初期，唯一能够尽全力援助中国抵抗日本侵略的国家，便是苏联。

早在 1937 年 5 月，苏联驻华大使鲍格莫洛夫（Bogomoloff）就曾向中国建议，由中苏之间订立互不侵犯条约和互助协定，以保障远东地区的和平。苏方并提供 5000 万美元信用贷款，以供中国购买苏联军火之用。但是，由于中国对日本抱有幻想，加之不愿由于同苏联结盟而失去德、英、美的支援而加以拒绝。

图 11.2　苏联驻华大使鲍格莫洛夫

① 日本防卫厅防卫研究所战史室：《中国事变陆军作战史》第 1 卷第 2 分册，第 139～140 页；第 147 页。
② 《日本军国主义侵华资料长编——（大本营陆军部）摘译》（上），第 411 页。
③ 《中国外交史》，第 532 页。

七七事变爆发以后，中国政府不断请求苏联援助中国，苏联政府欣然同意。作为苏联援助中国抗战的基础，8 月 21 日，中国外交部长王宠惠和鲍格莫洛夫在南京签订了《中苏互不侵犯条约》。该条约共分 4 条，其主要内容在第一条和第二条：

第一条，两缔约国重行郑重声明，两方斥责以战争为解决国际纠纷之方法，并否认在两国相互关系间以战争为施行国家政策之工具，并依照此项诺言，双方约定不单独或联合其他一国或多数国家，对于彼此为任何侵略。

第二条，倘两缔约国之一方，受一个或数个第三国侵略时，彼缔约国约定在冲突全部期间内，对于该第三国不得直接或间接予以任何援助；并不得为任何行动或签订任何协定，致侵略国得用以施行不利于受侵略之缔约国。①

该条约有效期 5 年。此外，还附有一个口头协定，就是在有效期内，"苏联不与日本缔结不侵犯条约"，"中国不与第三国订共同防共协定"。② 然而签约后，中国外交发言人尽力淡化这一条约的作用。称"此项条约之内容，极为简单，纯系消极性质，即以不侵略及不协助侵略国为维持和平之方法。约文简赅，而宗旨正大，实为非战公约及其他和平条约之一种有力的补充文件"。③ 但条约签订的实际意义不止于此，最重要的是，使苏联有形无形地成为遏制日本的重大力量，日本无论如何不敢倾其兵力南下，在东北和内蒙地区总要保持一支占其总兵力 70%以上的部队。另外，也使中国在英美等西方资本主义国家不愿援助的情况下，从苏联获得了巨大的支援。《中苏互不侵犯条约》甫一签署，就给日本予以重大打击，日本政府竟然发表声明宣称，此条约"实予日本以最大威胁。"④

1937 年 8 月初，蒋介石派航空委会员的沈德燮为代表，赴苏洽谈购买军机事宜。8 月 20 日，蒋介石致电新任驻苏大使蒋廷黻："沈德燮处长想已到莫，请兄

---

① 《战时外交（二）》，第 328 页。
② 《蒋总统秘录》，第 11 册，第 74 页。
③ 《中国外交史》，第 509 页。
④ 《世界军事》2015 年第 1 期，第 55 页。

介绍其与俄政府洽商飞机交涉，现最需用者为驱逐机两百架与双发动机之重型轰炸机一百架。"[1] 同年 8 月下旬，国民政府派出以军委会参谋次长杨杰为团长的"苏联实业考察团"赴莫斯科，专门负责办理购买军火事宜。两国签署了苏联对中国的《军事技术援助协定》，苏联承诺将提供贷款给中国用以对苏军购。8 月底，蒋介石再次会见了苏联驻华大使鲍格莫洛夫，表示中国决不会对日本妥协，请求苏方大力支持。并要求苏联派遣军事顾问，以及"允许苏联飞行员以志愿者身份加入中国军队"作战。苏联很快回应了中国的要求。苏联对华军事援助由此开始。

五、南北汉奸政权的建立

日本在武装侵华后，即推行"以华制华"的政策，在占领区内扶植傀儡政权，实行殖民统治。伪满洲国、"内蒙军政府"和"冀东防共自治政府"均是实例。全面侵华以后，日本军部仍将树立地方傀儡政权作为重要工作来做。关东军在 1937 年 8 月 14 日制定的《对时局处理纲要》中，对建立伪政权作了精心的筹划，规定"新政权"必须"亲日满，防共"，接受日本特务机关的"内部指导"，并要"配备有能力的日本人作顾问"[2] 等。于是，在侵华日军的扶植下，各地汉奸政权纷纷建立。

在华北沦陷区内，较早成立的汉奸地方政权是在北平和天津。1937 年 7 月 30 日，"北平临时治安维持会"成立，主席是北洋时代的步军统领江朝宗。"天津地方治安维持会"于 8 月 1 日成立，由北洋时期直系政客高凌霨搜罗了一批失意军人、政客组成。但"治安维持会"毕竟不是正式的地方政权。9 月 4 日华北方面军司令部专门成立了特务部，以喜多诚一少将为部长，最重要的任务就是建立华

---

① 秦孝仪：《中华民国重要史料初编——对日抗战时期·战时外交（C）》，第 465 页，中国国民党党史会编印。

② 日本防卫厅防卫研究所战史室：《中国事变陆军作战史》第 1 卷第 1 分册，第 238 页。

北伪政权。在他的策划下，10 月 28 日，特务部提出了一份《华北政权建设研究》的文件，称"新政权不是华北地方政权，而应是取代南京政府的中央政府，其政令得在日军势力范围内所属全部地区普遍施行"。其理由是，"如果以地方政权为牌匾，不足以号召第一流人物前来参加，且带有分割中国的地方政权形式的嫌疑，实非善策。再者，建立地方政权乃是消极退让，易被南京政府的统一政策所压倒"。① 这一建议得到了军方强有力的支持，随着中日谈判可能性的渺茫，日本政府也予以默认，华北汉奸政府便告成立。

12 月 7 日，北洋时期的直系政客王克敏从香港来到北平，他是喜多诚一物色的华北伪政权的核心人物。随后，经过王克敏、江朝宗、高凌霨、汤尔和、王揖唐、朱深、董康、齐燮元等 8 人的多次会商，决定成立"中华民国临时政府"。12 月 14 日，即南京陷落的第二天，"临时政府"在北平居仁堂成立。"临时政府"实行所谓三权分立制，主席职位暂时空缺，下设以汤尔和任委员长的议政委员会；以王克敏任委员长的行政委员会和以董康任委员长的司法委员会。以五色旗为"国旗"，以北京为首都，并继承中华民国的年号。同时还发表"施政方针"，声称要"肃清国民党一党专制的党治之弊"，"以合乎东亚道义的民族协和精神为基础"，"绝对排斥容共政策"。②

"临时政府"的主体是行政委员会，下设五部：王克敏兼行政部长，齐燮元任治安部长，汤尔和任教育部长，朱深任司法部长，王揖唐任灾区救济部长。后又增设实业部，以王荫泰任部长。

"临时政府"下设河北、山东、山西、河南四省和北京、天津两个特别市。北京市长江朝宗，天津市长兼河北省长高凌蔚，山东省长马良，河南省长肖瑞臣，山西省长苏体仁。

"临时政府"完全被日本人控制。根据王克敏同日本人签订的一系列密约，"临时政府"的军政指挥大权完全由日本人掌握。最高决策人是喜多诚一和根本

---

① 日本防卫厅战史室编：《华北治安战》（上），第 53～54 页，天津人民出版社 1982 年 6 月版。
② 《傀儡组织（三）》，第 128 页。

博大佐。翌年4月，又派了行政顾问汤泽三千男、军事顾问永津、法制顾问大达率辅佐官15人常驻"临时政府"。同时又规定，"临时政府"职员必须经由日本特务机关调查甄别后方能录用。经济大权也落入日人之手。通过设立"日华经济协议会"和"华北开发公司"，将华北的矿产、交通、通信、水电、煤炭、木材、森林、棉业、盐业全部控制，还将北京郊区和冀东22县划为日本移民实验区。

日本的企图，是在陶德曼调停失败后否认国民政府，以华北的"临时政府"取而代之，并使这个政府"对华中华南方面也取得威信"。[①] 然而，由于南北日军之间存在着矛盾，华中日本派遣军不久也扶植了一个汉奸政权。

华中建立伪政权的工作由华中派遣军特务机关长臼田宽三一手策划。1937年12月5日，"上海大道市政府"成立，以苏锡文任"市长"。翌年元旦，"南京自治委员会"又成立，陶锡山任"会长"。至1938年元月下旬，华中各地成立的"治安维持会"已达26个。臼田宽三最初打算在上海成立一个伪政府，但由于上海民众反日活动高涨，加上日本物色的汉奸政权核心人物唐绍仪、周凤岐等慑于民众威力不敢出面，日本人只得取消原计划，改在南京继续策划。梁鸿志、温宗尧、陈群等人自2月17日以来，"召开了几次秘密会议进行研究，27日决定：（一）政府名称——中华民国维新政府；（二）国旗——五色旗；（三）政体——民主立宪；（四）政府所在地——南京"。[②] 这一意见得到了日本陆军、海军、外务三省的一致同意。3月24日，日本内阁会议决定："华中新政权作为一个地方政权成立，以中华民国临时政府作为中央政权，尽快使其合并统一。"[③]

3月28日，"中华民国维新政府"在南京成立。这个傀儡政权共设三院：梁鸿志任行政院长，温宗尧任立法院长，司法院长人选暂缺。行政院下设七部：外交部长陈箓，内政部长陈群，绥靖部长任援道，财政部长陈锦涛，教育部长陈则民，实业部长王子惠，交通部长梁鸿志兼（后由江洪杰担任）。维新政府辖三省

---

① 日本防卫厅战史室编：《华北治安战》（上），第56页。
② 日本防卫厅防卫研究所战史室：《中国事变陆军作战史》第1卷第2分册，第161页。
③ 日本防卫厅防卫研究所战史室：《中国事变陆军作战史》第1卷第2分册，第161页。

两特别市：江苏省长陈则民，浙江省长汪瑞闿，安徽省长倪道烺，上海市政督办苏锡文，南京市政督办任援道。

"维新政府"在发表的十条政纲中，声称绝对否认国民政府；实行三权分立；极力扑灭共产主义。同时鼓吹要实行"不丧失国权的平等外交"；同日本实行提携；运用外国资本开发资源，振兴工业，改良农业等①，实在是可笑之极。因为"维新政府"无论在政治、军事、外交还是经济上，均同"临时政府"一样，受日人操纵。华中派遣军特务部长原田熊吉少将任最高顾问，率绥靖顾问谷川幸造、内政顾问五十岚翠等 27 名日本顾问控制了"维新政府"的一切事务。尤其是日本强迫"维新政府"签订了一系列经济协定，将华中的重要矿产资源（尤其是国防矿产）、铁道、航空、通信、水电等完全控制。

除此而外，日本关东军还先后在察哈尔、山西、绥远建立了 3 个伪政权。1937 年 9 月 4 日，张家口成立了以于品卿为最高委员、金井章二任最高顾问的"察南自治政府"，管辖察南 10 县。10 月 15 日，在大同成立"晋北自治政府"，管辖山西长城以北地区 13 县，由夏恭任最高委员，前岛升任最高顾问。10 月 27 日，又在归绥扶植了"蒙古联盟自治政府"，以云端旺楚克（云王）任主席，德穆楚克栋鲁普（德王）任副主席兼政务院长，由金井章二任最高顾问，代行主席职权，下辖察哈尔、锡林郭勒、乌兰察布、巴彦塔拉、伊克昭五盟和厚和（今呼和浩特）、包头两市。

在金井章二的建议下，关东军又于 11 月 22 日将上述 3 个伪政权合并成"蒙疆联合委员会"，由日人金井章二任最高顾问兼总务委员长，村谷彦治郎任参议，这是一个地地道道的仿照伪满洲国方式建立起来的傀儡政权。

这样，在中国沦陷区内，实际上出现了 3 个汉奸政权（伪满洲国除外）。如何将其连成一体，成为日本政府工作的难题，因为这 3 个政权分由关东军、华北方面军和华中派遣军控制。因此，在 1938 年 7 月 15 日召开的五相会议上，制定

---

① 《傀儡组织（三）》，第 140～141 页。

了《建立中国新中央政府的指导方针》，要求"尽快先使临时及维新两政府合作，建立联合委员会。其次，使内蒙联合委员会与之联合。以后上述各个政权，逐渐吸收各种势力，或与他们合作，使之形成真正的中央政府"。并决议"联合委员会以临时、维新及蒙疆联合委员会的代表组织之，采取简单的委员制，暂设北京"。①

9 月 22 日，"中华民国联合委员会"在北平成立，由"临时政府"的王克敏、朱深、王揖唐和"维新政府"的梁鸿志、温宗尧、陈群 6 人组成，王克敏任主席。然而，由于这些人多为北洋旧官僚政客，政治上名声较臭，加上日军内部的派系分歧，这一委员会始终无法过渡成为统一的中央伪政权。

六、中日双方变更作战部署

南京陷落以后，抗战的军事局面发生了变化，为了适应这种新的形势，中日双方均对其作战方针与军队部署作了调整。

在中国方面，国民政府军事委员会于 12 月 13 日制订了第三期作战计划，确定了今后的作战方针是："以确保武汉为核心，持久抗战，争取最后胜利之目的，应以各战区为外廓，发动广大游击战，同时重新构成强韧阵地于湘东、赣西、皖西、豫南各山地，配置新锐兵力，待敌深入，在新阵地与之决战。"② 同时命令"各战区以现有兵力，就所在地域，节节抵抗，为柔性之作战，务在交通要线上，纵深配置有力部队，使在正面阻止战斗"，③ 其目的在于"以面的抵抗，对敌之点或线的夺取，使不能达速战速决之目的，而消耗疲惫之"。④

1938 年 1 月 17 日，军事委员会为了使武汉保卫战赢得时间，再对作战方针加以调整，决定"国军主力控置武汉外围及豫皖边区积极整补，由华北及江南抽

---

① 日本防卫厅防卫研究所战史室：《中国事变陆军作战史》第 2 卷第 1 分册，第 103 页。
② 中国第二历史档案馆编：《抗日战争正面战场》，第 18 页。
③ 《国民革命战史第三部：抗日御侮》第 5 卷，第 197 页。
④ 中国第二历史档案馆编：《抗日战争正面战场》，第 18 页。

出有力一部，加强鲁中及淮南，积极扰袭，诱致敌主力于津浦路方面，以迟滞敌人之溯江西进，并广泛发动华北游击战，牵制消耗敌人。妨害其南渡黄河，直冲武汉"。①

同时，对中国军队的战斗序列及作战区域也作了调整：

以何应钦为参谋总长。

以程潜为第 1 战区司令长官，下辖商震第 20 集团军、宋哲元第 1 集团军、刘汝明第 68 军、李仙洲第 92 军等部，共 25 个步兵师、2 个步兵旅、2 个骑兵师，作战区域为平汉线及陇海线中段。

以阎锡山为第 2 战区司令长官，下辖卫立煌南路前敌指挥部、傅作义北路前敌指挥部、朱德第 18 集团军、孙楚第 33 军、魏澄源第 34 军等部，共 27 个步兵师、3 个步兵旅、3 个骑兵师，作战区域为山西。

以顾祝同为第 3 战区司令长官，下辖刘建绪第 10 集团军、罗卓英第 15 集团军、唐式遵第 23 集团军、潘文华第 28 集团军、叶挺新编第 4 军等部，共 24 个步兵师、6 个步兵旅，作战区域为苏南、浙江地区。

以何应钦兼任第 4 战区司令长官，下辖余汉谋第 12 集团军、夏威第 8 军团等部，共 9 个步兵师、2 个步兵旅，守备两广地区。

以李宗仁为第 5 战区司令长官，下辖于学忠第 3 集团军、李品仙第 11 团军、廖磊第 21 集团军、邓锡侯第 22 集团军、顾祝同第 24 集团军（韩德勤代）、杨森第 27 集团军、张自忠第 59 军、庞炳勋第 3 军团等部，共 27 个步兵师、3 个步兵旅，作战区域为津浦路沿线。

以蒋介石兼任第 8 战区司令长官，下辖马鸿逵第 17 集团军、孔令恂第 80 军、马步芳第 82 军、马步青骑兵第 5 军等部，共 5 个步兵师、4 个步兵旅、5 个骑兵师、4 个骑兵旅，以甘肃、宁夏、青海为作战地域。

以陈诚任武汉卫戍总司令，下辖李延年第 2 军、刘多荃第 49 军、霍揆彰

① 《国民革命战史第三部：抗日御侮》第 5 卷，第 41 页。

第54军、卢汉第60军、周岩第75军等部，共14个步兵师、1个步兵旅，负责武汉地区的守卫。

以蒋鼎文为西安行营主任，下辖毛炳文第11军团、胡宗南第17军团、邓宝珊第21军团、孙蔚如第38军、樊崧甫第46军，共计12个步兵师、4个步兵旅、3个骑兵师。

以陈仪任闽绥靖公署主任，指挥两个步兵师、4个步兵旅及要塞部队守备福建沿海地区。

以汤恩伯第20军团、孙连仲第2集团军、徐源泉第26集团军、张发奎第8集团军等部共17个步兵师为军委会直辖兵团。

此时，全国总兵力计有110个步兵师、35个步兵旅、11个骑兵师、6个骑兵旅、18个炮兵团、8个炮兵营及其他特种部队。①

根据调整后的作战方针，这一时期的作战重心转向了徐州附近地区。蒋介石于1月11日在开封召集第1、5战区将领开会时指出，"第5战区要保持津浦铁路，第一战区保持道清铁路，来巩固武汉核心基础……并应保持主动地位，对威胁我军之敌采取攻势，陷敌人于被动。如此我军才能固守，才能藉津浦、道清两铁路来屏障武汉"。② 同时，逐次向第5战区增加兵力。1月23日，军委会命令第5战区"对由津浦路南段前进之敌，须固守徐蚌两要地，非有命令不得撤退"。③ 于是，第5战区于2月3日修订了作战方针，"决对津浦南段之敌，拒止于淮河以南地区，由其侧方连续予以打击，渐次驱除肃清之；同时巩固鲁南山地。对津浦北段及陇海东段，取侧击之势，牵制敌之南下或西上，以拱卫徐州"。④ 徐州会战由此拉开了战幕。

在日本方面，自攻占南京以后，日本军部内主张不扩大侵华战争的势力抬

---

① 《国民革命战史第三部：抗日御侮》第4卷，第32~41页。
② 《国民革命战史第三部：抗日御侮》第4卷，第106页。
③ 《国民革命战史第三部：抗日御侮》第4卷，第121~122页。
④ 《国民革命战史第三部：抗日御侮》第4卷，第121~122页。

头，他们认识到这场战争必将是一场持久战，因此，在1938年初制止了华北方面军发动沿津浦路连接南北的作战（徐州作战）、南渡黄河攻占郑州以及攻占广东的作战要求，制订了以不扩大方针指导的作战计划。2月16日，日本御前会议决定了新的作战指导纲要。其作战方针为："确保在中国现已占据的地区（包括华北方面的津浦线以西直到黄河一线），并期望其安定，同时完成对苏中两国作战"，具体规定了：（1）华北方面，"确保胶济沿线，并向济南上游黄河左岸一线继续作战"，"确保以上两界限以北地区的安定"。（2）蒙疆方面，"确保现已占据地区，对占据地区附近除以现有兵力进行剿匪作战外，不进行向远方推进作战"。（3）津浦铁路沿线，"不扩大现有地区以外的作战面"。（4）华中方面，"在与海军配合确保现已占据地区的安定外，对敌人后方可继续进行航空作战"。[1]

同时，为了推进不扩大方针，对侵华日军的战斗序列与作战任务作了新的调整：

（1）解散华中方面军、上海派遣军和第10军的战斗序列，成立了华中派遣军，以畑俊六大将任司令官，下辖藤田进第3师团、稻叶四郎第6师团、吉住良辅第9师团、荻洲立兵第13师团、牛岛贞雄第18师团、伊东政喜第101师团等部，作战任务为"协同海军负责确保大致包括杭州、宁国（宣城）、芜湖以北扬子江右岸地区内各要地的安定"，并"得占领扬子江左岸地区要地"。

（2）调整华北方面军，司令官仍为寺内寿一大将。第1军司令官香月清司中将，下辖土肥原贤二第14师团、川岸文三郎第20师团、下元熊弥第108师团、山冈重厚第109师团；第2军司令官西尾寿造中将，下辖板垣征四郎第5师团、矶谷廉介第10师团；以中岛今朝吾第16师团、末松茂治第114师团、山下奉文中国驻屯兵团以及独立混成第3、第4、第5旅团组成华北方面军直辖兵团。其作战任务是"确保从胶济沿线及济南经上游黄河左岸现已

---

[1] 《中国事变陆军作战史》第2卷第1分册，第5页。

占据地区的安定"。

（3）成立驻蒙兵团，以莲沼蕃中将为司令官，下辖后宫淳第 26 师团、独立混成第 2 旅团及 5 个后备步兵大队，"负责内蒙及察南、晋北地方主要地区之安定"，以填补关东军与华北方面军之间隙。

（4）撤销预定派往华南的第 5 军战斗序列，其主力山室宗武第 11 师团返回日本。①

然而，华北方面军对于不扩大方针始终抱着抵触情绪，一再要求进行攻占徐州、郑州、开封一线的作战，并称"留有行动余地"，② 加之李宗仁第 5 战区的部队不断袭击津浦路沿线日军守备部队，终于使华北方面军发动了向津浦路南段的进攻，引发了徐州会战，使日本政府的不扩大方针破产。

---

① 《中国事变陆军作战史》第 2 卷第 1 分册，第 6 ~ 111 页。
② 《中国事变陆军作战史》第 2 卷第 1 分册，第 26 页。

第 12 章
徐州附近的会战

一、韩复榘轻弃黄河泰山防线

平津与河北大部分地区沦陷以后，山东就成为抵御、迟滞日军南下的重要战场，尤其是黄河、泰山、沂山、蒙山形成天然屏障，有利于阻截日军的进攻势头。当时韩复榘任第 3 集团军总司令兼山东省主席，直属部队便有 5 个步兵师、1 个手枪旅、1 个重炮旅、2 个山炮团、1 个重迫击炮团，共约 10 万人，加上于学忠第 51 军和青岛守备队，完全有能力守住山东。然而，韩复榘保存实力，消极避战，给抗战带来了严重后果。

早在沧州战役时，韩复榘便消极怠战。9 月 14 日，蒋介石电令韩复榘迅速抽调两个师前往德县布防，接应宋哲元第 1 集团军，共守德县。韩复榘却迟迟不肯派兵。他一面声称鲁北地区连日大雨，运河各支流水势暴涨，道路泥泞，增援部队无法行进；一面又称德县已有李必蕃第 23 师驻守，"津浦正面之敌最近当无大虑"，且鲁军要以全力防守山东沿海和黄河沿岸，兵力不够用，"可否俟必要时再抽调一师增防德州"。① 在蒋介石一再催促下，9月23日才派展书堂第81师增援，但是行动迟缓，30日抵达德县时，即同日军遭遇激战。

此时，冯玉祥正组织军队向沧县反攻，韩复榘以展书堂部孤军作战、得不到宋哲元部队协助为由，于10月2日晚将第81师主力撤回济南，仅以少数部队守城，致使德县于5日凌晨失守。德县的丢失，使宋哲元部腹背受敌，向津浦路西南溃退。对于韩复榘擅自放弃德县的行为，蒋介石曾去电斥责，但韩竟以辞职相要挟。蒋介石不敢相逼太甚，只有加以劝慰："大敌当前，何能言辞，前方部队退却，漫无纪律，殊为痛心！刻已严令告诫，并请兄就近纠察，如有抢劫不法行动，应就地拿办，处以军法不贷。当此国难，惟有忍痛抗战，奋斗到底，求得最后胜利，请勿再有辞意，务希督励全军，百折不回，共同奋斗，完成使命。"②

1937年8月20日，第5战区成立，李宗仁于9月19日接替蒋介石任司令长官，10月4日，韩复榘任副司令长官。第5战区对于山东的作战方针作了如下规定：保有鲁省大部分地区，与敌行持久抗战。作战初期，应扼守黄河及沿海要点，直接阻止敌人之侵入。第3集团军应以主力固守黄河两岸，置重点于济南及其以西地区。如受敌压迫，不得已时可向莱芜、泰安、肥城、新泰、大汶口之地区逐次撤退，占领要点，利用鲁中山地，迟滞日军南进，并配合增援部队，在兖州附近同日军进行会战。③

此时，韩复榘的重要任务是守住黄河。蒋介石命令韩部应以重兵坚守黄河北岸，因为北岸高于南岸，如北岸不守，南岸不足恃。同时，鉴于日本华北方面军主力忙于山西战事和进攻平汉线，津浦路日军相对薄弱，蒋介石再三催促韩复榘

---

① 《韩复榘致蒋介石电》（1937年9月16日），国民政府军令部战史会档案，中国第二历史档案馆藏。

② 《蒋介石致韩复榘电》（1937年10月10日），国民政府军令部战史会档案，中国第二历史档案馆藏。

③ 《第5战区关于徐州会战的作战方针及指导要领》，国民政府军令部战史会档案，中国第二历史档案馆藏。

以积极的进攻取代消极的防守，乘虚收复德州，策应平汉线宋哲元部作战。韩复榘仍以种种借口加以拒绝。他提出黄河北岸与济南皆不可守之说，称北岸无活动余地，济南在北岸炮火的有效射程之内，因此，唯一的办法就是决开北岸大堤，以黄河水阻敌前进。① 他还以兵力不足为托词，不愿反攻德州。称，倘"令李长官（宗仁）派队接津浦线济南以南防务，并莅济坐镇，职愿率所部三师或四师兵力，经武城、郑家口进出河间与宋部协同前进"。② 结果，其主力部队仍置于黄河南岸：于学忠第 51 军在高密、即墨、青岛一线；谷良民第 22 师在羊角沟、掖县、龙口、烟台一线；孙桐萱第 20 师主力、李汉章第 74 师 1 个旅、展书堂第 81 师 3 个团、吴化文手枪旅均在济南至临城间铁路线上，仅有曹福林第 29 师在德县附近游击。

10 月 26 日以来，日军第 10 师团在平原以东增加步兵 2000 余人、炮 10 余门、坦克 10 余辆，企图扫荡曹师主力，由济阳方面接近黄河。11 月 8 日，日军主力兵分两路向黄河推进。一路是第 109 师团本川旅团，从盐山出发，至 11 日，连陷庆云、乐陵、惠民。另一路为第 10 师团主力，向临邑进攻。韩复榘这才率第 81 师、第 20 师主力渡河，在济阳、商河、德平附近集结，但仍然逡巡不前，意存观望。不料日军于 13 日进攻济阳，韩复榘恰在城内，乃命手枪旅 1 个团和第 20 师辎重营拼死抵抗，韩自己率卫队仓惶突围，几乎当了俘虏。惊慌之余，韩复榘下令第 3 集团军各师撤到黄河南岸，并炸毁了黄河大桥，使黄河北岸尽失，东自惠民、济阳，西至齐河，均为日军占领。

韩复榘退到南岸后，并不打算坚守黄河防线，而是摆出了再次退却的阵势，除以第 22 师 1 个旅、第 20 师、第 74 师担任青城至平阳之间近 200 公里的河防外，其余部队约 2 个师又 2 个旅、4 个炮兵团均撤至泰安、大汶口、兖州、济宁、巨野一线，远离前线。

---

① 《韩复榘致蒋介石电》（1937 年 10 月 6 日，11 月 11 日），国民政府军令部战史会档案，中国第二历史档案馆藏。

② 《韩复榘致蒋介石电》（1937 年 11 月 7 日），国民政府军令部战史会档案，中国第二历史档案馆藏。

12 月 23 日晚，日军第 10 师团和本川旅团分别在曲堤和王判镇附近强渡黄河，并未遭遇强烈抵抗，便在南岸门台子、石家圈等处登岸。第 22 师向周村退却，致使青城失陷，渡河日军达数千人，并向西南推进。韩复榘闻风丧胆，24 日晚率先由济南逃往泰安，其守河部队亦纷纷后退。日军渡河后兵分两路，一路由周村进逼潍县，一路沿胶济路直取济南。蒋介石急电韩复榘不得放弃济南，但为时已晚，第 20 师于 26 日晚放弃济南，次日晨，日军进入济南城。

济南失守后，蒋介石和李宗仁皆连连打电报给韩复榘，告知占领济南之敌非日军主力，且鲁中山区日军机械化部队通行困难，命其将主力分布在泰安与临沂之间，并将泰山东西诸山路即行阻塞破坏，各派小部队扼守；以有力部队置于泰安、济南间交通线上，纵深配备，利用泰山、沂山、蒙山，实施正面韧强抵抗。同时以一部由平阴向铁道西侧击日军，配合正面抵抗。12 月 31 日，蒋介石致电李宗仁、韩复榘，电报摘要为："第三路向方兄所部，务希遵照前令，其主力须分布于泰安至临沂一带。泰山山脉地区之各县，万勿使倭寇垂手而定全鲁，以为收复失土之根据。"[1] 但韩复榘对上述命令根本无意执行，借口无预备队，无法阻止日军前进。同日，竟下令放弃泰安，所属各师分别退往大汶口、泗水、宁阳一带。为此，李宗仁愤而电告军令部长徐永昌，并称"至于韩部之行动，拟不再严令，免伤情感"。[2]

由于韩军不战而退，日军得以长驱直入，至 12 月底，分别占领长清、肥城、莱芜、泰安。1938 年 1 月 1 日，日军百余人轻取大汶口，4 日，侵入宁阳、兖州、曲阜、蒙阴。日军前锋直逼汶上、济宁。汶上、济宁为运河前方的重要据点，运河则为山东的最后防线。汶、济不保，运河难守，运河一失，不仅鲁省全陷，且陇海线也有被切断的危险，徐州、郑州将被截为两段。因此，军事委员会命令韩部死守运河，不得再退。而韩复榘则又逃往巨野，其第 20、第 22 两师西撤至成武、曹县。蒋介石电责韩军"见敌即退、轻弃守土"，令其"死守运河西岸及济

---

① 《作战经过（二）》，第 248 页。
② 《徐永昌致蒋介石电》（1938 年 1 月），国民政府军令部战史会档案，中国第二历史档案馆藏。

宁、汶上据点"。① 另一方面，又派陈调元携信前往督励慰劳，其信曰：

向方吾兄：

麾下军兴半载，寒暑已更，吾兄艰苦支持，暨将士出入生死，时在系念之中，况第二期抗战开始，前途艰巨，悉萃于吾人之身……汶济一带，绾毂中原，为陇海屏蔽，所关綦重。吾兄久镇齐鲁，熟悉地利，必能激励将士再接再励，以尽守土之责。②

李宗仁致韩复榘的电报，语气近乎恳求：

务请兄于运河之线竭力支持，固守汶济两点，以为运河屏障，且为攻势根据一方。当促晋康（邓锡侯）兄部队从速集中，推进滕邹，为兄部声援，力图恢复。兄治鲁七载，对鲁省锦绣河山、驯良人民，恋恋之情，谅较弟为深，寇深事急，愿与兄共同努力，保鲁省最后之一角。③

但韩复榘既不听军令，更无视忠告，他竟然声称，如邓军两日内不推进至兖州附近，济宁、汶上便要放弃。其实这只是韩复榘保存实力的借口而已。他嘴上表示要在运河之线采取攻势防御，但守运河部队仅有 3 个旅，其余 3 个师又两个旅均退至成武、单县、曹县附近，远离运河。同时，第 3 集团军辎重也早运往河南漯河、舞阳。

1 月 8 日起，日军猛攻济宁，守城部队稍事抵抗后即撤离。11 日，日军冲入济宁城时，守城的第 74 师、第 29 师早已到达金乡。

韩复榘畏敌抗令，在不到 20 天的时间里，一退数百里，轻易丢失了黄河天险、济南、泰安、兖州乃至运河防线，致使日军一个半师团不费吹灰之力便侵占

---

① 《蒋介石致李宗仁、韩复榘电》（1938 年 1 月 9 日），国民政府军令部战史会档案，中国第二历史档案馆藏。

② 《蒋介石致韩复榘函》（1938 年 1 月 9 日），国民政府军令部战史会档案，中国第二历史档案馆藏。

③ 《李宗仁致韩复榘电》（1938 年 1 月 7 日），国民政府军令部战史会档案，中国第二历史档案馆藏。

了山东大部地区，打乱了第5战区整个作战部署。1月11日，蒋介石以召集第1、第5战区军事会议为名，在河南开封诱捕了韩复榘，旋即押往汉口。1月24日，韩复榘在武汉被枪决。

二、华中日军侵入淮河流域

华中方面军攻陷南京的同时，曾命令"以一部在扬子江左岸，占领扬州及滁县附近，切断江北大运河及津浦铁路"，① 其目的是为了截断中国军队的退路。12月14日，天谷直次郎第10旅团渡江攻占了扬州；同时，荻州立兵第13师团也渡江西进，连陷六合、来安，20日攻占滁县。日军占领滁县后，立即计划以两个师团的兵力沿津浦路向陇海路推进，以策应华北日军的山东作战，至1938年1月下旬，击退了李品仙第11集团军刘士毅第31军的顽强反击，连陷明光、池河、藕塘一线地区，抵达池河东岸。但此时，由于日本大本营"力图整顿充实将来的战力，采取极力避免扩大战线的方针，所以决定不批准上述北上作战"。②

国民政府军事委员会已经察觉到华中日军的战略意图，1月23日命令第5战区"对由津浦路南段前进之敌，须固守徐蚌两要地，非有命令不得撤退"。③ 李宗仁为了加强淮河南岸的防御，除命令刘士毅部在池河西岸设防外，又将于学忠第51军由青岛调往淮河北岸构筑防御阵地。

与此同时，华中方面军并没有理会日本大本营严禁扩大战事的命令，而是借口"中国军队把主力部署在蚌埠、临淮关、凤阳、定远附近，把池河一线作为第一线阵地，逐渐增加兵力，1月下旬已达14个师、5万人，屡次对日军进行反击。第13师团尽力在占据地区内进行肃正、讨伐，但是不消灭淮阳平原的敌军主力，就不能确保治安"，④ 命令第13师团向蚌埠推进，并为第13师团增调了独立机关

---

① 日本防卫厅防卫研究所战史室：《中国事变陆军作战史》第1卷第2分册，第115页。
② 日本防卫厅防卫研究所战史室：《中国事变陆军作战史》第1卷第2分册，第159页。
③ 《国民革命战史第三部：抗日御侮》第5卷，第122页。
④ 日本防卫厅防卫研究所战史室：《中国事变陆军作战史》第1卷第2分册，第159页。

枪大队、战车大队、轻装甲车中队、榴弹炮联队、加农炮大队、独立工兵 2 个联队、舟桥部队 4 个中队、后备步兵 1 个半大队、高射炮大队、汽车 2 个中队，以及飞行大队、铁道大队等。①

进攻日军共分成 3 路：右路以沼田重德旅团步兵 4 个大队、山炮兵 2 个大队为基干；中路由山田梅二旅团的 3 个步兵大队、野战重炮兵 1 个联队、迫击炮 1 个大队组成；左路为 3 个步兵大队，1 个山炮兵大队，由两角业作率领。② 从 1 月 25 日开始，日军便在飞机、大炮的掩护下，冒雪强渡池河。同日黄昏，右路之日军由明光附近渡过池河，并向西攻击，连陷苏祖馨第 135 师梁山、五里墩燃灯寺阵地。同时，中路日军 3000 余人，坦克 10 余辆由池河镇附近突破池河后连占桑家涧、红心铺，莫德宏第 138 师退向定远。同日，三河集、马家岗各有日军千余人向中国军队阵地发起进攻。从 2 月 1 日至 4 日，3 路日军先后攻陷临淮关、蚌埠、凤阳、怀远、定远，并开始强渡淮河。

第 5 战区为了贯彻 "诱致敌主力于津浦路方面，以迟滞敌人之溯江西进" 的作战方针，决定将日军阻止在淮河南岸。2 月 3 日作了下列部署：

（1）第 31 军主力为第一野战兵团，由定远西三十里铺至淮河南岸之间，向临淮关、蚌埠日军之侧背威胁，以牵制其渡河；

（2）第 51 军和第 31 军一部为第 2 野战兵团，在淮河北岸布防，阻敌北侵；

（3）第 3 野战兵团由杨森第 27 集团军及安徽省保安部队组成，担任安庆及其附近江面之守备；

（4）廖磊第 21 集团军为第 4 野战兵团，由合肥附近向含山、全椒前进，攻击日军侧背；

（5）急调张自忠第 59 军到宿县待命。③

---

① 日本防卫厅防卫研究所战史室：《中国事变陆军作战史》第 1 卷第 2 分册，第 159 页。
② 日本防卫厅防卫研究所战史室：《中国事变陆军作战史》第 1 卷第 2 分册，第 159 页。
③ 《国民革命战史第三部：抗日御侮》第 5 卷，第 122～123 页。

2 月 8 日晚，蚌埠日军 500 余人在飞机、大炮的掩护下，乘坐橡皮艇、木筏渡河，向据守小蚌埠的第 51 军周先烈第 113 师进攻，但被击溃。次日，600 余日军再行强渡，周师未能阻截住，乃退至小蚌埠以北阵地固守。10 日，临淮关之敌又由晏公庙渡过淮河，牟中珩第 114 师在前板子、王庄阵地同日军展开激烈争夺，几经血战，阵地终于失守，中国军队伤亡较重。12 日，渡过河的日军由曹老集附近向第 51 军侧背迂回。于是，第 51 军分向浍河、解河北岸和沫河口之线退却。13 日，张自忠率第 59 军到达淮河流域，部署在瓦疃集、姚集、固镇、蒙城一线，接应第 51 军。

与此同时，廖磊第 21 集团军到达八斗岭、下塘集之线，其前锋韦云淞第 48 军已推进至炉桥、洛河一线。中国军队以第 51、第 59 军在淮河北岸节节抵抗；周祖晃第 7 军、第 31 军和第 48 军不断从侧背向日军进攻。2 月 11 日，第 138 师 5 个营围攻上窑，日军利用市街及炮楼、围墙抵抗，中国军队冲入圩内与敌肉搏，日军 300 余人向考城逃窜，外窑之日军被歼百余人。12 日，第 135 师一部克复武店、考城，并在考城附近将由上窑逃来之日军大部歼灭。同时，覃连芳第 131 师 4 个营联合当地红枪会，在凤阳、怀远一带实施游击，一度攻入怀远古西门。从 16 日开始，第 7 军由张桥镇、老人仓一线向池河、定远日军展开侧击，并攻入桑家涧。日军不得不抽调淮河北岸主力 6000 余人增援考城、上窑、池河、定远。

当日军回援淮河南岸时，第 59 军乘机向火神庙、新桥日军反攻，敌丢弃阵地退往曹老集。张军分向苏集、湖口子、曹老集、王庄之线推进，将日军驱逐到北淝河南岸，并朝淮河北岸推进。日军因腹背受到攻击，无力再向北进攻，乃全部退回淮河南岸，沿邵伯、天长、盱眙、临淮关、蚌埠、怀远、三十里铺之线与淮河北岸中国军队形成对峙。日军南路的攻势受挫。

关于华中日军退回淮河南岸的原因，日本防卫厅战史室编纂的著作认为，日军"毫无进行徐州作战以及打通津浦线的意图"，[1] "第 13 师团进入淮河畔，是为

---

[1] 《日本军国主义侵华资料长编——（大本营陆军部）摘译》（上），第 421 页。

了便于池河以南占据地区的肃正，军的意图，是不久即退到原来位置，因为师团这样进行北上作战不符合大本营的意图"，① 这显然是在掩饰日军的失败。我们知道，日军由滁县向北沿津浦线推进的直线距离已达 130 公里，早已超出了日本大本营大陆指第 59 号指示"可以占据扬子江左岸要地"的范围，其作战意图显然是向徐州进逼。如果不是第 5 战区南线部队采取的正面顽强抵抗与侧背袭击相结合的灵活的作战方法，有效地遏制了日军的攻势，日军是决不会主动后退的。

三、中国军队反攻济宁、汶上

矶谷廉介第 10 师团自 1937 年 12 月底以来，连占济南、泰安、兖州、济宁、邹县及其附近地区，这使得华北日军十分轻狂，认为中国军队不堪一击，多次要求沿津浦线向南突进，直取徐州。由于受到不扩大方针的限制，华北方面军进行徐州作战的要求得不到日本参谋本部的批准。

华北方面军仍然强烈要求扩大战果，并向参谋本部陈述理由：

在徐州东西两侧的陇海线北面，其中山东省湖沼地带的西南地区，集结着未曾受过我军大的打击的十数万中国军队，并以此为根据地，经常派出便衣队潜入我第一线后方，到处袭击。最近几乎连夜遭受袭击的第一线，渐有疲于奔命之势。对此，从军自卫观点出发，在适当时机对上述敌根据地，给以痛击很有必要。尤其在济南南面地区，我们认为，情况已到不得不超越现在占领线，进行反击作战的时机，关于此点，请予留有行动余地。②

然而，2 月 4 日日本参谋本部仍发出禁止攻势作战的电令。电令称："我方应考虑的是，不要被敌诱发导致战局扩大，兵力被牵制，而妨害国军全面整理整顿，以适应下步"，"因此，在现在占据地区以南，即使说是自卫上的攻势行动，

---

① 日本防卫厅防卫研究所战史室：《中国事变陆军作战史》第 1 卷第 2 分册，第 160 页。
② 日本防卫厅防卫研究所战史室：《中国事变陆军作战史》第 1 卷第 2 分册，第 26 页。

其结果扩大了占领地区和牵制住更多的兵力，这样按中央既定的大方针，是绝对不能批准的"。①

而此时，中国方面正期望"诱敌主力于津浦路方面，以延迟敌军溯江西上"。为了打破日军不扩大方针，2月4日，蒋介石命令"第3集团军之第12军、第55军，迅向津浦北段济宁以北采取攻势"。② 2月6日，李宗仁命令：

　　（1）第3集团军由孙桐萱代行总司令职权，以主力向济宁攻击，以一部由开河镇附近，迂回攻击汶上。

　　（2）第22集团军主力向邹县，一部迂回曲阜、邹县间攻击，另以一部控置于临城、韩庄间。

　　（3）第3军团在临沂附近，配合该方面地方部队，各以一部夺取蒙阴、泗水后，向泰安、大汶口间及南驿、曲阜间之敌威胁。③

中国军队显然有如下意图：（1）诱使日军分兵南进，寻机予以重创；（2）以攻代守，迟滞日军南下速度，使援军能够有时间完成在徐州附近的部署。

济宁、汶上由第10师团步兵第39联队驻守，其中主力在济宁城，约有3000余人、炮20余门、战车10余辆，日军每日以千余人出城四处逡巡，防备甚严，汶上之日军约500余、炮6门、机枪10余挺，分驻城关戒备。

第3集团军当时驻扎在曹县、成武、定陶、金乡、嘉祥附近，自韩复榘伏法以后，该军士气高昂，决心洗刷抗战不力的名声。

12日夜，展书堂第81师由开河镇渡过运河。次日零时，部队分由汶上城西北、东、南三面攀登城垣，实行偷袭。其中一部由城西北冲入汶上城内，同日军展开激烈巷战。日军即由济宁派兵800余人增援，但在汶上城南之辛店遭到第81师一个团的阻截。14日，日军逐次增援已达千人。汶上城内日军则以机关枪、平射炮架于屋顶，向中国攻击部队猛射，并利用工事阻截各巷口，顽强抵

---

① 日本防卫厅防卫研究所战史室：《中国事变陆军作战史》第1卷第2分册，第26页。
② 《国民革命战史第三部：抗日御侮》第5卷，第123～124页。
③ 《国民革命战史第三部：抗日御侮》第5卷，第123～124页。

抗，日军飞机数架亦反复向第 81 师轰炸。经过两昼夜的激战，双方均伤亡较重。

在展书堂师反攻汶上的同时，孙桐萱命令曹福林第 55 军及谷良民第 22 师向济宁发动攻击。12 日晚，谷师 1 个旅，附两个山炮连，由济宁西北之大长沟强渡运河，翌日晨攻克北关。13 日午，曹军也从南面之河长口向济宁反攻，其中两个步兵团逼近济宁南围子门。14 日，谷师两个团先后登城攻入济宁城内，日军利用各街、巷口既设工事顽强抵抗。血战竟日，第 22 师因伤亡过重，兼以弹药不足，乃撤出济宁城。15 日，日军 1500 人，炮 8 门，装甲车 20 余辆，分由泰安、宁阳、兖州来援济宁，直趋大长沟，企图截断中国军队退路。谷良民遂派两个团分别在戴五屯、二十里铺迎击。同日，第 22 师一部再度冲入济宁城。至傍晚，该师伤亡已达 500 多人，更因腹背受敌，乃乘夜撤至肖王庄附近，日军 700 余人出城追击。16 日凌晨，日军向大长沟进犯，被第 22 师两个团夹击，继由第 20 师 1 个团附炮兵两个连增援，终于将这股日军击溃，残部 200 余人据前薛家反抗。17 日晨，曹军以两个团附山炮 4 门，向济宁城南关和西关猛攻。

为配合第 3 集团军的反攻，邓锡侯第 22 集团军亦从 2 月 14 日起对两下店、邹县、曲阜、泗水方面的日军发动牵制进攻。陈鼎勋第 125 师围攻两下店、邹县，日军据城死守、顽强抵抗；陈离第 127 师攻下香城、黄柱，日军退往邹县。王士俊第 124 师 1 个旅协助第 3 集团军攻济宁。但因该集团军装备陈旧、武器低劣，尤其缺少重武器，加之战斗力不强，因而未获战果，乃撤回两下店以南之香城、石马坡、石墙一线阵地固守。

鉴于中国军队的猛烈攻势，日第 2 军于 2 月 17 日下达了反击的命令：

（1）第 10 师团击退汶上、济宁附近之敌于大运河以西。

（2）第 5 师团以一个支队配合向沂州方向前进的第 10 师团作战。①

同日，日军步兵四个半大队、野炮兵两个大队、战车 20 余辆，在第 8 旅团长

---

① 日本防卫厅防卫研究所战史室：《中国事变陆军作战史》第 2 卷第 1 分册，第 27 页。

长濑武平少将率领下，对第 3 集团军实行反击。

17 日，日军 2000 余人分由泰安、兖州、宁阳向汶上增援，第 81 师经过 4 个昼夜的激战，官兵伤亡已达 2000 余人，乃奉命向运河西岸之开河镇之线撤退。

同日下午，日军千余人，炮 10 余门，坦克 10 余辆突出济宁城，向第 22 师反攻，该师在八里屯、二十里铺、前薛家一带同日军激战，是日夜，该师主力撤回运河西岸，仅留 1 个团固守朱庄。18 日，日军在飞机、大炮的掩护下，向朱庄猛攻。

由于日军主力全面反攻，中国军队伤亡较重，攻势无进展，19 日，孙桐萱下令全线撤退。曹军主力撤至运河西岸唐家口、河长口、傅庄一线，另以一部拒守河西之安居镇、西正桥、小流店附近；谷师撤至嘉祥。同日，日军 3000 余人向曹军反攻，连陷安居镇、唐家口、傅庄。24 日，日军一部以全力突破第 20 师新桃河、杏花村阵地。25 日，日军攻陷嘉祥，第 3 集团军主力乃撤至万福河南岸。是役，第 3 集团军一雪前耻，歼敌近千，击毁装甲车 5 辆，缴获大炮 4 门，战车 3 辆，该军也伤亡 3000 至 4000 人。济宁、汶上反攻虽未成功，却吸引了第 10 师团 1 个旅团的兵力，有力支援了津浦路正面的作战，更重要的是诱发了鲁南会战，达到了预期的目的。

四、滕县保卫战

如前所述，第 5 战区在 2 月中旬对济宁、邹县发动的攻势作战，由于日军主力的反攻而中断。第 3 集团军退往鲁西的金乡、成武、单县、巨野一线。第 22 集团军在两下店以南同濑谷旅团对峙。其第 125 师据守金山、香城、龙山一线；第 127 师控制界河、枣庄、亘龙山地区；第 124 师占据石墙、石马坡之线；第 122 师在滕县附近及北沙河、太平邑地区。①

3 月 2 日，第 1 战区司令长官程潜向蒋介石建议："以汤（恩伯）军团 5 师之众，会合第 3 集团军及第 59 军，立向济宁前进，将津浦路北段之敌击破之。"② 蒋介石原则上同意了这个意见。

不久，日军获悉了这个情报。3 月 8 日，第 2 军司令官西尾寿造派参谋向矶谷廉介师团长传达了他本人的希望："应占领滕县附近及确保太平邑"。③ 同日，矶谷下达了作战命令：

（1）根据密电，在津浦沿线方面数个师团之敌，企图向我靠近，发动攻势。

（2）对津浦线方面之敌军的攻势，师团将寻机以濑谷支队为主。予以歼灭。

（3）濑谷支队在适当时机击灭津浦沿线之敌前，须先进入界河附近。当以主力攻击，而前进的时间须经批准。④

日本大本营不仅批准了第 2 军的所谓"扫荡作战"，又调重藤千秋旅团作为濑谷支队的后援。

3 月 13 日，第 2 军命令"第 10 师团击灭大运河以北之敌，第 5 师团以一部占领沂州后进入峄县附近，配合第 10 师团作战"。⑤ "第 2 军的企图是：在达到以上目的后，大致在滕县、沂州一线，给以后作战作好准备"。⑥ 矶谷廉介甚至"表示了追至临城的意图"。⑦

濑谷启第 33 旅团的兵力计有：步兵 4 个半大队，野炮兵约 3 个大队，野战重炮兵 1 个大队，机枪 1 个大队，装甲车 2 个中队以及工兵、汽车队等，⑧ 约万余人。3 月 14 日拂晓，日军在飞机、重炮的火力掩护下，兵分四路向界河进攻。一

---

① 《国民革命战史第三部：抗日御侮》第 5 卷，第 133 页。
② 《国民革命战史第三部：抗日御侮》第 5 卷，第 133 页。
③ 日本防卫厅防卫研究所战史室：《中国事变陆军作战史》第 2 卷第 1 分册，第 28 页。
④ 日本防卫厅防卫研究所战史室：《中国事变陆军作战史》第 2 卷第 1 分册，第 29 页。
⑤ 日本防卫厅防卫研究所战史室：《中国事变陆军作战史》第 2 卷第 1 分册，第 30 页。
⑥ 日本防卫厅防卫研究所战史室：《中国事变陆军作战史》第 2 卷第 1 分册，第 29 页。
⑦ 日本防卫厅防卫研究所战史室：《中国事变陆军作战史》第 2 卷第 1 分册，第 31 页。
⑧ 日本防卫厅防卫研究所战史室：《中国事变陆军作战史》第 2 卷第 1 分册，第 31 页。

部1000余人，由石墙攻陷王士俊第124师大小山、李寨阵地，从西路包围界河；一部约2000余人自香城附近出发，由龙山、普阳山之间向界河突进。并包围了陈离第127师龙山阵地；界河正面日军3000余人攻占了王铭章第122师黄家山阵地，并向界河猛扑过来；另一股日军约1500余人绕过龙山，由东面扑向滕县。

鉴于日军向南猛攻，津浦路北段第22集团军战力不强，15日，蒋介石命令："着汤军团长亲率王仲廉军开临城归李长官指挥，关麟征军开商丘，张轸师仍在蒙城待命。"①

同日，日军连陷界河、龙山，并向滕县以北之北沙河第122师1个旅猛攻。与此同时，日军一部已抵达滕县东面之东沙河附近。第22集团军代总司令孙震急令王铭章率部死守滕县，等待汤恩伯第20军团的增援。第5战区给第22集团军的电令是："滕县为津浦路北段要点，关系全局，应竭力死守，以待增援。"② 因其时滕县守军仅有第122师和第124师所部7个连，于是，王铭章急令第366旅由太平邑增援滕县，但该旅在城头村附近同数千日军遭遇，被截成数段，仅一个营冲进滕县城。

16日晨，日军步骑兵约5000人迫近滕县东郊，以重炮8门向东关猛轰，敌机亦向滕县投掷炸弹，守军东郊工事被炸毁数处。同时，敌步兵在坦克掩护下乘机向城垣猛攻，守军官兵与敌奋战，击退日军多次进攻，但伤亡奇重。是日夜，王铭章将守卫北沙河的两个营撤回，全力固守县城。孙震鉴于滕县守军兵力单薄，迭电军委会和第5战区长官部，要求饬令汤军团第4师速解滕县之围。但该师一个团在县城东南关受阻。因此，孙震电令王铭章"集结残部，勉力杀敌，城存与存，城亡与亡"。③

17日凌晨，日军又增加重炮8门、装甲车数十辆，分由城东、城南同时进

---

① 中国第二历史档案馆编：《抗日战争正面战场》（上），第569页。
② 《国民革命战史第三部：抗日御侮》第5卷，第134页。
③ 《国民革命战史第三部：抗日御侮》第5卷，第134页。

攻，炮弹"密如急雨"，东城墙被轰毁数处，南城墙被打破近两丈宽的缺口，城厢民房也被炮火化为灰烬。王铭章及各旅团长分途率部堵击日军。中午时分，王铭章致电孙震："独坐山方面，本日已无友军枪声，想系被阻止。目前敌用野炮、飞机从晨至午，不断猛击，城墙缺口数处，敌步兵屡登城垣，屡被击退。"并称"决以死力拒守，以报国家，以报知遇"。①

同日下午，南城缺口被日军炮火越轰越大，在飞机、大炮掩护下，日军蜂拥冲入城内十多次，均被守军奋勇击退。不久，日军又集中炮火猛轰，城南火光冲天，硝烟弥漫，数百日军乘机占领了西、南两门，并凭高射击。守军同日军展开巷战。第 41 军代军长兼第 122 师长王铭章率部在西城抗敌时腰部中弹，但仍毙敌 3 名，最后壮烈殉国。第 122 师参谋长赵渭滨，第 124 师参谋长邹绍孟、团长王麟等均于城破之时率部血战而以身殉国。旅长吕康、王志远等也身负重伤。18 日凌晨，滕县陷落，守军仅第 124 师副师长税梯青率数百人由北门突出，其余 2000 余人皆牺牲。

滕县保卫战虽然失败了，但劣势装备的川军能够同优势的日军机械化部队抗衡达四昼夜以上，并给予重大杀伤，实属不易。更重要的是，它迟滞了日军的进攻速度，为中国援军在台儿庄及运河南线部署赢得了宝贵的时间，奠定了台儿庄战役胜利的基础。

五、板垣师团受挫于临沂

鲁东南地区原无中国正规部队守卫，除了由青岛撤出的沈鸿烈海军陆战队两个大队约 2000 人外，还有刘震东、厉文礼、张里元、杨士元指挥的 4 支游击队共约 5000 余人，"名目虽多，战斗力微弱"。② 1938 年 2 月 6 日，李宗仁命令庞炳勋

① 《王铭章致孙震电》（1938 年 3 月 17 日），国民政府军令部战史会档案，中国第二历中档案馆藏。

② 《庞炳勋致蒋介石密电》（1938 年 2 月 9 日），见中国第二历史档案馆编：《抗日战争正面战场》（上），第 562 页。

第3军团由东海进驻临沂地区，配合地方部队，反攻蒙阴、泗水。庞炳勋部名义上是1个军团，实际兵力仅有马法五第39师约5个团。因此，庞军团到达鲁东南后，大部兵力驻守临沂，仅以两个团据守沂水、莒县，并向蒙阴、泗水侧击。①

2月17日，日第2军命令板垣征四郎第5师团"以一个支队配合向沂州方向前进的第10师团作战"。② 21日，步兵第21联队长片野定见大佐指挥步兵一个半大队、山炮兵一个中队向莒县进发，22日向莒县进攻。第2路游击司令刘震东率义勇队400余人据城抗敌，击退日军数次进攻，最后终因弹尽粮绝，寡不敌众而全部牺牲，莒县、沂水先后失陷。

23日，板垣征四郎将片野支队"编入步兵第21旅团长坂本少将指挥下，改为坂本支队"，使坂本旅团的兵力达3个步兵联队、1个野炮兵联队、1个山炮兵中队和1个骑兵大队，加上刘桂堂部伪军，共约12000人左右，并有战车80余辆、炮30多门、飞机10余架。③ 坂本支队继续南下，3月5日占领临沂以北20余公里之汤头、白塔、尤家庄一线地区。

鉴于临沂守军兵力单薄，第5战区于3月6日命令张自忠第59军由滕县附近紧急驰援临沂，"击破莒沂方面之敌，恢复莒沂两县而扼守之"。④ 同时派第5战区参谋长徐祖诒赴临沂指导作战。庞炳勋也表示"誓必……与敌周旋，决不放弃任务"。⑤

3月10日，日军坂本支队开始向临沂猛攻。张自忠军于12日抵达临沂北郊之沂河西岸。同日，徐祖诒以李宗仁名义下达命令：

① 《庞炳勋致蒋介石密电》（1938年2月9日），见中国第二历史档案馆编：《抗日战争正面战场》（上），第562页。

② 日本防卫厅防卫研究所战史室：《中国事变陆军作战史》第2卷第1分册，第27页。

③ 日本防卫厅防卫研究所战史室：《中国事变陆军作战史》第2卷第1分册，第28页；中国第二历史档案馆编：《抗日战争正面战场》（上），第577~578页。

④ 中国第二历史档案馆编：《抗日战争正面战场》（上），第565页。

⑤ 中国第二历史档案馆编：《抗日战争正面战场》（上），第564页。

（1）第 59 军以一部确占石家屯一带高地，向葛沟、白塔间分途侧击，牵制敌之增援。主力由船流至大小姜庄间渡河，向南旋回，与第 40 军呼应，包围歼灭敌之主力于相公庄、东庄屯、亭子头以南地区。在高里附近之陆战队暂归指挥。

（2）第 40 军以主力由沂河东岸与第 59 军呼应，包围敌之主力歼灭之，在沂河西岸之一部渡河侧击尤家庄附近之敌。

（3）两军作战地境为十字路（临沂北方约 20 里）、范家墩、相公庄、张旺庄之线（线上属第 40 军）。

（4）以上各部着于 13 日晚准备完毕，14 日拂晓开始攻击。①

14 日拂晓，第 59 军以主力分由船流、钓鱼台、前安静村、小姜庄附近强渡沂河，向白塔、沙岭、徐太平、亭子头方向攻击前进。刘振三第 180 师在亭子头遭到一股日军的顽强抵抗。黄维纲第 38 师一部攻克白塔、汤佛崖，日军 600 余人在飞机、坦克、大炮的掩护下拼命反击，该师被迫退回沂河西岸。同时，第 40 军亦从正面向日军反攻，其右翼占领相公庄，并向青墩寺、尤家庄一带进攻。

15 日，第 40 军又攻占了东西沈庄、郑家寨、黄家墩、柳行头以南之线，并派出骑兵从右翼向贾家庄、汤头一带迂回。同日，第 180 师攻下亭子头，日军向东、西水湖崖撤退；第 38 师再渡沂河，占领沙岭。下午，日军猖狂反攻，步兵千余人附战车数辆由郭太平向第 180 师阵地猛冲，守军沉着应战，并派部队实施侧击，敌向左家官庄退去。与此同时，另一股日军 800 余人，炮 10 余门，在飞机掩护下，由车庄、塔桥附近强渡沂河，并向茶叶山、李官庄攻击前进，企图截断河东张自忠军后路，第 38 师遂撤回沂河西岸迎敌。

16 日，日军又调集 4000 余人，炮 20 门由汤佛崖渡河，向第 59 军石家屯东南至大安子、崖头、刘家湖、钓鱼台之线阵地猛攻，敌机 10 余架狂轰滥炸，第 38

———————————

① 中国第二历史档案馆编：《抗日战争正面战场》（上），第 566～567 页。

师伤亡虽重，但仍然坚守阵地。是日夜10时至17日凌晨5时，日军"全力攻我崖头、刘家湖、茶叶山三处，密集炮火猛烈攻击，我军阵地被毁，该三处被敌攻入"。张自忠急令第38师预备部队增援，"奋力反攻激烈争夺，肉搏多次。刘家湖失而复得者四次，崖头失而复得三次，茶叶山一度被敌占领旋即夺回，卒得将该敌击退，毙敌甚众"。① 张军乘胜全线出击，日军抵挡不住，纷纷溃逃，横尸遍野，残敌在汤头、白塔一线顽抗。

同日，第40军同日军激战一昼夜，"先后将柳行头、尤家庄、傅家屯、甘屯、冠屯、东西水湖崖、东庄屯、大小张家寨子、沙岭官庄等村占领"，② 日军退守李家五湖、傅家池、草坡一线。

蒋介石在获悉临沂战况后，致电李宗仁和庞炳勋、张自忠：

> 临沂捷报频传，殊堪嘉慰。仍希督励所部确切协同包围敌人于战场附近而歼灭之。如敌脱逸须跟踪猛追，开作战以来之歼敌新纪录，振国军之气势，有厚望焉。③

18日，张、庞两军从东、南、西三面夹击汤头、王疃、傅家池、草坡附近日军，经过两天激战，先后攻克李家五湖、辇沂庄、车庄、前湖崖，日军完全被击溃，残敌大部向莒县逃窜，一部仍固守汤头待援。此阶段战斗，张、庞两军共歼灭日军3000余人，其中包括第11联队长联队长野裕一郎大佐，第3大队大队长牟田中佐。④ 日军"以载重汽车运回莒县尸体约100余车，……屡次焚化尸体，其不及运回，就地掩埋者达七八百具"。⑤ 中国军队伤亡亦十分惨重，人数在5000

---

① 《李宗仁致军令部密电》（1938年3月19日），见中国第二历史档案馆编：《抗日战争正面战场》（上），第576页。

② 《庞炳勋致蒋介石密电》（1938年3月17日），见中国第二历史档案馆编：《抗日战争正面战场》（上），第572页。

③ 《蒋介石致李宗仁密电》（1938年3月17日），见中国第二历史档案馆编：《抗日战争正面战场》（上），第570~571页。

④ 《李宗仁致军委会电》（1938年3月19日），国民政府军令部战史会档案，中国第二历史档案馆藏。

⑤ 《张自忠致何应钦电》（1938年3月20日），国民政府军令部战史会档案，中国第二历史档案馆藏。

以上，仅第 59 军就伤亡 3482 名。①

正当张、庞两军要围歼汤头日军之时，第 5 战区忽令"第 59 军（除留第 112 旅外）即调费县，准备向泗水、滕县转用"。② 20 日夜，第 59 军主力全部西撤，22 日凌晨抵达费县附近。而在此同时，日军增援部队 3000 余人，会同汤头之残敌千余人，复向第 40 军反攻，猛烈的炮火昼夜不停，庞军孤军奋战不支，亭子头、东庄屯阵地均被突破，乃退至桃园、石埠岭、黄山一线阵地死守。时庞军兵力仅存 2000 余人，临沂再度告急。

23 日，蒋介石命令第 59 军"不必向泗水、滕县分转兵力，仍应协力第 40 军迅速歼灭临沂北方之敌，以竟全功，而利大局为要"。③ 24 日晨，第 59 军抵达临沂附近，并在韦家屯、桃园一带与日军激战。25 日，为解庞军团之围，第 38 师以 3 个团夜袭桃园、三官庙，次日晨攻占桃园，并将三官庙之敌包围。26 日，日军一部 4000 余人由船流对岸渡过沂河西进；另一部约 1 个联队也到达临沂西北约 15 公里的义堂集一线，准备进攻临沂城。

张自忠急派主力于城西北之王家岔河、八里屯、小岭、古城一线布防拒敌。庞军团固守沂河东岸的九曲店、石埠岭、黄山之线。其时庞军仅剩千余人，已丧失战斗力；"张军实力虽剩半数，而士气较前甚差，非有生力援军，临沂难守"。④ 于是，李宗仁急派缪澂流第 57 军王肇治旅、汤恩伯部 1 个骑兵团赴临沂增援。

从 27 日晨开始至 29 日晚，日军向临沂大举进攻，尽管日军以飞机往复轰炸，大炮猛烈射击，并占领了临沂周围许多村落，但第 59 军在伤亡 2000 余人的情况下，前仆后继，奋勇抗敌，使日军横尸遍野，始终未能越过临沂半步。

日方资料对这次攻击作战是这样叙述的：

坂本支队从 3 月 22 日进攻，并击败沂州东北面及东面之敌。25 日早，

---

① 《李宗仁致蒋介石密电》（1938 年 3 月 21 日），见中国第二历史档案馆编：《抗日战争正面战场》（上），第 582 页。

② 《国民革命战史第三部：抗日御侮》第 5 卷，第 138 页。

③ 《国民革命战史第三部：抗日御侮》第 5 卷，第 138 页。

④ 《李宗仁致蒋介石等密电》（1938 年 3 月 26 日），《抗日战争正面战场》（上），第 591～592 页。

以主力开始攻击沂河东面的沂河东岸敌阵地……步兵第 21 联队的主力……于 25 日夜开始转进，26 日正午占领义堂集，负责警戒。

接着，坂本支队长将主力转移到沂州西北方，从 27 日开始攻击沂州，逐次攻占了沂州周围敌占领的村庄，但由于敌之顽强抵抗，直到 29 日也未能占领沂州县城。[1]

这时，由于日军在台儿庄方面战况吃紧，第 2 军"命令第 5 师团救援濑谷支队。于是，第 5 师团命令坂本支队，暂时中止攻击沂州，去救援濑谷支队"。[2] 29 日夜，日军退守义堂集、艾山一线，仅留下步兵约 2 个大队同中国军队对峙，等待援军，坂本率 4 个步兵大队、2 个野炮兵大队驰援台儿庄。31 日，板垣率援军抵达汤头，指挥作战。

临沂保卫战的胜利，使日军第 5 师团主力始终不能与津浦路北段的第 10 师团按预定计划会合于台儿庄，斩断了华北日军的左臂，从而使冒险突进到台儿庄的濑谷旅团处于孤立无援的境地，为台儿庄战役的胜利奠定了基础。

令人遗憾的是，中国方面对坂本支队主力增援台儿庄的行动毫无察觉，第 5 战区于此时从台儿庄抽调出黄光华第 139 师火速增援临沂，张自忠军也于 30 日集中兵力向临沂西北反攻，致使坂本支队顺利到达台儿庄地区，并向汤恩伯第 20 军团侧背攻击，打乱了该军团围歼濑谷支队的作战计划。蒋介石为此电斥张自忠："临沂之敌得自由转用于向城、兰陵镇方面，实该军之耻，应连派有力部队向向城之敌猛烈追击。免致台、峄之敌已届聚歼之时再行逸脱。事关抗战前途甚巨，务希努力为要。"[3]

然而，张自忠"两次保全临沂，牺牲颇大。敌惫之余，未能扼敌迂回西进，诚为美中不足"。[4] 况且，对伤亡过半的第 59 军和几乎全军覆灭的第 40 军来说，

---

① 日本防卫厅防卫研究所战史室：《中国事变陆军作战史》第 2 卷第 1 分册，第 34 页。

② 日本防卫厅防卫研究所战史室：《中国事变陆军作战史》第 2 卷第 1 分册，第 37 页。

③ 《蒋介石致张自忠电》（1938 年 4 月 1 日），国民政府军令部战史会档案，中国第二历史档案馆藏。

④ 《李宗仁致蒋介石密电》（1938 年 4 月 3 日），见中国第二历史档案馆编：《抗日战争正面战场》（上），第 605 页。

板垣师团的后续部队仍然构成重大威胁，当然不可能阻止坂本旅团主力的西进。而第 5 战区长官部战术指挥紊乱，对日军动向掌握不清，以致调度失当，盲目用兵，则是造成战术失误的主要原因。

六、血战台儿庄

日军濑谷支队在围攻滕县的同时，派出以步兵第 63 联队为基干的部队约 4000 余人、炮 20 余门、战车 20 余辆，绕过滕县，向临城推进。此时，汤恩伯第 20 军团主力尚未全部到达滕、临地区，仅有王仲廉第 85 军大部在临城东北地区集结布防。17 日晨，日军向张雪中第 89 师官桥阵地猛攻，并派有力部队向临城迂回。同日晚，日军突破第 89 师防线，占领临城。18 日，日军又兵分两路，一路直扑韩庄，一路向枣台支线挺进。日军恃其大炮、飞机和机械化部队协同的威力，很快攻陷了枣庄、韩庄和峄县。守峄县的陈大庆第 4 师 1 个团伤亡甚重，团长阵亡。日军攻下韩庄后，曾企图渡过运河，直捣徐州，但因关麟征第 52 军郑洞国第 2 师已在运河南岸布防，同日军隔河激战，挡住了日军的攻势。于是，日军便将进攻重点移往运河北岸的台儿庄。

台儿庄在徐州东北 60 公里，位于临城至赵墩铁路上，北连津浦路，南接陇海线，战略地位十分重要。日军如攻下台儿庄，既可南下赵墩，切断陇海路，西取徐州，又可北上临沂，堵住王仲廉、张自忠、庞炳勋各军的退路，将其歼灭在运河北岸。于是，3 月 20 日，矶谷廉介命令濑谷支队"须确保韩庄、台儿庄运河一线，并警备临城、峄县，同时应以尽可能多的兵力向沂州方面突进，协助第 5 师团战斗"。[1] 21 日，濑谷支队主力开始在峄县附近集结，准备进攻台儿庄。

与此同时，孙连仲第 2 集团军（辖 4 个师又 1 个独立旅）已由郑州、洛阳到

---

[1]　日本防卫厅防卫研究所战史室：《中国事变陆军作战史》第 2 卷第 1 分册，第 32~33 页。

达运河南岸，接替了关麟征第 52 军防务，使该军得以渡河北上。另外，该集团军池峰城第 31 师附炮兵 1 个营也先期赶赴台儿庄布防。汤恩伯第 20 军团（辖 4 个师又 1 个旅，1 个炮兵团）主力集结于峄县东面之兰陵、向城地区。第 5 战区的作战计划是：

战区以收复鲁中广大地域之目的，以一部在运河之线取攻势防御态势，以主力由峄县东南方及东北方山地侧击南下之敌，聚歼于临枣支路与韩庄运河间地区。[①]

各部队的部署及任务是：

（1）汤军团新配属第 31 师应集主力于峄县东侧及枣庄西北方焦山头附近一带山地，于 3 月 20 日拂晓全线开始攻击，务先击破峄枣之敌，向临城、沙沟两地附近侧击，压迫敌于微山湖东岸而歼灭之。

（2）孙集团新配属第 110 师（欠第 31 师）应以一部在侯新闸以西运河南岸防御，待机渡河北进，主力控置于贾汪附近及荆山茅村镇间。

（3）张军（欠 1 旅）在费县集结整顿后，乘虚向滕县南北地区与由南阳镇附近渡河之第 3 集团部队呼应，截击南下或北退之敌，对泗水方面自行警戒。

（4）第 3 集团军（欠第 51 军）应超越济宁南北地区，再向兖州邹县间及界河官桥间，与张军及临城以南之攻击部队呼应，袭击敌之侧背，并阻止敌之增援或截敌归路。[②]

次日，蒋介石对这一作战计划及部署作了修改：

（1）汤军团进出运河后以约两师对峄县方面伴攻，以三师由峄县以东梯次迂回，求滕县以南亘峄县间敌之侧背攻击之。

（2）张轸师及独 44 旅归孙仿鲁（连仲）指挥守备运河。

---

① 中国第二历史档案馆编：《抗日战争正面战场》（上），第 581 页。
② 中国第二历史档案馆编：《抗日战争正面战场》（上），第 581 页。

（3）孙仿鲁部两师集结徐州待机。

（4）张自忠军除以主力仍须与庞军团相协力肃清临沂当面残敌外，以约 3 至 4 团经泗水进出曲阜方面牵制敌人。

（5）孙曹出击部队除以主力向邹县、两下店间地区挺进外，另以两团由汶上方面向肥城、大汶口挺进游击。①

但由于部队集结方面的原因，攻击行动推迟到 3 月 24 日。

濑谷启获悉了中国军队的作战意图，决定提前发动进攻。23 日晨，峄县日军一个大队约千余人，在重炮 4 门、坦克 4 辆的掩护下，向台儿庄攻击前进。次日，又派出由步兵第 10 联队主力组成的沂州支队（支队长赤柴八重藏大佐）向临沂方向前进，策应第 5 师团作战。②

进攻台儿庄的日军遭到孙连仲集团军第 31 师与第 27 师的反击，被歼过半，残敌数百人退往台儿庄以北 20 余里的北洛固守待援。24 日，日军增援部队 2000 余人在飞机、重炮和战车的掩护下，又发动进攻，其一部曾突入台儿庄东北角，池师以 1 旅在庄内同日军展开巷战，另以 1 团由南洛袭敌侧背，终将日军击溃，并克复刘家湖。

25 日黎明，汤军团向峄、枣日军发动进攻。关麟征第 52 军在枣庄东南之郭里集附近，将日军沂州支队包围击破，粉碎了日军策应坂本旅团的企图。③ 同日，王仲廉第 85 军之陈大庆师向枣庄发动攻击，并攻进城西，焚毁日军战车 8 辆，日军约 1 个联队据枣庄东部之中兴煤矿公司大楼顽抗。④

面对汤军团的进攻，濑谷支队长"担心沂州支队方面的形势"，因而"企图用攻台儿庄的现有兵力监视敌人，用炮兵压住敌人，以主力与郭里集附近之敌进行决战"。于是，又向沂州支队增援了一个半大队的兵力。同时，亦向台儿庄方

---

① 中国第二历史档案馆编：《抗日战争正面战场》（上），第 582 页。
② 中国第二历史档案馆编：《抗日战争正面战场》（上），第 33 ~ 34 页。
③ 徐公达：《鲁南会战记》，第 4 页，中国战史出版社 1938 年版。
④ 中国第二历史档案馆编：《抗日战争正面战场》（上），第 587 ~ 588 页。

图12.1　第2集团军总司令孙连仲（执话筒者）在鲁南前线指挥

面派遣2个步兵中队。并补充了重炮、坦克和弹药，① 使进攻台儿庄日军达到2个大队约3000余人，由第63联队长福荣真平指挥。26日，矶谷师团长要求濑谷支队对台儿庄采取"果敢的攻势"。②

同日，中国方面的野战重炮团、战车防御炮营及铁甲车中队先后开到台儿庄，使第2集团军火力大大加强。孙连仲拟于27日对台儿庄方面日军实施攻击作战；以第27师由上村、张楼之线向北洛、刘家湖之敌攻击，第31师守台儿庄北站原阵地，并以主力乘机由左翼出击，第44旅由胡鲁沟、吴坡之线袭敌背后，切断日军退路。③

27日，日军在9辆战车掩护下，猛攻台儿庄，突破北门，占领东北角，第31师奋力反攻，陷入苦战，战车防御炮营威力大显，击毁日军战车6辆。同时，日军继续增强台儿庄方面的兵力，至28日，已达2个步兵大队，1个独立机枪大队，2个炮兵大队，2个战车中队等，约4000余人。④ 当日，日军展开猛烈攻势，台儿庄车站、煤厂几乎被炸成一片废墟。当晚，日军又攻占了西北角。

鉴于台儿庄战况紧急，第5战区于27日命令第20军团"放弃峄县、枣庄之

①　日本防卫厅防卫研究所战史室：《中国事变陆军作战史》第2卷第1分册，第35页。
②　日本防卫厅防卫研究所战史室：《中国事变陆军作战史》第2卷第1分册，第36页。
③　中国第二历史档案馆编：《抗日战争正面战场》（上），第593页。
④　日本防卫厅防卫研究所战史室：《中国事变陆军作战史》第2卷第1分册，第36页。

攻击计划，以一部监视当面之敌，主力向南转进，先歼灭台儿庄之敌"。① 但汤军团没有行动。

台儿庄方面，29 日战事最烈。第 31 师对庄内日军实行反攻，一支 72 人的突击队，在迫击炮掩护下，夺取文昌阁，将盘踞其内的日军悉数消灭。黄樵松第 27 师向台儿庄北面之敌实施攻击，攻克了邵庄、园上、孟庄之线。陈金照第 30 师向南洛、三里庄挺进，截断日军后路，并给日军增援部队以重创。

30 日晨，濑谷急令沂州支队（以赤柴第 10 联队两个半步兵大队、一个炮兵大队为基干）驰援台儿庄，并亲赴前线督战。敌在援军到达后即行反攻，又夺取台儿庄东半部，第 27 师亦被迫撤到运河南岸。

同时，第 5 战区于 30 日晨再令汤恩伯军团协助第 3 集团军作战：第 85 军 30 日应对峄县之敌佯攻，以牵制该方面之敌南下；第 52 军 30 日应速向泥沟、北洛前进，到达该地后，以一部向南洛协助第 2 集团军解决台儿庄附近之敌，以主力极力破坏铁路、公路，遮断峄县与台儿庄之联络，并与第 85 军协同阻止峄县南下之敌。② 汤军团奉令行动，当日晚第 52 军占领台儿庄以北之林庄。猛攻日军侧背，同时，汤军团所属周岩第 75 军第 139 师也配合第 52 军向日军进攻。日军因侧背受敌，乃将正面兵力东移，猛攻第 52 军，激战一昼夜，中国军队先后占领兰城店、小集、獐山、天柱山，其主力逼进南洛、北洛，濑谷旅团被团团包围。

31 日，李宗仁命令第 2 集团军协同第 52 军"击破当面之敌，将敌向峄县压迫"，汤军团"以关军与孙连仲联系，向峄县前进，王军主力向枣庄、峄县压迫，并适时进出于枣庄北方山地，断敌北窜"。并称"此决战为我整个国家民族生死关头，不使一个漏网为要"。③ 正当汤、孙两部要发动攻势围歼濑谷支队时，由临沂转进而来的坂本旅团主力，于 4 月 1 日从爱曲、向城方面进入兰陵，由东面侧

① 《徐州会战史稿》第 2 章（五），国民政府军令部战史会档案，中国第二历史档案馆藏。
② 《李宗仁致蒋介石电》（1938 年 3 月 30 日），见中国第二历史档案馆编：《抗日战争正面战场》（上），第 598 页。
③ 中国第二历史档案馆编：《抗日战争正面战场》（上），第 601 页。

击关军。关麟征军被迫放弃攻击台儿庄之敌，转而由作字沟迂回攻击坂本支队侧背。2 日，坂本急于解濑谷之围，除留下千余人在洪山镇附近抵抗外，主力仍向台儿庄右翼突进，复入中国军队的包围圈。

台儿庄的第 2 集团军再度陷于苦战。4 月 1 日夜，第 27 师 800 余人突入东北角并占领之。2 日夜，第 31 师奋勇队 250 余人奋力夺回西北角。由于坂本支队投入战斗，加之该集团军伤亡已达 7000 余人，台儿庄四分之三落入敌手。然而，守军仍然顽强抵抗，下面是日军步兵第 10 联队"战斗详报"中对第 27 师官兵"决死勇战气概"的描写：

> 第 27 师……凭借散兵壕，全部守兵顽强抵抗直到最后。宜哉，此敌于此狭窄的散兵壕内，重叠相枕，力战而死之状，虽为敌人，睹其壮烈亦将为之感叹。曾使翻译劝其投降，应者绝无。尸山血河，非独日军所特有。①

同日，第 3 集团军曹福林第 55 军已渡过微山湖，由南阳桥一带越过运河，收复两下店、界河，将日军后援切断。至此，濑谷与坂本两个支队约 5 个步兵联队、3 个炮兵联队被包围在滕、临、枣、峄、台地区。

第 5 战区决定迅速围歼这股日军。4 月 2 日下达总攻击令，其部署是：

（1）第 20 军团以一部消灭洪山镇北方之敌，以主力于 3 日保持东南正面，向台儿庄附近之左侧背攻击，逐次向左迂回，务在台儿庄左侧地区将敌捕捉歼灭。

（2）第 2 集团军右翼与第 20 军团联系，于 3 日全线攻击，消灭台儿庄之敌。

（3）第 3 集团军前敌总司令曹福林指挥张测民支队 5 个团及游击总指挥李明扬所部，为堵击兵团，迅速南下向枣庄、临城合围。②

3 日，各兵团按作战命令发动总攻。第 52 军于 4 日肃清兰陵镇、洪山镇日军

---

① 日本防卫厅防卫研究所战史室：《中国事变陆军作战史》第 2 卷第 1 分册，第 37 页。
② 《徐州会战史稿》第 2 章（五），国民政府军令部战史会档案，中国第二历史档案馆藏。

坂本支队一部，5 日南下，抵达台儿庄东北，向日军发起进攻。第 85 军 3 日由大良壁东进，4 日于陈瓦房附近重创坂本支队，5 日追击该股日军至台儿庄东北地区。第 75 军击败肖庄之敌后，5 日抵达台儿庄东面。日军为挽回败局，以大炮数十门、战车数十辆，向第 75 军、第 85 军阵地猛攻。中国军队浴血奋战，终于突入张楼，从腹背击敌，日军阵脚大乱。

在台儿庄内，第 31 师官兵展开巷战，用大刀奋力砍杀日军，逐段肃清庄内之敌。第 30 师、第 27 师、第 110 师分别渡过运河向日军反攻。6 日，第 30 师攻下南洛，第 27 师配合第 31 师对台儿庄内之敌大举反攻。在此情况下，濑谷支队力战不支，不顾矶谷令其坚守的命令，于当夜率先脱离战场，向峄县溃逃。7 日，坂本旅团仍在庄内负隅顽抗，但已伤亡惨重。当夜，该股日军也向峄县溃败。由于后路被第 3 集团军切断，日军残部凭借峄县、枣庄附近之有利地形，固守待援。

台儿庄战役历时近 20 天，日军恃其兵器优越，炮火猛烈，不断向台儿庄及其附近地区进攻。中国守军由于采取了阵地战的守势与运动战的攻势相结合的正确战略战术，即以第 2 集团军正面牵制，以第 20 军团迂回攻击的方针，依靠步枪、大刀、手榴弹、机关枪和少量重武器，以伤亡 15000 余人的代价，击溃了日军精锐部队第 5、第 10 师团主力约 20000 余人的进攻，歼敌近 8000 人，[①] 取得了抗战以来我国军事上的重大胜利，打破了日军不可战胜的神话。

然而，日方资料一再掩饰日军在台儿庄的失败，称"台儿庄的后退，并非败退"，[②] 是由于濑谷支队与坂本支队"未能充分联络"，"不得已返转回来，纯属战场上的差错，并不是被击退的"。[③] 称这是"日本军队按照新的方针转移以确保占领地安定的态势"。[④] 这些说法显然是同事实不相符的，是滑稽可笑的。

---

① 根据《中国事变陆军作战史》第 2 卷第 1 分册，第 41 页；日本方面从 2 月中旬至 5 月中旬的伤亡是 11984 人，其中包括临沂、滕县和徐州会战中的伤亡数字。
② 日本防卫厅防卫研究所战史室：《中国事变陆军作战史》第 2 卷第 1 分册，第 45 页。
③ 《日本军国主义侵华资料长编——（大本营陆军部）摘译》（上），第 439 页。
④ 日本防卫厅防卫研究所战史室：《中国事变陆军作战史》第 2 卷第 1 分册，第 40 页。

七、日军合围徐州计划与鲁南拉锯战

如前所述，华北方面军一直强烈要求发动徐州会战。在台儿庄战役开始以后，再次请求批准徐州作战，并称"与优势之敌已近于接触，形成对敌之所谓决战攻势，不能不予以迎击的形势。这次战斗肯定对我十分有利，尤其在蚌埠方面，依靠友军的积极行动，予以策应，很明显会收到更大成果"。[①]

台儿庄的战败，使日军蒙受了极大的耻辱，便"决定了必须对徐州方面之敌予以打击"，[②] 以挽回"皇军"的面子。更重要的是，由于"在台儿庄方面有大量的中国军队，特别是汤恩伯军的出现，认为给蒋介石军的主力一大打击，是挫伤敌人抗战意志的好机会"。[③] 为了迅速消灭中国军队主力，使中国尽快丧失抵抗能力，日本大本营决定放弃不扩大战面的政策，由南北夹击徐州。4 月 7 日，下达了徐州作战的命令：

（1）大本营企图击败徐州附近之敌。

（2）华北方面军司令官应以一部有力部队击败徐州附近之敌，占据兰封以东的陇海线以北地区。

（3）华中派遣军司令官应以一部协助华北方面军司令官，击败上项徐州附近之敌，并占据徐州（包括在内）以南的津浦线及庐州附近。[④]

同时，还制定了《徐州附近作战指导要领》，规定"华北方面军约以 4 个师团向陇海沿线发动攻势将敌击败。为此，以主力从北面击败徐州附近之敌，约以 1 个师团从兰封东北方附近向敌退路归德方向进攻"；"华中派遣军约以 2 个师团，从南

---

① 日本防卫厅防卫研究所战史室：《中国事变陆军作战史》第 2 卷第 1 分册，第 44 页。
② ［日］堀场一雄：《日本对华战争指导史》，第 140 页，军事科学出版社 1988 年 3 月版。
③ 日本防卫厅防卫研究所战史室：《中国事变陆军作战史》第 2 卷第 1 分册，第 44 页。
④ 日本防卫厅防卫研究所战史室：《中国事变陆军作战史》第 2 卷第 1 分册，第 45 页。

面策应华北方面军作战。为此，从津浦沿线地区进击，尤其应力求切断敌之退路"。①

为了指导、协调南北日军的作战，特派陆军部作战部长桥本群率部分作战人员，组成了"大本营派遣班"前往济南。

经过近半个月的准备，日军的作战方案基本完成，综合华北、华中日军的作战方针，可归纳为以下几点：

（1）将中国军队主力滞留在鲁南地区。"在徐州附近及津浦线以东吸引住敌之大部兵力，从徐州西面及西南面包围，切断退路，攻占徐州，消灭敌人"，为此，将第 16 师团、第 114 师团以及野战重炮兵 2 个联队、1 个战车大队配属给第 2 军，使之"在韩庄、峄县、沂州一线附近将敌扣住，尔后准备攻击"。②"其方法应该是中止第 2 军的攻击，扣住敌人"。③

（2）切断中国军队的退路。第 1 军以 1 个师团渡过黄河，"急速切断兰封东面附近陇海线和从郑州以南平汉线方面至归德方面之交通"；第 2 军"要从微山湖西侧以有力的兵团南下，切断徐州以西及西南面地区敌之退路"；华中派遣军以 2 个师团（后又增加 1 个师团）北上，"切断徐州东南、南及西南地区敌之退路"。④

（3）攻占徐州，将中国军队主力"捕捉消灭在徐州西面地区"。⑤

日军总共调动了 8 个师团、3 个混成旅团、3 个支队、2 个航空兵团以及战车、炮兵部队，约 25 万人。

中国方面则因为台儿庄的胜利而急于求成。蒋介石为局部的胜利所陶醉，力图在徐州扩大战果，因而调来了大量精锐部队。至 5 月初，徐州附近的部队已达到 64 个师又 3 个旅，共 60 余万人。同时，又将胡宗南、黄杰、桂永清、俞济时、宋希濂、李汉魂等中央军主力置于豫东的归德、兰封一线，作为徐州的后援力量，

---

① 日本防卫厅防卫研究所战史室：《中国事变陆军作战史》第 2 卷第 1 分册，第 46 页。
② 日本防卫厅防卫研究所战史室：《中国事变陆军作战史》第 2 卷第 1 分册，第 47 页。
③ 日本防卫厅防卫研究所战史室：《中国事变陆军作战史》第 2 卷第 1 分册，第 50 页。
④ 日本防卫厅防卫研究所战史室：《中国事变陆军作战史》第 2 卷第 1 分册，第 47 页。
⑤ 日本防卫厅防卫研究所战史室：《中国事变陆军作战史》第 2 卷第 1 分册，第 51 页。

图 12.2　指导徐州会战的蒋介石、李宗仁（左）、白崇禧（右）

保护陇海线，摆出了决战的架势。蒋介石认为，日军"调集所有兵力指向陇海东段孤注一掷，以图幸逞，其总兵力合两淮鲁豫至多不过 15 万，较之我军使用各该战场之兵力约为 4 倍以上之劣势，且敌之后方处处受我扰袭，补给不便。较之我之后方有良好交通线者，其补给及兵力转用之难易相去甚远。目下敌不顾其兵力不足及战略态势之不利，竟敢采用外线包围作战，其必遭我军之各个击破而自取败亡殆无疑问"，因此，他命令"击灭当面之敌以寒寇胆而扬国威"。①

基于这种战略设想，中国方面将三分之二的军队（约 40 个师又 3 个旅）集中在鲁南，"求敌主力包围于战场而歼灭之"，② 忽视了鲁西和津浦路南段的防守。防守淮北的第 51 军和监视鲁西的第 55 军均被调往鲁南作战，因为蒋介石认为淮南日军"总兵力不过 4 万，我占绝对优势"。③ 这样，正中日军"在徐州附近及津浦线以东吸引住敌之大部兵力，从徐州西面及西南面包围"④ 战略的下怀。

---

①　《蒋介石致程潜、李宗仁密电》（1938 年 5 月 12 日），见中国第二历史档案馆编：《抗日战争正面战场》（上），第 637 页。
②　中国第二历史档案馆编：《抗日战争正面战场》（上），第 627 页。
③　中国第二历史档案馆编：《抗日战争正面战场》（上），第 630 页。
④　日本防卫厅防卫研究所战史室：《中国事变陆军作战史》第 2 卷第 1 分册，第 47 页。

图 12.3　中国调集各路大军汇集鲁南、徐州一带，参加徐州会战

日军濑谷、坂本两支队自台儿庄战败后，残部占据枣庄、峄县、税郭、向城一带固守。由于鲁南地形平坦开阔，村寨房屋多为石头堆砌，碉楼坚固，易于防守。中国军队缺乏重武器，进攻十分吃力，伤亡也大。据汤恩伯和孙连仲报告说，"郭里集以南，九山、峄县以北一带每一村落均有石碉三五个，村沿并有围寨"，敌据碉寨内顽抗，"故每一村落非将其碉寨内员兵完全消灭决不能占领"，由于缺乏战车与重炮，我军每攻占一村寨，"平均伤亡二三百人"。①

蒋介石对于枣、峄久攻不下，非常着急，12 日、13 日连电李宗仁、白崇禧、孙连仲、汤恩伯，称："台儿庄之捷已逾五日，峄、枣、韩、临尚未攻下。踌躇审顾，焦虑至深。以乘胜之军更加主力部队追援绝溃怠之寇，不急限期歼灭，一旦敌援赶至，死灰复燃，是无异隳已成之功而自贻将来之患。万望激励将士，努力进攻，一面分途堵击，务于一二日内将残寇全数歼除。"②

但自 4 月 8 日以来，日军先后以独立混成第 5 旅团、第 114 师团、第 16 师团配属第 2 军，并向第 5、第 10 师团增援了 8 个大队的兵力，至 16 日，日军转守为攻。

---

①　汪宗藩：《台儿庄附近之战斗》（其三），国民政府军令部战史会档案，中国第二历史档案馆藏。

②　《蒋介石致李宗仁密电》（1938 年 4 月 12 日），见中国第二历史档案馆编：《抗日战争正面战场》（上），第 618 页。

临沂方面，板垣师团主力第41、第42联队于14日前到达义堂集地区。16日，在第9旅团旅团长国崎登指挥下，向临沂发起猛攻。18日，城西北角被日军炮火轰塌数处，其步兵在战车掩护下突入缺口，长驱入城，但遭到张自忠军的伏击。19日，敌由西、北两面合攻临沂城，第38师和第40军由于伤亡惨重，被迫撤出，仅留保安队和少数部队守卫。上午，日军由西关突入，并袭击北关守军侧背，午后，入城日军已达2000余人，占领了北关、西关和城北，续向东关猛攻。午夜，中国守军残部冲出东门，临沂遂陷。国崎支队主力继续南下，24日，先后占领郯城和马头镇，并向邳县挺进，但在北劳沟、前后狼子湖附近遭到张自忠第59军和樊崧甫第46军的坚强抵抗。

台儿庄方面，4月16日，第10师团长濑旅团抵达枣庄。18日，长濑、濑谷、坂本3个旅团由枣、峄地区分途南下，"以并列队形攻击前进"。① 首先，长濑支队和坂本支队分别突破汤军团土山、桃园、平山口阵地，迫使汤军团退至吴家山、四流井、马寨、大小官庄一线。接着，坂本支队会合向城日军，南下攻击洪山镇以东汤军团侧背，长濑支队则向汤军团兰陵镇附近阵地攻击前进，汤军团东、西两面受敌，加以临沂失守，再次退往四户镇、大小良壁、前城一线固守。22日，长濑支队由兰陵镇南下，向台儿庄东侧攻击前进，受到卢汉第60军的顽强抗击，双方在台儿庄东部进行了6个昼夜犬牙交错的血战，日军终不能突入台儿庄。坂本支队于22日突破汤军团小良壁阵地，汤军团主力退守邳县以北之连防山、东黄石山、艾山之线。坂本支队旋即南下，但在泥沟陷入中国军队夹击之中。第5战区先后调来了李仙洲第92军、李延年第2军增援汤军团，有力挡住了坂本支队的进攻。同样，濑谷旅团从19日开始的对台儿庄正面的攻击，亦不见有任何大的进展，被第2集团军和周岩第75军、张轸第110师阻止在獐山、天柱山之线。

4月25日，第5战区对鲁南作战作了新的部署：

---

① 日本防卫厅防卫研究所战史室：《中国事变陆军作战史》第2卷第1分册，第56页。

（1）鲁南兵团军队区分：第 46 军军长樊崧甫指挥所部 3 个师为右翼军；汤恩伯指挥第 20 军团、张自忠第 27 军团（辖第 59、第 92 军）、谭道源第 22 军（1 个师）、第 139 师共 10 个师组成中央军；孙连仲指挥第 2 集团军、第 51 军、第 60 军、第 75 军、第 110 师共 11 个师又 1 个旅组成左翼军；第 69 军军长石友三指挥所部 3 个师又 1 个骑兵旅组成挺进军；第 22 集团军代总司令孙震指挥所部 4 个师组成韩庄守备军；战区总预备队 3 个师。

（2）鲁西兵团：以孙桐萱第 12 军、曹福林第 55 军、刘汝明第 68 军共 7 个师又 1 个旅组成，由第 5 战区副司令长官李品仙指挥。

（3）作战方针：战区以消灭敌主力之目的，拟以鲁南兵团向左旋回攻击该敌，并与鲁西兵团相策应，将之围困于峄县附近山地而逐次击破之。第一攻击目标为向城、傅山口、响连屯、獐山之线，攻击预定于 27 日晨开始。鲁西兵团以全力西出津浦线，阻止敌南下之增援及遮断其补给，并以有力之部队南下与鲁南兵团策应，夹击峄枣附近之敌。

（4）作战任务：①右翼军速进出于马头镇、后湖以北之线后向左旋回，即向向城、青山之线攻击前进；②中央军夹击驱逐正面之敌后，与右翼军联系向傅山口、鹅山之线攻击前进；③左翼军集结主力于其右翼，与中央军联系，向响连屯、獐山之线攻击前进，其左翼施行伴攻；④挺进军向郯城、临沂方面挺进，掩护兵团之右侧，阻止敌之增援；⑤韩庄守备军固守韩庄附近运河之线，阻止敌之突进。①

在右翼军方面，樊崧甫第 46 军和第 59 军于 28 日进行反攻，至 5 月 1 日，经过 4 个昼夜的血战，给国崎支队以重大杀伤，"从 29 日起，国崎支队受到东、北两面之敌反击，陷入苦战之中。因支队的后方联络线被切断，弹药、粮秣缺乏……由于不断伤亡，战斗力急骤下降，""各中队伤亡累计达 60% ～ 75%，联队实力还达不到一个大队"。② 日军急派片桐联队由兰陵增援国崎支队。10 日，国

---

① 中国第二历史档案馆编：《抗日战争正面战场》（上），第 626 页。
② 日本防卫厅防卫研究所战史室：《中国事变陆军作战史》第 2 卷第 1 分册，第 61 页。

崎支队再次反攻，11 日攻陷北劳沟，但第 46 军旋即反击，日军“由于敌之集中炮火，伤亡较大而放弃北劳沟后退”。① 国崎支队一个混成旅团伤亡大半，仅 2 个步兵联队就死伤 1400 人。②

在中央军方面，坂本支队“连日与反击之敌苦战”，由于中国军队的不断反攻，“坂本支队损失很大”。③

在左翼军方面，长濑支队由于无法突入台儿庄，于 27 日攻占东南面的禹王山。卢汉率第 60 军“对胡山、禹王山方面以及支队的后侧频繁反击”，④ 激战 20 天，以伤亡万余人之代价，成功地将日军阻挡在禹王山、李家圩、火石埠、西黄石山、戴庄一线，歼敌数千人。同样，濑谷支队的攻击，也由于中国军队的反攻而停滞在兰城店、张楼附近，且损失严重。29 日，第 16 师团第 19 旅团旅团长草场辰已率 1 个步兵联队、1 个炮兵大队驰援濑谷支队，向台儿庄西侧进攻，但在白山西、金陵寺遭到第 2 集团军的有力反击，“无法前进，相反处于守势状态”。⑤

迄至 5 月上旬，中日两国军队在韩庄亘邳县运河北岸（即金陵寺、兰城店、马家窑、禹王山、沟上集、郯城之线）对峙，鲁南战争处于胶着状态。

八、中国军队自徐州突围

日本大本营鉴于滞留中国军队主力于徐州附近之目的已达到，乃下令华北方面军和华中派遣军夹击徐州。

华中派遣军方面。稻叶四郎第 6 师团坂井旅团长率 1 个步兵联队、1 个骑兵

---

① 日本防卫厅防卫研究所战史室：《中国事变陆军作战史》第 2 卷第 1 分册，第 61、62 页，第 56～58 页。
② 日本防卫厅防卫研究所战史室：《中国事变陆军作战史》第 2 卷第 1 分册，第 62 页。
③ 日本防卫厅防卫研究所战史室：《中国事变陆军作战史》第 2 卷第 1 分册，第 56～58 页。
④ 日本防卫厅防卫研究所战史室：《中国事变陆军作战史》第 2 卷第 1 分册，第 56～58 页。
⑤ 日本防卫厅防卫研究所战史室：《中国事变陆军作战史》第 2 卷第 1 分册，第 59 页。

联队和 1 个野炮兵大队，4 月下旬渡江占领和县，30 日攻占巢县。5 月 11 日，该旅团由水陆两路并袭庐州（合肥）。伊东政喜第 101 师团之佐藤旅团 5 个步兵大队、1 个野炮兵大队 4 月下旬由东台出发，26 日攻陷盐城，5 月 7 日占领阜宁，韩德勤第 24 集团军"兵力优敌 5 倍而丧师失地"，[①] 退往东坎（滨海），使汤恩伯集团后背受到威胁。在津浦路南段，5 月初，日军主力吉住良辅第 9 师团、荻州立兵第 13 师团以一部由津浦线向北佯攻，主力却沿涡河两岸及北淝河向蒙城攻击前进，连陷龙亢集、张八营。8 日，日军第 13 师团约 1 个联队在重炮、坦克的掩护下，全力进攻蒙城，韦云淞第 48 军第 173 师 1 个团奋力抵抗。9 日，日军由南门冲入蒙城，守军同敌展开混战，副师长周元中弹殉国，守军伤亡 1000 余人，该日夜间，蒙城失守。10 日，第 9 师团由北淝河西岸地区突破刘士毅第 31 军阵地，到达蒙城东北之板桥集附近，该师团以一部约 3 个步兵大队、1 个炮兵大队向宿县佯攻，其主力与第 13 师团齐头并进，攻击徐州西南的要地永城、百善一线，先头部队已抵达石弓山集。

华北方面军方面。鉴于徐州以北中国军队兵力强大，日本大本营 5 月 10 日将关东军所属的第 3、第 13 混成旅团配属给华北方面军。11 日，华北方面军将上述两个混成旅团以及平山支队编入第 2 军。5 月 9 日，中岛今朝吾第 16 师团从济宁向鲁西第 3 集团军发起攻击，12 日，日军突破该集团军万福河南岸阵地，向金乡、鱼台进攻。同时，土肥原贤二第 14 师团在由济宁西攻郓城的酒井旅团掩护下，于 11 日夜由濮县附近渡黄河，仅以死 8 人、伤 32 人的代价便攻占董口，渡河成功。该师团在 2 日内连占郓城、鄄城、菏泽、曹县，直逼兰封。

5 月 12 日，蒋介石指令第 5 战区变更作战方针：（1）先击灭淮北及鲁西之敌；（2）鲁南方面由攻转为守势，并抽调三四师兵力转用蒙城方面；（3）第 5 战区第一任务在击灭蒙城方面之敌。[②]

同日，第 5 战区制订了新的作战计划：

---

① 《蒋介石致韩德勤密电》（1938 年 5 月 9 日），见《抗日战争正面战场》（上），第 634 页。
② 《蒋介石致李宗仁密电》（1938 年 5 月 12 日），见《抗日战争正面战场》（上），第 637 页。

1. 军队区分：

（1）鲁南兵团：由孙连仲指挥，辖第2集团军主力；第46、第60、第51、第75军；第22集团军残部；第50、第13、第132、第110、第140师。

（2）淮北兵团：由廖磊指挥，辖第7、第31、第77、第68军以及第48军一部、第95师。

（3）淮南兵团：由李品仙指挥，辖第48军主力，第10、第20军及第199师。

（4）苏北兵团：由韩德勤指挥，辖第57、第89军。

（5）预备兵团：由汤恩伯指挥，辖第2、第59、第92军及第4师。

2. 作战方针：

（1）战区拟乘敌兵力分离之际，集结兵力，击破淮北之敌，再转移兵力于其他方面，施行各个击破。

（2）敌如将会师陇海线，我后方联络线有被敌遮断之虞时，则各以一部攻击永城及蒙城之敌，以主力转移至亳县、涡阳、阜阳以西地区，准备尔后之作战。

3. 指导要领：

（1）敌如尚在分离之状态时，以淮北兵团全力同鲁西兵团（时属第1战区）呼应，主力向蒙淮间压迫，将敌击破于淮河北岸地区；淮南兵团主力阻止巢县之敌北进；鲁南和苏北兵团阻敌南进。

（2）淮北之敌如将同鲁西之敌会合时，鲁南、淮北兵团各以存力一部占徐州、宿县两地，阻止敌之追击，掩护主力之西撤，并各以有力之一部袭占或监视永城、蒙城，各由蒙、永间及附近各道西撤。淮南兵团主力竭力保持合肥。①

---

① 《第5战区作战计划》，见《国民革命战史第三部：抗日御侮》第5卷，第156～160页。

为保战略要地永城，廖磊急调罗奇第 95 师 1 个团赴永城拒敌，并命令刘汝明第 68 军向永城急进，侧击日军；冯治安第 77 军、刘士毅第 31 军向青町、蒙城间攻击，断敌后路。12 日晨，罗奇部抵达永城时，日军已先其一步包围了该城，中国守军仅有地方团队数百人，不堪一击，永城遂陷。接着，第 13 师团以一支机械化部队（1 个战车大队、3 个步兵中队、1 个装甲车中队和 1 个工兵中队）由永城北上，经韩道口突袭黄口，于 14 日下午炸毁汪阁东面的铁桥，切断了陇海线。第 9 师团则由百善北进，16 日向徐州西南 20 余公里之萧县进攻。在皖中，坂井支队 14 日攻占合肥，为华中日军主力北上解除了后顾之忧。于是，华中派遣军又抽调藤田进第 3 师团主力（约步兵 6 个半大队、炮兵 3 个大队、工兵 1 个联队）北上增援，该支队 15 日进入宿县南部的大营集地区，会合第 9 师团右侧支队进攻宿县。

在鲁西和豫东方面，第 16 师团 14 日晚攻陷鱼台，15 日午后攻占金乡，第 74 师退往单县、虞城。同日，该师团快速部队急攻丰县，县城西墙被敌炮火摧毁，日军一部蜂涌入城，但被守军击退。17 日，日军主力再攻丰县，敌 1000 余人冲入城内，同俞济时第 74 军 1 个团展开巷战，俞军 1 个营伤亡殆尽，其余部队分由东、南、北门突围。同时，在徐州正面的日军第 10 师团把台儿庄西面的作战任务交给了末松茂治第 114 师团，15 日，矶谷率师团主力由夏镇渡过微山湖，16 日向沛县发动进攻，第 40 军残部顽强拒守。第 16 师团又由丰县策应，东西夹攻沛县，18 日夜，第 40 军放弃沛县，向柘城突围。19 日，日军先头部队离徐州仅 6 公里，并不断炮击徐州城。与此同时，第 14 师团主力攻占内黄集，切断了陇海线，并向兰封发起攻击。另外，板垣师团、末松师团也分由郯城、台儿庄之线实施攻击作战。

至此，日军南北数路对徐州的包围已经完成，中国 60 万大军面临全军覆灭的危险。5 月 15 日，国民政府军事委员会在汉口召开会议，决定放弃徐州。16 日，第 5 战区长官部命令徐州附近各部队由日军兵力不足的西南面向豫、鄂、皖地区突围。同时命令第 27 军团长张自忠指挥第 59 军，第 21、第 27、第 139 师占领徐州西北的九里山，西面之郝寨、夹河寨，西南的萧县、凤凰山、霸王山一线阵地，阻击日军，掩护主力撤退。

至18日，日军第13师团攻占了凤凰山、霸王山、萧县；由陇海路东进的日军攻陷郝寨、夹河寨；第16师团突破九里山；第3、第9师团攻占了宿县。19日上午，徐州陷落。但此时中国主力部队已撤离徐州。其中鲁南兵团一部（第2集团军，第60军及第95师）由徐州西南突围，主力（第22集团军，第46、第51、第75军及第140、第132师）由徐州南面突出，经灵璧、泗县、五河渡过淮河向西撤退；李宗仁率长官部及汤恩伯陇海兵团（第20军团、第27军团、第2、第68军）于18日撤离徐州移至宿县，因宿县失守，汤兵团向西突围，由涡阳、亳县附近渡过涡河西撤，第5战区长官部则在廖磊淮北兵团（第21集团军，第31、第77军）接应下，由太和、阜阳地区突出重围。另外，以韩德勤第26集团军、石友三第69军在苏北、鲁中南进行游击。① 这样，日军围歼中国军队主力的计划完全落空。

徐州会战历时5个月，由于中国军队广大将士的浴血奋战，给日军以重大杀伤。尤其是台儿庄战役的胜利，迫使日军不得不倾其兵力打通津浦线，为中国的持久抗战争取了时间，也极大钳制和消耗了日军的力量。但由于最高军事当局在战略和战术上的错误，放弃了运动战和游击战术，调集大军企图与日军在鲁南决战，因而使中国军队在会战后期陷入被动，最后不得不仓促撤退。所幸的是日军兵力不足，无法完成歼灭中国军主力的目的。

---

① 《国民革命战史第三部：抗日御侮》第5卷，第162～163页。

第 13 章
中州之战

一、中国军队在豫北的溃败

河南省地处中原腹地，平汉、陇海两铁路交叉而过，绾毂鲁、皖、鄂、陕、晋、冀 6 省，战略地位十分重要。早在 1936 年，国民政府军事委员会便把河南作为国防重点，修筑了大量国防工事。迄止抗战爆发，已在豫北构筑了道口至浚县、安阳至淇县、汲县至新乡、新乡至辉县、封丘至延津、焦作至沁阳和内黄附近等阵地；在豫东和豫西分别沿陇海线修筑了归德（商丘）至兰封、开封、郑县以及巩县至洛阳阵地。

1937 年 11 月间，土肥原第 14 师团攻占了平汉路重镇安阳后，因日军主力忙于山西和江浙战事，无力沿平汉路继续南下侵入豫省腹地，乃将攻势停顿，与中国军队在豫北相持。豫北中国守军为宋哲元第 1 集团军，其任务是利用豫北坚固的国防工事，保持平汉路，阻止日军南下。第 1 集团军的部署是：万福麟第 53 军朱鸿勋第 130 师、石友三第 69 军高树勋新编第 9 师置于宝莲寺、汤阴之线，防守平汉路正面之敌；第 53 军周福成第 116 师防守平汉线西侧的林县、辉县一线；冯治安第 77 军所属 3 个师（欠 1 个旅）、张德顺骑兵第 9 师以及石军第 181 师控置于道清铁路沿线的修武、获嘉、新乡、汲县、道口、浚县一带。

1938 年初，为策应徐州方面的作战，军委会命令"第 1 战区应以主力固守道口、淇县及新乡、博爱一带地区，一部防守郑州，并策应第 5、第 2 两战区之作战"。① 2 月 6 日，第 1 战区在制定的作战中，决定"确保豫北广大地域并策应第 2 战区友军之作战，以一部于平汉正面与敌对阵，以主力控置道清线待机，并各以有力之一部于平汉线两侧地区游击，扰乱敌人"。②

在日本方面，为了策应第 1 军作战，1 月 26 日下达了黄河以北平定作战的命令，其作战计划是："首先以第 14、第 108 师团攻占新乡平原及潞安平原，然后以两个兵团的有力部队向曲沃及临汾平原追击"。③ 于是，土肥原师团发动了对豫北的进攻。

2 月 7 日，第 27 旅团长馆余惣率 5 个步兵大队、2 个炮兵大队及 1 个炮兵中队从大名出发，向南乐、清丰、濮阳一线挺进。由于上述地区仅有 4 个保安团约 4000 人驻守，战斗力极弱，使日军得以长驱直进，7 日陷南乐，9 日占清丰，并围攻濮阳城。濮阳是战略要镇，日军攻下濮阳后，西可进攻道口；西南可进迫封丘、延津，威胁防守道清铁路的冯治安军后背；南可渡过黄河直取东明，给陇海路造成压力。因此，程潜急令第 77 军副军长张凌云指挥 3 个旅及骑兵第 9 师由东明、道口向濮阳之敌实施反击，吴振声第 111 旅救援清丰。但吴旅畏敌不前，战区令其 9 日凌晨 3 时全部到达濮阳，直到 9 日下午才有 1 个营抵达濮阳附近。吴振声声称"非有 4 个旅兵力不足阻敌前进"。④ 10 日，围攻濮阳的日军增至 4000

---

① 《国民革命战史第三部：抗日御侮》第 4 卷，第 42 页。
② 《第 1 战区作战计划》（1938 年 2 月 6 日），国民政府军令部战史会档案，中国第二历史档案馆藏。
③ 日本防卫厅防卫研究所战史室：《中国事变陆军作战史》第 1 卷第 2 分册，第 156 页。
④ 《程潜致蒋介石电》（1938 年 2 月 9 日），国民政府军令部战史会档案，中国第二历史档案馆藏。

余人，炮 20 余门，坦克 20 余辆。敌在飞机、重炮的掩护下，从被轰塌的城垣缺口冲入城内，濮阳遂陷。同日，冯军王为贤旅 1 个团由内黄向清丰侧击，一度收复清丰城，但日军旋即反攻，11 日又占领该城。

同时，土肥原师团主力约 3 个联队，亦由安阳向平汉路正面万、高两部阵地猛攻。从 2 月 6 日下午起，日军飞机、重炮便向宝莲寺、汤阴附近阵地猛轰，守军工事被毁严重。10 日，日军兵分三路发起攻势。一部约 2000 余人，炮 10 余门，坦克 4 辆，从平汉路西侧向新 9 师左翼迂回，占领马头涧阵地；一部约 1000 余人由东面绕攻汤阴，占领了菜园；中路日军 5000 余人从正面强攻。11 日上午，宝莲寺陷入敌手。12 日晚，万福麟声称阵地被毁，两翼受围，伤亡过重，擅自下令放弃汤阴阵地，退至淇河南岸西高村、龙王庙、里河屯一线。①

同日，蒋介石致电程潜、宋哲元："濮阳、清丰、南乐不数日间先后失守，平汉线正面阵地又被突破，希严督所属努力抗战，最小限度须固守道、滑、浚及淇河阵地，确保豫北之最后根据地，相机收复原阵地为要。"② 但宋哲元并未执行这一命令，次日，第 1 集团军总参议秦德纯致电蒋介石等，称："豫北我军兵力薄弱，应援不及……如两日内新乡无大部援军到达，深恐无法收拾也。"③ 言下之意，如无援军，还要后退。

12 日，日军越过淇河逼近淇县。13 日，万军又主动退至平汉路西侧地区，使日军轻占淇县。道清铁路便在日军的直接攻击下。时宋哲元指挥部在新乡，集团军总司令部在博爱（清化）、汲县附近部署有近 6 个师的兵力：柴建瑞第 179 师、张凌云第 37 师 1 个旅固守汲县以北之黄土岗、顿房店、薛家屯、潞王坟一线国防工事；王长海第 132 师 1 个旅守汲县；石友三第 181 师 1 个旅守汲县东之李源屯；

① 《万福麟致宋哲元电》（1938 年 2 月 12 日），国民政府军令部战史会档案，中国第二历史档案馆藏。

② 《蒋介石致程潜、宋哲元等电》（1938 年 2 月 12 日），国民政府军令部战史会档案，中国第二历史档案馆藏。

③ 《秦德纯致蒋介石、何应钦等电》（1938 年 2 月 13 日），国民政府军令部战史会档案，中国第二历史档案馆藏。

第 37 师 1 个旅及骑兵第 13 旅在浚县、道口；第 181 师 1 个旅守滑县；冯占海第 91 师 1 个旅、骑兵第 9 师守备延津、封丘。

14 日，日军集中兵力向道清路沿线中国军阵地发起全面进攻。同时，濮阳日军 1 个混成联队约 5000 余人，携带大量架桥器材、渡河工具迅速南下，是日清晨侵入长垣，15 日攻陷封丘，并向新乡以南之平汉路急进。濮阳日军另一部约千余人 14 日晨向道口进攻，宋哲元下令守军 2 个旅退回新乡，将道口防务交给民军担任。16 日，日军接连占领道口、滑县、浚县。淇县日军约 2 个步兵联队、炮 40 余门、坦克 40 余辆，于 14 日晚向汲县以北冯治安军阵地猛攻，冯军主力稍作抵抗，便退守新乡。同日傍晚，日军一部攻占了辉县、百泉，宋哲元再下令放弃汲县，沿道清铁路向西撤退。日军 2000 余人沿铁路向西攻击前进，如入无人之境，连陷新乡、获嘉、狮子营、修武。宋军一退而不可收拾，毫无抗敌斗志，争先逃跑。宋哲元从获嘉西逃时，差点被日军装甲车追上。19 日，日军数百人、坦克 4 辆，向焦作进攻，守军第 181 师 1 个旅在阵地遭炮击后便弃城而去。22 日，日军以小股骑兵便攻下博爱。同一天内，许良镇、沁阳、孟县亦先后失陷。第 132 师由温县退至黄河南岸；第 37、第 179、第 181 师，骑 9 师、新 9 师皆向山西晋城、阳城之线太行山区溃败。23 日，日军再攻济源，第 53 军亦不战而逃向晋、阳之线。宋哲元及第 1 集团军总部则逃往济源以西之王屋镇。

宋哲元第 1 集团军在豫北有近 10 万军队，依据着坚固的国防工事，但面对日军 1 个师团的攻击，却"不问敌情、闻风先退"，这固然同宋军"军气不振，官兵携眷同行者比比皆是"[1] 有关，但更重要的原因是高级将领保存实力。当程潜斥责宋哲元何以不战而退时，宋哲元竟声称："应力求避免与敌决战，以免部队作无谓的牺牲"[2]。他下达"全军为上"的命令，要部下不要全力御敌，稍事抵抗，便向后退，以图保存部队，作为同蒋介石讨价还价的资本。程潜对宋哲元不战而逃非

---

① 《第 1 战区代理军法执行监张节致蒋介石电》（1938 年 2 月 15 日），国民政府军令部战史会档案，中国第二历史档案馆藏。
② 吴锡祺、王式九：《宋哲元及其所部在抗战初期的活动》，见《文史资料选辑》第 54 辑，第 69 页。

常气愤，命令第 46 军军长樊崧甫严密戒备黄河南岸，无战区长官的命令，不得放豫北任何部队渡过黄河。同时，炸毁了郑州黄河铁桥以及花园口、荥泽口码头。这就是第 1 集团军大部逃往山西的原因。不久，蒋介石取消了第 1 集团军的建制。

25 日，日军由博爱兵分两路，继续进攻。石黑贞藏率步兵 2 个大队、炮兵 2 个大队向曲沃平原追击，攻击晋城、阳城，28 日占领之，万福麟军向西溃退。酒井隆旅团长率步炮兵各 3 个大队继续西进，并分兵向黄河北岸推进，宋哲元部退至山西绛县、夏县、茅津渡之线。至此，土肥原师团 15000 余人仅用 20 天时间，便击溃了中国 10 万守军，占据了豫北全部和晋南一部地区，挺进至垣曲、王屋、济源、孟县、温县、武陟、封丘、长垣、濮阳一线，与黄河南岸的中国军队隔河对峙。第 1 战区亦调集重兵在南岸防守。刘峙指挥王敬久第 71 军、彭进之第 90 军、郜子举第 91 军、孙连仲第 2 集团军固守渑池、新安、洛阳、孟津、偃师、巩县一线；李仙洲指挥第 21 师、新 8 师、山炮旅任汜水至郑县守备；商震指挥第 32 军、新 35 师、骑兵第 14 旅任中牟至兰封间守备；刘汝明指挥第 68 军 1 个师、第 23 师防守朱庄至张秋镇间黄河沿岸。

二、兰封会战

如前所述，土肥原第 14 师团于 5 月 12 日渡过黄河后，继续向南突进，意在直插兰封，切断陇海铁路，堵住中国军队主力回撤郑州的退路，并攻占郑州。15 日，该师团在曹县兵分两路，向陇海线要点攻击前进。丰鸠房太郎少将指挥步兵 2 个联队，骑、炮兵各 1 个联队向考城逼进，企图直取兰封；土肥原率步兵 3 个联队，炮兵 3 个联队向内黄、民权挺进，威胁归德（今商丘）。

日本华北方面军命令第 14 师团"确保在兰封东面切断铁路的成果，同时须以主力向归德方面行动，粉碎敌对第 2 军右后侧的策动"。[①] 然而，第 1 军的作战

---

① 日本防卫厅防卫研究所战史室：《中国事变陆军作战史》第 2 卷第 1 分册，第 66 页。

意图同方面军司令部略有不同，命令该师团"确保兰封附近要地后"，① 再向归德方面转进。因此，第 14 师团并没有执行华北方面军的命令，而是先发动了对兰封的攻击。

国民政府军事委员会对日军的战略意图已有所察觉，为了保证陇海铁路的畅通，先后调集了宋希濂第 71 军、桂永清第 27 军、俞济时第 74 军、李汉魂第 64 军、黄杰第 8 军等部置于兰封至归德间铁路沿线。蒋介石于 5 月 15 日制定的作战方针如下：

（1）敌以数路向陇海线突进，并分兵窜扰，预期铁路线终必有一两点被遮断，须有铁路输送已不可确保之准备。

（2）我如分散于横广正面不能抵抗敌之突进，徒被各个击破，故兵力须保持数集团，用以消灭敌人为主眼，不能以掩护铁路为主眼。

（3）守势任务各军须利用据点固守，同时须由两侧袭敌。

（4）对于敌之小部窜扰须忍耐，不可过度分散兵力追随敌人。

（5）对敌之各路之背后仍须指定游击部队积极游击战。②

上述作战指导方针基本上是正确的。当时，兰封、内黄附近的中国军队约有 5 个师，由宋希濂指挥。从 15 日至 17 日，向兰封突进的丰鸠旅团在考城附近受到宋军的顽强阻击，被迫转向野鸡岗（仪封）、内黄方面进攻。由于内黄附近守军沈克第 106 师、梁恺第 195 师不战自溃，土肥原师团得以攻占内黄、野鸡岗、马庄寨、人和集一线，并处于优势的中国军队东西包围之中。

为了将土肥原师团消灭在内黄、仪封、民权之间，蒋介石命令第 1 战区发动兰封附近的会战。其部署是：（1）以李汉魂指挥第 74 军、第 64 军第 155 师、第 88 师 1 个旅，第 87 师 1 个团组成东路军，由归德（商丘）西进；（2）以桂永清指挥第 27 军、第 71 军（欠 1 个旅又 1 个团）、第 61 师、第 78 师组成西路军，由

---

① 日本防卫厅防卫研究所战史室：《中国事变陆军作战史》第 2 卷第 1 分册，第 72 页。
② 《何应钦等致程潜电》（1938 年 5 月 15 日），国民政府军令部战史会档案，中国第二历史档案馆藏。

兰封东进；（3）以孙桐萱第 3 集团军和商震第 20 集团军组成北路军，在定陶、菏泽、东明、考城附近断敌退往黄河北岸的归路，[①] 试图从东、西、北三路夹击土肥原师团，将其一举歼灭。

21 日，中国军队开始全面进攻。王耀武第 51 师和第 88 师 1 个旅击溃马庄寨日军，并攻克了内黄、人和集。日军主力 6000 余人向西南的杨埚集、双塔集逃窜。宋希濂指挥沈发藻第 87 师猛攻野鸡岗（仪封），日军弃寨而去，主力仍往杨埚集方向窜去，一部退守东岗头与毛姑寨。23 日，宋、俞两军又围歼东岗头、毛姑寨之敌，至晚，先后攻克了西毛姑寨、杨庄、和楼，日军被歼千余人。东岗头日军向兰封逃窜。而兰封方面，桂永清指挥蒋伏生第 36 师、李良荣第 46 师、钟松第 61 师、李文第 78 师、龙慕韩第 88 师主力、沈克第 106 师，以极优势的精锐部队固守着兰封亘杨埚集之线的国防工事，并配备了邱清泉指挥的战车营和装甲车连，阻敌西窜，以逸待劳。然而，在日军的攻势下，由于桂永清指挥无能，第 46 师、第 61 师连失马集、孟郊集，致使第 27 军全线后退，主力向杞县和开封溃逃，日军乘机攻占了兰封以西的曲兴集、罗王寨和罗王车站。

桂永清临逃前匆忙命令龙慕韩率所部 1 个旅接替第 106 师坚守兰封，而令第 106 师向柿园撤退。龙慕韩畏敌丧胆，于 23 日夜擅自率军退出兰封，使之成为无人防守的空城。24 日，由东岗头西窜之日军不费一枪一弹便进入兰封，并凭借良好的工事固守待援。这样，中国军队 4 天的攻势功亏一篑，日军摆脱了被围歼的厄运，其步、炮兵各 4 个联队，骑兵 1 个联队得以据守兰封、罗王寨、三义寨、兰封口、曲兴集、杨圪垱、陈留口黄河南岸之线顽抗，陇海铁路被完全切断。

兰封失陷，使开封、郑州面临日军的威胁，坐镇郑州的蒋介石十分震怒，下令枪毙了第 88 师师长龙慕韩，以图重振军威。同时，决定将胡宗南、李汉魂、俞济时、宋希濂、桂永清等部组建成第 1 兵团，由薛岳任总司令，统一指挥，并于

---

① 《第一战区长官部关于豫东作战部署》（1938 年 5 月 21 日），国民政府军令部战史会档案，中国第二历史档案馆藏；《蒋介石指示东西路军之兵力部署及作战行动手令》（1938 年 5 月 21 日），见《作战经过（二）》，第 277 页。

25日晨向土肥原师团发起全线进攻。具体部署是：第17军团长胡宗南指挥李铁军第1军及第36师由开封以东兴隆集一线向曲兴集、陈留口进攻；李汉魂指挥第58师、第155师由前后伊王向曲兴集、罗王车站进攻；桂永清指挥第46师、第61师、第106师进攻三义寨；宋希濂率第71军进攻兰封；俞济时指挥第51师、第20师、新35师向三义寨、杨圪垱、兰封口进攻。① 蒋介石告诫各将领，"如有畏敌不前、攻击不力者，按律严惩"，② 并限26日拂晓前将土肥原师团全歼，恢复陇海铁路。

中国军队的强攻从25日开始，经过3天的激战，李汉魂部先后攻克了罗王车站和罗王寨，宋希濂部收复了兰封城，使陇海线一度恢复通车，商丘附近火车42列得以安然撤回郑州。三义寨方面，桂、俞两部先后攻下了杨圪垱、柴楼、蔡楼、何寨、薛楼、宝王寺等外围阵地，但日军6000余人仍据三义寨顽抗。

对于兰封方面战局进展不大，蒋介石十分焦虑。27日，他亲下手令，训斥各将领。手令指出：

> 此次鲁西之敌以极劣势兵力，到处窜扰，毫无忌惮，而我军以极有利态势，至今犹未将兰封及其以西地区之敌彻底解决，言之痛心。各该军长等指挥无方，行动复懦，以致士气不振，畏缩不前，将如何以对国家付托之重，如何以对民众企望之殷。知廉耻者不至如此。兹限电到，立即反省，振起精神，戴罪图功，并限俭（28）日以前严督所部将敌完全歼灭，以赎前愆，如再敷衍，玩忽因循，决不姑宽。③

然而，当28日日军集中兵力向桂永清部反攻时，桂部再次溃败。程潜电称："桂军长乃独断命令各部队向杨堌集、红庙中间地区转移阵地，沿途抛弃无线电机及武器弹药，情形颇为混乱。"④ 桂永清部的溃败，使得日军又一次稳住了阵

---

① 《薛岳关于兰封作战的命令》（1938年5月24日），国民政府军令部战史会档案，中国第二历史档案馆藏。
② 《蒋介石给薛岳手谕》（1938年5月25日），国民政府军令部战史会档案，中国第二历史档案馆藏。
③ 《蒋介石手令》（1938年5月27日），国民政府军令部战史会档案，中国第二历史档案馆藏。
④ 《程潜致蒋介石电》（1938年5月29日），国民政府军令部战史会档案，中国第二历史档案馆藏。

脚。同时，由于商丘的失陷，使薛岳兵团被迫抽调 5 个师阻击商丘之敌，这样，兰封附近对土肥原师团的进攻遂停顿下来，而对三义寨、曲兴集一线的第 14 师团转为守势。

此次兰封会战，中国军队为 14 个师（其中精锐部队 10 个师）约 15 万人，竟未能歼灭孤立被围的日军 1 个师团约 2 万人，"在战史上亦为一千古笑柄"。① 为什么中国军队在相同的条件下，不能重演诸如台儿庄大捷之类的胜利呢？究其主要原因，乃在各高级将领畏敌不前，督战不力，且各部队之间协作不密切，不肯打硬仗，推诿责任。"各军、师、旅、团长等此次作战奋勇争先者极居少数，大部缺乏勇气，鲜自振作，遂致战局迁延"。② 从 5 月 25 日至 29 日的 5 天内，蒋介石、程潜、薛岳等人每天都发出好几道手谕或电令，敦促各军、师长"立即反省，振起精神，戴罪图功"，③ 迅速督部全歼兰封附近日军，另外，还悬赏 20 万大洋以鼓士气，但这一切都不能改善各级军官的消极状态。

此外，由于兰封附近的居民"几乎逃避一空，地方行政人员也不知跑到哪里去了，因此使我们的补给、运输、伤病员的遣送事项，都遇到了严重的困难"，④ 战役不仅得不到民众的支援，由于部队军纪不良，民众自发抗日武装反而收缴其小股部队的枪械。俞济时说，"此次鲁西、豫东各地，人民自卫枪支素多，未见协助国军，而国军少数人员之枪支，反被其强缴，实堪痛心"。⑤

三、归、砀弃守，日军西攻开封、郑州

日军攻占徐州以后，急于扩大战果，5 月 19 日，华北方面军司令部下达了新

---

① 《蒋介石致程潜电》（1938 年 5 月 28 日），国民政府军令部战史会档案，中国第二历史档案馆藏。
② 《蒋介石手令》（1938 年 5 月 30 日），国民政府军令部战史会档案，中国第二历史档案馆藏。
③ 《蒋介石手令》（1938 年 5 月 27 日），国民政府军令部战史会档案，中国第二历史档案馆藏。
④ 《文史资料选辑》第 54 辑，第 165 页。
⑤ 《俞济时陈述豫东作战教训及意见》（1938 年 6 月 10 日），国民政府军令部战史会档案，中国第二历史档案馆藏。

的作战命令，计划占领兰封、归德（商丘）和永城一线。日军第 2 军"根据以上命令，于 19 日分别命令第 5 师团及第 114 师团向徐州—宿县之间的津浦线追击，第 16 师团（混成第 3 旅团配属）攻占归德，第 10 师团（混成第 13 旅团配属）向永城方向急进"。① 日军的企图，是尽快向开封、郑州、许昌推进，为进行切断平汉线的作战做好准备。

为了阻止日军西进，第 1 战区以李延年第 2 军、黄杰第 8 军、李仙洲第 92 军、刘汝明第 68 军、冯治安第 77 军、庞炳勋第 40 军以及罗奇第 95 师、李英第 24 师等部组成第 2 兵团，由汤恩伯任总司令，在砀山、商丘、夏邑、柘城、亳县、鹿邑、涡阳一线布防。其中，陇海线东段方面，第 8 军柏辉章第 102 师守砀山；第 8 军罗历戎第 40 师、第 64 军彭林生第 187 师、第 24 师守归德；曹福林第 55 军 1 个旅守虞城。上述部队统由黄杰指挥，担负着阻断第 14 师团与第 16 师团联络的重要任务。

日军第 16 师团于 21 日沿陇海线向西推进，混成第 3 旅团沿丰砀公路直扑砀山。至 23 日，日军连陷黄口、韩道口、牛堤圈，并将砀山团团包围。第 1 战区长官部命令柏辉章死守砀山，然而柏辉章竟于是日晚擅自下令放弃砀山，率部逃往归德（商丘）。黄杰声称："敌增加之兵力数倍于我，并以炮空连合火力轰击砀城。原曾奉令该师须固守砀山，当即转令遵照，但自梗晚以来因城墙多被击毁，致敌迫近城内，发生激烈巷战，敌骑入而又被击出者数次，终以敌方增加不已，我方伤亡过重，遂被包围，随于敬（24 日）丑突围。"②

25 日，日军进逼虞城、商丘。26 日晨，日军 3000 余人猛攻虞城，并由城东缺口突入，守军向西北溃败。同日，日军又向商丘进攻。第 187 师、第 24 师凭据韩信集、杨集、侯楼、孙集、丁镇集之线国防工事固守商丘外围。当夜，日军突破侯楼、孙集，中国守军退据第 2 线阵地。

商丘的得失关系兰封会战的成败，因此，程潜命令汤恩伯指挥黄杰、刘汝明

---

① 日本防卫厅防卫研究所战史室：《中国事变陆军作战史》第 2 卷第 1 分册，第 77 页。
② 《黄杰致程潜电》（1938 年 5 月 26 日），国民政府军令部战史会档案，中国第二历史档案馆藏。

各军夹击攻城之敌，并电令孙桐萱第 3 集团军配合。其具体部署是：

（1）孙桐萱部曹福林军第 29 师迅速经虞城向牛堤圈之敌侧背攻击前进。刘汝明以一师固守会亭集、夏邑之线，对东南严密警戒，以一师向牛堤圈之敌，协同友军夹击而灭之，另以一师攻击砀山附近之敌。第 24 师以一部推进至虞城，主力向刘店沿铁路东进击破当面之敌。

（2）汤恩伯部队以一师即开商丘以南地区集结。

（3）其余各师均归黄军长杰统一指挥，歼灭该敌于商丘、砀山之间。①

27 日，程潜还严令黄杰、刘汝明率部死守商丘、亳州之线，在兰封之敌未消灭前不得放弃。但黄杰竟无视战区长官的命令，于 28 日率第 40 师撤至柳河，命第 24 师退往开封，仅留第 187 师守备朱集车站和商丘城。身为最高指挥官的黄杰，在战役关键时刻，非但不积极作战，反而率主力部队两个师撤出战斗，造成了严重恶果。同时，守军第 187 师亦毫无守城的决心，师长彭林生"督率无方"。参谋长张淑民，旅长谢锡珍、叶赓常"或煽动退却，动摇主官决心，或不战自退"。② 28 日晨，日军突入城内，并占领了朱集车站，该师残部在彭林生率领下，于 29 日凌晨退出商丘。

商丘的失陷，使围攻土肥原师团的薛岳兵团侧背受到极大威胁。28 日，第 1 战区不得不抽出第 71 军（第 87、第 88 师）赴淮阳、太康、龙曲集；第 27 军（第 155、第 58、第 61 师）赴睢县、杞县、宁陵布防，以阻截由商丘、亳县西进的日军。事后，作战不力的黄杰、彭林生等人受到撤职查办的处分。

在日本方面，第 1 军司令官由于担心孤立无援的第 14 师团的处境，而向华北方面军提出了"应消灭开封、郑州附近之敌，以粉碎敌之抗战意志"③ 的申请。

---

① 《第 1 战区作战部署》（1938 年 5 月 26 日），国民政府军令部战史会档案，中国第二历由档案馆藏。

② 《蒋介石致军法执行总监何成濬电》（1938 年 6 月 18 日），国民政府军令部战史会档案，中国第二历史档案馆藏。

③ 日本防卫厅防卫研究所战史室：《中国事变陆军作战史》第 2 卷第 1 分册，第 78～79 页。

28日，华北方面军批准了这一要求，并命第2军向开封推进。命令要求"第1军应以第14师团确保兰封附近，以利于第2军作战"；"第2军应尽力以更多的兵力，不失时机地逐次向开封东南地区进攻"。① 同日，第2军将混成第3、第13旅团和第10师团濑谷支队配属第16师团，令其"从杞县方面击败第14师团当面之敌"。②

第16师团以一部沿陇海铁路向柳河、民权推进，主力为混成第3旅团约4个联队29日攻占宁陵，30日陷睢县，6月1日向杞县进攻，与李汉魂军展开激战，企图由杞县直指汴郑。混成第13旅团由涡阳向亳县进攻，31日攻占亳县，并向鹿邑、柘城一线攻击前线，企图直下太康、扶沟、淮阳、许昌，切断平汉线。同时，被困于三义寨、曲兴集、兰封口之线的第14师团，在得到第20师团的补充后，亦于29日以全力向杨圪垱、梁楼、柴楼、兰封等处反攻，企图向西南突进，会合第16师团一部进攻开封。

然而，日大本营却对徐州会战以后的战事发展作了限制。29日，大本营下达了"越过兰封、归德、永城、蒙城、正阳关、六安一线进行作战，须经批准"③的命令。可是，华北方面军并不理会上述限制，而于6月2日将第14师团配属给第2军，并下达了向兰封以西的追击命令：

（1）敌主力有开始向京汉线以西后退的模样。

（2）方面军决定首先向中牟、尉氏一线追击敌人。

（3）第2军司令官应一并指挥第14师团及其配属部队，向上项指定一线追击。另外，令一部迅速挺进切断京汉线。④

第1战区长官部为"避免与西犯之敌决战，并保持尔后机动力之目的"，⑤ 6

---

① 日本防卫厅防卫研究所战史室：《中国事变陆军作战史》第2卷第1分册，第78~79页。
② 日本防卫厅防卫研究所战史室：《中国事变陆军作战史》第2卷第1分册，第78~79页。
③ 日本防卫厅防卫研究所战史室：《中国事变陆军作战史》第2卷第1分册，第78~79页。
④ 日本防卫厅防卫研究所战史室：《中国事变陆军作战史》第2卷第1分册，第79页。
⑤ 《薛岳命令》（1938年6月2日），国民政府军令部战史会档案，中国第二历史档案馆藏。

月 1 日决定全军向平汉线以西地区撤退。其具体部署如下：

　　（1）以商震指挥第 32 军、第 39 军、新 35 师；万福麟指挥第 53 军、新 8
师；彭进之指挥第 196 师、第 45 师分任开封至郑州，黄河铁桥至汜水，汜水
至张茅镇间黄河南岸守备，阻敌渡河南下。

　　（2）以商震军一部、孙桐萱军、张自忠军团、李延年军、陈大庆师、冯
治安军、刘汝明军、罗奇师、梁恺师分驻开封、郑州、许昌、鄢城、驻马店、
周家口、淮阳、沈丘、商水，掩护豫东主力撤退，并以机动部队迟滞日军
西犯。

　　（3）宋希濂军、胡宗南军团、李汉魂军团、桂永清军、黄杰军、俞济时
军分别向禹县、郏县；汜水、巩县；密县；洛阳；襄城、叶县；泌阳转移。[①]

　　同日，日军第 2 军命令第 14 师团、第 16 师团、第 10 师团分别向中牟、尉氏
和柘城方面追击前进。6 月 3 日，第 16 师团接连攻占了杞县、通许、陈留，师团
主力于 4 日晚攻陷尉氏、扶沟，并向郑州和平汉线挺进，其挺进队于 12 日炸毁新
郑东南面约 6 公里的平汉铁路桥，切断了平汉线。6 月 4 日，第 14 师团占领兰封，
并会同第 16 师团一部合攻开封。开封守军为宋肯堂第 141 师 1 个旅又 1 个税警
旅。5 日晨，日军又增援 3000 余人由白兰寨向北城进攻。敌重炮数十门、飞机 10
余架向开封城内猛轰，日军步兵多次登上城头。师长宋肯堂"连发 5 个电报，称
开封城郊东、南、北各方战斗激烈，现敌尚陆续增加，如鱼（6）日再战，难免
于溃"，要求撤退，但程潜当即"严令该师与开封共存亡"。[②] 傍晚，宋肯堂擅自
下令放弃开封，并率先逃出开封城。6 日凌晨，开封失守。7 日黄昏，日军 1000
余人由开封进攻中牟，守军 1 个营顽强御敌，战至 9 日凌晨，伤亡殆尽，中牟遂
陷。日军继续向郑州进逼，其骑兵部队于 10 日炸毁了郑州南面的平汉铁路。另
外，第 10 师团也于 6 月 3 日攻占柘城，5 日进入太康附近地区。

---

　　① 《薛岳命令》（1938 年 6 月 2 日），国民政府军令部战史会档案，中国第二历史档案馆藏。
　　② 《程潜致蒋介石电》（1938 年 6 月 6 日），国民政府军令部战史会档案，中国第二历史档案馆
藏。

四、花园口决堤

以黄河的泛滥来达到军事目的，这在中国历史上屡见不鲜。因此，徐州会战失利后，就有许多人建议采取"水攻"。5月26日，何成璞向参谋部建议："查黄河现届桃汛，考城西尤以兰封曲折部冲力最猛，倘施工决口，则黄水即循故道直奔徐州，不特大地泛滥，使敌机械化部队失其效能，抑且足以摧毁其战力，使其打通津浦之企图仍归泡影，幸及早图之"。[1]

豫东战役的失败，使郑州和平汉铁路受到严重威胁，尤其是郑州如果陷落，将给武汉会战带来非常不利的影响。于是，蒋介石终于决定掘开黄河大堤，以泛滥的洪水来阻止日军的攻势。由于"决口事关重要"，蒋介石指派掘堤工作由商震负责。

6月4日晨，第53军1个团奉命在中牟县境内赵口挖掘黄河大堤，次日又加派第39军1个团协助，并悬赏法币千元，以图加快速度。当晚，工兵营用黄色炸药和地雷炸开堤内斜面石基，开始放水，但因黄河"春冬水落"，水发量小，"仅流丈余，即因决口两岸内斜面过于急峻，遂致倾颓，水道阻塞不通"[2] 而告失败。于是，第39军军长刘和鼎又另派1团士兵在第一道决口以东30米处掘第二道决口。

同时，担任黄河铁路守备的新8师师长蒋在珍建议在郑县之花园口另作第三道决口，遂为蒋介石、商震所采纳，并悬赏2000元。7日晨，新8师派2个团和1个工兵连在花园口关帝庙西挖掘黄河大堤。为加快速度，"由堤之南北同时动工"，[3] 师长蒋在珍、副师长朱振民等前往督工。同日晚，赵口第二道决口因塌方

---

① 《何成璞致参谋次长熊斌电》（1938年5月26日），国民政府军令部战史会档案，中国第二历史档案馆藏。

② 《第20集团军参谋处长魏汝霖呈报黄河决口经过》，国民政府军令部战史会档案，中国第二历史档案馆藏。

③ 《新8师参谋熊先煜抗战日记》（1938年6月7日~9日），国民政府军令部战史会档案，中国第二历史档案馆藏。

亦告失败，蒋介石等因"开封已不守，故军即将趋平汉而西，异常焦灼，日必三四次询问决口情形"。①

花园口第三道决口吸取赵口决口塌方的教训，加宽至 50 米，斜面徐缓，使放水时不致颓塌阻塞。6 月 9 日晨 6 时，用炸药炸毁了堤内斜面石基，9 时放水，"初水势不大，约一小时后，因水冲刷，决口扩至 10 余公尺，水势遂益猛烈"。②后来又用平射炮 2 门向已挖薄的堤岸轰击，将缺口又打宽约 2 丈，"水势骤猛，似万马奔腾"。③ "时值天雨……决口愈冲愈大，水势漫延而下"，④ 京水镇以西一片汪洋，尽成泽国。

花园口决堤后，黄河之水沿京水镇以南的索须河、贾鲁河以东地区向东南流去，开始流速尚缓，12 日水流才到达陇海线郑州以东的白沙车站附近，水宽约 1 公里左右。但同日赵口的决口亦被河水冲刷开来，河水由赵口以西的三刘寨直向南泻，在中牟同花园口水流汇合后继续沿贾鲁河南流，14 日水头抵达尉氏，16 日流至鄢陵、扶沟，18 日流达西华、太康、淮阳，20 日水头到达周家口，由周家口流入沙河向太和、阜阳而去，流进淮河，东入洪泽湖，再经界首汇入运河，沿运河南下进入长江，流入东海。整个黄泛区由西北至东南，长达 400 余公里，途经豫、皖、苏 3 省 44 个县。

花园口、赵口决堤，在军事上取得了暂时的成功，给日军西进平汉线造成困难。第 14 师团 1 个混成联队、炮兵 1 个大队、骑兵 1 个中队、坦克 10 余辆在中牟被困。中牟附近水宽约 15 公里，水深 3 米，该股日军除一部向东南退去外，大部退入城内用沙包堵塞城门。第 16 师团主力亦被洪水围困在尉氏、朱曲镇、朱仙

---

① 《第 20 集团军参谋处长魏汝霖呈报黄河决口经过》，国民政府军令部战史会档案，中国第二历史档案馆藏。

② 《第 20 集团军参谋处长魏汝霖呈报黄河决口经过》，国民政府军令部战史会档案，中国第二历史档案馆藏。

③ 《新 8 师参谋熊先煜抗战日记》（1938 年 6 月 7 日～9 日），国民政府军令部战史会档案，中国第二历史档案馆藏。

④ 《第 20 集团军参谋处长魏汝霖呈报黄河决口经过》，国民政府军令部战史会档案，中国第二历史档案馆藏。

镇、南北曹附近。尉氏一带水宽约 30 余公里，日军纷纷收集门板及其他渡河工具，准备东逃。由于洪水泛滥，日军不得不中止向郑州的进攻。日军由铁道东撤部队万余人，由黄河北渡部队 7000 余人。

同时，日军为援救被洪水困住的第 14、第 16 师团，抽调了 2 个工兵联队、4 个工兵中队、4 个架桥材料中队以及大批的汽艇、船只、弹药、给养向西运去。其空军"在 16 日至 24 日之间，给 2 个师团投下补给粮秣、卫生材料等，合计约 61 吨半"。① 日方资料这样记述了第 14 师团当时的情形：

> 这一招，使在华北战场勇猛善战的土肥原兵团，顿时陷入一片汪洋之中，顾不得物资和马匹，纷纷逃向陇海路的路基上和中牟县城里避难，以图喘息。从此，土肥原兵团成为中国飞机攻击的好目标，开战以来一直不露面的飞机，此时却联袂飞来了。土肥原兵团有如袋中之鼠，无处逃避，束手无策，在万分苦难中度过了一个月。中国派遣军、关东军以至日本全国，为营救土肥原兵团动员了所有的铁舟部队工兵队，与敌弹洪水搏斗一月，才救出了土肥原兵团。②

中国军队乘机向被围困的日军发动进攻。22 日，公秉藩第 34 师克复中牟，日军一部被歼，一部乘船东撤。张测民第 20 师、李英第 24 师亦不断由平汉路向尉氏进攻。26 日，尉氏日军一部约 2000 余人在城东北七里头搜集民船百余只，企图东逃，一部千余人在县城及西郊顽抗。张师以 2 个团攻城，由南、北门突入，日军纷纷坠城东逃，被张师半途截击，毙敌百余名。同时，张师另以 2 个团向七里头之敌猛攻，毙敌数百名。日军一直到"7 月 7 日左右，才脱离浸水地带的难关"。③

黄河决口在军事上达到了预定的效果，使日军无法切断平汉路郑汉段，由郑州南下攻取武汉。然而，黄河的泛滥洪水并未能阻止日军发动武汉作战（日军在调整部署后，又沿长江两岸夹击武汉），却使豫、皖、苏三省的近百万人水中丧

---

① 日本防卫厅防卫研究所战史室：《中国事变陆军作战史》第 2 卷第 1 分，第 81 页。
② 《土肥原秘录》（土肥原贤二刊行会编），第 52～53 页，中华书局 1980 年 11 月版。
③ 日本防卫厅防卫研究所战史室：《中国事变陆军作战史》第 2 卷第 1 分册，第 82 页。

生，冲垮了无数的住宅和良田。"中国军这一划时代的战术，不只使土肥原兵团受害，下游数百万中国老百姓的田园庐舍均为洪水淹没，老幼男女挣扎在怒涛骇浪之中，命运更为悲惨。战争的确是残酷的，为了战胜敌人，宁肯牺牲同胞而不顾"。① 据统计，"河南民宅冲毁 140 余万家，陆沉 800 余万亩，安徽、江苏耕地陆沉 1100 余万亩，倾家荡产者 480 余万人"。② 所以，黄河决口所带来的政治、经济损失远远超过了在军事上取得的暂时利益。

蒋介石和国民政府对于黄河决口将带来的严重后果是十分清楚的，他们一直掩盖事实真相。国民党中央的宣传机器声称，日军的飞机轰炸时，炸塌了黄河大堤而导致黄河决口泛滥。毋庸置疑，日本帝国主义发动的侵华战争是造成黄河泛滥的主要根源，但国民党采取的片面抗战路线却是导致这场灾难的直接原因。因为在现代战争中，这种做法并不能十分奏效。如果国民政府能广泛发动民众开展抗日武装斗争，其牵制力量必定会比消极的以水代兵大得多。

---

① 《土肥原秘录》，第 52 页。

② 郭廷以：《近代中国史纲》（下册），第 687 页，香港中文大学出版社出版。

第 14 章
新四军的组建
和华中敌后游击战的初步开展

一、新四军的成立

新四军的前身，是中国工农红军主力长征后留在南方 8 省的红军和游击队。红军主力北上后，留下的部分部队面对国民党的围攻、剿杀，在极端困难的条件下，经过 3 年艰苦的斗争，保存和发展了革命力量。至抗战前夕，南方浙南、闽北、闽东、闽西、赣东北、赣粤边、闽赣边、湘南、湘赣边、湘鄂赣边、鄂豫皖、豫南桐柏山和琼崖等地区已发展起 15 个游击队和游击区。抗战爆发后，中共中央根据国内政局的变化和举国一致抗日的新形势，于 1937 年 8 月 1 日发出了《关于南方各游击区域工作的指示》，明确指出：红军游击队在保存和巩固革命武装，保证党的绝对领导的原则下，应根据党的抗日民族统一战线政策，配合当地实际情况，灵活地全面地改变自己的一切工作，并可与国民党附近部队和地方政权谈判，改变番号编制，以取得合法地位。① 遵照中共中央指示，中央分局书记项英、陈毅等及时与各游击区域的游击队和红军建立了联系，通过极为艰巨的组织和思想政治工作，使中共在新形势下的抗日民族统一战线政策逐渐为大多数同志所理解和接受。一些长期与中央失去联系的地区游击队领导，在从公开报刊上了解到时局的变化和与中央恢复联系后，也从抗日大局出发，捐弃前嫌，开始了工作方向的转变。与此同时，中共中央为了团结抗日，也多次主动与国民党当局谈判，就南方游击改编后的编制、装备、军费以及干部配备等问题进行交涉。1937 年 10 月 2 日，国共两党达成正式协议，由国民政府军事委员会宣布，将湘、赣、闽、粤、浙、鄂、皖南方 8 省 14 个地区的红军游击队（不包括琼崖红军游击队）改编为国民革命军陆军新编第四军（简称新四军）。双方商定该军由北伐名将叶挺任军长，负责对南方游击队进行统一整编。此后又经中共中央提名，国民政府军事委员会核定，又陆续任命项英为新四军副军长，张云逸为参谋长，周子昆为副参谋长，袁国平为政治部主任，邓子恢为政治部副主任。

1937 年 12 月下旬，新任命的新四军领导人陆续到达武汉。25 日，叶挺在汉口召集新四军干部会议，新四军军部也于是日正式成立。

1938 年 1 月 4 日，叶挺、项英带领军部工作人员由武汉东下，6 日抵南昌，军部也随之迁驻南昌。此后，新四军改编工作积极进行，至 2 月下旬改编任务基本完成。新编成的部队由 4 个支队和 1 个特务营组成，浙鄂赣边的红军第 16 师，粤赣边、湘赣边及赣东北的红军游击队改编为第 1 支队，陈毅任司令员，傅秋涛任副司令员，下辖两个团：第 1 团团长傅秋涛（兼），副团长江渭清，参谋长王怀生，政治主任钟期光；第 2 团团长张正坤，副团长刘培善，参谋长王必成，政治主任肖国生，共 2300 余人。闽西、闽赣边、闽南及浙南的红军游击队改编为第 2 支队，张鼎丞任司令员，粟裕任副司令员，下辖两个团：第 3 团团长黄火星，副团长邱金声，参谋长熊梦辉，政治主任钟国楚；第 4 团团长卢胜，副团长叶道

---

① 中共中央《关于南方各游击区域工作的指示》，（1937 年 8 月 1 日），见《新四军抗战史资料》，南京军区档案馆存。

之，参谋长王胜，政治主任廖海涛，共1800余人。闽北、闽东的红军游击队改编为第3支队，张云逸兼司令员，谭震林任副司令员，下辖两个团：第5团团长饶守坤，副团长曾昭铭，参谋长桂逢洲，政治主任刘文学；第6团团长叶飞，副团长吴昆，参谋长黄元庆，政治主任阮英平，共2100余人。原鄂豫皖红28团、豫南红军游击队等改编为第4支队，高敬亭任司令员，下辖4个团：第7团团长杨克志，政委曹玉福，参谋长林英坚，政治主任胡继亭；第8团团长周骏鸣，政委林凯，参谋长赵启民，政治主任徐祥亨；第9团团长顾士多，政委高志荣，参谋长唐少田，政治主任郑重；手枪团团长詹化雨，政委汪少川，共3100余人。湘南和闽中的红军游击队改编为军部特务营，约980余人。全军共计兵力近1万，枪5000余支（挺）。[①] 为进一步提高部队的军政素质，加强对新四军的领导，中共中央还决定成立中共中央东南分局及新四军分会，以项英为分局书记兼军分会书记，陈毅为军分会副书记，并在部队建立、健全了党的各级组织，使这支新编部队的发展迅速踏上了民族革命的轨道。

根据中共中央指示，新四军军部命令从2月上旬开始，南方各地游击队按新编成的支队分向皖南、皖中集中。3、4月间，第1、第2和第3支队先后抵达皖南歙县之岩寺。第4支队先至皖西霍山县流波瞳会合，而后进至皖中舒城地区。4月4日，新四军军部也由南昌移至岩寺。各支队随即进行整编训练，秣马厉兵，整装待发。

二、中共中央关于新四军行动的部署

新四军集中改编之际，正值徐州会战全面展开之时。侵华日军华中派遣军在攻占南京后，为配合华北方面军进行徐州会战，打通南北联系，于1938年2月上旬，以3个师团由蚌埠沿津浦铁路北犯，又以另一部西取合肥。这样，苏、浙、

---

① 《新四军改编前后兵力及番号》，见《新四军抗战资料》，南京军区档案馆藏。另见《我军历史沿革及实力统计》，军科院藏。

皖大部地区虽已沦陷，但由于日军主要目标在攻夺徐州，后方兵力相对薄弱，除控制一些大、中城市和主要交通线外，广大乡村尚无敌踪。此外，由于日军入侵时，到处奸淫烧杀，一些进步青年和爱国士绅纷纷举起抗日义旗，民众群起响应，这给新四军深入华中敌后造成了极为有利的时机。

根据华中战略地位，敌我形势以及在该地区展开抗日游击战争的客观条件，1938 年 2 月 15 日，毛泽东就电中共东南分局书记项英等，指出：新四军"在目前最有利于发展地区，还是在江苏境内的茅山山脉，即以溧阳、溧水地区为中心，向着南京、镇江、丹阳、金坛、宜兴、长兴、广德线上之敌作战，必能建立根据地，扩大新四军基地"。① 新四军改编完成，集结岩寺后，毛泽东就新四军今后如何展开敌后游击战争诸问题再次致电项英，指出：在敌后进行游击战争尽管有困难，"但只要有广大群众，活动地区充分，注意指挥的机动灵活，也会能够克服这种困难，这是河北及山东方面的游击战争已经证明了的"。② 5 月 14 日，中共中央进一步就新四军行动方针明确指示长江局、东南分局及项英，强调："在敌人的广大后方，即使是平原地区，亦便利我们的游击活动与游击根据地的创立"，因此"新四军应利用目前的有利时机，主动、积极地深入到敌人大后方去，以自己灵活、坚决的行动，模范的纪律与群众工作，大大地去发动与组织群众，建立地方党组织与团结无数游击队在自己的周围，扩大自己，坚强自己，解决自己的武装与给养。在大江以南创立一些模范的游击根据地，以建立新四军的威信，扩大新四军的影响"。③

根据上述指示精神，新四军军部也于 5 月间向所属各支队发出指示，明确新四军的任务为："深入敌人后方，开展广泛的游击战，达到牵制分散敌人的兵力，配合国军主力正面作战，在持久战中，争取最后的胜利。"军部还具体分析了在

---

① 《毛泽东致项、陈电》（1938 年 2 月 15 日），见《新四军文献》（1），第 212 页，解放军出版社 1988 年版。

② 《毛泽东关于新四军进行敌后游击战争致项英电》（1938 年 5 月 4 日），见《新四军文献》，第 111 页。

③ 《中共中央书记处关于新四军行动方针的指示》（1938 年 5 月 14 日），见《新四军文献》，第 112 页。

华中敌后开展抗日游击战争的有利和不利方面，指出："新四军活动于交通发达的平原地区，加上河川湖泊纵横，虽有小山，但公路甚多，便于敌人的机械化部队活动，而我军缺乏平地、河川战斗经验以及与近代装备的敌人作战的经验，但是敌人兵力不足，空隙地区甚多，而我军素能团结群众，克服各种困难，就是地形不利，同样能开展游击战争。不要忘记，取得广大群众的拥护，才是开展游击战争的最基本的条件。"[1] 基于上述分析，军部具体规定新四军作战方针和主要原则为："积小胜为大胜，团结群众，以游击动作进行胜利的战斗，并力求达到自身的壮大和战斗力量的坚强，而能进一步进行大的运动战，歼灭大的敌人。"[2]

依照军部确定的方针，新四军各支队按既定部署进行了动员、整训，只待一声令下，随即奔赴华中抗日战场。

三、新四军挺进苏南

为配合正面战场主力进行徐州会战，乘敌集中兵力于津浦线，造成东战场整个地区暂时空虚之时，新四军军部命令集结不久的新四军各支队于1938年4月下旬起即行出动，向华中敌后各战场迅速开进。

苏南地处京、沪、杭之间，为敌侵略我华中内地的主要后方。自沦陷后，该地区特务横行，土匪猖獗，日军烧杀淫掠，人民处在水深火热之中。为向这一地区开进，发展苏南抗战，中共中央1938年4月下旬指示新四军"主力开泾县、南陵一带，先派支队去溧水一带侦察"。[3] 遵此指示，中共东南分局和新四军军部决定以第1、第2、第3支队部分干部和侦察分队组成先遣支队由粟裕率领，于4月28日由皖南岩寺出发，向苏南敌后挺进，执行战略侦察任务。5月4日，中共中央军委要求新四军"在侦察部队出动若干天之后，主力就可准备跟行，在广德、苏州、镇江、

---

① 《叶、项五月指示》，见《新四军抗战史资料》，南京军区档案馆藏。
② 《叶、项五月指示》，见《新四军抗战史资料》，南京军区档案馆藏。
③ 《毛泽东同意先遣支队去溧水一带侦察致项英电》（1938年4月24日），见《新四军文献》，第215页。

南京、芜湖五区之间广大地区创造根据地……在茅山根据地大体建立起来之后，还应准备分兵一部进入苏州、镇江、吴淞三角地区去，再分一部进入江北地区"。①

5 月中旬，先遣支队到达苏南镇江地区。同时，新四军第 1 支队也在陈毅率领下由岩寺出发，随先遣支队之后挺进苏南，5 月下旬抵达南陵。第 1 支队在南陵召开了干部会议，传达了中央关于开展华中游击战争的一系列指示和部署，明确了任务，增强了开创苏南抗日局面的信心。6 月 1 日，第 1 支队从宣城、芜湖间穿越铁路，进入苏南敌后。6 月中旬，部队到达苏南溧阳竹簀桥，14 日抵达指定地区——茅山，立即在镇江、句容、金坛、丹阳一带展开。随后，新四军第 2 支队也在张鼎丞带领下开进苏南，展开于江宁、当鳌、溧水、高淳地区。

6 月 11 日，新四军先遣支队接第 3 战区司令长官顾祝同首次电令："限于三日内赶到距离现地二百余里的京沪铁道线上，破坏敌人交通。"② 部队冒雨连续三夜急行军，于 15 日晚到达南京与镇江之间的下蜀街，连夜完成破坏铁道任务。16 日午前 8 时，敌火车一辆驶至该处出轨。③ 为加倍完成任务，部队发扬连续作战精神，决定对镇江至句容公路上的敌汽车进行袭击。17 日晨 2 时，队伍急行出发，至镇江以南 30 里之韦岗（原材料中"卫岗"为笔误）设伏。8 时许，有镇江日军 30 余人，乘车驶向句容，进入我伏击圈后，我预伏部队发起攻击，经半小时战斗，击毁敌汽车 4 辆，毙敌少佐土井、大尉梅泽武四郎等十余名，伤敌数名，获长短枪十余支，军需品四车。待镇江之敌赶来增援，支队已安全撤出战斗。④新四军初到江南，首战告捷，振奋了当地民心，打击了骄横之敌，提高了新四军声誉。国民政府也为此战的胜利给叶挺军长拍了嘉奖电："所属粟部，袭击卫岗斩获颇多，殊堪嘉尚，仍希督饬继续努力，达成任务。"⑤

---

① 《毛泽东关于新四军应进行敌后游击战争致项英电》（1938 年 5 月 4 日），见《新四军文献》，第 111 页。

② 粟裕：《先遣队的回忆》，载 1939 年 5 月 15 日《抗战》杂志第 1 卷第 3 号。

③ 《下蜀街铁道之破坏及卫岗之处女战》（1938 年 6 月 17 日），见《新四军文献》，第 221 页。

④ 《下蜀街铁道之破坏及卫岗之处女战》（1938 年 6 月 17 日），见《新四军文献》，第 225 页。

⑤ 粟裕：《先遣队的回忆》，载 1939 年 5 月 15 日《抗战》杂志第 1 卷第 3 号。

韦岗之战告捷后，新四军第1、2支队乘胜向京沪芜铁路和江南各主要公路线展开更大规模的破坏与袭击。6月23日，军部向第1、2支队发出指示："在目前主要是切断交通，阻碍敌人的运输和兵力转移，扰乱敌人，牵制敌人，保守据点，特别是南京、镇江（这是敌人战略据占和后方兵力转移枢纽），以伏击的动作来打击和消灭远出和行进中分散的敌人，截夺敌辎重，争取不断的小战斗胜利"，以此"来配合各方执行保卫武汉的总任务"。① 接此指示后。第1、2支队选择位于京沪铁路镇江与丹阳间的新丰车站作为攻击目标。6月31日夜11时，新四军第1支队第2团第1营在民众和自卫队组织的配合下，向新丰车站发起突袭。车站守敌依托房顶抵抗，激战一小时后被全歼。战斗进行时，担任破路任务的地方武装和群众也胜利完成任务，车站一切设施均被摧毁。②

为迅速展开江南抗日局面，配合友军第79军江南作战，新四军第1支队8月12日以第2团主力袭击了句容县城。攻城开始后，该团第1营从城东南搭梯袭入城内，占领东南门，向伪自治会及日军发起攻击，施用火攻，烧死日军和汉奸数十名。担任袭击北门外飞机场的第3营，因机场无敌，遂大部入城加入战斗。由于守敌顽抗，而我军无攻坚重武器，战斗进至县府和天主堂时进展迟缓。为避免大的伤亡，我军主动撤出战斗。③ 此次战斗虽缴获不多，但因袭击的是敌占中心城市南京附近的县城，故给京镇、京杭之敌以震惊。敌不得不调动兵力，以增强交通线和城、镇的守备，但仍无济于事。15日，新四军第1支队一部袭击镇江以西仓头桥日军据点，毙伤日军20余名。24日，第1支队又向南京东郊麒麟门出击，歼灭驻守之伪军两个连。25日，该部在句容二圣桥附近袭击了掩护修路的日军，毙其20余人。26日，第2支队一部又伏击了小丹阳驶往当涂日军汽车一辆，毙伤车上日军30余人。④ 在我连续出击下，敌惊恐不安，深感江南新四军对其腹

① 《项英关于第一、二支队进入敌后的行动原则致陈毅信》（1938年6月23日），见《新四军文献》，第230页。

② 《新丰车站袭击战斗详报》（1937年7月1日），南京军区档案馆藏。

③ 《句容战斗详报》（1938年8月12日），见《新四军文献》，第236页。

④ 马洪武等编：《新四军征途纪事》第53、54页，江苏人民出版社1988年12月版。

心地区的威胁，遂调集兵力、车辆、船只，利用铁路、公路、河川交通之便，不断出动巡逻，寻我主力作战，并向我新四军第 1 支队、第 2 支队驻地"扫荡"。

1938 年 8 月 23 日，日军 4000 余人在飞机支援下向新四军活动地区当涂县小丹阳发起第一次"扫荡"。我第 2 支队在第 1 支队配合下，先以一部兵力阻击和袭扰敌人，主力则隐蔽集结在小丹阳以西之杨家庄，打击敌之一路，另以一部兵力转至外线，袭击陶吴、当涂之敌外围据点，并发动群众对京杭、京沪、句丹等公路进行破坏。经一系列战斗，日军顾此失彼，合围既扑空，后方据点又遭威胁，只好放弃"扫荡"企图，于 26 日开始撤退。新四军则乘势收复小丹阳、薛镇、护家墩、横溪桥、桑园铺、博望等地，日军"扫荡"被粉碎。[①] 同日，驻金坛之敌也出动 200 余人，分乘两船，一艘向导墅桥进犯，一艘沿丹金槽河北驶。新四军第 1 支队决心集中力量击其一路，仍以第 2 团第 7 连为突击队，第 9 连为预备队，赴沿丹金漕河出犯之敌必经之地珥陵镇设伏。队伍进至珥陵附近东方桥时，为敌发觉。敌立即离船登岸，占领河堤。我先敌开火，发起猛攻，敌据堤顽抗，战斗成僵持局面，我在毙敌 40 余人后撤出战斗。[②]

由于屡遭袭击，9 月上旬，日敌从镇江、句容、丹阳、金坛、天王寺等据点调集兵力 2000 多人，分 5 路袭击新四军第 1 支队驻地前隍村。这是日军对茅山地区的第一次大"扫荡"。陈毅亲自指挥第 1 支队特务连和第 1 团第 2 营反击，在华山一带冲破敌合围，毙日军 30 余人。第 1 支队司令部、政治部迅速跳出敌"扫荡"圈向南转移。[③]

敌攻袭未成，反遭打击，于是变更办法，采取攻守并用之策，所有市镇、交通要道上分兵驻守，深沟高垒，昼夜警戒，还以所谓"梅花桩"式的堡垒（即利用平原水网地带河流、湖泊错综的特点，在铁路、公路等交通要道上大修工事与据点，多得像梅瓣一样，是谓"梅花阵法"）来封锁我军；另一方面不时出动，

---

① 马洪武等编：《新四军征途纪事》第 53、54 页。

② 《珥陵战斗详报》（1937 年 8 月 23 日），南京军区档案馆藏。

③ 马洪武等编：《新四军征途纪事》，第 56 页。

取分进合击战术，对我新四军驻地合围，企图攻守双管齐下，驱逐我军出京镇地区。但敌苦心孤诣，伎俩用尽，均无显著成效。新四军江南部队抓住敌之弱点和空隙，依靠人民群众支持，穿插回旋于"梅花桩"间，不断给敌人以打击，同时壮大发展自己。据统计，新四军江南部队进入战区后，从6月18日韦岗战斗至次年1月，共与敌进行大小战斗299次，毙日伪军3651名，缴获枪支1924支。[①]

新四军挺进江南后作战的胜利和日伪的败绩极大地鼓舞了江南民气。日伪组织分崩瓦解。民众自动起来帮助新四军捉汉奸、反日探、打敌军，掩护新四军活动。新四军则抓紧时机，开展民运工作，进一步肃清汉奸敌探，收编、改造零杂游击武装，同时积极进行统战工作，团结各阶层人士共同抗日，并努力建立和恢复地方政权，发展新四军实力，扎扎实实地从事根据地建设工作。此一期间，原丹阳抗日自卫总团在新四军第1支队指导下获得发展，扩建为丹阳游击纵队，管文蔚为司令。其他大部分游击武装也均愿与我军合作，共同抗日。10月，新四军第1支队司令部、政治部公布减租减息办法，得到江南民众拥护。江南敌后抗战呈现出新局面。是年底，在陈毅等领导下，以茅山为中心，包括溧阳、溧水、金坛、丹阳、句容、镇江、江宁、当涂、武进、宜兴、无锡、吴县在内的苏南抗日根据地初步形成。

四、新四军战斗在皖南、皖中

1938年7月1日，新四军第3支队在策应第1、2支队挺进苏南后，亦开赴皖南前线，展开于东起芜湖、宣城，西至青阳、大通，南起章家渡，北至长江的狭长地带。

由于第3支队驻地处日军长江交通线的翼侧，为日军第15、第116师团的结合部，故第3支队抵达不久，即接第3战区令，策应友军作战，担负青弋江阵地

---

① 《叶挺、项英关于新四军进入江南第一年抗战的报告》（1939年3月10），见《新四军文献》，第248页。

守备和袭扰敌交通线之任务。其时，溯江西上进犯武汉之敌为了驱逐长江南岸中国军队的流动炮兵以确保航运，攻占大通，转犯青阳。湾沚之敌为配合其主力在铜陵、大通沿江的"扫荡"，也于 10 月下旬在湾浊、凤凰闸、大洋桥一带增兵 800 人，准备向我青弋江阵地进犯。新四军第 3 支队决心保卫南陵门户青弋江，守住夫子决、马家园至西河一线，给在铜陵、青阳作战的友军以有力支援。考虑到我方是在河网地带不利地形上作战，为避免蒙受敌强烈炮火可能造成的严重损失，保证自身的机动性以对付来自水道任何方面攻击，第 3 支队决定采取运动防御的方式，在正面配备疏散的战斗群，在翼侧控制主力，以便对敌侧击和实施反突击。具体部署为：以第 3 支队第 3 团第 3 营在夫子决、马家园、十甲村一线作正面防御，以第 5 团第 7、第 9 连于跑马山一带侧击进犯马家园之敌，以第 8 连于汉河担任警戒，以第 5 团和第 6 团各一个营为预备队驻蒲桥青弋江一线，以备反击需要。

30 日，湾沚之敌 500 余（内有骑兵百余）分 3 路向新四军红锡镇阵地发起进攻。双方接触后，在清水潭激战一小时，敌伤亡百余，守军仅伤两名，在达到消耗敌人的目的后，新四军主动撤出战斗，敌占领清水潭。11 月 3 日，敌增兵 400 人，兵分四路向马家园、十甲村等地进犯。第 3 支队在给敌以迎头痛击后，再次主动撤离。敌虽占据十甲村、马家园，但损耗惨重，元气大伤。新四军于此时集结兵力，发起反攻。敌退至红花铺。红锡镇、马家园为新四军收复。是日晚，第 3 支队第 5 团第 3 营在参谋长亲自率领下经崔山头袭击红杨杵。另有两支精悍小队袭击了湾沚和九里山，造成敌人极大恐慌，于 4 日上午将主力缩回湾沚，我乘势将红杨杵收复。此役前后历时 4 天，敌人伤亡 300 余，中方仅伤亡 32 名。[1] 这年底，在胜利完成了青弋江阵地守备任务后，新四军第 3 支队奉命转至铜陵、繁昌沿江地区，继续在皖南前线担任防御任务。

与此同时，新四军第 4 支队则深入皖中敌后开展游击战。4 月下旬，第 4 支

---

① 《马家园战斗详报》（1938 年 10 月 30 日至 11 月 4 日），见《新四军文献》，第 319 至 322 页。

队的先遣队从大别山进至巢县，与当地中共领导的地方武装汇合，转战于南京西侧合肥、全椒、和县、含山地区。是月底，第4支队主力进入皖中，展开于舒城、桐城、庐江、无为一带。5月上旬。第4支队先遣队侦悉巢湖南侧蒋家河口渡口为敌西进必经之地，且便于我隐蔽埋伏，遂决定以第4支队之先遣队配以第9团之一部在此设伏。12日，日伪军百余人果由巢县向西出动，行至运漕河西岸蒋家河口时，即遭我伏击，被毙数十人，① 余敌狼狈窜回巢县。新四军第4支队在皖中首战告捷，受到了国民政府军事委员会电文嘉勉。

6月中旬，皖中舒城、桐城相继沦入敌手。为积极配合正面战场友军武汉会战，新四军第4支队在安（庆）合（肥）公路两侧积极开展游击作战。第4支队第9团于7月间以4个连兵力，袭击了无为以东运漕地区伪军，毙其50余人，俘伪副司令以下100余人，缴获步枪150余支，轻机枪6挺。②

9月1日，活动于桂东河西的第4支队第7团第3营两个连在安（庆）桐（城）公路上范家岗附近伏击从桐城开来的日军汽车3辆，毙敌14名，缴获步枪10支，军需品若干，我则无一伤亡。③

敌遭此伏击后，心惊胆战，次日公路上敌百余辆汽车通过，前由兵车开道，尔后车上皆以机枪、步枪向公路两侧作预备射击状，并对范家岗附近横直3里路以内烧杀抢掠，大发淫威。为打击敌之气焰，消灭敌有生力量以造成其更大恐慌，新四军第4支队乘敌注意力集中于范家岗之机，决定在安桐公路之另一段，即为敌忽视之棋盘岭地区设伏，打一个更大的伏击战。9月2日下半夜，第4支队特务营和第7团第3营从桂东河出发，拂晓前进入棋盘伏击区。3日晨9时许，敌汽车80余辆（内多卡车）从安庆开出，沿安桐公路北上。先头两辆驶抵棋盘岭隘口，立即被埋伏在那里的便衣班击毁。第3辆车距前两车4里多路，也被我用集束手榴弹炸翻，敌兵10名6死4伤。不多时，大队汽车接连开到，在公路上

<hr>

① 注：关于这次战斗的歼敌数字，有10余人、20余人、40余人等说法。见《中国人民解放军战史》第2卷，第119页；《新四军文献》第375页。
② 《中国人民解放军战史》，第2卷，第120页。
③ 《范家岗战斗详报》（1938年9月1日），见《新四军文献》，第371页。

停下，前后分布约 10 里，新四军迅速出击，敌军 200 多人下车逃跑，被火力杀伤一部分，其余退至棠梨山顽抗，以机枪火力阻新四军前进。新四军官兵遂用汽油和手榴弹摧毁敌汽车 40 余辆。一个半小时，敌增援部队步、炮兵约 300 多人乘 6 辆汽车赶到，由公路东侧缓慢向我军包围。接着公路北面又有敌骑兵 500 余人向我逼来。棠梨山之敌见援军已到，也由路西向我逼近。至此，我伏击任务已完成，遂留一个班掩护主力迅速撤出战斗。是役，我毙敌 70 余，击毁汽车 50 多辆，缴获步枪、手榴弹等不少军用品，达到了预期战斗目的。①

敌遭我两次伏击后，更加紧了对公路两侧的戒备，每天上午出动骑兵或兵车沿公路向两侧搜索，但仍无济于事。10 月间，第 4 支队第 7 团第 3 营一个连再次于安桐公路铁铺岭伏击敌运输车队，激战半小时，将 3 辆车上的敌兵 29 人全部歼灭。20 分钟后，敌装甲汽车赶到，我军已无踪影。② 同月，第 4 支队第 9 团第 2 营袭击驻守运漕的伪军，击毙 50 余人，生擒 160 人，缴获步枪、轻机枪和各式手枪 194 支，我无一伤亡。③ 为进一步振奋民心，展开皖中局面，第 4 支队更于 10 月下旬攻入庐江、无为两县城，歼灭保安团队 3000 余人。④ 第 7 团第 2 营则又一次在棋盘岭伏击了敌人的两辆装甲汽车，击毙敌军官 4 名，士兵 80 余名。⑤

新四军第 4 支队在安（庆）潜（城）桐（城）一带开展游击战争，无论袭击敌军还是破坏交通，连战皆捷，既牵制了日军的西犯，又极大地振奋了皖中人民的抗日斗志。当地民众积极行动起来，主动配合主力作战。第二次棋盘岭战斗后，民众帮助破坏公路，使敌人连续 5 天不能通车。公路沿线守敌大起恐慌，半月后，桐城、舒城、潜城的敌人自动退走。各地群众抗敌组织由是风起云涌地建立了起来。1938 年 11 月，庐江、无为中共领导的游击队编为新四军江北游击纵

① 《棋盘岭战斗详报》（1938 年 9 月 3 日），见《新四军文献》，第 380～382 页。
② 《铁铺岭战斗详报》（1938 年 10 月），见《新四军文献》，第 383 页。
③ 《运漕战斗详报》（1938 年 10 月），见《新四军文献》，第 386～389 页。
④ 《中国人民解放军战史》第 2 卷，第 120 页。
⑤ 《棋盘岭战斗详报》（1938 年 11 月），见《新四军文献》，第 389 页。

队，担负皖中地区的抗战任务。主力则进一步东进，以第8团等部进至淮南铁路以东，与当地游击队会合，开展游击战争。至此，新四军第4支队经过半年多的游击作战，初步打开了皖中抗战局面。

五、新四军东进豫、皖、苏边

豫皖苏地区东起津浦路，西达新黄河，南至淮河，北迄陇海路，含豫东13县、皖北8县和苏北8县各一部，它东可挺进苏北，西部联结中原，又是大别山至豫皖平原之门户，沟通华北、华中，战略地位十分重要。徐州沦陷后，中共中央指示河南省委，立即发动党员、学生、工人深入乡村，发展敌后游击战争。根据这一指示，中共豫东特委首先在豫东地区建立了两支抗日武装：一支是由豫东特委书记沈东平以友军名义组成的第1战区自卫军第7路，约1500余人；一支是由原豫西特委书记吴芝圃以睢县、杞县、太康地方党为基础组成的豫东游击第3支队，约2000余人。为打开豫东抗日局面，7月，中共河南省委又组织一支百余人的先遣大队，由肖望东率领，由竹沟出发进入睢、杞、太地区，配合当地地方抗日武装豫东游击第3支队开展游击战争。8月19日，这支武装在豫东张岗集歼灭伪军百余人，首战告捷。①

与此同时，位于江苏丰县、沛县、萧县一带的抗日武装编成的人民义勇军第17、18大队袭击了敌杨楼东站和官桥据点。新四军影响得到扩大。

9月2日，中共河南省委为"把工作重心移向豫东，开创苏鲁皖边新局面，与八路军冀鲁豫边区部队联系起来"，②决定开辟豫皖苏边根据地，以"不断袭扰津浦、陇海之敌及消灭土匪、汉奸武装……于最短期间中发展与壮大自己，担当起牵制敌沿大别山脉西进战略作用。在武汉失守、平汉危急条件下，有可能造成

---

① 《彭雪枫关于豫东近况并准备东进致毛、周、叶电》（1938年9月3日），见《新四军文献》，第463页。

② 《周恩来、叶剑英关于工作重心应移豫东创造苏鲁皖边新局面致彭雪枫等电》（1938年9月2日），见《新四军文献》，第462页。

晋察冀前途"。① 河南省委决定由彭雪枫率游击队和党政干部 372 人，于 10 月中旬由竹沟抵达西华杜岗，与肖望东部、吴芝圃部会师。同月，3 支部队合编为新四军游击支队，彭雪枫任司令员兼政治委员，吴芝圃任副司令员，张震任参谋长，肖望东任政治部主任，谭友村任副主任，辖 3 个大队，约千余人。同时成立军政委员会，彭雪枫为主席，以统一指导豫东工作。

合编后，部队休整半月，于 10 月下旬东渡新黄河向鹿邑前进，25 日越过淮（阳）太（康）公路，26 日抵达堂棣。27 日在淮阳东窦楼与淮阳东北之戴集敌骑百余遭遇。敌由林津少尉率领向中方发起进攻。新四军则决心给以迎头痛击，以扫除东进障碍，当即部署如下：以支队直属部队控制窦楼，以第 1 大队之一部占领马菜园以北起伏地执行钳制任务，支队主力则对进犯之敌实施侧击和迂回包围。战斗打响后，支队一部按部署占领了马菜园与敌对峙，主力由窦楼东南向敌侧击，并取迂回包围之势，另一部则由西而东向敌靠近。激战两小时，敌在我三面突击下不能支持，狼狈逃窜。② 窦楼战斗为游击支队东渡黄水开进豫东之处女战。初战胜利，使士气民心大振。

28 日，支队渡过涡河进入鹿邑县境。在鹿邑整训后，又于 11 月下旬开始北征，进入睢、杞、太地区。支队在那里帮助地方政府推行政令，打击、肃清汉奸、土匪武装，进行了睢县西陵寺之役，杞县后李庄、唐郭楼之役，陈寨之战，宋庄之战等，给伪军沉重打击。睢、杞、太、商（丘）的日伪、汉奸曾试图以"扫荡"进行报复，11 月 28 日，出动日军 300 余，伪军数百，乘汽车 80 余辆袭击我游击支队驻地，并出动坦克 7 辆。而我避敌锋芒，已及时转移。敌扑一空。③ 由于连战获胜，游击支队在睢、杞、太、淮地区影响迅速扩大，民众抗日信心大增，豫东抗战的基础得以奠定，并造成了进一步发展豫、皖、苏抗日根据地的有利条件。

① 《彭雪枫关于豫东近况并准备东进致毛、周、叶电》（1938 年 9 月 3 日），见《新四军文献》，第 463—464 页。

② 《窦楼战斗详报》（1938 年 10 月 27 日），见《新四军文献》，第 468 页。

③ 张震：《东征以后》（1939 年 7 月 1 日），见 1939 年 9 月 25 日《八路军军政杂志》第 9 期。

小　结

徐州会战（包括豫东会战）历时 5 个月，是抗战前期一次重要战役，在抗日战争中具有重大影响。这次会战，中国先后投入了第 5 战区全部和第 1 战区大部兵力，计 99 个步兵师，6 个旅，1 个炮兵旅又 4 个炮兵团，约 100 万人；日军调动了 8 个师团，3 个混成旅团，3 个支队（相当于旅团）以及大量空军、炮兵、坦克部队，约 25 万人。

会战前期（即中国军队的攻势时期），由于中国军队在战略上处有利态势（地理环境优越，军队数量优势，日军孤军深入等），特别是采取了运动战、阵地战和游击战相结合的正确战略战术，使日本军队在鲁南（尤其是在台儿庄附近）遭受了前所未有的失败。

会战后期（即中国军队的守势时期），日军调集了大批机械化师团，南北 6 路分进合击，虽然中国军队在数量上仍居优势，但由于机动能力、火力以及训练皆不及日军，尤其是军事委员会决策上的失误（一味同日军在鲁南硬拼，忽视了鲁西和淮南的防守），导致了战略上的被动。如果不是日军兵力不足，中国军队主力几乎被围歼；如果不是施行"黄河泛滥"战术，郑州和平汉线南段以及陇海线西段差一点被日军攻占。

值得一提的是，中国共产党领导的游击战，对徐州会战予以了直接或间接的援助。尤其是八路军陈再道、宋任穷支队在冀南，新四军陈毅支队、张鼎丞支队在苏南，高敬亭支队在皖东进行的伏击战、破袭战，有力地支援了徐州方面作战。

徐州会战的意义在于：（1）遏制了日军凶猛的进攻势头，使其在大战略上的处处被动（速战速决战略的破产）；（2）鼓舞了中国人民抗战的斗志，促进了全面抗战的深入；（3）为准备武汉会战赢得了时间。

　　会战期间，日军训练有素、装备精良，独立作战能力很强。反观中国军队则战斗力很弱，即使在兵力绝对优势的情况下，也未能将处于劣势的日军歼灭（如台儿庄战役、兰封会战）。中国军队的弊端表现如下：

　　（1）部队成分复杂，派系严重，常常不能协同作战，以保存实力（如韩复榘、宋哲元）；

　　（2）中央嫡系部队居功自傲，常常不听战区长官部的调遣（如汤恩伯），甚至为保存实力而不愿打硬仗，不能恪尽职守（如桂永清、黄杰、龙慕韩等）；

　　（3）各级军事机关指挥失当。蒋介石和战区长官经常越级调动作战部队，给前方造成混乱；

　　（4）通讯手段落后，致使各部队之间，上下级之间联系不周，情报不灵，常常贻误战机；

　　（5）武器装备低劣，后勤供应落后，造成给养困难，影响了士气。

第四部分

全面抗战的高潮

第 15 章
/武汉会战前的政局/

一、国民党临时全国代表大会和《抗战建国纲领》

1938 年 3 月 29 日至 4 月 1 日，国民党临时全国代表大会在武昌珞珈山召开。蒋介石、汪精卫、冯玉祥、居正等 17 人组成大会主席团，由叶楚伧任秘书长。汪精卫、叶楚伧、何应钦、王宠惠、孔祥熙分别在大会上作了政治、党务、军事、外交及财政方面的报告。

《临时全国代表大会宣言》指出："中国现正从事于四千余年历史上未曾有的民族抗战。此抗战之目的，在于抵御日本帝国主义之侵略，以救民族国家于垂亡；同时于抗战之中，加紧工作，以完成建国之任务。"[①] 强调"抗战"与"建国"并重是这次大会的基调。

临时全国代表大会制定了《抗战建国纲领》，它计有 32 条，分为总则、外

---

① 荣孟源主编：《中国国民党历次代表大会及中央全会资料》（下册），第 461 页，光明日报出版社 1985 年版。

交、军事、政治、经济、民众运动、教育等7项，是抗战初期国民党的全面政治纲领。

《抗战建国纲领》在总则中规定："三民主义暨总理遗教为一般抗战行动及建国之最高准绳；全国抗战力量应在本党及蒋委员长领导之下，集中全力，奋励迈进。"① 在外交方面，则主张以独立自主精神联合一切反对日本帝国主义的国家和民族，制止日本侵略，否认日本在中国领土内扶植的一切伪政治组织。政治方面，则准备组织国民参政机关，团结全国力量，集中全国之思虑及识见，同时加紧完成地方自治，为实施宪政作准备。军事方面，对军队实行以抗战建国为宗旨的政治训练，指导、援助各地武装人民，在各战区司令长官指挥下，与正式军队配合作战，并且在敌人后方发动普遍的游击战，牵制消耗日军。经济方面，以军事为中心进行经济建设，实行计划经济，扩大战时生产，全力发展农村经济；推行战时税制，统制银行业务，巩固法币，统制外汇，管理进出口货物，严禁奸商屯集居奇，实施物品平价制度。民众运动方面，发动全国民众，组织农工商学各职业团体，使有钱者出钱，有力出力，对于言论、出版、集会、结社予以合法的充分保障。

《抗战建国纲领》制定之际，华北日军已进抵台儿庄，有进窥徐州之势，战争形势相当严峻。国民党自全面抗战开始以来，一直依靠政府和军队的力量进行抗战，从而导致了在华东、华北各个战场上节节失利、伤亡惨重的局面，血的教训使国民党意识到只有深入动员社会各阶层的力量，才能坚持持久作战，战争的胜负不单纯取决于武力，至关重要的是敌我双方总体国力的长期较量。国民党为争取广大民众支持政府抗战，采取了一些较为开明、进步的措施，《抗战建国纲领》的制定便是这些开明政策的集中体现，它得到了各党派的赞同。4月13日，国家社会党首领张君劢代表国家社会党致函蒋介石、汪精卫，赞扬了国民党临时全国代表大会宣言，申述该党主张与三民主义最高原则在精神上并无二致，表示

---

① 荣孟源主编：《中国国民党历次代表大会及中央全会资料》（下册），第485页。

今后"愿本精诚团结共赴国难之意旨与国民党领导政局之事实，遇事商承，以期抗战期中言行之一致"。① 21 日，左舜生代表青年党政致信蒋介石，也作了类似表示。中国共产党也一再表示拥护国民政府实行《抗战建国纲领》。4 月 27 日，中共中央向长江局发出《中央关于国民党临全大会后的策略问题的指示》，指出《抗战建国纲领》虽有诸多不完善之处，但其基本精神与中共的《抗日救国十大纲领》是一致的。

国民党临时全国代表大会是在徐州会战已经开始，武汉保卫战行将发动的关键时刻召开的。为了集中权力以适应战争形势，大会改变了国民党的领导体制，确立领袖制度，设立总裁，大会认为，"自总理逝世以后，党中领导失其中心"，②力量无从发挥，因而设总裁为全党领袖，代行总理职权，在全国代表大会闭幕期间，由总裁行使党的最高权力。大会推蒋介石为总裁，汪精卫为副总裁。总裁制的设立使蒋介石得以合法独揽党政军大权，使他成为国民党内享有至高无上权力的领袖。与中央的领袖制度相呼应，国民党的各级地方组织也采取首长制，一改过去的委员制。

大会还决定设立三民主义青年团，取消预备党员制度，目的是"训练全国青年，使人人信仰三民主义"。③ 1 月 9 日，三民主义青年团正式成立，蒋介石兼任团长。

根据大会通过的调整党政关系等各项决议案，国民党加强了对全党及全国的政治控制。在党政关系上，在中央一级实行以党统政，在省与特别市一级采取党政联席的形态，县级则融党于政，全国各行政系统、军事系统等都要设立国民党的党团组织。对于各种社会团体，国民党完全控制了自治、慈善、开垦等社会团体的工作，并由党的专门机构统管农、工、商、医药、律师等职业团体的工作。

国民党确立领袖制度，强化对该党及整个社会的政治控制在某种程度上是迫

---

① 吴相湘：《民国百人传》第 3 册，第 22 页。
② 《吴委员敬恒代表主席团说明推举总裁副总裁原词》，见《革命文献》第 76 辑 307 页。
③ 荣孟源主编：《中国国民党历次代表大会及中央全会资料》（下册），第 514 页。

于战时状态的需要，但它也隐伏着很大危害，即国民党及其领袖会利用这种在非常状态下得到的权力维护其既得利益，实行个人独裁的一党专制。

二、国民参政会的召开与全国各党派、各阶层抗日热忱的高涨

卢沟桥事变后，国民党为争取各阶层支持政府抗战，逐渐采取了一些顺应民心的政治措施。1937 年 7 月 31 日，国民政府释放了沈钧儒等闻名中外的救国会七君子。八一三事变后，国民政府又在最高国防会议下设立了国防参议会，由蒋介石聘请在野党派的领导人及社会名流组成，该会具有团结各党派共同抗战的象征意义，是后来国民参政会的胚胎。9 月，国共两党正式表示团结抗日，共赴国难。国民政府颁布了《修正危害民国紧急治罪法》和《惩治汉奸条例》等。在政府的默许下，各在野党派已可以公开身份从事抗日救亡运动。

南京失守后，中国的政治、军事、交通中心已西移至武汉，各党派均以武汉为中心开展政治活动。国民政府充分意识到武汉在政略、战略中的重要地位。蒋介石指出：“武汉居长江上游，为天下之中，无论我们要控制东南和华北敌人，规复已失的领土，或保持内部与西北的联络，巩固后方的安全，我们都必须保卫武汉，固守武汉。”① 1938 年 3 月 25 日，中共中央致电国民党临时全国代表大会，要求动员全国武力、人力、财力、物力保卫武汉。围绕保卫武汉这一中心任务，中华民族团结抗战的热忱迅速达到高潮。

1938 年 2 月 6 日，军事委员会政治部成立，陈诚任部长，周恩来（中共）、黄琪翔（第三党）担任副部长，并到部任职。4 月 1 日，政治部下设立第三厅，由郭沫若任厅长，厅中工作人员多为左翼著名文化人士，分别进行对国内、对日本和对国际的宣传，通过文字、歌咏、美术、戏剧、电影等各种宣传方式进行抗日动员。在抗战一周年之际，发起了武汉各界抗战建国周年纪念大会的献金运

---

① 杨树标：《蒋介石传》，第 359～360 页，团结出版社 1989 年版。

动，各界人士捐献金额达 100 万元。

国民党全国临时代表大会召开以后，在野党派取得了合法地位，民众运动进一步开放，武汉先后出现了 200 多个民众抗日团体，著名的有武汉青年救国团、中华民族解放先锋队、中华全国文艺界抗敌协会、蚁社等，这些民众团体从事抗日宣传、募捐、慰问前线将士等活动，有的团体奔赴前线进行战地宣传和服务，武汉青年救国团数千人到豫东和第 5 战区参加游击战，武汉成了中国抗日民众运动的中心。

1938 年 4 月 12 日，国民政府根据国民党临时全国代表大会的决议公布了《国民参政会组织条例》，按照条例规定，国民参

图 15.1　出任国民政府军事委员会政治部副部长的周恩来在武汉

政会是一个咨询性质的机关，它对国民政府有咨询权和建议权。参政员人选由国民党中央执行委员会选定，包括各省市地区的代表、华侨代表、文化和经济团体代表，各党派人士则以各种团体的名义成为特任的参政员。第一届国民参政会共有代表 200 人，其中国民党人有 88 人；共产党参政员计 7 人：毛泽东、董必武、林伯渠、吴玉章、邓颖超、秦邦宪、陈绍禹；救国会 3 名参政员为沈钧儒、邹韬奋、陶行知；国社党 6 名：张君劢、罗隆基、胡石青、徐傅霖、陆鼎揆、梁实秋；青年党 7 人：曾琦、李璜、左舜生、陈启天、余家菊、常燕生、喻维华；第三党 1 名：章伯钧；中华职教社两名：黄炎培、胡厥文；乡村建设派 1 名：梁漱溟。其余均为无党派人士。

7 月 6 日，第一届第一次国民参政会在汉口召开，汪精卫任议长，张伯苓任副议长，167 名参议员参加会议。中共参政员除毛泽东外其余均出席会议。在短短的 10 天会期内，参政会通过了 125 件决议案，陈绍禹等提出的《拥护国民政府

实施抗战建国纲领案》，获得了全体参政员一致赞同。《抗战建国纲领》成为各党派所共同愿意遵守的政治纲领。参政会上通过的重要议案还有《拥护政府长期抗战国策案》、《切实保障人民权利案》等。

国民参政会召开之际正是日军准备西犯武汉之时，中共参政员毛泽东等在《我们对于国民参政会的意见》中即指出："国民参政会首届会议开会之际，敌人的铁蹄已走进了中州原野，江淮河汉之间也弥漫着敌人的炮火，皖赣两湖受着敌骑的威胁，武汉成为敌人急切窥觎的目标，因之，我们认为最急迫的问题莫过于如何保卫武汉。"[1] 陈绍禹等在会议上提出《加强保卫大武汉案》，内容分为军事、政治、经济三方面，提出了具体的主张。

国民参政会是抗战时期带有政治协商性质的咨询机构，也是各党派政治上合作的一种形式。第一届参政会的召开有力地显示了中国各党派在强敌压境下的不屈意志和坚强团结。参政员虽非民选，但确实有广泛的代表性，从"建国"的意义上看，参政会的召开也是民主政治建设的良好开端。

不过，国民党在政治上的开放有其限度，而且主要是因为抗战严峻形势所迫，它仍企图继续垄断政治权力，蒋介石一度试图将共产党、青年党等消融于国民党之中，国民党临时全国大会也强调"各界人士，不问其派别如何，尤应捐除成见，在一个信仰、一个领袖、一个政府之下，实行抗战"。[2]《扫荡报》等公然宣称"欲使国家趋于绝对统一之途，必须一党专政"、"如有反对一党专政者，即无异于反对统一，即无异于破坏抗日"、"在共同信仰三民主义之下，就不应该有'国共合作'的名词"。对于国民党不能操纵控制的民众团体，则加以弹压，1938年 2 月，国民党下令解散了西安文化协会、西北青年救国联合会等 13 个社团。8月 20 日，武汉卫戍总司令部下令解散武汉青年救国会、中华民族解放先锋队和蚁社等抗日团体。

---

① 《国民参政会纪要》（上册），第 77 页，重庆出版社 1985 年版。
② 荣孟源主编：《中国国民党历次代表大会及中央全会资料》（下册），第 448 页。

三、德国停止对华军事援助

日本发动全面侵华战争后，就一再要求德国召回在华德籍军事顾问，停止对华军事援助，甚至不惜以退出日德防共协定相威胁。但德国不同于左袒日本的意大利。意大利和中国之间没有重要的通商关系，中日战争爆发后，它便讨好日本，1937 年 11 月 8 日公然承认伪满洲国，并停止了与中国的军火交易及军事往来。德国在中国有重大贸易利益，从 1931 年到 1937 年间，德国在中国对外贸易中的比例从占 4% 增加到占 12%。1937 年，德国已是中国对外贸易伙伴中的第 3 名，仅次于美国与日本。在德国对外出口的国家中，中国名列第 12 位，日本为第 20 位。在向德国输入货物的国家中，中国名列第 21 位，日本仅为第 44 位。[①] 据德国工业集团《1937 年年鉴》所提供的数字，在所有接受德国军备物资的国家中，中国的数量占 37%，居第一位。1936 年德国向中国出口的战备物资价值为 23748000 马克，1937 年则猛增至 82788600 马克。因而，德国对交战的中日双方一直表示它将严守中立，不为日本的要求所动。德国有两个托词，其一，若德国召回在华顾问，则苏联顾问必将取而代之，对德、日两国均不利；其二，德国的军事顾问已经不属于德国国防军成员，他们通过私人聘约直接对蒋介石负责，德国对此不承担责任。为了避免日本这个东方反共盟友在中国陷于无休无止的战争，德国驻华大使陶德曼一度曾在中日之间斡旋，但因日本方面所提和谈条件过于苛刻而未能成功。

随着中日战局的发展，纳粹德国从其对苏战略考虑，日渐倾向日本，而日本驻德大使东乡则向德国人表示："日本极愿在发展中国经济上与德国合作。德国商人常恐德国在中国的商业受排挤，其实那是不会发生的。"[②] 此言意在消除德国商人的疑虑。1938 年 2 月 5 日，日本外长广田弘毅约见德国驻日大使狄克逊，要

① 《中德关系史文丛》，第 231 页，中国建设出版社 1987 年版。
② 《中德关系史文丛》，第 238 页。

求德国承认伪满洲国，停止运送武器到中国等。2 月 20 日，德国元首希特勒在德国国会发表演说，宣称"无论东亚在何时如何，德国本着防共立场将永远把日本视为和誉为安全的因素"，表示"已决定承认'满洲国'，以抛弃过去不可解之幻想政策，而尊重现实"。① 2 月 24 日，中国政府对德国表示抗议，但除此之外并无更多表示，只想委曲求全。驻德大使程天放则认为最好让德国用书面承认不召回顾问及对经济合作继续进行，"如能办到，则我方之委曲求全，始有意义"。②

3 月间，德国停止接受中国赴德受训的军事人员。4 月 27 日，德国第二号人物戈林不顾中德易货四年协定，禁止向中国出售武器军火。同日，德国外交部正式通知中国大使馆，德国希望撤回在中国的德籍军事顾问。德方在外交文件上正式列出 24 名德国军官和 9 名其他人员的名单，要求他们迅速回国。由于中方对德国顾问再三挽留，6 月 21 日，德国驻华大使陶德曼与总顾问法肯豪森向中国外交部次长徐谟口头声明："如于 6 月 23 日以前，中国国民政府对于全体德国顾问之即时离华不予明白表示同意，并担保该顾问等之离华，则本大使奉令立即将所有职务移交于代办，离华返国。"并进一步威胁道："中德外交关系之是否继续维持，或由我方予以断绝，须视关于顾问问题之以后发展而定。"③ 6 月 28 日，陶德曼奉柏林之命经香港回国。同时，在华的德国顾问接到德国外交部的严厉训令，称撤退顾问是希特勒亲自下的紧急命令，对不按照德国政府要求行动的军官将采取严厉的措施，军官违令者会被取消德国国籍，没收全部财产。在此情形下，法肯豪森总顾问遂率全体顾问于 7 月 5 日离开中国。

德、意、日侵略同盟威胁着全世界的和平。作为一个侵略行为的受害者，中国与德、意关系的恶化是极为自然的。但当时国民党内有一股势力仍愿维持与德意的友好关系，他们的动机不尽相同，主要可分为 3 种。一种为法西斯主义的倾慕者，希特勒和墨索里尼是他们心目中的偶像；一种为不讲原则的现实主义者，

---

① 《战时外交（二）》，第 679 页。
② 《战时外交（二）》，第 680 页。
③ 《战时外交（二）》，第 688 页。

他们奉行多交朋友而少结仇怨的主张；另一种则别有所图，想借德意之线与日本妥协，汪精卫即属此类。他在首次国民参政会上公开支持李圣五提出的"加强德意外交案"，遭到中共参政员的激烈反对。关于中德关系恶化的影响，《大公报》在德国承认伪满洲国时便有精当的评说："希特勒这种态度对于中国将有两种好的影响，在对暴日作殊死战时，而尚属望日本同盟者德国的援助，这本来是一种矛盾。现在矛盾解消，中国的国际政略当然走向反法西斯集团一条路……从国际全局说，法西斯集团这样采积极的攻势，才可以促成反法西斯国家联合阵线之真正成功，大势上反而与中国有利。"①

四、张鼓峰事件的影响

1938 年 6 月中旬以后，日军大本营集中调集兵力准备攻占武汉，但在此期间却发生了一度令日军大本营深感不安的日苏间的武装冲突。

张鼓峰在中国东北瑷春县最南端，位于苏、中、朝边境，是图们江北边的一座山峰。苏联认为国境线应沿张鼓峰峰顶，而日本则将整个张鼓山山峰视为伪满洲国领土。瑷春县当时划入日本"朝鲜军"的防卫区域。

1938 年 7 月 13 日，"朝鲜军"司令官小矶国昭大将得知苏联红军已于 11 日占领张鼓峰，立即向日军大本营报告："长池附近，历来苏方即以条约规定称为苏联领土。我方查阅苏联发行的地图，亦明显看出为满洲领土，当属有争议地区。苏方擅自采取上述处置，显系非法行为。然而鉴于该地在目前对我作战计划影响不大，加以正在进行中国事变，所以不拟立即采取反击措施。本军准备由现地直接据理要求其撤退。最后万一苏方不接受我方要求时，则企图断然以实力将苏军驱逐至长池以东地区。"② 7 月 16 日，日军大本营向"朝鲜军"司令官下达如下命令："对张鼓峰附近苏军非法越境，朝鲜军司令官根据需要，得以在朝鲜

---

① 《季鸾文存》第 2 册，第 50～54 页，大公报馆 1947 年版。
② ［日］井本熊男：《作战日记编成的支那事变》，第 254 页，日本芙蓉书房出版社。

所属之部队向国境附近集中。但行使实力须听候命令。"① "朝鲜军"司令官遂令第 19 师团师团长尾高龟藏派步兵 4 个大队、山炮兵 2 个大队、野战重炮兵 1 个大队向张鼓峰附近的四会、庆兴、阿吾一带集中。日军参谋本部作战科认为应给张鼓峰上的苏联军队一个重大打击，以使苏军不再发生类似事件。而集结于事发地带的第 19 师团则锐意备战，准备给苏军一击。

7 月 20 日，日军参谋总长晋询日本天皇时，表示要对张鼓峰的苏联红军行使武力，但天皇担忧万一引起真正的日苏战争，未予同意。

7 月 29 日，苏联红军 10 余人至张鼓峰北方约 2 公里的沙草峰一带修筑工事，第 19 师团长未奉大本营命令便下令攻击苏军。下午 4 时，苏军增加兵力，并使用坦克夺回沙草峰。30 日夜，第 19 师团以一个联队的兵力夜袭沙草峰、张鼓峰，加以占领。8 月 1 日，苏军以优势的空军攻击日军第一线部队，轰炸朝鲜境内的交通设施。装备本来就差于苏军的第 19 师团陷入苏军优势火力的攻击中。对此，战地日军要求使用空军作战，但日军大本营鉴于中日战争正紧张进行，不敢轻易扩大冲突，直至冲突结束都未允许使用空军作战。8 月 2 日，苏军在飞机、坦克和远程火炮的掩护下，进行大规模攻击，第 19 师团死伤惨重。但日军大本营连使用坦克作战都不允许，第 19 师团只得困守阵地不断挨打。8 月 6 日，苏军出动两个师的兵力，使用百余辆坦克、100 架飞机及炮兵对张鼓峰、沙草峰的日军反复攻击，第 19 师团已支撑不住。日军在中国战场上虽骄横不可一世，但在装备更现代化的苏军面前，相形见绌，当时日本如引发对苏战争，弹药的保有量不足 15 个师团一次会战之用。8 月 5 日，日军大本营被迫准备下令撤出张鼓峰、沙草峰一带，退至原驻地。但这一命令对日军意味着失败的屈辱，因而迟迟未能下达，第 19 师团遭受苏军连续数日打击后，已实力耗尽，无力支撑。恰在此时，日驻苏大使重光葵同苏联外交人民委员会李维诺夫于 10 日午夜正式签订停战协定，日军第 19 师团才得以从容撤退，使日本勉强保住了面子。

---

① ［日］井本熊男：《作战日记编成的支那事变》，第 255 页。

在张鼓峰事件中，日苏双方投入兵力将近 10 万，日军死伤 1440 人，苏军死伤 847 人。在这场实力较量中，苏军动用了大量坦克、重炮、飞机等现代化武器，日军的装备相形之下不免自惭形秽以致情愿看着第 19 师团挨打，也不敢出动飞机和坦克与苏军正面较量。最后不得不撤出沙草峰和张鼓峰。

张鼓峰事件爆发后，中国政府非常关切，1938 年 7 月 27 日，蒋介石致电苏联大使杨杰，要其询问 "张鼓峰案苏俄以后决心究竟如何？倭如提议组织划界或调查委员会时，苏俄是否接受？如其接受，则倭藉此拖延时日，且可于此会期内希图保障其安全，而抽其东北兵力侵华，待侵华告一段落，再以全力对苏，其意甚明，苏必勿受其愚，请以中意转问其当局决心如何"。① 从张鼓峰事件的影响看，它对日军进攻武汉一度起了牵制作用，但它没有发展成日苏全面战争又不免使许多中国人感到怅然。事实说明，苏联虽愿支持中国消耗日军力量，但不可能直接参加对日作战。日军通过在张鼓峰的冲突，深切感受到苏军的强大，但也觉察到苏联并无意扩大战争，因而继续进攻中国当时抗战的重心——武汉。

---

① 《战时外交（二）》，第 342 页。

第 16 章
武汉会战

一、中国防卫武汉的战略部署

武汉为湖北省会，地处中原，水陆交通便利，素有"九省通衢"之称，自古为兵家必争之地。就水路而言，武汉三镇位于长江与汉水交汇处，长江从湖北境内蜿蜒东去可沟通皖、赣两省，而从宜昌溯江西上，则有巴蜀可作倚托的大后方。武汉还是铁路交通枢纽，凭借粤汉铁路和平汉铁路两大交通动脉贯通南北。武汉的工商业也较为繁盛，为华中地区第一大都会。

全面抗战开始后，由广州输入经粤汉铁路北运的各种重要战略物资经武汉中转集散，分头接济各战区。南京失陷后，国民政府宣告已迁都重庆，但优越的地理、交通条件和工商业基础使武汉成了战时中国事实上的军事、政治及文化中心。正因为如此，国民政府军事委员会在南京失守后立即筹划以保卫武汉为中心的军事计划。

1937 年 12 月 13 日，军事委员会军令部在武昌拟订了《军事委员会第三期作战计划》，决定："国军以确保武汉核心、持久抗战、争取最后胜利为目的，应以各战区为外廓，发动广大游击战，同时新构筑强韧阵地于湘东、鄂西、皖西、豫西各山地，配置新锐兵力，待敌深入，在新阵地与之决战。"① 1938 年 1 月 11 日，陈诚受任为武汉卫戍总司令，负责筹备武汉防御事宜。

从淞沪会战至南京失守，华东战场上的中国军队主力损耗严重，编制混乱，战力大减。当时武汉至南京间的封锁线及防御体系尚未完成，长江沿线倍感空虚。不过占据了上海、南京的华东日军并未以主力乘势沿江西进，而是选择了先北上津浦路，待华东、华北日军打通津浦路、会师徐州后再攻占武汉的战略。这使中方能较为从容地部署武汉保卫战。1938 年初，军事委员会判断日军将由平汉线南下，并从大别山北麓及长江两岸西进会攻武汉，"则此时由湘赣之幕府山脉至豫鄂皖境内之大别山脉……预想也为将来之主战场也"。② 鉴于南京保卫战的教训，军事委员会认为武汉三镇从地形上观察并不易守，因而"欲确保武汉而始终保持武汉为我政治经济资源之中枢，则应战于武汉之远方，守武汉而不战于武汉是上策"。③ 武汉卫戍总司令部乘徐州会战紧张进行之机，在武汉外围构筑防御工事，整理补充军队，加紧备战。

1938 年 5 月 19 日，日军占领徐州，随后以 3 个师团兵力沿陇海路西进，准备以主力由豫东平原与皖北地区直压平汉线，席卷郑州、开封，南下信阳，与预备使用于长江方面的一个军会攻武汉。日军大本营于 5 月底已决定于秋季攻占武汉，并视攻占武汉、控制中原要地为压迫中国政府投降或崩溃的最大机会。当黄河决堤造成的大面积泛滥阻止了豫东日军的进攻势头，向开封、郑州方面西犯的日军主力由津浦路方面向合肥以北地区靠近，于 6 月初攻陷涡阳、凤台、寿县、正阳关等地，以与合肥方面的日军取得联络。日军大本营被迫改变作战路线，以主力沿长江两岸，一部沿大别山北麓西犯武汉，战略形势为之一变。武汉外围防御阵地由对北及东北正面变成单纯对东正面。中方因徐州会战及陇海路战斗失利一度

---

① 《军事委员会第三期作战计划》（1937 年 12 月 13 日），国民政府军令部战史会档案，中国第二历史档案馆藏。

② 中国第二历史档案馆编：《抗日战争正面战场》，第 647～648 页。

③ 中国第二历史档案馆编：《抗日战争正面战场》，第 647～648 页。

濒于危急的战略态势渐趋稳定，借此喘息之机，重新布防。第5战区部队已部署于长江北岸及大别山北麓地区。第1战区主力则从6月9日起纷纷奉调南下增援，6月14日成立了以陈诚为司令长官的第9战区。这样，在武汉外围，第5战区负责守御长江以北，第9战区则守御长江以南地区，不过，位于长江北岸的田家镇等江防要塞部队仍归第9战区指挥。至7月11日，军事委员会决定集中主力于武汉外围，"利用鄱阳湖与大别山地障，并藉长江南岸之丘陵与湖泊施行战略持久"，计划在武汉外围与日军作战4个月，以求最大限度地消耗日军有生力量。[1]至此，军事委员会防卫武汉的作战总体构想已经完成，即武汉三镇为策动全国抗战的中心。其得失为国内外所瞩目，绝不能轻易放弃。鉴于武汉核心区域（包括平汉路南段和粤汉路北段）自身不易防守，因而战争主要应在武汉外围地区进行，配置有力一部在九江以东地区迟滞日军推进的速度，会战的主阵地则选择在湘鄂赣边境和鄂豫皖边界的丘陵、湖泊地区，湘鄂间边境有幕阜山、庐山、九宫山鄱阳湖之险，鄂豫皖边则依大别山脉作天然屏障。军事委员会意识到武汉保卫战"固不能保我土地之不失，亦不妄冀歼灭敌人"，[2]作战的主要意图是尽可能消耗日军力量，以利长期抗战。

二、长江沿岸的前哨战

1938年6月上旬至8月初是武汉会战的前哨战时期，日军一面派兵占领前进阵地，一面从各地集结主力准备总攻。

安庆、马当、湖口、九江均为江防要地，占领后日军便能将它们作为沿江进窥武汉的军事及补给基地。

1938年6月1日，华中派遣军命令第6师团坂井支队以步兵两个联队、山炮

---

① 《蒋委员长如何战胜日本》，第50页，台湾黎明文化事业股份有限公司出版。
② 《军事委员会第三期作战计划》（1937年12月13日），国民政府军令部战史会档案，中国第二历史档案馆藏。

兵一个联队的兵力自合肥南下，以拊安徽省会安庆之背。6 月以后，坂井支队因阴雨不停，道路复遭中方严重破坏，前进极感困难。不过，位于合肥西北部的徐源泉第 26 集团军未能阻止坂井支队前进，该路日军所造成的战略压迫形势，已令担负安庆及巢湖方面的第 27 集团军杨森部守军难以安枕。与此同时，日军还专门调来波田支队，充当溯江作战的先锋。波田支队原驻防台湾，适应亚热带气候作战，并且受过严格的登陆作战训练，由波田重一少将任支队长，下辖步兵两个联队，山炮兵一个联队。11 日夜，波田支队在日海军 20 多艘舰艇输送下驶抵安庆附近江面。翌日凌晨，波田支队 2000 多人冒着大雨偷袭登陆，向安庆进攻，迅速占据了城郊的飞机场，杨森部第 20 军第 146 师及保安队"未经力战，轻弃名城"，① 致使安庆于 12 日陷落。攻陷桐城的坂井支队得知波田支队已占安庆后，改道西南，向大别山防线的前沿阵地潜山县进发。第 5 战区为阻止日军西进，以杨森部第 27 集团军防守太湖、望江之线，以徐源泉第 26 集团军占领潜山以西山地，以韦云淞部第 31 军集结太湖附近，策应徐源泉部侧击沿潜山、太湖西进的日军，激战至 18 日，中国军队才放弃潜山。徐源泉部和杨森部虽有集团军的番号，实际上都只有 1 个军两个师的兵力，且装备素质欠佳，尤其是徐源泉部的"士兵乱放空枪，纪律废弛，敌来即退"，"自官亭撤退未放一枪，沿途拉夫扰民无所不至"，② 以致轻失安庆。徐、杨两集团军也未完成上级指示的"最小限须固守潜山、石牌，以系马当封锁线之安全"的命令，③ 连失要地，迅速导致南京到武汉间江防第一道屏障——马当封锁线危急。

马当处皖、赣之交，位于江西省彭泽县境内，距彭泽县城 30 公里，是重要的江防要塞。在马当江面，中国方面为阻止日舰西犯，设人工暗礁 30 处，沉船 39

① 《徐永昌致第 27 集团军驻鄂办事处主任电》（1938 年 6 月 15 日），国民政府军令部战史会档案，中国第二历史档案馆藏。

② 《军令部代电》（1938 年 6 月 15 日），国民政府军令部战史会档案，中国第二历史档案馆藏。

③ 《徐永昌致第 27 集团军驻鄂办事处主任电》（1938 年 6 月 15 日），国民政府军令部战史会档案，中国第二历史档案馆藏。

艘，布雷1600多具，[1] 同时毁除获港上游至九江一线的航标。马当要塞司令王锡焘辖有马当要塞守备第1、第2营，炮兵教导第1、第2队，主要由水兵和原海军陆战队员编组而成，受第16军军长李韫珩统一指挥。当日军进窥马当之际，李韫珩仍调集各部队官长三分之二至该军的抗日学校受训，对于实际战备过于疏忽。

6月24日，日舰8艘输送陆战队800多人在东流登陆，守军第53师及第167师与日军激战后丢失了马当东面的香山、黄山、香口诸要地，日军乘胜攻向马当，马当如此重地，当时仅配置有守兵一营，加上从东方溃退下来的第53师官兵，计500多人，而每日在日军炮火中阵亡的就达百余人，急待援军解救。江防总司令刘兴和李韫珩迭电第167师师长薛蔚英率部增援马当，该师迟迟不至。26日上午，守军因连日死守，牺牲殆尽，马当要塞终告易手。27日，李韫珩奉武汉卫戍司令罗卓英之命率第16、第53、第167师反攻马当。28日克复香山等地。在马当要塞防卫战中，第167师师长薛蔚英以耽误战机获罪，被查办枪决。

日军占领马当要塞后，即分兵向彭泽县东郊的磨盘山等地进攻，29日晨进入彭泽县城，湖口、九江一带顿时告紧。30日，第9战区令第43军军长郭汝栋为湖口守备军司令官，第26师赴湖口，接替彭位仁第77师防务。7月3日，日军已用汽艇从彭泽运兵至湖口登陆。前来湖口接防的第26师尚在渡河，先头部队即与日军交火，该师官兵来自四川，系由保安队临时编成，"完全新兵，武又劣，重机枪全无，轻机枪仅及半数"，[2] 但在师长刘雨卿率领下仍奋力厮杀，在湖口市区进行白刃巷战，血战昼夜。至7月4日夜，第26师所剩人数不到三分之一，湖口亦告不守。第18军奉令反攻湖口不能成功。不过日本海军因中国空军活跃，在长江中的行动尚有所顾忌，且铜陵、获港、香口一线，中方对长江日军保持侧击姿态，日军行动受到牵制。

23日零时，波田支队冒雨乘艇进抵姑塘，预备第11师竭力抵抗，击沉日军汽艇10余艘，激战3小时后，日军登陆成功。第2兵团总司令张发奎得到报告，

---

① 张秉均：《中国现代历次重要战役之研究——抗日战役述评》，第251页。
② 《刘兴致陈诚电》（1938年7月7日），国民政府军令部战史会档案，中国第二历史档案馆藏。

令第 15、第 128 师增援，务于拂晓前歼敌。可第 128 师支援不力，反自溃败，退往九江、星子。24 日，波田支队与第 106 师团会攻九江，翌日晨发起总攻，驻守九江的李玉堂第 8 军处境窘迫，第 4 军欧震部虽匆匆赶至，但张发奎为防止不测事态，未将第 4 军投入使用。25 日夜，日军蜂拥进入九江城，双方激烈巷战。26 日晚，九江遂告弃守。同日，九江对岸的江防要地小池口也已丢失，长江南岸的中国军队退守星子、牛头山、金官桥、十里山一线。

九江、湖口不仅为长江之要冲，也是进入江西和湖北两省的门户。九江一带中方集结有大军数十万却败不旋踵，以致日军已进抵中国军队的主阵地。形成这种不利局面的原因主要有 3 个，一是由于军事当局固守九江的决心下得过于仓促，以致后勤准备不周，"前线部队白昼困于飞机轰炸，一面作工，一面运米，九江附近部队近十万，仅恃九江、马回岭小径为后方联络线，因之粮弹之补给、伤员之运送均无法实施，士兵枵腹应战，伤兵呻吟于道左，作战精神顿形颓丧"。① 二是高级将领缺乏自信心，中下级军官大多无力掌握部下，故每遇日机袭击"多数溃散，甚有未见敌人，溃不成军者"。② 三是败于军纪不良，负责九江之役的张发奎自陈："职由阳新徒步经瑞昌至九江时，满目荒凉，殆绝人烟，民众既失同情之心，军队自无敌忾之气。"③

7 月 4 日，日军大本营下达华中派遣军战斗序列，以畑俊六任司令官，下辖 2 个军及 1 个直辖兵团，担负长江下游占领区域之守备及攻略武汉之任务。负责攻略武汉的日军为第 2 军及第 11 军。第 2 军司令官为东久迩宫稔彦王，下辖第 3、第 10、第 13、第 16 共 4 个师团及 1 个步兵旅团，约有 10 万之众，向合肥、舒城一带集中。第 11 军司令官为冈村宁次中将，下辖第 6、第 9、第 27、第 101、第

---

① 张发奎：《九江失利原因报告书》（1938 年 8 月 7 日），国民政府军令部战史会档案，中国第二历史档案馆藏。

② 张发奎：《九江失利原因报告书》（1938 年 8 月 7 日），国民政府军令部战史会档案，中国第二历史档案馆藏。

③ 张发奎：《九江失利原因报告书》（1938 年 8 月 7 日），国民政府军令部战史会档案，中国第二历史档案馆藏。

106师团及波田旅团，约有125000人，以主力向九江，一部向黄梅集中。第3舰队和航空兵团支援第2、第11军作战，拥有战斗机、轰炸机近300架，兵舰100多艘。华中派遣军直辖兵团为第116师团和两个重炮旅团，守备湖口以东地区，并充作总预备队。但日军为进攻武汉须从各地抽调兵力，北抵晋绥，南达苏杭，还有的部队远在日本国内，输送集结成为一大难题。日军"在炎烈的气候下不断经历着非语言所能表达的痛苦，如铁道船舶的长途输送，在恶劣道路上行军，耗费时日的渡河，补给严重不足，霍乱、疟疾流行等，以致野战病院中就充满了患者，并有不少人死亡"。① 日军集中如此缓慢，加上中途发生张鼓峰事件，迟至8月下旬才集结完毕，全线向武汉方向包围推进，准备采外线包围态势，分5路合围武汉。在长江南岸，一路沿南浔线南进，进击南昌。一路沿瑞武路西进，迂回武昌之南。在长江北岸则兵分3路，一路在长江沿岸作战，直接攻击武汉，一路则由大别山北麓进攻信阳，迂回汉口之北，另一路则要突破大别山，进至黄陂一线。第2军负责大别山北麓作战，第11军则担负江南及沿江作战，成为主攻部队。

7月中旬，军事委员会判明日军进攻路线后，将第9战区主力编成第1、第2兵团，将第5战区主力编成第3、第4兵团，分头迎战来犯日军。第1兵团总司令薛岳率25个师任南浔线及其两侧地区的防务，取外线之势侧击西进日军，屏障南昌。第2兵团司令张发奎率33个师担负瑞昌至武昌间长江南岸的正面防御之责。第3兵团总司令孙连仲率8个师任大别山北麓及正面防御。第4兵团总司令李品仙率13个师在长江北岸及大别山南麓之间地区布防。这样，中国保卫武汉的防卫线以长江北岸的大别山与南岸的幕阜山、庐山为基干，以信阳、罗山、潢川、固始、商城、霍山、六安、宿松、黄梅、广济、瑞昌、德安、阳新等地为据点，构成一绵亘千余里的弧形防线，该防线所在区域山湖交错、易守难攻，日军机械化武器装备的运用开始遭遇到重大困难。

① ［日］井本熊男：《作战日记编成的支那事变》，第233页。

三、黄梅、广济方面的作战

日军占领安庆潜山后，打开了沿江北岸西进的通道，在日军中向有精锐之称的第 6 师团稻叶四郎部从大别山南麓及长江北岸间的长条地段大举西犯，该路线距离武汉最近，并可在日军海空军的直接掩护下作战，不过第 6 师团必须通过的潜山、太湖、黄梅、广济一带地区丘陵起伏，湖沼错杂，为天然的守势地区。

早在 6 月 22 日，第 5 战区司令长官李宗仁就判断日军攻打武汉只能循溯江西上一途，建议军事委员会"应充分采用内线作战原则，迅速集中绝对优势兵力，先于太湖、宿松、英山、广济间狭隘地带将溯江西进之敌，聚而歼之，然后转移兵力，各个击破"。[①] 他反对处处设防，逐次使用兵力的倾向，认为这样正面防守力量既不雄厚，侧面打击力量又嫌薄弱，不仅失去歼敌战机，反而会被日军逐个击破。显然，李宗仁试图集中兵力重创孤军突进的第 6 师团，重演一次台儿庄大捷。但到 24 日，第 5 战区得到日军 4 路攻打第 5 战区防地的确切情报，日军将"一由蒙城进攻阜阳，趋新蔡、汝南，南犯确山；二由正阳关犯霍邱，趋固始、光山，南犯信阳；三由合肥犯六安，越叶家集、商城；四由安庆犯潜山，趋黄梅、广济"。[②] 面对日军来路甚多，第 5 战区免不了分头抵御，而当时，中国军队主力大部集中第 9 战区，第 5 战区兵力远不及徐州会战后期雄厚，缺乏围歼第 6 师团的充分实力。黄梅、广济作战开始前，李宗仁因病离职，由军事委员会副参谋总长白崇禧代行司令长官职权。

长江北岸至大别山南麓守军以广西部队为骨干，另外还有川军、西北军等。计有廖磊部第 48 军、张淦部第 7 军、覃连芳部第 84 军、韦云淞部第 31 军、许绍

---

① 《李宗仁致蒋介石电》（1938 年 6 月 22 日），国民政府军令部战史会档案，中国第二历史档案馆藏。

② 《李宗仁致蒋介石电》（1938 年 9 月 18 日），国民政府军令部战史会档案，中国第二历史档案馆藏。

宗部第 29 集团军（辖第 44、第 67 军）、刘汝明第 68 军以及杨森、徐源泉部，各部均由第 4 兵团司令李品仙统一指挥。李品仙令杨森、徐源泉在潜山、太湖一带迟滞日军。6 月 26 日，日军占领太湖城，此后即以主力移至江南支援九江、湖口方面的战斗。徐、杨两部与第 1 军协同侧击日军，经 3 天剧烈搏杀后，将日军逐往潜山东北和望江东南一带。李品仙得以指挥所部顺利地控制了潜山、太湖、宿松、黄梅一线的西北方山麓，以第 68 军守备宿松、黄梅正面及沿江要点，将第 84 军控置于广济方面。

7 月 25 日，日舰 28 艘炮击小池口等 68 军第 118 师阵地，日海军陆战队在 70 余架飞机掩护下强行登陆 4 次，均被击退，阵地附近村落被炮火炸成一片废墟。26 日，日军第 3 师团猛攻如常，守军伤亡甚重，小池口告失。8 月 2 日，日军第 6 师一部由太湖进攻宿松，与第 3 师北进的两联队人马汇合，近迫黄梅城。黄梅、广济方面战事顿呈激烈状态。刘汝明部在黄梅城郊与日军剧战后于 4 日退出黄梅城。黄梅、广济为鄂东门户，北岸战事为之紧张。

8 月 3 日，第 5 战区代司令长官白崇禧前往第 4 兵团指挥部召集师以上将领开会，决定反攻黄梅，同时加紧侧击太湖、潜山等日军据点，限 8 月 6 日行动。各部遵命而行。第 68 军和第 84 军固守黄梅西北一线阵地，第 31、第 7、第 10 军及许绍宗集团军一部从黄梅东北及太湖、潜山西北山地侧击日军，第 4 兵团其余主力则立即向广济一带集中。

日军第 6 师团北受中国山地部队钳制，西南为长江及湖沼所限，渐入困境，主力徘徊于宿松、黄梅之间一筹莫展达月余之久。在中国军队不断反攻下，第 6 师团后方补给线时有被切断之虞，且为对付中国军队持续的猛烈攻势不得不集中力量，收缩战线，日军遂放弃以前经太湖、宿松等地的陆上补给线，而改由小池口方面，由长江水路获得补给。8 月 26 日，中国军队乘势克复潜山、太湖，日军向东南撤退。

8 月 23 日，日军第 11 军命令第 6 师团进攻广济、田家镇两个要地。第 6 师团准备派牛岛支队和今村支队向广济方面攻击前进。28、29 两日，第 68 军和第 84

军猛攻黄梅附近日军，激战两昼夜，一度逼近黄梅城。日军据险死守，并于 30 日以主力进行反突击，反复争夺阵地，第 68 军、第 84 军因久战不支，被迫于 30 日晚向广济及其西北高地转移。第 6 师团尾随穷追，9 月 6 日，突破了田家寨、笔架山阵地。李品仙因总预备队使用殆尽，只能抽出两个团增援，无力挽回败局。当晚，守军各部奉命退出广济。8 日，第 31 军发动反攻，一度克复广济，9 日晨，日军增援反扑，又夺回广济。李品仙兵团反复围攻广济，直至月底。该兵团因连日恶战，损失异常惨重，在阵地上尚保持相当战斗力，继续"勉强应战者惟第 7 军及 48 军各两师"。①

广济失守严重影响到田家镇要塞的安全。田家镇要塞乃武汉锁钥之地，江面狭窄，附近湖泊密布，形成要塞的天然屏障，是长江要塞中最紧固、最大的堡垒。富池口要塞、半壁山炮台与田家镇要塞夹江对峙，共扼长江航路。它们的北岸有黄梅、广济，南岸有瑞昌、阳新，均为重兵把守的主阵地，掩护着它们的侧背。蒋介石即指出田家镇、富池口两要塞"为大别山及赣北我主阵地之锁钥，乃五、九战区会战之枢轴，亦武汉最后之屏障"。因而日海军虽横行长江之中，但当其陆军未能突破田、富两要塞侧背的陆上阵地时，却也奈何不得这道坚固的封锁线。广济一失，田家镇要塞侧背受敌，9 月 16 日武穴又告失守，日军从北、东北、东南三个方向扑向田家镇。15 日起，第 6 师团今村支队从广济南下，迂回攻击田家镇。17 日，为作战便利起见，军事委员会将原属第 9 战区指挥的田家镇要塞守军第 2 军李延年部归第 5 战区指挥。第 5 战区即令萧之楚第 26 军、张义纯第 48 军、何知重第 86 军等协同李延年部夹攻南下日军，今村支队反遭包围，伤亡甚重，士气低落，第 6 师团不得不再分兵增援今村支队。28 日，由武穴西进的日海军数千人乘要塞守军两师北上阻击今村支队南下之机，侵至要塞核心，飞机 78 架与炮百余门协同步兵围攻。留守要塞的第 2 军第 57 师施中诚部决死抵抗，直至李延年下达撤退命令才弃守阵地。日军在死伤千余人后，方于 29 日晚控制了田家

---

① 《李品仙致蒋介石电》（1938 年 9 月 18 日），国民政府军令部战史会档案，中国第二历史档案馆藏。

镇要塞。李品仙兵团以主力固守广济西北山地，一部担任上巴河和蕲春间江防。而第 6 师团占领广济、田家镇后，已是元气大伤，华中派遣军从第 116 师团抽出志摩支队增援第 6 师团，并给第 6 师团补充 3000 名兵员。补充期间，第 6 师团已无力扩大战果，李品仙兵团方面的战事一时陷于沉寂。

四、大别山麓阻击战

当李品仙兵团在黄梅、广济一线与日军第 6 师团等胶着之际，华中派遣军第 2 军于 8 月 22 日开始从合肥等地大举西犯，一路企图沿大别山北麓直冲信阳，沿平汉线南下武汉，一路则准备突破大别山，进犯鄂东黄陂一带地区，策应第 6 师团等部作战，从东北地区进窥武汉，完成对武汉的战略包围。

六安、霍山位于大别山东麓，当鄂豫皖三省要冲，日军欲沿大别山麓西犯，必先侵占六安、霍山。故此，第 5 战区第 3 兵团总司令孙连仲奉命率部进驻商城，迎战来犯日军。孙兵团下辖第 77 军冯治安部、第 51 军于学忠部、第 71 军宋希濂部、第 30 军田镇南部、第 42 军冯安邦部等，计 13 个师、1 个独立旅，战斗员约 10 万人。面对日军第 2 军 4 个师团，孙兵团显得兵力单薄，但当时第 5 战区长官部显然更关注第 6 师团的动向。8 月 25 日，代司令长官白崇禧虽注意到了日军将沿大别山北麓西进的种种迹象，还是判断日军"北岸主力仍在黄广方面……六安、商城迂回过远，霍山则地险粮缺，六霍方面不过支线作战而已"，[①] 况且黄、广方面战事方酣，第 5 战区兵力不敷分配，只能调原驻扎在信阳一带休整的第 59 军张自忠部前往潢川一带布防，第 17 军团胡宗南部则在信阳、罗山布防，呼应孙连仲兵团作战。

8 月 23 日，日军先头部队 200 余人出现在六安城东士里铺一带，遭到第 51 军牟中珩师的抗击而退往金官。27 日，第 10、第 13 师团主力由合肥出发，准备首

---

① 《白崇禧致蒋介石电》（1938 年 8 月 25 日），国民政府军令部战史会档案，中国第二历史档案馆藏。

先占领六安、霍山，然后控制潢川、商城一线。28 日，日军发动全面攻势，攻击的第 10 师团第一线兵力增至 3000 人，激战一昼夜后，第 51 军退出六安城，撤至河以西阵地。29 日，第 13 师团已占领霍山。其后，第 10 师团向固始、潢川方向进攻，第 13 师团则指向叶家集、商城方面。

大别山北麓的公路东自六安、合肥，西达潢川、信阳，其间富金山至峡口段最为险要。第 5 战区欲在此阻敌西犯，将精锐的宋濂部第 71 军 3 个师配置于峡口以东，叶家集以西地区，并以富金山这一天然堡垒为主阵地。同时，将擅长防守的孙连仲第 2 集团军第 30 军田镇南部两个师配置在侧翼协助第 71 军防守。

9 月 2 日，第 13 师团渡过史河，占领了叶家集，直逼石门口、富金山一线，宋希濂指挥第 88 师由富金山北侧向东出击，协助正面防御的第 36 师反击，稳定了阵地。5 日拂晓，日军猛攻富金山、石门口主阵地，6 日午后，富金山三面受敌，第三峰一度被日军占领。第 36 师师长陈瑞珂亲率预备队猛烈反击，才将日军击退，双方在半山腰对峙。日军第 2 军见战事停滞，急调第 16 师团和 10 师团一部增援。至 11 日，日军援兵大至，守军战况渐形不利，富金山 800 高地主阵地受到围攻，拂晓时，第 36 师与第 51 师阵地的结合部被日军突破，第 36 师师长率余部作最后的反攻，但此时该师仅剩 800 余人，已是力不从心，黄昏时分丢失了富金山最高峰。9 月 16 日，第 16 师团等占领了商城。

日军第 13、第 16 师团以两个师团之众，在富金山被阻 10 天，死伤数千人，尸体皆"运叶家集焚化，臭闻十余里"。[①] 第 13 师团有的步兵中队中剩下 40 多人，大队长、联队副官以下等级的军官伤亡甚重。守军第 71 军官兵也于此役中阵亡 2618 名，受伤 12401 名。

当第 13 师团受阻于富金山时，第 10 师团北犯固始，从寿县、凤台一带抽调的 3000 日军由正阳关溯淮西上，与第 10 师团遥相呼应。防守固始的中国第 71 军

① 《李品仙致蒋介石电》（1938 年 9 月 13 日），国民政府军令部战史会档案，中国第二历史档案馆藏。

一个团节节抵抗，但因骑兵旅增援未及，9 月 6 日丢失了固始，日军主力得以沿固始—潢川公路西犯潢川，遇到张自忠第 59 军的全力抵抗。日军进展缓慢，推进至潢川城下时，便以密集炮火攻城，并大放毒瓦斯，全城毒气弥漫如烟。但第 59 军将士"自军团长以次，莫不身先锋镝，抱必死之决心，巷战肉搏，迭行逆袭"，"倭尸累积、濠水尽赤，我虽伤亡亦重，然率达成守至 23 日（18 日）之任务，良足矜式，该部师长刘振三中毒两次，犹不稍却，尤堪嘉尚"。① 18 日，潢川始陷。20 日，光山也落入日军之手。

日军第 2 军进抵商城、光山一线后，继续兵分两路，北路的第 10、第 3 师团从光山、潢川继续西进，向罗山、信阳攻击，试图遮断平汉路，南下武汉。南路日军为第 13、第 16 师团，由商城转而南下，攻击沙窝、小界岭，力求突破大别山正面防御阵地，走捷径出武汉东北方，协同在长江北岸进展困难的第 11 军第 6 师团作战。

9 月 16 日商城失守后，第 16 师团即有南下之势；第 5 战区司令长官部顾虑到大别山核心根据地的安全，令田镇南第 42 军、冯治安第 77 军等部在商城以西以南山地占领阵地，在沙窝、新店一线遏止日军南下。27 日起，第 16 师团会同第 13 师团先后沿商城、麻城间公路南下。孙连仲第 2 集团军在打船店等线节节抵抗，宋希濂部第 71 军原应调至后方整补，但因前线兵力单薄，战况紧急，只得裹创再战，在小界岭等处层层设防。孙、宋两部密切协同，利用山岳险要地形，长期顶住了日军频繁的进攻，使其两个师团兵力局促于崇山峻岭间动弹不得。日军在 200 多公里的行程中受阻月余之久，伤亡惨重，日方自己承认已陷入苦战，死伤达 4500 人。中国守军也付出了重大牺牲。10 月 10 日，第 71 军 3 个师仅余 4 个团，而第 30 军除工兵、通讯兵外，战斗员不及 3000，其中第 30 师只剩下 160 多人。13 日，徐源泉部奉命接替第 30 军的防线，但仍难支撑下去。战至 20 日，阵地已处处空虚，时时有被日军突破之虞。22 日和 24 日，第 13、第 16 师团先后突

---

① 《蒋介石致孙连仲兵团诸将领电》（1938 年 9 月 22 日），国民政府军令部战史会档案，中国第二历史档案馆藏。

破田镇南、宋希濂、徐源泉等军阵地，通过小界岭，进入湖北省境，25 日、26 日，分别占领了宋埠、麻城等地。而此时，武汉已经失陷了。第 13、第 16 师团的动作显得非常迟缓。正如宋希濂日后所言，防守沙窝、小界岭一带是"保卫武汉整个战局的关键，因为日军如突破小界岭防线，越过整个山脉，便可沿着公路西进，占领花园，直逼武汉"，① 从而影响整个战局。

北路方面日军，第 10 师团由潢川、光川一线西犯罗山，9 月 17 日与胡宗南第 1 军在潢、罗之间的竹竿铺交战，遇到守军坚决抵抗，伤亡较大。20 日，第 10 师团主力冲过竹竿铺，乘势攻占罗山，一部更深入罗山、信阳间的五里店，受到配备有重炮、坦克等重型武器的胡宗南第 17 军团的强有力反击，胡部从西、北、南三面猛攻日军数日，致使日军死伤数千人，退回罗山待援。10 月 2 日，第 3 师团主力推进至罗山，协助第 10 师团攻击信阳，并企图歼灭胡宗南部。11 日，迂回到信阳南的第 10 师团主力遭到胡宗南部和孙连仲部的夹击，死伤 2000 余人。第 10 师团由于沿途受到重创，每个中队已不及 30 人。12 日晚，胡宗南未经第 5 战区司令长官部批准，擅自放弃信阳，平汉线被切断。

信阳为平汉路重镇，北部为河南大平原，南方则是丘陵起伏的地带，距其南方 42 公里处有著名的三关险要，武胜关居中，东侧的九里关和西侧的平靖关与它互为犄角。桐柏山绵延于关隘之西，大别山横亘于三关以东，只有平汉铁路两侧为平坦通道。日第 2 军为乘势消灭第 5 战区主力，令第 3 师团一部确保信阳附近，而第 10 师团等主力昼夜兼行，向武汉西北方的应山、安陆、花园等地突进，企图与第 6、第 13、第 16 师团合围平汉路以东的第 5 战区部队。24 日占领了应山，26 日又占领了安陆。平汉线方面的中国防线因胡宗南全军擅自放弃信阳，并退往信阳西北，造成正面空虚，全线为之震动。因为日军如迅速从应山、安陆南下，则所有在东北一线作战的第 5 战区部队均将处于日军包围圈中。第 5 战区司令长官部当即命令各部队迅速向汉水以西地区撤退。罗卓英的武汉卫戍部队与刘汝明的

---

① 《武汉会战》，第 248 页，中国文史出版社 1989 年版。

第 68 军等部则在三关一线与日军反复争夺，依据有利地形，迟滞日军南下，掩护平汉路东部队撤退。直至 10 月 28 日，日军才完全控制了平靖关和武胜关，完成了包围圈，给尚残留在路东的第 5 战区部队西撤造成混乱和损失。但日军因兵力不足，网眼过大，路东的中国军队仍能分散退往平汉路西的桐柏山和大洪山等地。

五、南浔路大战

九江及鄱阳湖西岸的西、南地区为通往武汉及南昌的门户与主要通道，也是第 9 战区屯集重兵的主阵地。7 月 25 日，第 9 战区司令长官陈诚断定日军占领九江后，"当以舰队溯江西犯，其陆军则以主力向瑞昌，趋武昌，以有力之一部，最少当在一师团以上经德安趋南昌"。[①] 他意识到第 9 战区部署上的弱点，即虽在九江附近已集了 20 多个师，"但均注意于沿江沿湖之守备，处处薄弱，敌仍可随时随地强行登陆，又因防广无法置机动部队，对情况变化每感应付之困难"，[②] 电请蒋介石是否能集中兵力给日军一次打击。次日，蒋介石即表示"决在德安瑞昌一带与敌决战"。[③] 8 月 5 日，第 9 战区拟订会战计划，决定以一部配置沿江各要点及南浔路，尤须固守田家镇要塞，以主力控置于德安、瑞昌以西及南昌附近地区，侧击深入之敌，并在任何情况下争取处于外线地位，确保机动自由，至万不得已时，以卫戍部队固守武汉，而将主力转移于武汉外围地带夹击敌人而聚歼之。[④] 第 1 兵团薛岳部担任南浔路正面（九江—南昌）屏障南昌，侧击西进日军。第 2 兵团张发奎部负九江、瑞昌一带防御作战之责，保卫武汉，并掩护南浔正面的西侧翼。

---

① 《陈诚致蒋介石电》（1938 年 7 月 25 日），国民政府军令部战史会档案，中国第二历史档案馆藏。
② 《陈诚致蒋介石电》（1938 年 7 月 25 日），国民政府军令部战史会档案，中国第二历史档案馆藏。
③ 《蒋介石致陈诚电》（1938 年 7 月 26 日），国民政府军令部战史会档案，中国第二历史档案馆藏。
④ 《第 9 战区作战计划》（1938 年 8 月 5 日），国民政府军令部战史会档案，中国第二历史档案馆藏。

日军占领九江后，主力暂时移至江北，南浔路上的日军为第 10、第 106 师团，由后备役编成，战力稍弱于其他日军师团。7 月 27 日，第 106 师团由南浔路正面南下，猛扑狮子山、张家山阵地，来势颇为凶猛。

8 月 1 日，第 1 兵团总司令薛岳受命全权指挥南浔路作战，率第 70 军李觉部、第 8 军李玉堂部、第 4 军欧震部、第 66 军叶肇部、第 29 军陈安宝部、第 74 军俞济时部、第 64 军李汉魂部、第 26 军王敬久部、第 32 军商震部、第 18 军黄维等部迎战来犯日军。第 1 兵团的防守区域恰似一个等腰三角形，顶点是九江，底边是修水河。九江弃守后，金官桥庐山北麓一线接近顶点，是最短的防御线，愈向后退，正面愈广大，就愈不易防守。

8 月 6 日，第 106 师团首挫于处于南浔正面的金官桥阵地。联队长田中圣道被第 70 军将士击毙。8 日，第 106 师团再受挫于第 8 军赵锡田师，阵亡两名大队长，第 145 联队损失过半。在金官桥等坚固阵地前，第 106 师团屡遭挫败，一筹莫展。8 月中旬，整个师团的中小队长伤亡近半数，战斗力和士气大为低落。日第 11 军司令部因从南浔路正面强攻不下，乃调第 101 师团从东侧助攻，企图由星子方面，沿德安—星子公路直趋德安，迂回中国军队右侧，切断南浔路。

8 月 19、20 两日，第 101 师团在鄱阳湖西岸的星子登陆，与中国第 25 军第 53 师冷欣部激战，试图侧击德安、隘口，截断南浔路正面中国守军的后方联络线。冷欣部奋勇迎战，终因独力难支，连失星子、玉筋山，23 日退保庐山东侧的东、西孤岭，这两处险要钳制着德星公路。第 66 军叶肇部在隘口、黄塘铺之线布防，并协助第 25 军挡住了日军攻势。

南浔阵地的西侧翼开始出现漏洞。24 日，瑞昌方面的日军第 9 师团丸山支队向第 30 集团军王陵基部守卫的岷山阵地突然发起攻击。王部战力甚弱，连失鲤鱼山、笔架山、新塘铺等要地，制高点全陷敌手。9 月 1 日晚，第 74 军第 58 师急赴马回岭以西阻敌向南浔线突破，未能成功。薛岳深感西侧背威胁太大，令第 51 师、第 58 师和第 90 师夹击丸山支队。第 9 战区长官部也调第 18 军黄维部沿瑞昌—武宁公路紧急向西增援，协同消灭该路日军。但第58师未能顶住日军攻势。9月3日午，丸山支队进入马回岭。不久该支队调至瑞昌方面，第106师团接守马回岭。马回岭失守使南浔正面大军不得不忍痛放弃坚守月余的阵地，退至德安以北的阵地，重新稳定了战线。

与此同时，沿德安、星子公路向西南突进的第101师团在攻占玉筋山后，直趋章恕桥，与牛屎墩日军遥相呼应，钳击东孤岭。9月5日深夜，日军终于攻陷东孤岭，不过伤亡十分惨重，第101联队长饭塚国五郎大佐毙命。

东孤岭为南浔右翼阵地的依托点，也是西孤山的屏障，日军占领东孤岭后，处于居高临下的位置，造成西孤岭和隘口方面中国守军作战困难。但防守西孤岭的第190师苦战8天，击退了日军20多次猛攻，顶住了日军进行的6次毒气袭击，直至侧面的烂泥塘、鸡笼山均告失守，预备队全部用尽，陷入三面被围的险恶形势下死守不退。迟至12日晚，日军才掌握了西孤岭。隘口告急，第29军军长陈安宝指挥第79师与40师负责守御，战至27日，第101师团师团长伊东中炮负伤，日军锐气大挫，攻势陷于停顿。

第11军司令部对南浔路方面迟迟无进展甚为焦虑，策动了一次大迂回行动。9月20日，令第106师团除留一部警戒马回岭一带外，以主力突破五台岭，"迅速进入德安西南地区，从侧背攻击德安周围之敌"，[①] 以求转变战况。第106师团奉命行动，官兵只携带了6天食粮，悄然而进。9月29日，已进抵万家岭，受到中国第9战区所属第4军和第85军、第91军的东西夹击，后方补给线也被截断。由于第106师团冒险突进至南浔路和瑞武路中国军队主力之间，薛岳决定先以全力消灭这股心腹之患，遂从瑞武、德星、南浔3个战线抽调第4军、第74军、第66军、第64军、第32军、第72军等合围第106师团。10月6日晚，援军纷纷赶至，开始攻击。第66军克石头岭，第74军猛攻长岭、张古山，争夺至为酷烈，互相近距离投掷手榴弹，继之以白刃战。双方都死伤累累，无法取得决定性进

---

① 日本防卫厅防卫研究所战史室：《中国事变陆军作战史》，第2卷第1分册，第175页。

展。10 月 8 日，日第 11 军司令部发现第 106 师团已陷入绝境，慌忙派飞机空运弹药粮秣救济第 106 师团，并狂轰滥炸中国军队阵地。在箬溪附近的第 27 师团也奉命派铃木支队向东南急进，救援第 106 师团，第 1 兵团只得抽出围攻部队，阻击日军援军。隘口方面的第 101 师团为牵制中国军队，自 10 月 7 日起，不顾一切地向第 29 军阵地发动攻击，守军因激战经月，大量减员，9 日弃了隘口。由于蒋介石急切希望薛岳部能在 10 月 10 日前解决万家岭被围日军，9 日，薛岳下令各师选派敢死队数百名合力攻击，当晚将万家岭、雷鸣鼓等地占领，残余日军凭借田步苏、箭炉苏据点工事死守待援。该夜，叶肇、欧震两部就缴获轻重机枪 50 多挺、步枪 1000 多支，俘虏日军 30 余人。在万家岭的包围战斗中，薛岳兵团毙敌 3000，伤敌更众。不过，薛岳也意识到"此次敌迂回作战之企图虽遭挫折，但我集中围攻，未将该敌悉数歼灭，至为痛惜……对我有利时期已过，各部苦战，伤亡过重，战力几无"，[①] 在继续围攻残存日军的同时，各部于 12 日后奉薛岳之命转入防守态势。铃木支队逼退了甘木关一带的中国守军，与第 106 师团残部合流，使该师团免遭全军覆没的命运。

攻陷隘口后的第 101 师团会同南浔路正面第 106 师团一部南犯，第 27 师团则由西北向德安压迫，德安位置顿形突出。10 月 27 日下午，日军冲进德安城，与第 139 师守城部队发生巷战，28 日，日军完全控制德安。为避免与日军背水作战，薛岳下令所部退至修水南岸，与日军隔河对峙。

南浔线上的战斗是中国军队利用庐山等山区险要地势抗击日军的杰作，也是日本军部在武汉会战期间最感到不安的一条战线。从星子至德安仅 30 多公里，从 8 月 21 日日军陷星子后，整整花费两个多月时间才占领德安。日军每占一座山头都花费极大的代价，结果该方面日军不仅未能达到占领南昌的预定目标，第 106 师团在万家岭地区还差一点全军覆没，直到武汉失守两天后，南浔路日军才推进至德安，此后沿修水与中国军队对峙长达半年之久。

---

① 《薛岳致蒋介石电》（1938 年 10 月 12 日），国民政府军令部战史会档案，中国第二历史档案馆藏。

六、瑞昌及其以西地区作战

瑞昌及其以西地区由第2兵团负责防守，兵团司令张发奎下辖第30集团军王陵基部4个师，第3集团军孙桐萱部3个师、第31集团军汤恩伯部7个师和第32军团关麟征部4个师，主要负责防御日军西犯武汉。向瑞昌及其以西地区西犯日军为第9、第27师团及波田旅团等，试图迂回武汉以南，切断粤汉路。

8月8日，日军开始在瑞昌附近江面扫雷，11日，波田旅团第1联队在港口登陆，占领了望夫山、平顶山。奉命防守瑞昌附近地区的是从山东转战而来的第3集团军。该集团军总司令孙桐萱责令第22师第64旅及师直属部队全力反攻，一时又将日军压缩回港口。12日下午日军再兴攻势，丁家山、马鞍山等失陷，第22师退守蜈蚣山一线，此时，第52军关麟征部第2师已推进至瑞昌西北的大脑山、笔架山、拱山岩地区，协助孙桐萱部作战，但仍未能遏止日军的攻势。15日，日军登陆大树下，守军退至朱庄。22日，第9师团主力增援，会同第106师团一部及波田旅团全力西攻，孙部抵挡不住，于24日下午放弃了瑞昌城。至此，第3集团军已伤亡严重，而且该部官兵大都来自北方，"队伍初到长江附近，水土不服，官兵患病者近三千五百员……患病减耗战斗员甚于战场之伤亡"，[①] 因而调至后方整补。24日，日军丸山支队由瑞昌南下，轻易突破了第30集团军在岷山一带的防线，突向马回岭，致使南浔线上的中国军队感到侧背受敌。27日，关麟征第52军主力进至瑞昌西北，阻止日军西进，31日晨，关军乘日军立足未稳，向瑞昌西部的大郊山反攻，歼灭日军千余人。瑞昌以西山地连绵，利于防守，加上丸山支队南下协助南浔方面作战，瑞昌方面的日军攻势顿挫。9月7日，丸山支队从马回岭调回瑞昌，11日，会同第9师团的西北沿江进犯，主力企图突破瑞昌西部山区，分别指向阳新、武宁，一部则沿长江南岸西进，攻占码头镇、富池

---

① 《蒋介石致军政部长何应钦电》（1938年9月1日），国民政府军令部战史会档案，中国第二历史档案馆藏。

口等长江要塞，以协助日本海军排除长江中的阻塞工程。交战双方在瑞昌—马头镇、瑞昌—武宁、瑞昌—阳新这 3 条战线上同时激战。

在长江南岸，日军波田旅团于 14 日占领了马头镇，16 日开始攻击富池口要塞。第 18 师将士凭借险要地形与要塞坚固工事，与日军血战一周，战至 23 日，第 18 师师长李芳郴丧失战意，不顾张发奎令其坚守的命令和下级军官的劝阻，丢下部队，星夜弃职潜逃，富池口要塞遂于 24 日失陷。10 月 4 日，日军以兵舰 20 多艘、飞机 70 多架，联合田家镇、富池口两要塞的火炮轰击半壁山，继以 700 多士兵登陆强攻，第 193 师守兵两营除 10 多人生还，其余均战死。自田家镇、富池口要塞失陷后，江面封锁力量不足，道士袱以下江岸边，重炮运动不便。日本军舰可毫无顾忌地长驱深入，海军陆战队在各处随意登陆，使守军难以防范，会战已临最后阶段。17 日，日军猛炸石灰窑，甘丽初第 6 军伤亡奇重而退，18、19 日，阳新、黄石港先后落入日军之手。波田旅团、高品支队等日军因在江岸平地进攻，且能得到日海军的火力支持，进展较速，相形之下，在瑞昌—阳新及瑞昌—武宁的日军因在山地作战，进展非常迟缓。

9 月 11 日拂晓，第 9 师团开始攻击瑞昌以西汤恩伯集团军防守的山岳阵地，其左翼部队于夜间攻克了仙女池高地，而右翼部队则因汤恩伯集团军在瑞昌西北的和尚脑及大阳寨顽强抵抗未有进展，13 日始占领大阳寨。中国军队利用险要地形，逐次抵抗。22 日，第 9 师团进入木石港东南地区，向排市、辛潭铺方向推进，汤恩伯部退至富水河南岸继续阻敌前进，并不时发动逆袭。10 月 8 日，第 9 师团渡过富水河，向三溪口前进，遭到周福成第 53 军的抗击，攻势陷于停顿。在波田旅团的支援下，第 9 师团于 17 日突破三溪口以东地区，翌日攻占了阳新。

第 27 师团于 9 月 16 日开始沿瑞昌—武宁大道发起攻击，占领了横港等地。25 日，得到第 106 师团佐技旅团增援的第 27 师团开始攻击大屋田村西南方高地及白水街附近，威胁武宁、德安。第 14 兵团司令薛岳抽调预 6 师、第 60 师等 6 个师兵力占领乌纱岭、白水街、麒麟峰等阵地，薛岳亲至白搓督战。同日，麒麟峰发生激战，预 6 师吉章简部顶住了日军攻势，并在第 60 师陈沛部的协同下重创日军铃木联队，守军伤亡团长杨家骝等官兵 700 多人。27 日，日军占领了麒麟峰，但仍被限制在扬坊街以北、西崇山以东、昆仑山以北地区，未能进展。至 10 月 1 日，第 27 师团进占天桥河附近，5 日占领篛溪。然后留下佐技旅团，主力西进，向辛潭铺方面进犯。但因万家岭第 106 师团告急，第 27 师团因忙于分兵援救，延缓了西进速度，至 18 日始渡过富水占领辛潭铺。

日军占领阳新、辛潭铺后，波田旅团向大冶、葛城、武昌方面进发，第 9、第 27 师团主力则准备切断粤汉路。

七、武汉弃守

10 月中旬，长江南北日军均已逼近武汉，会战已届尾声。

军事委员会鉴于困守南京的惨痛教训，自始即无以主力死守武汉三镇的打算，试图根据武汉外围战的情况决定撤离武汉的日程。根据陈诚的回忆："武汉撤退时机最初决定 8 月底，后改为九一八，又改为 9 月底、双十节，直至 10 月 20 日领袖尚在武汉。"[①] 撤离武汉计划的多次变更，既表明蒋介石的战略决策缺乏坚定性与连贯性，也说明日军向武汉缓慢推进的速度出乎中方意料。9 月 29 日田家镇要塞失守后，军事委员会放弃了以罗卓英的武汉卫戍部队死守武汉三镇的计划，10 月中旬开始部署撤退事宜，武汉的民众已开始疏散，政府机关及重要工业设施等迁往湖南、四川等地。21 日，广州的沦陷更使军事委员会决定尽快结束会战。24 日，中国守军全线总撤退，第 9 战区的主力向湘北和鄂西转移，第 5 战区的主力向平汉路以西的汉水沿岸及大洪山区。整个武汉只留下一个旅作象征性的抵抗。

长江南岸日军为迅速占领武汉，以波田旅团、高品支队等部向武昌方面速进，张发奎兵团则竭力阻击，以求在 10 月底之前确保金牛、通山、鄂城之线，以

---

① 《陈诚关于日寇侵陷武汉的回忆资料》，国民政府军令部战史会档案，中国第二历史档案馆藏。

便大军从容南撤。20 日，波田旅团控制了已被日军飞机炸成一片焦土的大冶，22 日占据了鄂城，24 日起攻击距离武昌西南 30 公里处的葛城。同时，日军第 9、第 27 师团则力求切断粤汉路，以准备围歼第 9 战区主力，但遭到配置在金牛以东太平塘亘梁子湖一线中国军队的阻击，至 26 日始占领金牛。其后，第 9 师团经金牛至贺胜桥，第 27 师团则经金牛向贺胜桥、武宁之间前进，目标均为切断粤汉路。

长江北岸，第 10、第 3 师团已于 10 月 12 日占领信阳，切断了平汉路，至 24 日已进至汉口西北的应山等地。翻越大别山的第 13、第 16 师团则于 24 日通过小界岭，进入湖北省境。日第 11 军为与第 2 军取得协调，催促在广济附近休整的第 6 师团向汉口方面攻击，10 月 17 日，补充尚未完毕的第 6 师团勉强向西攻击，但因当时中方已决定放弃武汉，该师团的攻击便异常的顺利，22 日占领了上巴河，24 日晚已攻占汉口以北约 30 公里处的黄陂。

10 月 25 日，第 6 师团突破汉口市郊戴家山守军阵地，于夜间率先闯入汉口市区。次日晨波田旅团攻陷武昌。27 日，高品支队进入汉阳。至此，武汉三镇均已被日军踏于铁蹄之下。

日军占领武汉后，以主力追击围堵全面撤退中的第 5、第 9 战区军队。在鄂南地区，10 月 27 日，第 9 师团进入贺胜桥地区，切断了粤汉线。同日，第 27 师团在成宁东北的仙桃镇截断粤汉路。29 日占领咸宁。30 日，第 11 军下令第 27 师团"应经沿咸宁、汀泗桥地区向崇阳以南地方继续进行追击，第 9 师团应沿粤汉线地区向岳州追击"。① 日军 11 月 3 日占领嘉鱼，6 日占领崇阳，9 日攻占通城，11 日夜间攻占了岳阳。第 9 战区部队经历了数月的长期战斗，已是疲惫不堪，士气不振，只得且战且退。幸好日军因兵力有限无法继续扩大战果，最后双方遂在岳阳、通城以南新墙河南岸亘修水一线形成对峙局面。在鄂北地区，日军 10 月 24 日占领应山后，28 日又占领安陆，控制了河口镇—花园—安陆公路的西端。30 日，日军占领应城，11 月 4 日，又占领了皂市，控制了中国第 5 战区军队向西撤

---

① 日本防卫厅防卫研究所战史室：《中国事变陆军作战史》第 2 卷第 1 分册，第 196 页。

退的战略要点，但日军封锁线的网眼过大，第5战区除留下第21集团军廖磊部在大别山区游击外，其余各部都先后陆续退至平汉路西，并沿信阳、应城、安陆、云梦、花园、孝感、皂市之线与武汉日军对峙。从武汉撤守的全过程看，中国军队撤退尚是有计划的，但撤退的时间略有迟缓，以致在撤离中秩序稍有紊乱，造成一定损失。

武汉会战从安庆失守算起到武汉失守为止时间长达4个半月。论地，它不像淞沪会战局促于长江三角洲一隅之地，而以广阔的长江中下游地区和淮河流域为战场，包括江西、安徽、河南、湖北4省。论兵力，日军投入12个师团，前后补充数次，人数达40万之众。当武汉会战告终时，日本投入中国内地的师团多达26个半，国内只留下1个近卫师团，还准备必要时来华作战。① 而中国相继投入会战的部队有120多个师，伤亡达25万人，这是中国近现代军事史上第一次在如此广阔的地域上，调度如此庞大的军事力量协同作战。它是抗战初期国共关系融洽、全国各阶层一心一意支持武汉保卫战的结果。

在武汉会战中，中国军队处于内线作战，而日军处于外线作战，当然这种内线外线之界限是时有变化的。日军在训练、装备、火力及海空军方面均占有巨大优势，中国军队的优势主要在兵员数量方面。但日军实行征兵制，补充迅速，而中国军队一旦造成人员损失，暂时便无法恢复战斗力。军事委员会决定守武汉而不战于武汉四郊，将主战场置于武汉外围，即豫鄂皖边区和湘鄂赣边区，利用崇山峻岭、起伏的丘陵及湖泊为天然屏障以弥补自己不足，与优势日军周旋，战略指导基本正确，从而能在富金山、大别山、万家岭、金官桥、田家镇等处重创日军，获得良好战果。武汉会战中，日军未能歼灭一个中国完整的师，但它的第106师团却几乎在万家岭全军覆没。毋庸置疑，武汉的丢失标志着中国军队已在武汉会战中失败，从会战的结果看，中国的损失相当严重，兵员伤亡为日本数倍，大量武器装备被毁坏，丢失了平汉、粤汉这两条最重要的交通线，交通运输

---

① ［日］角田顺等编：《现代史资料9·日本战争（二）》，第366页，美铃书房出版。

枢纽被日军掌握，富庶的长江中下游地区被日军占领破坏。但从整个抗日战争的进程来看，武汉会战则是抗日战争的一大转折点，1938 年 10 月 31 日，蒋介石在《为放弃武汉告全国同胞书》中指出："我国抗战之根据，本不在沿江沿海浅狭交通之地带，乃在广大深长之内地……盖抗战军事胜负之关键，不在武汉一地之得失，而在保持我抗战持久之力量。"① 武汉保卫战严重消耗了日军力量，在这场大会战中，日军死伤近 10 万人，加上病患者计达 15 万人。随着战火蔓延到武汉一带，日军兵力已不敷分配，战略进攻势头大大减弱，从而使抗日战争迎来了战略相持阶段。

---

① 《党史概要》第 3 册，第 1292 ~ 1293 页。

第 17 章
闽粤作战

一、日军侵夺厦门及闽粤沿海岛屿

闽粤海岸线绵延约 3000 公里，握有绝对制海、制空权的日军利用台湾、澎湖列岛为基地，可在中国沿海各地随意择要登陆，使中国在这漫长崎岖的海岸线上防不胜防。但就整个战局而言，除广州为中心的珠江三角洲地区战略位置相当重要外，这一带地区陆上交通甚为不便，难以运用机械化大兵团作战，而且与中原要地相隔遥远，战略影响甚微。抗战前，国民政府军事当局估计日军只会在广州、厦门、汕头、福州等重要城市进行登陆作战，其主要意图有二：一是截断中国海上补给线，使中国难以获得国际援助而窒息灭亡；二是分散和牵制中国兵力，配合主力在华北、华东和华中作战。①

全面抗战开始后，1937 年 8 月 24 日，日海军第 3 舰队司令部宣布封锁上海至

---

① 国民政府参谋本部制：《民国二十六年度作战计划》（甲案），国民政府军令部战史会档案，中国第二历史档案馆藏。

汕头以南的中国沿海，出动海军航空兵轰炸漳州、福州、广州等城市，屠杀毫无防御能力的无辜平民。

闽粤两省属第 4 战区，由参谋总长何应钦兼任战区司令长官。1938 年 3 月，广西的梧州、南宁、龙州之线以南地区也划归第 4 战区，以便统筹海疆防务。

福建省与台湾、澎湖列岛隔海相望，日本得陇又望蜀，早想染指福建，而厦门正是侵闽的桥头堡。厦门日侨于 1937 年 8 月中旬撤退，日本领事也下旗回国。10 月 26 日，日军侵占金门县，得到了进攻厦门的跳板。福建省主席陈仪急调驻厦门的粤军第 157 师收复金门，该师师长黄涛表示此事须征得第 4 战区副司令长官余汉谋同意。陈仪遂求助于蒋介石。28 日，蒋介石电令余汉谋速派第 157 师收复金门。跨海作战风险很大，粤军对此事并不热心，收复金门一事也就不了了之。1938 年 1 月中旬，第 57 师宋天才部接替粤军在厦门的防务。

1938 年 5 月 10 日凌晨，日机 18 架配合第 14 舰队舰艇 12 艘对厦门之何厝等地反复轰炸，中国守军防御工事被摧毁殆尽。日陆战队 2000 余人登陆，由海军少将大野一郎指挥，何厝、江头等相继失守。第 57 师增兵反攻，毙敌百余人。午后，日军增兵千余人，并以飞机、舰炮轰击守军阵地。第 57 师伤亡甚重，第一线部队的军官就已损失了三分之二。11 日，中方从漳州调来两营增援，将敌逐至江头。日军又向白石炮台、胡里山猛攻，第 57 师副师长韩文瑛力战负伤。陈仪见"侵厦之敌陆海空军协同围攻我 57 师，韩旅及地方团警伤之奇重，厦门情势难挽回"，要第 57 师宋天才"密令该地军警于不得已时乘夜撤退，并将各炮台、炮及水电设备务予破坏"。[①] 11 日，日军推进至中山路、大同路、厦门港一带市区，与守军激烈巷战。12 日，守军撤至厦门岛北部，市区沦陷。日机狂轰东南著名学府厦门大学，整个校园被炸成一片废墟。守军乘着夜幕全部退出厦门。

广州沦陷之前，日海军在闽粤沿海已占领了厦门、福州口外的马祖岛，厦门

---

① 《陈诚致蒋介石、何应钦转陈仪电》(1938 年 5 月 11 日)，国民政府军令部战史会档案，中国第二历史档案馆藏。

附近大小金门、汕头外的南澳岛、东沙群岛及其他岛屿。[①] 这不仅实现了封锁中国东南沿海的企图，同时也为日后南进埋下了伏笔。

二、日军登陆大亚湾，粤军轻失广州城

广州在上海失守后成为中国对外联络的最重要港口。它临近英属香港。广州湾是法国租借的水域。日本顾忌英法，在此作战不能不有所克制。

早在1937年12月，日本就准备攻克广州，舰只已齐集福建沿海一带。因日本空军炸沉英美在长江中游弋的军舰各一艘，引起英美两国政府的强烈反应。日本海军担忧此种情形下再在英美殖民地的大门口作战会引起事端，临时中断了登陆计划。已箭在弦上的日军竟悻悻然罢兵而去。中国仍能由广州从国外源源输进生活用品和战争物资，粤汉线成为一根重要的输血管，这条铁路从抗战发生到广州沦陷计运兵200余万，物资54万吨。[②]

1938年5月底，日军大本营决定攻占武汉，并计划同时占领广州。因考虑到运输器材不足和避免分散兵力，决定等攻占武汉后再进攻广州，切断中国最重要的海上补给线。当时中国军队军火补给80%通过广州北运。但日本华中派遣军在武汉会战中遇到中国军队的顽强抵抗，进展迟缓。因而，为切断粤汉路、瓦解武汉方面中国守军的士气，进行广州作战对日军便变得非常迫切。恰恰在1938年9月，英法在慕尼黑会议上出卖了捷克，对纳粹德国一味退让。日本军方看透了英国的色厉内荏，乃于9月7日作出了攻占广州的决定。

日军忙于备战，可国民政府军事当局并不相信日本会冒干犯英国脸面之险与军事战略上分兵之嫌而在广东另辟战场。1938年9月7日，广东省长吴铁城向重庆密报日军在攻打武汉的同时，"拟同时进犯华南，其登陆地带似将在大鹏湾，现敌已派前驻瑞士公使矢田到香港等备南侵计划，并派舰在该湾海面追毁我渔

---

① 曹聚仁、舒宗侨编著：《中国抗战画史》，第198页，联合画报社印行1947年版。
② 吴相湘：《第二次中日战争史》（上册），第295页，综合月刊社出版1974年版。

船，以防其行动为我察觉"。① 10 月 8 日，日军行动在即，吴铁城急电告重庆："据香港英军情报机关消息，敌拟派四师团一混成旅团大举南犯，或在真（11日）日前后发动"，指出日军虽可能侵犯汕头，但主要战场仍在大鹏、虎门一带。② 蒋介石及军令部对吴铁城提供的情报颇不以为然。10 月 6 日，军令部坚持认为："敌最近将来决无攻华南企图，万勿听信谣言。"③ 9 日，军令部接到吴铁城的重要情报后，竟将此当成日军的反宣传。10 日，蒋介石还认为广州方面不会发生大的战事，在粤军主力已半数抽调北上的情况下，仍恳请余汉谋"勉抽精兵一师以保全大局"，增援武汉。④

中国负责广东防务的是第 4 战区第 12 集团军，余汉谋任第 4 战区副司令长官兼第 12 集团军总司令，下辖张达第 62 军、张瑞贵第 63 军、李振球第 65 军及第 83 军，另有两个独立旅及虎门要塞部队。日军登陆前夕，广东方面戒备松懈，兵力分散，其中部署在澳头、淡水、惠阳、博罗一线的兵力仅为 3 个步兵团，在增城配置有 1 个师，这一部署是蒋介石亲自确定的，他判断日军若在广东登陆目标仅限于切断广九铁路和攻占虎门要塞。

10 月 9 日下午，日海军第 5 舰队护送运载步兵的巨大船群悄然向大亚湾进发。12 日凌晨 2 时，日军先头部队开始登陆时，守军第 151 师莫希德部仍未觉察。结果，日军在海滩附近集结时，几乎未受到任何抵抗。

登陆广东的日军为古庄干郎中将指挥下的第 21 军（波集团），下辖第 5、第 8、第 104 师团和第 4 飞行团，12 日登陆的是第 18、第 104 师团。第 5 师团正在青岛集结，待运南下。

---

① 《吴铁城致蒋介石电》（1938 年 9 月 7 日），国民政府军令部战史会档案，中国第二历史档案馆藏。

② 《吴铁城致蒋介石电》（1938 年 10 月 8 日），国民政府军令部战史会档案，中国第二历史档案馆藏。

③ 《军令部对吴铁城电报的批示》（1938 年 10 月 19 日），国民政府军令部战史会档案，中国第二历史档案馆藏。

④ 《蒋介石致余汉谋电》（1938 年 10 月 10 日），国民政府军令部战史会档案，中国第二历史档案馆藏。

登陆澳头的日军向淡水前进，淡水守军一团仅抵抗了两个小时，便于晚间弃城而逃。第 18 师星夜向惠州追击，14 日上午已进至惠阳南部。惠阳前临大亚湾，背靠东江，广九路由此西达广州，为广州东面的重要门户。14 日黄昏，日军开始攻城，防守该城的第 151 师何联芳旅恐惧日机轰炸，稍事抵抗后，就在晚间退出该城。日军马不停蹄指向博罗，第 151 师补充团团长林君勋率部先遁。16 日，日军轻取博罗，17、18 日两日，以主力 15000 多人向增城疾进。

10 月 13 日，余汉谋接到蒋介石电令，内称："敌已在大鹏湾登陆，我军应先积极集中兵力，对于深圳方面尤应严格布防，料敌必在深圳与大鹏二湾之间断绝我广九铁路之交通，此为其唯一目的。"① 及至惠阳失陷，余汉谋侦悉日军兵力有 4 万多人，其势头必得广州而后已。他下令各部向广州附近集结，委任第 65 军军长李振球为前敌总指挥，率部增防东江。17 日，第 53 师在福田一线击溃日军一联队，迫使日军退往博罗，中国军队也退到增城布防。

第 8 师团在福田受挫后，一面加强对增城方面的攻击，同时派一部从龙门、正果出从化，向广州作大迂回行动。余汉谋派独立第 20 旅陈勉吾部向正果前进，掩护增城左翼。17 日下午，陈旅在正果击溃了日军少数侦察部队，但陈勉吾向余汉谋汇报时却大大夸张了战绩。19 日夜，余汉谋接获陈勉吾的电报后，信心大增，认定福田、正果两次作战已是中方转败为胜的关键。20 日早晨，余汉谋率幕僚乘夜潜伏增城指挥，作了攻击性的部署，准备以第 186 师固守增城正面，调集粤军所有的战车约一营及新近从湖南调来的一团重炮兵支援该师作战。独立第 20 旅从左翼，第 153 师、第 154 师从右翼出击合围日军，乘拂晓前日军准备进攻之际，抢先发动攻势，将日军聚歼于增、博公路间浮罗山下。

20 日早晨，日军飞机、大炮以猛烈的轰击将守军炮兵摧毁殆尽，战车也无法开动。处于第二线位置上的第 154 师尚未及按计划展开，第 186 师已在日军猛攻下向后溃退。独立第 20 旅的阵地也被日军中间突破，全线陷于混乱状态。

---

① 《蒋介石致余汉谋电》（1938 年 10 月 12 日），国民政府军令部战史会档案，中国第二历史档案馆藏。

日军以主力进击从化、花县，以图截断广州至韶关间的联络，增城方面日军则准备由增广公路直扑广州。20 日晚，余汉谋召集军事会议，决定在增广公路两侧布防。21 日凌晨 2 点，经蒋介石许可，余汉谋将主力撤至粤北的翁源、英德线既设阵地。由于临时变更计划，仓猝行事。撤退时混乱不堪。21 日下午，日军轻装甲车部队已闯进广州城，广州陷落。23 日，第 5 师团占领另一战略要点——虎门要塞。

日本第 21 军以广州为中心，配置于三水、佛山、石龙一线。余汉谋第 12 集团军则在清远、横石、良口圩迄新丰之线与日

图 17.1　日军侵占广州。图为侵华日军士兵在海珠桥站岗，背后一片火光烟雾

军对峙。陈耀枢等两旅留在惠阳、淡水、虎门、宝庆等地区游击。武汉会战接近尾声时，在长江南岸的粤军精锐驰援故里，正面反击日军。11 月 14 日克复从化，12 月 9、10 两日克复惠阳、博罗等地。日军第 21 军深感兵力不敷分配，遂放弃大亚湾方面的补给联络线，收缩兵力以确保广州及四郊，改以珠江水道为补给线，转取守势姿态。

广州是华南最大的工商城市，处于粤汉铁路和广九铁路的交汇点上，北通武汉，南连香港，控制着重要的国际交通线。广东是中国富庶之区，且为国民革命的发源地。1926 年北伐军就是以广东为基地，取道湖南北上消灭北洋军阀的。广东民众的爱国情感素来深厚，粤军也以勇敢善战著称，在一二八淞沪抗战、八一三淞沪会战及南浔线上作战均有良好表现。但在保卫广州战斗中，粤军却一败再败，轻失名城。粤军精锐半数抽调北上当然是一大因素，但主要原因在于中方误以为日军会顾忌英美在华南的利益，暂时不敢在广东大动干戈，结果麻痹轻敌，疏于防范，致为日军所乘。广东地方军政当局政出多门，事权不一，高级军官腐化颓唐更使局势无可挽回。

三、海南岛及潮州、汕头失守

海南岛位于广东西南，是面积仅次于台湾的中国第二大岛。岛上的海口、榆林等处可辟为海空军基地，日本海军长期觊觎海南岛，以便作为南进的战略基地，从而时时可以威慑香港、越南及东南亚的新加坡等地，具有重大战略价值。不过，军事委员会鉴于中国海军力量微弱，无法防卫海南岛，故仅令王毅率保安第 5 旅防守，王毅下辖第 11、第 15 保安团 1600 多人，自卫总团 7 个中队 1700 多人及壮丁常备队 7 个大约 300 人，以主力守卫海口、秀英炮台及天尾港等地。

1939 年 1 月 19 日，日军大本营"为建立对华南进行航空作战及封锁作战的基地"，下达攻占海南岛的命令，① 由海军第 5 舰队护送第 21 军所属台湾旅团及海军陆战队进行登陆作战。

2 月 10 日拂晓，第 5 舰队兵舰 13 艘抵达海口附近，轰击天尾港及秀英炮台。台湾旅团大部在书场码头、灯塔间登陆，同时一部在天尾港登陆，两部合击海口。保安第 11 团稍作抵抗后，于午后放弃海口、府城，向龙塘、十字路、安仁一线撤退。12 日以后，日本海军陆战队又在新兴市、榆林、崖县、博鳌等港口登陆。保字第 5 旅在十字路亘安仁的防线，因新兴市等处日军登陆，后路有被截断之虞，被迫向江南岸转移。至 23 日，日军相继占领石桥、东山、文昌、安定等地。4 月初，日军向大路市阵地进攻，保安第 5 旅经短时间休整后，遂进行顽强抵抗，旋因受由博鳌港、那英港登陆日军的侧翼威胁，于 4 月 14 日起，分别向万泉河南岸加积、岭口、东昌以南撤退。5 月 7 日，岭口、东昌沦陷，日军控制了海南岛的各处重要地区，修筑飞机场及防御堡垒，中国的游击部队则对占领军不断进行袭扰。

日军攻占海南岛，加强了对中国东南沿海的封锁，获得了南进的战略基地。

---

① 日本防卫厅防卫研究所战史室：《中国事变陆军作战史》第 2 卷第 2 分册，第 101 页。

3 月 31 日，日本方面宣布南沙群岛划归日本，将其势力向南推进 1000 公里，对香港构成包围态势，且可随时使用海陆空三军袭击越南。国际间对日本侵占海南岛的行动反应强烈；在日军登陆海南岛的翌日，蒋介石对外籍记者发表谈话，指出日军占领海南岛对于中国抗战并无多大影响，因为中日战争的胜败，取决于大陆上军事行动，一岛之占领与否，根本无关紧要。但他同时指出，日本占领海南岛行动等于是太平洋上的九一八事变，太平洋上的形势将为之突然改变。2 月 13、14 日，法国和英国驻日大使分别走访日本外相，询问日军行动意图，并就英法在华利益向日本外务省提出交涉。

1939 年 6 月，日军又在潮州、汕头采取军事占领行动。

潮州、汕头平原是广东仅次于珠江三角洲的平原，南洋华侨有许多人的祖籍即在潮、汕地区，每年侨胞汇来大笔款项，支援了国内抗战。广州失守后，在华南地区仅次于广州的汕头港，成为与外国联系的重要港口，由汕头经潮州至韶关公路运送了大量军用物资。日军大本营为完成对华南沿海的封锁，并获得对华侨进行策动的据点，于 1939 年 6 月 6 日下令攻占汕头、潮州一带。准备登陆的日军为第 21 军第 104 师团的第 132 旅团，由旅团长后藤十郎指挥。

第 4 战区在潮、汕地区未配备强有力的野战军加以守备，防守潮、汕地区的仅有潮州保安团、汕头保安团以及独立第 9 旅华振中部。

6 月 21 日，日第 5 舰队运送第 132 旅团进入汕头海面，2 时，一部在濠岛东岸登陆，占领富昌附近地区，主力一部在新津港登陆，其余主力则溯西溪而上，在浮州登陆，各部于晚间分别进抵汕头外围，汕头保安团进行抵抗后于 22 日拂晓放弃汕头。25 日，日军向潮州攻击，受到独立第 9 旅的抵御。27 日，日军击退独立第 9 旅，占领了潮州。第 4 战区派独立第 20 旅增援潮、汕，7 月 14 日发动反攻，一度冲入潮州城，不久退守揭阳、普宁一线与日军对峙。

第 18 章
中国海军的抗战

甲午战争后，日本大力扩充海军，并从西方特别是英国，大量引入先进技术。至 20 世纪 20 年代，其已能独立建造各类现代海军舰艇，包括航空母舰、战列舰（又称主力舰）、轻重型巡洋舰、驱逐舰等，亦能制造各类海军现代装备，包括鱼雷，大、中、小口径的各种舰炮以及各类舰载飞机等，致使其海军力量恶性膨胀，乃至引起了西方列强的担忧。这种担忧不是没有道理，因为日本地域面积狭小，各种资源尤其是能够支撑其工业持续发展的各类矿物地质资源极其贫乏，日本必依恃其不断壮大的海军包括其海军航空兵力量与美、英、法等西方列强争夺太平洋特别是西、南太平洋地区的战略要地及资源产地——殖民地、半殖民地国家。"华盛顿条约（体系）"的重要目的之一，就是约束、控制日本海军力量的发展。至七七事变之际，日本海军已拥有各类舰艇 380 余艘，总吨位近 140 万吨，[①] 几可与美、英、法比肩。八一三事变的爆发乃日本海军认为大打出手的条件已然具备。

---

① 蒋文澜：《中国抗日战争实录》，第 164 页，江西人民出版社 2011 年 4 月版。

海军的强大，依赖于国力。近代以来的中国积贫积弱，甲午战败，此趋势更甚。至国民政府建立后，开始重视海军和空军的建设，但建设现代化海军，乃一长期、坚韧之过程，而且和工业化的程度密切相关，断非短期内即能获取成效。

至全面抗战爆发，中国海军共有各种舰艇120条艘，绝大部分为艇，能称得上舰的甚少。按世界统一的海军标准，吨位达500吨以上者，方可称之为舰。500吨以下者，则为艇。中国120余艘舰艇总吨位仅6万吨左右，亦有近7万吨之说。[①] 中国海军的总吨位仅为日本海军的二十分之一甚至二十五分之一。但中国海军面对如此悬殊的实力，以其赢弱之力，决然投入了抗击日军侵略的作战。

一、沿海及长江沿线的作战

淞沪抗战爆发，日舰艇近40艘，约占其当时舰艇总量的十分之一，云集吴淞口内外，随时准备夺占吴淞口，并助其陆军进攻。这些舰艇，有从日本本土直接调遣而来的，亦有从旅顺——大连乃至朝鲜南部调集南下的，编成为日本海军第3舰队。中国驻沪海军仅为其练习舰队。当日军凶相毕露、战云密布之际，练习舰队司令王寿廷即"分饬所属，严加戒备。迨战事发生，复饬在沪海军努力抗战，固守阵地，一面协助陆军联络作战"[②]，"时海军部陈（绍宽）部长因春间明令为庆贺英皇加冕典礼副使，甫经事毕，正在各国考察海军，并筹充我国海军海防军备。闻警星夜飞回，领导全军参加全面抗战"。[③] 8月14日，海军急将"普安"号运输舰自沉于董家渡，希图阻塞日军舰艇入内。但上海港汊复杂，水文多变，沉船虽发挥了作用，但不足以阻塞日舰进入，须大量布雷于港湾江河汊道之中。海军遂急调技术人员，不分昼夜，试验、赶制水雷，终于9月制成一批，立即在黄浦江布置了三道水雷封锁线，并在众多河道港汊布放水雷多枚。因以上举

---

① 《炎黄春秋》2005年第9期，第30页。

② 蒋文澜：《中国抗日战争实录》，第164页。

③ 中国第二历史档案馆：《民国档案史料·国民党政府海军抗战纪事》，第54页。

措，致日军不得不迂回金山卫登陆，为浙沪抗战迟滞日军，粉碎其战略上之突击性赢得了时间。"出云"号重巡洋舰为日寇第三舰队旗舰，舰队司令官长谷川清中将居其上指挥舰队，日海军将领、相当一部分陆军将领和若干外交高官均居于该舰。8 月 16 日晚，中国海军以"史 102"号鱼雷快艇突袭"出云"号，进至距其 300 米处，连射两枚鱼雷，惜未命中。日舰炮火击伤"史 102"号致其搁浅。全艇官兵巧妙潜藏，安然脱险，并拆卸带走了艇上的所有武器和设备。8 月 20 日，日军疯狂报复中国海军，轰炸了驻沪海军司令部及其所属各机关各单位以及江南造船厂，正在此修理的"永健"号炮舰被炸沉。日军还野蛮轰炸了海军医院及陆军医院。

中国海军以弱小力量展开反击，用水雷陆续炸毁已沦入敌手的浦东新三井之第 3、4 号码头及趸船，并炸沉敌汽油小艇两艘。9 月 29 日，再次派出水雷兵携水雷潜、泅水靠近"出云"号，但被日军防雷网所阻，无法靠近"出云"舰身，遂被迫于防雷网处布雷引爆。"该舰左右之防御物均被炸毁（"出云"舰尾部及其四周的 4 艘铁驳船和一艘小火轮被炸伤）。舰体受震损伤。适敌海、陆军及外交界各酋于军事会议闭幕后回宿舰中，均遭剧烈震动"。[①] 此后，海军又两次用水雷袭击"出云"舰，但均未成功。海军的顽强作战精神，则于此可见一斑。陆军亦大力支持海军抗战——以各种岸炮轰击日舰。9 月 26 日，击中日本皇族成员伏见宫博义王所指挥的驱逐舰队的旗舰"岛风"号，该军官受伤，其身边的两名日海军一等兵当即毙命。该军官被迫离开侵华前线，返日养伤，一年后死亡。

9 月 13 日，日本海军第 5 水雷战队旗舰"文张"号轻巡洋舰与日海军第 29 驱逐战队在香港附近的大铲岛锚地会合。14 日晨，"文张"号与"疾风"号、"追风"号驱逐舰突然入侵珠江口，袭击了在虎门附近巡逻的两艘中国军舰（属中国海军广东舰队）。日海军的此次偷袭，是否为对淞沪战事的一种侧应，待考。但其实际作用即如此。中国军舰"肇和"号被击伤搁浅。而另一艘中国军舰"海

---

① 中国第二历史档案馆：《民国档案史料·国民党政府海军抗战纪事》，第 54 页。

周"号则奋力抵抗、还击。后在虎门炮台岸炮和驻广州空军的支援下,海军出动鱼雷艇突袭日舰,"文张"号中弹,人员负伤,迫使日舰中止炮击,退出珠江。此后较长一段时间,日军未敢在华南实施大规模入侵行动。当然,英日未战,才是最重要的原因。但中国海军的抵抗也未可小觑。淞沪抗战爆发,驻闽海军即开始封闭闽江。9 月 3 日,日海空军进犯海军厦门要塞,被击退。后多次进犯,但均被击退。9 月 18 日,马尾要塞驻军拆除了芭蕉—马尾间的全部航标。10 月中旬,又征用商船载石沉江,阻塞闽江,并将已不能实战之军舰火炮,撤移至陆地炮台,与陆军共同御敌。

淞沪抗战之际,为防范日军溯长江西侵,既犯首都,且迂回中国淞沪守军侧后,南京政府命海军在江阴要塞地段构筑港口、航道阻塞防线。海军按蒋介石手令,由陈绍宽部长亲自指挥,将老旧的"海圻"、"海琛"等 12 艘舰艇,以及向招商局和各轮船公司征用的 35 艘商船,自沉江底,合计吨数达 63800 余吨。又征用民船、盐船 185 艘及石子 65000 余担续沉江底,以填补罅隙。并在阻塞区广泛布雷,使舰船难以通行。还拆除了自上海至江阴的所有航路标志,包括灯标、灯桩、灯塔、灯船及测量标杆等,使敌舰丧失所有导航标识,无法通行。除此之外,还调派海军第一舰队司令陈季良、第二舰队司令曾以鼎率两舰队主力舰只"平海"、"宁海"、"应瑞"、"逸仙"、"楚有"、"健康"等舰,驰援江阴,拱卫首都。至 10 月,江阴阻塞区及防御线建成。① 江阴防御线区之建设,致日军沿江西上水陆并进直犯南京的原定作战计划彻底落空,遂改用空袭战法试图突破江阴阻塞线区。8 月 16 日,日寇飞机开始轰炸江阴要塞,中国海军主力舰只的舰炮进行了英勇还击。8 月 22 日,日军飞机再袭江阴,被"宁海"舰官兵击落一架,飞行员毙命。自 9 月 22 日起,连续月余,日寇先后出动上千余架次飞机,对江阴地区中国海军舰艇、炮台狂轰滥炸。中国海军进行了顽强抵抗,组织所有可高射之舰炮及岸炮,构成密集火网,抗击日机,许多炮手负伤不下火线,一旦有人倒下,立即

---

① 中国第二历史档案馆:《民国档案史料·国民政府海军抗战纪事》第 55 页。

有人替补，海军官兵，全无惧色，全力奋战，以弱击强，真正是以血肉之躯御敌。至 10 月下旬，击落击伤敌机数十架。但终因敌强我弱，海军主力舰艇亦丧失殆尽。江阴海空大战之惨烈，有观战的外国军事顾问认为："在第一次世界大战的四年中，在欧洲战场亦未见之如此激烈之恶战。"[①] 11 月底，日舰也进逼江阴外围，中国海军巫山炮台官兵舍命抗敌，击伤多艘敌舰。12 月 3 日，江阴沦入由陆路进犯的日军之手，巫山炮台顽强血战，其官兵最后撤离。撤离前，炸毁了炮台的一切作战设施，使之不被资敌。[②] 南京沦陷后，江阴阻塞线区仍屹立中流，阻敌西进。日军动用了大量舰船、人力，作业七天七夜，才疏通一条仅能容一船通过之航道。且在作业过程中，12 月 9 日上午 9 时 10 分左右，其扫雷艇"雄基"号被中国海军敷设的水雷炸沉于巫山炮台附近之江面。江阴阻塞区（线）之战，中国海军以巨大代价，迟滞了敌寇行动，致敌亦付出重大代价，与淞沪抗战一道，共同粉碎了敌军速战速决的战略企图。

至 1938 年初，中国海军仅存舰艇 34 艘，吨位仅为 16000 余吨，还抵不上日本的一艘重巡洋舰。元旦，南京政府下令撤销海军部，成立海军战时总司令部，统领海军剩余船只及经血战而生还之官兵，继续对抗日军。海军利用淞沪抗战和江阴阻塞线区抗战赢得的时间，沿南京以上长江中游继续构筑阻塞线区，并将战损舰艇上尚能用的舰炮拆卸，部署于长江中游一线两岸之海军要塞，加强岸炮火力，战略目标是：沿江抗御，保卫武汉。马当位于赣东北，乃通往江西、湖北之要冲，为长江中游战略要地之一。自 1937 年 12 月下旬起，海军就全力布防马当阻塞线区。其一，将九江以下所有航路标志全部拆毁；其二，在马当水域布雷 800 余具，构建了宽大雷区；其三，在该线区沉船 39 艘，设人工暗礁（以石块、砂石、水泥构件等）30 处，形成了较绵密的水下阻塞线；其四，加强了娘山等地的炮台及岸防火力；其五，派出两艘炮艇日夜梭巡，监视日舰行动并警戒空中敌机。马当阻塞线区完成后，日舰队被阻于芜湖，未敢贸然西上。6 月，随徐州失

---

① 《炎黄春秋》2005 第 9 期，第 32 页。
② 中国第二历史档案馆：《民国档案史料·国民党政府海军抗战纪事》，第 57 页。

陷后，日军全力由陆路进犯武汉，日海军同时进攻马当要塞，希图水陆协同并犯。中国海军以上述单薄兵力沉着应战，与敌鏖战至 6 月底，先后击沉敌汽艇 3 艘，击伤敌轻巡洋舰 1 艘，毙伤敌寇甚众，阻滞了日军的进犯。后日海军陆战队登陆，由陆路迂回包围要塞，中国海军官兵仍顽强抵抗了 3 昼夜，至 6 月 28 日凌晨冲破日军包围，撤出马当要塞。

马当要塞撤退后，海军迅疾在江西湖口布设水雷 900 多具，并强化岸炮阵地。九江因无险可守，故无要塞，海军遂布雷 760 余具，并以"威宁"、"长宁"两舰巡弋九江江面，以警戒日军。日军陷马当后，以飞机轰炸九江，炸沉巡弋江面的两舰，继而由陆路进逼九江、湖口，海军虽竭力抵抗，毙伤敌军甚众，但终因实力羸弱，遂突围而出，九江、湖口先后陷入敌手。与此同时，海军还在鄱阳湖及赣江水道大量布雷，阻敌进入。海军战时总司令部派出专业负责军官赴南昌，指导鄱阳湖布雷工作。所布之雷，至 1939 年 3 月的南昌保卫战中，仍发挥了巨大作用。

湖口、九江失陷后，日寇锋芒直指武汉。为阻止日本海军溯江直犯武汉，中国海军在武汉门户田家镇、葛店一带部署了强大的阻塞线（区）。首先是强化要塞阵地，配置强大火力。除原岸炮外，还将大量于战损舰艇上拆卸的舰炮安装于此。其次，广泛、高密度布雷。定田家镇、蕲春、黄石港、黄冈为四大主布雷区，各区布雷均为 1000 多具。在葛店还布置了沉雷区，该雷区特聘外籍专业工程技术人员设计，并由外商专业公司实施，由海军监督。虽耗资甚巨，但外商见利忘义，敷衍了事，工程缺陷甚多，海军拒绝接受。后因战时特殊情况，经军事委员会命令，海军勉强接受。该雷区所用沉雷隐蔽性好，威力大，对日军亦造成了相当威胁。田、葛阻塞线（区）完成后，日军水陆并进武汉的作战计划再次受挫，遂动用陆海空三军疯狂围攻田家镇要塞。自 1938 年 9 月 18 日至 29 日晨，守卫田家镇的中国海军岸防炮兵与日军三军殊死血战 12 日，予敌三军重创。于 9 月 29 日晨奉命突围。12 天血战中，田家镇平均每天落下日军炮弹 500 余颗，日机所投炸弹百余枚，要塞设施悉数被毁，中国官兵伤亡惨重，但依然以血肉之躯与敌抗衡。田家镇要塞陷落后，日军又以三军围攻葛店要塞，葛店中国海军官兵大量毙伤敌军，坚守不退，直至武汉弃守后，才于10月25日突围。

城陵矶位于武汉上游的长江与洞庭湖交界处，中国海军在武汉会战期间，划城陵矶为要塞区，布置了数十门岸炮、舰炮防卫之。还将海军剩余舰只也基本配备于武汉至城陵矶的江河中，以加强城陵矶防御并拱卫武汉。日军在武汉会战期间，以海陆空三军兵力反复攻击要塞，以图侧面迂回武汉，但要塞岿然不动。日军遂以海空军沿江逐一搜索中国海军剩余舰只并攻击之，以剪除要塞侧应。海空血战时常发生，但中国海军顽强不退。10月24日，日机发现驻泊于金口的中国海军名舰"中山"舰，逐以数十架轰炸机轮番攻击之。舰长萨师俊重伤不退，指挥官兵与敌血战到底，最终全舰官兵与具有光荣传统的"中山"舰均壮烈殉国。武汉弃守后，城陵矶要塞依然岿立。直至11月8日，日军以陆海空三军兵力全力围攻，在日军陆路首先得手、要塞后路可能被断的险境下，守军剩余部队方突围弃守。武汉会战之后，中国海军剩余舰只也基本丧失，但依然还有少量舰艇。为免于沦入敌手，遂自行将其基本焚毁或沉没以阻塞航道。

武汉会战之前，日本海陆空军即已犯闽，并于5月11日攻陷厦门。海军厦门要港和马尾要港驻军利用磐石、白石、屿仔尾、胡里山、五通、何厝等各炮台，沿海沿江（闽江）浴血死守。海军驻闽舰只亦全力出击，扼守闽江及其入海口。至6月，中国海军舰只基本丧失殆尽，但海军官兵仍顽守闽江沿线不退。淞沪抗战之际，海军即以水雷封锁了富春江。至武汉会战期间，又以水雷封锁了瓯江及浙江境内所有内河航道，致敌不能进犯。1938年秋，日军进犯广东，驻粤海军亦沿珠江布防，保卫广州。并尽力作战，舰艇与人员伤亡殆尽。广州失陷后，海军又转兵广西，于西江、梧州河道，大量布雷，以阻寇犯。①

据不完全统计，1937年至1939年，中国海军共击沉击伤日舰艇148艘，击落击伤日机30余架，毙伤敌军数千。有力阻滞了日军的攻势，利于粉碎敌速战速决

---

① 中国第二历史档案馆：《民国档案史料·国民党政府海军抗战纪事》，第65、66页。

的战略企图，利于争取中国抗战战略相持阶段的尽早实现（到来），海军官兵且以血肉之躯，激励了广大军民的抗日斗志及必胜信心。

二、长江中上游及内湖的作战

武汉弃守，广州沦陷，日军军力严重受损，攻势亦严重受挫，日本国小力弱不可持久战之疲态初显，中国抗战遂进入战略相持阶段。中国海军原有五舰队：练习舰队，驻防淞沪；第一、第二舰队，驻防淞沪至首都江段；第三舰队，驻防南京以上江段；广东舰队，驻防广东沿海及珠江。还有大量岸防要塞区及炮台。经战略防御——退却阶段的坚韧抵御，舰艇及要塞基本损失。至战略相持阶段，仅余小型舰艇 15 艘，又无力建造或购置新舰，逐采用广泛布雷之战术以坚持抗战，辅之以长江中上游的炮台—要塞建设以作防卫。

城陵矶陷敌后，海军又在长江中游的石首（属荆江段）构建了沉船阻塞线（区），并布置了大量水雷，加强了沿岸炮台。为封锁湖南省境内之湘江和各河道，海军于洞庭湖大量布雷，并将洞庭湖航行标志一律拆除，还将海军之"顺胜"艇和铁驳、大木驳共计 7 艘，"横沉于营田滩附近之南达长沙、西通常德之交叉江面的芦林潭、湘阴两处，建成坚强的封锁线"。[1] 为确保战时首都重庆的安全，海军还在宜昌以下的川江段设置了四个总炮台和数十个分炮台，装备各型火炮近 200 门。加之陆军的奋战，日本海军企图打通武汉至宜昌之间长江航道的计划始终未能得逞，上述防线（区）一直坚持到抗战胜利。

1939 年 6 月，海军战时总司令部正式成立布雷总队，下辖 5 个分队。11 月至 1940 年初，又将其主要力量建为长江中（下）游布雷总队，下设 5 个中队，11 个分队。将长江中下游宜昌—江阴段划分为三个布雷游击区：第一游击区作战地段在湖口—江阴之间；第二游击区作战地段在鄂城至九江之间；第三游击区作战

---

①　中国第二历史档案馆：《民国档案史料·国民党政府海军抗战纪事》，第 64 页。

地段主要在荆江区域，后因日军从未能实现其打通荆江、直犯川江的企图，第三游击区遂并入第二游击区。

布雷游击队居无定所，神出鬼没，风餐露宿，昼伏夜出，依靠民众，了解敌情，强韧不屈，可泣可歌（布雷队侦察员、海军英雄陈木生侦察时由于汉奸出卖被日寇所俘，坚强不屈，竟被日寇活活锯死，抛尸江中。临死，痛骂日寇不绝。其战友获悉，均咬牙切齿，同仇敌忾誓为之复仇）。布雷游击队采用了各种灵活机动的布雷战术：利用夜幕，迫近布雷；利用恶劣天气，出其不意布雷；长途奔袭，迎敌而上布雷；伺机出击，乘虚而入，临机布雷等。还专门研制了适用于布雷游击战的小型水雷。[①] 在其奋勇作战下，日军于长江所占航线，明占实丢（失），不仅无法控制，而且损失极其惨重。据中国海军统计，1940 年共击沉击伤日舰船 218 艘，其中中型舰 15 艘、运输舰 22 艘、商船 3 艘、汽艇 61 艘、驳船 8 艘被完全击沉。另击伤日军中型舰 14 艘，小型艇 18 艘。绝大多数为水雷所毁伤。据英国驻华使馆的不完全统计，1940 年，侵华日舰被水雷炸沉 8 艘，炸伤 100 余艘。[②] 1941 年 1 月 25 日，日运输舰一艘于马当下游铁板洲触雷沉没，200 余名官兵毙命。同年 10 月 8 日，日运输舰"山田丸"、"村木丸"又于马当附近触雷沉没，又有 200 余名官兵毙命。被打怕的日本海军长江舰队司令部于 1940 年 5 月 22 日发布四条训令：一、禁止集结航行；二、凡行驶芜湖以上的商船均须由军舰护航；三、所有舰船不得于夜间行驶于芜湖—九江之间；四、凡舰船行驶于芜湖上游时，须加速通过。[③] 海军还在鄱阳湖、赣江、瓯江、甬江、闽江、西江实施了广泛布雷，封锁日军。据不完全统计，至抗战胜利，海军布雷游击总队仅在第一游击区就布雷 1370 具，炸沉炸伤敌舰船 114 艘。八年抗战，海军共击沉敌舰船 186100 余吨，绝大多数为水雷所毁。海军所用水雷绝大多数为海军辰溪制造厂等自制，包括九种定雷，三种漂雷。[④]

---

① 韩真：《军事历史研究·海军长江抗战述论》，第 101、102 页。
② 韩真：《军事历史研究·海军长江抗战述论》，第 103 页。
③ 《炎黄春秋》2005 年第 9 期，第 34 页。
④ 蒋文澜：《中国抗日战争实录》，第 171 页。

八年抗战，中国海军以海空战、阻塞战、要塞战、水雷战等多种战法，在实力极其悬殊的境况下，仍取得辉煌战绩，写下了八年抗战中浓墨重彩的一笔。致日本海军在侵华战争中屡遭挫折，战果最小。时任中国海军总司令的陈绍宽上将总结道："海军抗战事略，向来极少发表，盖不欲大事宣传，事实足以表明一切。"海军抗战，"因此适足达成我消耗战、持久战之目的，而（最终）完成歼灭战之任务"。①

---

① 《团结报》2014 年 2 月 27 日。

第 19 章
中国空军的抗战

一、七七事变前中日空军战力的比较

1928 年，东北易帜后，国民政府在军政部下设立航空署，辖 4 支航空队，拥有飞机 24 架，开始了统一的全国空军建设。自 1933 年起，蒋介石在美国专业人员的帮助下拟定了空军建设三年计划，空军建设加快了步伐。1936 年夏，两广事变发生，陈济棠的空军为蒋拉拢，百余架飞机归并中央，国民政府空军统一告成。同年冬，为蒋介石 50 寿辰掀起 "购机祝寿" 活动，实为加强空军，抵御日本。海内外民众、华侨热烈响应，所捐献款项购得飞机 68 架。至全面抗战爆发，中国空军总计有飞机 600 余架，作战飞机 305 架。[①] 统筹空军建设及管理事宜交由国民政府所设航空委员会负责，由蒋介石兼任该委员会委员长，宋美龄任秘书长，周至柔任主任。七七事变后，为作战指挥方便，设立了空军总指挥部，又称

---

① 何应欣：《八年抗战之经过》，第 4 页。

空军前敌指挥部，由周至柔任总指挥，毛邦初任副总指挥，张有谷任参谋长。8
月，为应对淞沪局势，又增设了空军第一军区司令部，由沈得燮任司令，石邦藩
任参谋长，下辖 9 个大队，5 个独立暂编中队和 1 个暂编教官大队。抗战全面爆
发初期，中国空军拥有作战飞机 346 架，纳入正式作战编制（序列）的为
296 架。①

日本为当时世界空军强国之一，但其空军非独立军种，分别隶属于陆军和海
军。隶属陆军者，由陆军部（省）所属航空本部统辖。隶属海军者，由海军部
（省）所属海军航空本部统辖。战时，配属陆、海军行动，以支持陆、海军的进
攻。其海军航空兵多为（航母）舰载航空兵，是其海军的最重要突击兵种、兵
力。后来偷袭珍珠港的，即乃日本海军舰载航空兵的几乎全部主力。1937 年，日
本的陆军航空兵力，计有航空兵团一个，下辖飞行团 5 个，飞行联队 16 个，分别
驻扎于日本本土、朝鲜、中国台湾及东北地区。拥有作战飞机 1156 架。日本海军
航空兵力在 1937 年拥有作战飞机 1045 架。二者合计为 2200 余架。又一说为 2625
架，几近于中国空军纳入作战编制序列的 10 倍。② 七七事变之际，其用于侵华的
陆军航空兵飞机约 300 架，海军航空兵飞机约 550 架。仅此，已达中国空军全部
作战飞机的近 3 倍。

两军飞机性能比较，日机大多为 20 世纪 30 年代设计、试制、生产的新机，
性能较为优良。中国军机大多自国外采购，有机型先进且性能优良者，如美国产
的寇蒂斯·霍克Ⅲ、波音 –281（波音 P –26A）等。但亦有不少性能不佳甚至落
后者。因为当时中国现代工业基础薄弱，虽能仿制国外飞机（主要部件如发动机
等靠引进），但完全不能独立设计并批量生产先进战机。因引进的飞机五花八门，
甚至有"万国飞机博览会"之称。加之当时日本的军机研发、生产能力远强于中
国，战损因此能迅速得以补充、恢复。中国空军的抗战，就是在实力对比如此悬
殊的境况下展开的。

---

① 唐学锋：《中国空军抗战史》第 86 页，四川大学出版社 2000 年版。
② 王道平主编：《中国抗日战争史》中卷，第 57 页，解放军出版社出版。

中国空军之抗战，从其发展言，可自然划分为三个阶段：第一阶段自 1937 年 8 月至 11 月，为中国空军独立对日作战阶段。虽损失惨重，但战果显赫，并彰显了中华民族有同自己的敌人血战到底的气概。第二阶段从 1937 年 12 月至 1941 年 6 月，为中苏空军联合、协同作战阶段，这一阶段又可分为两个时段：武汉会战前，中苏空军的联合、协同作战虽已开始，但中国空军仍勉力支撑，以中国空军的独立作战为主。自武汉会战始，则以苏联空军志愿军的作战为主。但中国空军仍顽强存在，配合、支持苏联空军志愿军作战。第三阶段自 1941 年 6 月至抗战胜利，为中美空军联合作战阶段，以美国空军为主。但中国空军在战争中学习、锻炼、恢复、发展，至抗战胜利，中国空军的规模及战力已超越了 1937 年抗战爆发时的水平。

二、独立作战时期战绩骄人

鉴于日本狂妄野心已路人皆知，国民政府军事委员会饬令所属参谋本部制订针对日本侵略的国防作战计划。1937 年 3 月，完成了"国防作战计划"甲案和乙案。在甲案中，确定了中国空军对抗日本侵略的作战要领："空军于作战之先，以主力扑灭长江内之敌舰，及沪、汉两地敌之根据地。集中间：以主力对敌海上航空母舰与舰队及运输船舶攻击，并协助我海岸防守部队之作战，以一部协同海军正面作战。会战间：以主力协同北面陆军作战，以一部协同海军正面作战。准备全部重轰炸（机）队袭击敌之佐世保—横须贺及其空军根据地，并破坏东京—大阪各大都市，以获得我空中行动之自由。"在乙案中，还增加了对天津、汕头、福州敌根据地的轰炸。在会战间部分，增加了对日本的横滨—佐世保军港，以及台湾和东北辽宁等地兵工厂的轰炸。[①] 据此要领可见，国民政府军方已预感到在战争初期，沿海和沿（长）江中下游若干大、中城市将成为日寇进犯之重点，并

---

① 彭明主编：《中国现代史资料选辑》第 5 册（上），第 134 页。

可能一度失守。但即使如此,亦要集中有限的空军军力,予敌重创。若有可能,还将袭炸日本本土及其部分殖民地。

据此要领,八一三事变当日下午 14 时,中国空军下达了由周至柔签署、毛邦初副署的"空军作战命令第一号",明确提出:"空军对多年来侵略之敌,有协助我陆军消灭盘踞我上海之敌海陆空军及根据地之任务。"第 2、3(8 队、17 队)、4、5、6、7、8、9 大队队长务于 14 日 10 时到京(南京)开会。上述各部队应于 14 日黄昏以前,秘密到达准备出击之位置,完成攻击的一切准备。各队长开会时,将面授机宜,① 即具体部署作战任务。侵华日军也预感到了中国空军之威胁。同日晚 23 时 50 分,日本第三舰队司令长谷川清对其所属的海军航空兵下达了"应以全兵力,先发制敌,击破敌空军"的命令。并明确提出,"14 日实施空袭时,空袭部队的任务、行动预定如下:空袭部队应举全力急袭敌航空基地,覆灭敌航空兵力。尤应注意隐密,注意(飞行)高度及气象的利用。""出发及攻击时机,依照特令。"② 就在两军蓄势待发,千钧一发之际(两军均定于 14 日空袭对方。若日寇空袭在前,事必予中国空军毁伤,从而削弱中国空军攻敌之实力。若中国空军能抢占先机,则日军的战略意图即使未能彻底被粉碎,亦必将彻底被破坏),中国空军紧接着下达了"空军作战命令第二号。"要求 14 日出动之各攻击机队,务于晨 7 时准备完毕,于 9 时、9 时 40 分(因距离远近关系)到达目标上空,实施攻击。在日空军具体进犯时间尚未决定之际,这一命令为中国空军赢得了主动,达成了战术上的突然性。

8 月 14 日晨 7 时,中国空军的第一批轰炸机群(5 架),由杭州笕桥机场起飞,抵上海公大纱厂日军军械库上空,从 1500 米高空俯冲而下,投弹攻击,当即准确命中敌军械库,起火爆炸。至下午 15 时 50 分,中国空军共出动飞机 9 批次,计 76 架次,集中轰炸了上海日军指挥部、弹药库码头,以及停泊在黄浦江中的日舰等日寇重要军事目标。日军死伤甚众,一艘驱逐舰("梅"号)被炸伤,损坏

---

① 唐学锋:《中国空军抗战史》第 88、89 页。
② 唐学锋:《中国空军抗战史》,第 89、90 页。

严重。当天下午，日军进行报复。因其进犯上海之陆海空军的战略部署被中国空军的轰炸彻底破坏，遂令其驻扎台湾的第 3 空袭部队（鹿屋航空队，亦属日海航部队）出动，分两批 18 架次，袭炸览桥与广德机场。中国空军升空迎战，击落日机 3 架。日机未达成作战目的，仓惶遁去。

在"空军作战命令第二号"中，即强调中国空军应以轰炸为主，消灭敌有生力量，毁伤敌实力。并且自"14 日开始轰炸后，应迅速准备连续轰炸"。8 月 14日晚 24 时即 8 月 15 日零时，空军又下达了第三号命令，强调实施连续轰炸。[1] 8月 15 日，中国空军又分 8 批次，连续轰炸了上海地区的日军重要基地、阵地。日军亦于当日展开疯狂报复，除动用了上海附近的海军航空兵外，还继续令其海航驻台湾部队出动，计有鹿屋航空队、木更津航空队等。中国空军奋勇迎战，与日空军展开了抗战史上的第一场大空战，共计击落击伤日机 30 架。日军方资料承认被击落 14 架，重伤 6 架。8 月 16 日，日军出动 4 支空袭机队对江浙地区的中国机场进行轰炸，并欲与中国空军机队决战。中国空军官兵个个争先，奋勇御敌，共击落敌机 11 架。8 月 17 日，中国空军又分 6 个批次出击，轰炸了上海地区的日军阵地及其指挥部，并与阻击的日机展开空战，击落日机 2 架。8 月 19 日，中国空军出动轰炸机 7 架，并出动驱逐机护航，轰炸日舰。空军沈崇海、陈锡纯所驾驶轰炸机（机号 904）发生机械故障，在自知难以返航的情况下，决心成仁，遂架机俯冲敌舰，直接撞击，与日寇同归于尽。8 月 20 日，日机又来袭，中国空军在迎战中，又击落日机 8 架。

中国空军奋勇迎战敌机，仅自 8 月 15 日至 20 日，就使日海航最精锐的鹿尾和木更津航空队损失过半。因连日作战，中国空军也损失惨重，遂于 8 月 21 日颁布第十一号作战命令，将作战方式由机群出动变为以单机出动为主，由白昼出动变为以夜袭为主。希图在持续作战中尽量保存实力。

自 8 月中、下旬始，日空军进行猖狂反扑，但因中国空军的顽强作战，使日

---

① 唐学锋：《中国空军抗战史》第 91、97 页，四川大学出版社 2000 年版。

空军的战略战术企图往往不能实现，其野蛮本性遂彻底暴露，以轰炸中国沿海沿
（长）江 61 座城市的居民区和非军事目标来威慑中国。其轰炸毫无任何交战伦理
约束，仅以屠杀中国人民为目标。虽然日本已退出国联，但国联仍然受理了日本
轰炸中国城市杀害中国平民百姓一案。1937 年 9 月 28 日，国联大会第 23 次咨询
委员会一致通过谴责日本及日空军的决议："咨询委员会紧急讨论了日本对中国
无防御城市的轰炸问题，对包括许多儿童在内的人民所遭受到的生命损失，表示
深切的哀悼。并通过全世界，对这种引起恐怖和义愤的行动，表示严厉的谴责，
特郑重声明。"①

对于日军的暴行，中国空军奋起还击。9 月 18 日，国耻日，中国空军集中 24
架飞机，夜袭上海地区日军，予敌人员、装备以重创。19 日，日军报复来袭，中
国空军奋起迎敌，击落敌机 1 架，伤其 4 架。

9 月上旬，鉴于侵略华北的日军已大量使用陆航兵力掩护、支援其地面部队
作战，给中国军队造成重大伤亡；以及日海空军不断滋衅于闽粤沿海之实况，中
国空军不得不将仅有的兵力进一步分散，一路南下支援广东方面作战，一路北上
支援华北战场。9 月 14 日，中国空军北正面支队成立，以山西各机场为基地，投
入了华北战场的战斗。自 9 月 16 日至 10 月底，华北中国空军共空袭敌阵地 42
次，击落敌机 3 架。

9 月 14 日、15 日，中国空军于广东海域连续轰炸日舰，炸伤 6 艘。10 月 7 日
粤北空战，中国空军击落日机 2 架。10 月中旬，广东又发生空战多次，中国空军
击落日机 2 架。

除上述外，在迎战日军多次空袭南昌（当时中国空军总指挥部设于南昌）、
南京等大中城市的空战中，中国空军均获累累战果，共击落击伤敌机上百架。经
两个多月的血战，中国空军的作战飞机也损失了三分之二以上，大量优秀飞行员
牺牲，至 10 月 22 日，空军可用飞机仅存 81 架，空军总指挥部遂下令空军主力后

---

① 唐学锋：《中国空军抗战史》第 110 页。

撤，基本脱离战斗。11 月初，中国空军转入休整阶段。仅留少量飞机驻守首都，大部撤往武汉、南昌整补。[①]

三、与苏联航空志愿队联合作战

1938 年初，购自苏联以及苏联援华的 200 多架作战飞机陆续运抵中国，使中国空军得到强有力且及时之补充。经两个多月的休整，中国空军的人员、设施等也得到一定的恢复、补充和修缮。大批苏联空军援华志愿人员的加入，使中国空军之实力达致前所未有的发展。中苏空军联合作战以抗日本之局面由此开启，但至武汉会战前，基本仍以中国空军为主。1938 年 1 月，中国空军出击 16 次，空战 8 次，共击落、毁伤日机达 67 架，并炸沉炸伤日舰 4 艘。2 月至 5 月，中国空军出击数十次，与来袭日空军交战数十场，均取得辉煌战果。华北的中国空军支队剩余飞机及飞行员，仍不断顽强出击，打击日军，直到春季终于得到加强补充。徐州会战期间，中国空军奋力出击，轰炸日军，支援及掩护地面部队作战，战绩不俗，功勋卓著。1938 年武汉会战前中国空军的最著名战例有：1 月 28 日，第 1 次武汉空战，击落日机 12 架。2 月 23 日，中国空军 28 架轰炸机自南昌起飞，轰炸了日本占领下的台湾松山机场。该机队由苏联飞行员利切科夫率领并指挥，但此次行动的总指挥为中国空军前敌指挥部。机群到达目标上空后，28 架战机逐架依次进入俯冲，逐一投下所携载的 10 枚 50 公斤（115 磅）的炸弹，日军机场一片火海。空袭行动达成了突然性，自始至终，日军无一架飞机来得及起飞，亦无其他机场的飞机来得及赶至松山机场支援。中国空军 28 架"图波列夫"轰炸机全部安全返航，回到了南昌。此次突袭予松山日军海航部队以毁灭性打击，以至于该部队从未对此次被炸作出战损报告。造成此况的可能性只有一种：即松山日军海航战机悉数被歼，丧失殆尽。当时驻扎该机场的日机达 40 架之多。攻击还

---

① 蒋文澜：《中国抗日战争实录》，第 158 页。

彻底摧毁了该机场的航空汽油库和所有电力设施，日军官兵死伤惨重。4 月 29
日，武汉第二场空战。该天乃日本天皇生日，日人称之为天长节。日军海航部队
为了向其天皇寿辰献礼，决定出动大机群空袭汉口。中苏联合空军升空抗击。双
方近百架战机在武汉上空展开了自七七事变及八一三事变以来最大规模的空战。
日机被击落 24 架，中苏联合空军仅损失 11 架，战损比为 2.2∶1。据当时任中国空
军顾问的陈纳德将军统计：日本有 13 架战斗机和 8 架轰炸机被击落，中苏联军损
失飞机 9 架，有 2 架属被击伤而迫降，可修复再用。① 如此，双方战损比为 3∶1。
日军遭此重大损失，不仅实力消耗，而且颜面亦失尽，竟谎报以 4 架飞机之损失
击落了 51 架中苏飞机，留下了中国人民抗战史上一个经典的谎言。对此谎言，当
时生还的日军飞行员都明白，这完全是海航司令部为向天皇生日献礼而捏造的，
就像海航司令部对所有被击落日机的跳伞逃生的飞行员均刻意隐瞒一样。5 月 19
日下午 15 时 23 分，以徐焕升、佟彦博为队长的两个机组，每个机组各 4 人，驾
驶购自美国的两架"马丁 139W"先进轰炸机自汉口起飞，经停宁波加油后，直
飞日本本土。5 月 20 日凌晨飞抵日本，经熊本、久留米、佐世保、长崎、佐贺、
九州等地上空，散发了各类宣传、反战、揭露、谴责日本侵华的传单 200 万份，
号召日本人民反对侵略战争，掌握自己的命运。此次行动绝非仅限于一场宣传
战，更重要的则是一场心理战。中国战机进入日本领空并长时间巡航且散发了大
量传单，这表明中国空军有轰炸日本本土的能力。遂令日本朝野惊骇万分，精神
上遭重创。5 月 20 日上午，两架中国战机分别飞返玉山机场和南昌机场加油后，
于 11 时 13 分前后，胜利返航汉口机场。何应钦等国民政府军政领导及各界人士
数千人到机场热烈欢迎。中共中央和八路军武汉办事处分别赠送了写着"威德并
用，智勇双全"和"气吞三岛，威震九州"题词的两面锦旗。② 5 月 31 日，第 3
次武汉空战，来袭日机 54 架，中苏联军以损失 2 架的代价，击落其 14 架。在武
汉会战前的诸多作战中，中国空军虽勉力向前——几乎每一场作战均有中国飞行

---

① 周斌、邹新奇：《中国空中抗日全传》第 100 页，凤凰出版社 2011 年 1 月版。
② 蒋文澜：《中国抗日战争实录》，第 159 页。

员不屈、骁勇的身影，但毕竟于1937年的完全独立抗战中损失太大，优秀飞行员几近损失大半——这也证明了中国空军抗战的全力以赴，1938年上半年的空战频度仍过高，中国空军在征战不断并取得骄人战绩的同时，自身也损失巨大。自1938年初，中苏空军联合作战以来以中国空军为主的形态，开始逐渐转向以苏联空军［名称为苏联空军志愿援华飞行员、苏联空军援华志愿者（人员）、苏联援华航空志愿队或通俗言之为苏联空军志愿军］为主的形态，这一形态一直持续到1941年6月或10月（苏联援华航空志愿队于1941年10月全部撤出中国，但自6月起便开始撤出）。这种形态的转换，凸显并完成于武汉会战。武汉会战中，中苏空军联合作战虽已以苏联空军为主体，但中国空军仍勉力奋战，发挥了支持、配合苏联空军作战的重要作用。至此，构成了中国空军的第一期抗战（1937年8月至1938年10月），也正好契合了中国人民抗日战争的战略防御（退却）阶段。据何应钦在《八年抗战之经过》和陈诚在《八年抗战经过概要》两书中附表之统计，空军抗战第一期作战次数计达627次。其中，出击446次，侦察66次，防空截击（即升空迎战日寇来袭飞机）115次。627次合计出动战机3281架次，投弹总量519吨。合计毁伤日机411架，其中，击落227架，击伤44架，炸毁140架。合计毁伤日舰艇175艘，其中，炸沉舰艇16艘，炸伤舰艇60艘，炸伤日航母一艘（1937年11月11日，日轻型航母"龙骧"号被中国空军第2大队轰炸，严重毁损，修理两个月仍无法作战），炸沉炸伤（用于日军后勤补给的）轮船98艘。相比较于中国空军的弱小实力而言，上述战果堪称中华民族抗战所创造的奇迹。

1938年至1941年6月10日，中国空军的抗战实以苏联援华航空志愿队的战力为支撑。1941年6月始，苏联援华航空志愿队逐步撤出。太平洋战争爆发后，中国战场的空中作战以美国空军为主体，包括第14航空队、第20航空队、第10航空队等，凸显了中美两大盟国在战场上的通力合作。其间，中国空军战力得以逐渐恢复，并获取较大发展，竭尽全力，配合、支持美国空军作战，直至抗战胜利。

第 20 章
抗战初期苏联对华军事援助

　　苏联愿意支持中国抗战的原因是多方面的，首先是基于社会主义国家反对帝国主义侵略的一贯的政治原则及道义原则。其次，当时苏联面临的国际环境也很险恶。20 世纪 30 年代初希特勒上台后，英法企图通过绥靖政策，将德国法西斯祸水东引苏联。为全力对付英法及纳粹祸水，苏联希望其东部局势相对稳定，不能让日本再像 1920 年那样挑起事端，在东边抄其后路。唯一正确的选择是支持中国人民的抗日战争，拖住日本，拖垮打垮日本，使日本无暇、也不敢贸然北上犯苏。再次，斯大林—苏联对日本决无好感，而且充满恶感。原因之一是日本曾背信弃义挑起日俄战争，打败沙俄。虽是沙俄，但致俄罗斯在全世界面前蒙羞。原因之二是 1919 年 6 月英法纠集十余国武装干涉苏俄时，日本又出兵海参崴以为策应。日本是一个完全不讲信用、完全没有信用的国家，斯大林及其领导下的苏联深知此点。故抗战前期，苏联对中国的援助最为迅速，支持力度也最大。自 1937 年中苏签订"互不侵犯条约"之后，苏联采取卖方信贷的方式积极推动对华军售，前后提供了 3 次对华贷款，总额达 2.5 亿美元。后由于《苏日中立条约》的签订和苏德战争爆发，第三次贷款中国只用了一部分。中国实际使用的苏联贷款总额为 1.73176 亿美元。

一、军火物资的援助

从 1937 年 10 月 24 日至 1938 年 2 月 14 日，中国共收到苏联援助的军火物资总值达 48557418 美元（合法币 160239539 元），其中包括飞机 297 架，坦克车 129 辆，各式火炮 320 门，轻重机枪 1900 挺，汽车 400 辆，炮弹 36 万发，子弹 2000 万发以及飞机零配件等。①

值得注意的是，这批军火是在中苏之间既无正式契约，中国又没有付款的情况下运往中国的。"若以寻常商业手续及普通国际关系而言，直为不可能之举，既不能提供现款，何从取得物资？"② 为此，蒋介石"无日不耿耿于心"，③ 害怕苏联此后不再提供武器，尤其是中国抗战急需之飞机。然而，斯大林和伏罗希洛夫在 1938 年 5 月 10 日致电蒋介石，表示："吾人完全理解中国金融财政之困难情况，并亦已顾虑及之。因之，吾人对武器之偿价，并不要求中国付给现金及外币。然吾人愿得中国之商品，如：茶、羊毛、生皮、锡、锑等，吾人深知此类商品，中国能供给苏联，而对中国之国民经济与国防无若何妨害。"他们进一步表示，"关于苏联方面援助一节，丝毫不必疑虑，苏联当尽其一切可能，援助在反抗侵略者的英武解放斗争中之伟大的中国人民。阁下所要求之飞机，当即运送。"④

1938 年初，立法院长孙科赴苏联访问，请求苏联给予进一步的援助。同年 8 月 11 日，中苏签订了两次信用贷款合同，金额各为 5000 万美元，而对外宣布的订约时间则为 3 月 1 日和 7 月 1 日。第一笔 5000 万美元信用贷款抵消了第一批军火欠款；又用第二笔贷款 5000 万美元向苏联订购价值 1.2 亿元之军火，计有轻轰炸机 120 架，重轰炸机 10 架，驱逐机 220 架，教练机 100 架，驱逐机材料 200 架，备份发动机 120 架，小高射炮 100 门，以及飞机零件、枪炮等。⑤ 因为自淞沪会战以

---

① 《战时外交（二）》，第 486～491 页。
② 《蒋介石致斯大林等密电》（1938 年 5 月 5 日），《民国档案》，1985 年第 1 期，第 46 页。
③ 《蒋介石致斯大林等密电》（1938 年 5 月 5 日），《民国档案》，1985 年第 1 期，第 46 页。
④ 《斯大林、伏罗希洛夫致蒋介石电》（1938 年 5 月 10 日），《民国档案》，1985 年第 1 期，第 47 页。
⑤ 《战时外交（二）》，第 501 页。

后，中国空军几乎损失殆尽，"只存轻轰炸机不足十架，需要之急，无可与比"。①

同年 10 月，第二批军火分海陆两路启运来华。海运有防坦克炮 100 门，步兵炮 200 门，轻机关枪 2000 挺，炮弹 70 万发，子弹 4000 万发以及弹头、雷管等。陆运的有飞机百余架，载重汽车 300 辆以及弹药、飞机配件等。②

据不完全统计，从 1937 年 9 月至 1938 年底，仅一年多的时间内，苏联向中国供应飞机 471 架（其中轰炸机 149 架，驱逐机 314 架，教练机 8 架）；③ 各式火炮 620 门，轻重机枪 3900 挺，炮弹 106 万发，子弹 6000 万发；还有汽车、坦克等。与此形成鲜明对照的是，孔祥熙在欧美订购的飞机 363 架，同一时期运到者仅有 85 架，其余均无下落。④

苏联还愿意帮助中国建立自己的军事工业。1937 年 11 月 12 日，斯大林曾向杨杰表示，"中国要作战保全领土，非建设重工业及军需工业不可"，"现代军队非有重炮及重兵器不能作战，舶来之品质既不良又不可靠"，"飞机由外供给，既不经济又不能如期办到"。于是，他建议由苏联帮助中国建造飞机制造厂和炮厂各一座，并利用苏联技术在新疆开采石油，以解决中国军队油料不足之困难。⑤

为了保密，苏联对国外的军事援助都使用代号。例如，苏联对西班牙的援助在所有文件中均称之为"X"战役。对中国的援助则称之为"Z"战役，某些文件称为"Y"战役。⑥ 苏军情报部奉命实施"Z"战役（对华军事援助）。为此，苏联政府采纳了苏军总参谋部关于紧急建立萨雷奥泽克—迪化（今乌鲁木齐）—兰州汽车运输线的建议。运输线总长度 2925 公里。起点为苏联哈萨克斯坦的萨雷奥泽克，终点为中国兰州。运输线在苏联境内有 230 公里，在中国境内达 2695 公里。中苏合力修建沿线公路，很长一部分须在海拔 1500 米至 2000 米的高原地带

---

① 《抗战初期杨杰等和苏联磋商援华事项秘密函电选》，《民国档案》1985 年第 1 期，第 47 页。
② 《抗战初期杨杰等和苏联磋商援华事项秘密函电选》，《民国档案》1985 年第 1 期，第 49 页。
③ 《抗战时期外国对华军事援助》，第 114 页。
④ 《抗战时期外国对华军事援助》，第 114 页。
⑤ 《战时外交（二）》，第 335 页。
⑥ 《百年潮》2014 年第 8 期，第 78 页。

修筑，还要通过温度很高的新疆西部沙漠。在"Z"战役运输线存在的时间里（截止到 1941 年 10 月），每年有近万名苏联军民为之工作。仅从 1937 年 9 月至 1938 年底，一年多时间内，苏联运输车队在"Z"运输线上的总行驶里程即达 17221260 公里，为中国运送 10965 吨军事装备及物资。基本尽为飞机、枪炮和弹药。① 除此之外，"Z"战役还组织了铁路运输和空运，大量地、紧急地补充中国急需的抗战物资。当时的苏联并非国际军火市场上的供应商，苏联当时甚至不参与任何国际军火交易，苏联制造的武器装备，基本用以满足自身国防需要。在短期内要大批量补充中国的抗战消耗并支援中国抗战，一度生产（供给）跟不上。为此，苏联不惜紧急抽调自己军队的装备以援助中国。仅至 1938 年初，苏联运抵中国的战机就已达 226 架。

二、苏联军事顾问协助中国抗战

1937 年 11 月，苏联驻华武官德拉特文应蒋介石之邀，出任抗战时期苏联首任驻华军事总顾问。他的工作迅速赢得了蒋介石的好评："自从苏联顾问到来后，我国部队作战的情况改善了。"蒋介石请求斯大林："请继续派遣军事顾问到我们各个战区和集团军（指导）工作。"一批苏联顾问在中国军事机关各军种中任职，他们的专长涵括陆军、空军、工兵、炮兵、坦克兵等多兵种。为中国抗战献计献策。苏联军事顾问基本覆盖了抗战正面战场的各大战区。这批苏联顾问在中国抗战中发挥了重要作用。

1938 年 5 月，德国军事顾问离华后，在蒋介石的要求下，苏联派切列帕诺夫来华任军事总顾问，并参加了武汉会战的指挥工作。

第二任苏联军事总顾问切列帕诺夫 1938 年 8 月一到任，就投入了武汉会战庞大战场的实地考察工作，提出了许多有益的意见和建议，如以主力迂回并突袭敌

---

① 《百年潮》2014 年第 8 期，第 79 页。

图 20.1　蒋介石与苏联顾问

后及侧翼，以粉碎敌之正面进攻，沿长江全力切断敌后勤供应及后勤基地，等
等。不少建议付诸实施后，均成效卓著。

第一兵团司令长官部顾问鲍格达诺夫，因辛劳过度，病倒在夏季异常炎热的
武汉。住院期间，他还向兵团司令薛岳就防御工事分布及构筑、轻重机枪配备及
位置等许多问题，谈了自己的看法。工兵首席顾问卡利亚金在广州陷落后，奉命
前往粤北指导防御工事的构筑。他深入一线详尽考察并具体指导工事修建，直到
深信"日军在这一方向是过不去了"，才离开第一线。其后，1939 年 12 月和 1940
年 5 月，由南粤北犯的日军果然在中国军队的粤北防线前两遭败绩，未能与侵占
湘、鄂部分地区的日寇会合。1939 年底，蒋介石下令对日军发起冬季攻势，由第
3 战区为主要实施力量。第 3 战区司令长官顾祝同一味强调客观条件，苏联炮兵
顾问希洛夫据理剖析，强调还要深入前线，了解敌情，以发挥部队的主观能动
性。其意见深得蒋介石赞赏。

1941 年 1 月至 1942 年 2 月，苏军名将崔可夫出任苏联驻华武官并担任苏联援华
军事总顾问。上任伊始，他便带领助手们协同陈诚制订了第 6 战区反攻宜昌作战计
划。崔可夫的前任卡恰诺夫于 1940 年 6 月宜昌失守之际，曾痛心疾首地对蒋介石坦
陈相告：统帅部"对部队作战缺乏坚强与连续一贯的领导，缺乏监督及贯彻目的之

严厉要求。战区司令长官、集团军总司令及军长等，缺乏勇敢与主动精神，没有贯彻（命令）任务的毅力与决心。"① 使蒋下决心加强领导，整饬部队，恢复士气，凝聚军力。崔可夫抵华时，第 6 战区司令长官陈诚所属部队整顿较好，遂有反攻宜昌之计划，蒋介石立即批准之。1941 年 9 月 30 日，第 6 战区实施反攻，虽最终未达成战役计划之目的，但宜昌郊外诸多日军据点已纷纷易手，许多日军部队已在慌忙烧毁军旗和秘密文件，众多日本官佐已然准备好了自尽的场地与用具。陈诚虽觉遗憾，但言："我们这次反攻，确实是一次找敌打、与敌拼的战斗，比起以不争点线为名、见敌不战自溃者，总算替中国军队夺回一点面子。"② 蒋亦悦然。为制订反攻计划，崔可夫在宜昌前线进行了整整 3 个星期的实地考察，其贡献自不待言。

截至 1942 年 2 月，在将近 5 年的时间里，苏军将领德拉特文、切列帕诺夫、卡恰诺夫、崔可夫先后担任苏联驻华军事总顾问。此间，苏联援华各类军事专家、技术人员以及志愿飞行员总人数远远超过 5000 人。在苏联军事顾问援华期间，中国政府、军民对其评价均积极、正面、认可、赞扬，几乎没有负面评价，足见当时苏军顾问的素质水准和尽心尽力尽责。若干微词，仅指其大部分人不懂汉语，不了解中国国情，不熟悉中国传统与习俗而已。蒋介石对此表示衷心的感谢，致电斯大林云："中国军队在竭尽全力驱逐侵略者和维持正义的同时，仍一如既往希望苏联作为中国的特殊好友，能够更进一步带领在远东有利害关系的国家，对日本进行有效的制裁。"③

三、苏联航空志愿队来华参战

1937 年 10 月下旬由 254 名飞行员和机械师组成的苏联空军志愿队抵达中国，分别组成了轰炸机大队和战斗机大队，投入了中国的抗战。当苏军航空志愿队来

---

① 《世界军事》2015 年第 1 期，第 57 页
② 《世界军事》2015 年第 1 期，第 57 页。
③ 《世界军事》2015 年第 1 期，第 56 页。

华时，正值中国空军损失殆尽之时，他们到来后积极作战，频繁出击，以强悍的战力震撼着日军，予中国抗战以实际和精神的巨大支持和鼓舞。

1937 年 12 月初，苏联空军志愿队（军）的一部分抵达南京，旋即参加了南京保卫战。仅 12 月 1 日一天，他们就 5 次升空作战。12 月 1、2、3 日，经连续作战，进犯南京的日寇飞机被击落击伤近 40 架。同期，进驻南京的苏联航空志愿队轰炸机大队，也连续出击，轰炸了吴淞口一带的日舰和日寇在上海修建的机场及其设施，予敌重创。驻守南京的苏军战至 12 月 9 日，因日寇已纵深进犯芜湖以迂回包围南京，遂转场至南昌。

1937 年 12 月 4 日、6 日，日寇飞机侦察、袭扰兰州（日军判断，苏联援华运输路线必经迪化（乌鲁木齐）—兰州一线，遂侦察袭扰之），被苏联空军志愿队拦阻截返。

转场南昌的苏联空军志愿军立即投入了南昌保卫战。在 1937 年 12 月至 1938 年 2 月的多次战斗中，共击落击伤日机近百架。苏联轰炸机大队，还频繁出击，轰炸了进犯长江中下游地区的日舰、日军所占所修之机场及其设施，以及日军部队，予日军以沉重打击和严重杀伤。仅在 2 月份，苏联空军志愿军轰炸机大队（含驻武汉的苏军志愿队）就出动了 19 次，平均 1.45 天即每一天半出击一次，合计近 200 架次，狠狠地销煞了日寇兵锋之凶焰。

南京沦陷后，中国空军总指挥部一面令中国空军积极休整，一面将中苏空军集中部署于南昌、武汉两地。中苏空军积极协同，在两地或以两地为基地为依托的诸多场空战中，均取得了辉煌战果。武汉会战前的三次武汉空战（1938 年 2 月 18 日、4 月 29 日、5 月 31 日）均以日机遭痛歼并仓惶逃窜而结束即为明证。据陈纳德将军回忆，仅在 1938 年 4 月 29 日这天武汉附近的一次空战中，以苏联飞行员为主的中国空军就击落日机 36 架，创造了辉煌的空战记录。①

6 月，武汉会战开始，中苏空军仍密切配合作战并继续取得显赫战果。仅因

---

① 《陈纳德将军与中国》，第 71~72 页，台湾传记文学出版社 1978 年版。

在此前的诸多空战中，中国空军全力以赴，绝域成阵，死地搏生，虽战绩突出，但损失亦惨重；且人员、装备补充困难；遂转入积极休整，即一面休整，一面作战，以图逐步恢复。所以，在武汉会战期间，中国空军的作战乃以苏军航空志愿队即苏军空军志愿军为主。6 月 26 日，日机空袭南昌，中苏空军迎战，一次升空，即击落日机 6 架，5 架为苏军击落。同期，苏军轰炸机大队为配合武汉会战，频仍出击，轰炸进犯长江中下游的日舰。仅 6 月，就出击了 14 次，平均两天出击一次，合计出动近 70 架次，每次出动约 5 架次，共炸沉日舰艇 6 艘，炸伤 10 余艘。还对日军占领的芜湖机场和安庆机场进行了轰炸。[1]

苏联的大规模援华，使日本如芒刺在背，竟然在 1938 年 4 月 4 日向苏联提出抗议。但当即遭到了苏联外交人民委员（即外交部长）李维诺夫的严正斥责："苏联政府看来，关于售与中国包括飞机在内的武器一事，完全符合国际法准则。""日本政府的要求全然不可理解。"[2]

8 月 12 日，武汉会战正酣，日寇出动空前的特大机群——120 架轰炸机和战斗机——空袭武汉。苏联志愿军起飞 40 架战机迎战，以损失 5 架的代价，击落敌机 16 架。日机群仓惶遁逃。9 月上、中旬，苏军航空志愿队还与日机多次激战于南昌，均重创了日机。10 月上旬，苏军航空志愿队轰炸机大队连续出击，轰炸了武汉外围的日军阵地。因日军袭占广东，蒋介石担心其继续北犯湖南，与围攻武汉之日军形成南北夹击之态势，遂决定弃守武汉。在予日寇以自全面抗战爆发以来从未有过的巨大杀伤后，中国军队开始撤离武汉一线，进入四川、湖北、湖南、江西等地，继续寻机歼敌。中苏空军也开始相应转移。于此期，以苏军为主的中苏空军，多次在南昌、衡阳、广东、昆明与日寇空军交战，均取得不俗战绩。

1938 年 12 月 30 日，日机空袭柳州，苏军志愿军奋起迎战，以损失 1 架的代价击落日机 3 架。1939 年 2 月 12 日、20 日、23 日，在著名的 3 次兰州空战中，以苏军为主的苏中空军共击落击伤日机 32 架，迫使日军停止了对兰州的空袭。兰

---

[1]　唐学锋：《中国空军抗战史》，第 129 页。

[2]　唐学锋：《中国空军抗战史》，第 125 页。

州为中国接受苏联军援以及中苏空军的重要基地，日军图谋摧毁这一重要基地的战略暂告失败。3 月，不甘心失败的日军再袭兰州，被苏军志愿队击落重型轰炸机 3 架。1939 年夏，苏空军志愿军大机群转场重庆，加强中国战时首都的防卫。7 月 6 日，日机大机群夜袭重庆，被苏中空军痛击。8 月 14 日、10 月 3 日，苏空军志愿队以大机群空袭已被日寇占领的汉口机场，予寇重创。特别是 10 月 3 日的空袭，开创了开战以来中苏空军消灭日机日寇的纪录之最：彻底摧毁日机 60 架，损伤的更多。毙伤日寇千余人。日军航空兵惊呼为"奇袭爆击"。其幸存者、日军王牌飞行员坂井三郎作出了如此描述："我们海军和陆军的 200 多架飞机本来都是机翼贴机翼地排得整整齐齐，密密麻麻，现在大多数都在起火燃烧。火焰从飞机油箱蹿出很高，还没有来得及着火的飞机机身上多是弹孔，汽油从油箱弹孔汩汩流到地上，火焰就顺着汽油火烧连营，迅速从一架飞机烧到另一架飞机。一长溜轰炸机、战斗机纷纷像蘑菇状起火爆炸，火焰刺眼。轰炸机燃烧爆炸起来像是放爆竹，战斗机烧起来像火柴盒子一样。"[1] 自 1939 年起，日寇将空袭重点设定为重庆、成都、兰州，妄图重创甚至摧毁中国抗战大后方的人力、物力以及人心士气。刚刚有所恢复的中国空军，于 1939 年底昆仑关战役期间，大多移师广西，驻防柳州、桂林，以掩护并支援昆仑关前线。保卫大后方的重任基本尽落在了苏军空军志愿队的肩上，他们坚强地担负起了此重任。1939 年 12 月 26 日、27日、28 日，日机连续三天以大机群空袭兰州，苏军空军志愿军及中国空军驻兰州机群较弱小，但仍奋起反击，虽损失较大，但仍击落击伤日军重型轰炸机 10 余架。1939 年、1940 年、1941 年 3 年间，日军空袭重庆近 200 次，平均 5.5 天 1次。苏中空军均奋起迎战，予来犯之敌沉重打击。此 3 年间，日寇空袭成都 30 余次，苏中空军同样沉着迎战，打击了日寇的凶焰。除上述迎击来犯敌寇之空战外，苏中空军还主动出击，空袭日军。1939 年底至 1940 年初，在桂南会战中，苏中空军先后出动轰炸机 12 次，轰炸已被日军占领的南宁等机场，投弹 28 吨，

---

① 《世界军事》2014 年第 21 期，第 67 页。

炸毁日机 15 架。并在桂林、柳州、零陵、芷江上空与日机进行了 11 次空战，击落日机 11 架，但苏中空军损失了 15 架飞机。鉴于日军轰炸中国大后方的机群多从汉口机场以及武汉地区周边机场起飞，武汉一线成了日空军的攻击出发阵地，苏中空军于 1939 年、1940 年多次空袭了这一带的日军所占机场，如岳阳、钟祥、信阳等，有效遏止了日军的攻势。必须强调，此期（截止到 1941 年）空军作战虽以苏军为主，但中国空军仍在勉力配合苏军作战，战功显赫，精神感人，足以彪柄史册。战至 1940 年底，中国空军仅存各式飞机 65 架。①

苏联志愿航空队来华后，除作战外，还担负起了培养、训练中国空军飞行员和专业技术人员的任务。苏军空军志愿军在华期间，于迪化（乌鲁木齐）、伊宁（伊犁）、成都、兰州设立了航空学校或训练基地，培训中国飞行员掌握苏制驱逐机、轰炸机的驾驶技能。来华的苏联空军专家组最多时达 89 人。至 1939 年夏，受过苏联空军专家培训的中国飞行员已达 1045 人，领航员 81 人，无线电操作员和射手 198 人，各类航空技术人员 8354 人。②

1937 年 10 月武汉会战后，至 1942 年 1 月，苏联向中国供应了各型飞机 1285 架，其中歼击机 777 架，轰炸机 408 架，教练机 100 架。还供应了大量机场设备、加油车、电台、汽油、各种飞机的零备件、发动机、航空炮弹、炸弹等。③

从 1937 年 10 月到 1941 年 10 月，苏联航空志愿队即苏联空军志愿军与中国空军及中国人民并肩浴血奋战了 4 年。4 年间，苏联空军总共派遣了 3665 人来华，其中飞行员 1091 名，航空机械师、工程师 2000 余名，其他各类空勤辅助人员 500 余人。④ 亦有苏联赴华参战飞行员先后共达 2000 余人之说。⑤ 有多达 200多名的苏军飞行员为了中国人民的抗战大业而英勇牺牲。

据何应钦《八年抗战之经过》和陈诚《八年抗战经过概要》附表之统计，武

---

① 唐学锋：《中国空军抗战史》第 191 页。
② 高晓星、时平：《民国空军的航迹》，第 280 页，海潮出版社 1992 年版。
③ 《世界军事》2013 年第 18 期卡利亚金文。
④ 《社区新报》，2014 年 11 月 28 日 A16 版。
⑤ 唐学锋：《中国空军抗战史》第 131 页。

汉会战后（1938 年 10 月）至 1941 年 6 月（苏联对华军援基本停止，苏联援华人员基本撤出）为抗战以来中国空军的第二期作战阶段，此阶段中国空军出动次数达 3802 次，其中出击 3271 次，侦察 213 次，防空战 183 次，制空掩护 135 次。出动飞机数达 18316 架次，投弹量达 196 吨。共毁伤敌机 1108 架，其中击落 372 架，可能击落 58 架（因条件限制，无法精确核实），击伤 66 架，炸毁 487 架，炸伤 120 架，可能炸毁 5 架。合计毁伤敌舰艇 7838 艘，其中炸毁舰艇汽船 174 艘，炸伤舰艇汽船 118 艘，炸毁汽船轮船木船 6993 艘，炸伤汽船轮船木船 553 艘。合计毁伤敌车辆 8456 辆，其中炸毁机车 538 辆，炸伤机车 98 辆，炸毁炸伤车厢 1884 辆，炸毁卡车、炮车、坦克车 4670 辆，炸伤卡车、炮车、坦克车 909 辆，炸毁其他车辆 357 辆。毁伤车站、机场、仓库、设施、房屋等合计 9219 处，其中炸毁车站 67 处，炸毁油库 68 处，毁伤碉堡及阵地 622 处，炸毁机场 5 处，炸毁桥梁及浮桥码头 258 所，炸毁汽车站及停车场 80 处，炸毁工厂 21 处，炸毁仓库堆栈兵站 807 所，炸伤仓库堆栈兵站 59 所，毁伤房屋及营房 5097 栋，毁伤建筑物 404 所，炸毁电台 19 座，毁伤（敌占）村落城市 480 处，破坏司令部指挥部 33 处，焚毁汽油 1199 桶。毙伤人马为：毙伤敌官兵 30146 人，毙伤敌骑兵 1320 人，毙伤敌马匹 5431 匹。[①] 此期中国空军以苏军航空志愿队为主，此期之战果自当以其为主。但本就较弱、又遭重创的中国空军，仍竭力奋战，于此战果中有重大的贡献。

四、诺门罕事件中苏联红军重创关东军

抗日战争爆发后，中国政府和舆论一直期待苏联出兵直接打击日军。但斯大林坚持苏联不出兵的底线。但日本对苏联援华，极度不满，多次抗议均遭苏联严正驳回，遂蠢蠢欲动，想以赤裸裸的武力威胁、警告苏联。自 1904 至 1905 年日

---

① 参见何应钦：《八年抗战之经过》与陈诚：《八年抗战经过概要》空军战果附表。

俄战争取胜以来，日本一直狂妄自傲，乃至于严重低估苏联红军之战力——"我们的军队被说成是技术落后，在作战方面相当于 1904 至 1905 年俄日战争时期的旧沙皇军队的水平。"[①] 加之日本有侵占外蒙古领土以扩大伪满洲国地域的战略企图，日本自 1939 年 5 月至 9 月，无端在伪满洲国与外蒙古交界处的哈拉哈河（又称哈勒欣河）一线滋衅，狂妄越界，在多次击退蒙军之后，深入外蒙古境内，占领了哈拉哈河西岸及巴英查岗山地区。外蒙古向苏联求援。斯大林派遣朱可夫赴苏蒙前线指挥反击，著名的哈拉哈河战役随即展开。战役分两阶段实施：第一阶段自 6 月 22 日至 7 月 5 日，苏军夺回了上述被日军侵占的地区。第二阶段自 8 月 20 日至 8 月 30 日，苏军发起反攻，深入哈拉哈河东岸，合围并基本全歼日军关东军精锐之一的第 6 集团军 5 万余兵力，使日军遭受了自明治维新穷兵黩武以来前所未有的被整建制的围歼消灭，令日本统治者、领导层极其惊骇。加之苏联空军志愿军在中国作战的出色表现，使日本对苏军的战力作出了重新的全新的评估。日本北犯苏联的战略意图就此顿挫。

苏军在哈拉哈河一线的陆军兵力并不比日军占优，甚至还稍逊于日军。其虽有蒙军协助，但蒙军的现代化程度及战力均远逊于日军。苏军唯一的优势是装甲——坦克军力胜过日军。双方空军兵力相当，但苏军稍逊。开战后，苏军先出动空军攻袭日军，日军亦以空军应对。两军激战，苏军依靠先进的空战战术大败日军，致日军一线空军员损失殆尽。继而苏军集中装甲——坦克部队，形成突击集群，很快突破日军防线并横扫日军，最终将其合围、歼灭。此战具有一定的典型意义，反映了日军战术及各方面的落后。终其二战中之表现，日本空军虽有协同概念，但协同作战很不成熟很不成功，基本依靠飞行员逞勇斗狠，单打独斗，可谓之空中武士道及法西斯精神与战术。遇上飞行素质及协同配合均大大优于其的苏军及后来的美军，唯有惨败。而日本陆军，则从无装甲——坦克的集群和集群使用概念，直至战争结束，依然如此。当然，其落后的坦克即使构成集群，也远非

---

① 《朱可夫元帅战争回忆录》上卷，第 174 页，解放军出版社 2003 年 1 月版。

苏军和后来的美军之对手。可见，日本除海军具有大规模运用海军舰载航空兵的较先进理念和战术外，其陆、空军的作战理念及其战术并不先进，除空军的若干型飞机如零式等外，陆、空军的主战装备相比世界先进水平也并不先进。

五、《苏日中立条约》的签订

此期，日本与美、英争夺西、南太平洋地区（利益）的矛盾日趋激化，遂渐渐确立了南进即南下与美、英争夺的战略，后来其东袭珍珠港正是为了消除美国海军的威胁而达成可任其南下的目的。日本陆空军大量部队滞陷于中国战场，亦使其不可能分兵北犯苏联，而这也正是苏联大规模军援中国的首要战略目标。通过援华和哈拉哈河即哈勒欣河战役，苏联显然达成了其牵制日本使其不敢贸然北犯的战略目的。其时，"慕尼黑协定"已签署，英法绥靖，祸水东引，纳粹德国凶焰万丈，欧洲形势日益紧张。西线成为苏联最大的威胁。苏日停战由此成为两国的共同选择：日本欲南进（南下），须解除苏联拊其背后的现实威胁；苏联为全力西向，也须避免两线作战，解除日本对其侧后的威胁。苏日两国经多次谈判，于 1941 年 4 月 13 日，签署了《苏日中立条约》，该条约由当时的苏联外长莫洛托夫和日本外长松冈洋佑签署，所以又称为《莫洛托夫—松冈洋佑条约》。通过该条约，苏日双方均向对方承诺，无论对方与哪个国家交战，苏日均持不参与之中立立场。由此，苏日双方亦相互承诺不交战，任何问题均不诉诸武力解决。《苏日中立条约》的签订对中国抗战产生了不利的冲击，松冈洋佑不无得意地说："在冷却中苏关系这一点上，中立条约对我有利。"但斯大林一直对日本充斥反感，认为日本人不讲信用，靠不住。斯大林这一看法除前述原因外，还因为日本在哈勒欣河一线的滋衅也是毫无理由不讲信义的，且偷偷摸摸，处心积虑：一直谎称关东军的入侵只是与苏蒙边防军的边境冲突事件。"为了使自己的谎言被人相信，日本政府决定在战斗开始时不投入大量兵力，先以一些特别支队入侵、视战斗行动的发展再加强力量。"[1] 即采用渗透—扩大的侵略方式。斯大林的这一担忧不久即被证明完全切中日本的实质：纳粹德国入侵苏联后，日本北进的调子立刻凸显，甚至刚刚签署了中立条约的松冈洋佑，竟然公开鼓吹北进。至 1941 年11 月底，关东军的兵力已增至 70 万。但因日本深陷中国战场，并于 12 月发动珍珠港事变，致其北犯苏联终不可能。若让日本在中国战场得手，这个毫无信义的国家依然会图谋北犯苏联。因此苏联努力将中立条约对中国抗战的负面冲击降至最低：斯大林不断通过各种渠道对中国表示，条约的签订决不会影响苏中关系，苏联仍将努力援华。苏联援华军事总顾问崔可夫也频繁地会见中国高层，并与各国驻华使团保持密切接触，及时、准确地传达苏联的真实意图。

同时，苏联军用物资仍不断抵华。4 月 22 日，蒋介石发表讲话，称"苏联对我的军火接济如故"。[1] 6 月 22 目，纳粹德国倾全力进犯苏联，苏德战场成为波澜壮阔的人类反法西斯战争的最重要战场。为切实避免日本抄其后路，并集中全力于西线，苏联援华渐行停止，并开始逐步撤出援华人员。至 10 月，援华军火供应基本停止，援华军事人员也基本撤出。但援华军事总顾问崔可夫及其助手们仍驻于中国，并一如既往为中国抗战殚精竭虑。1941 年底，崔可夫因长期得不到休息而积劳成疾，蒋介石安排其到成都休养。珍珠港事变爆发，日本南进战略意图公开，彻底消除了其北犯苏联的可能；加之美国参战，美国军事顾问即将赴华；崔可夫遂主动向斯大林要求回国参战，斯大林同意了他的要求。1942 年 2 月，崔可夫离华返苏。随苏军顾问团的最后撤离，苏联对中国抗战的大力援助暂告一段落。但对于苏联此前的慷慨援助，中国政府与中国人民是十分感激的，蒋介石多次致电斯大林和苏联政府，"对贵国仗义相助，抑强扶弱之厚意，均表示无限之钦佩与感激"，[2] 称"屡承贵国热心援助，人心士气益为振奋"，[3] 表示"必督励全国军民予暴敌以出其意外打击，而不负贵国之热心援助"。[4]

---

① 《朱可夫元帅战争回忆录》上卷，第 157 页。
② 《蒋介石致斯大林等密电》（1938 年 5 月 5 日），《民国档案》1985 年第 1 期，第 46 页。
③ 《战时外交（二）》，第 499 页。
④ 《战时外交（二）》，第 503 页。

第 21 章
山西、山东、河北等地民众抗日武装的建立和游击战争的开展

一、山西新军的组建与发展

七七事变后，中共中央接连发出指示，要求华北党组织迅速、切实地执行党的抗日民族统一战线政策，用极大的力量发展抗日的民众运动，组织、动员起千百万民众，广泛开展游击战争，保卫华北。华北各地中共党组织迅速深入乡村，在统一战线的旗帜下，组织起了许多支民众抗日武装。

早在 1936 年下半年红军东征回师后，中共中央就派薄一波等人去山西，与太原绥靖公署主任阎锡山发展了合作抗日的特殊形式的统战关系。是年 9 月，阎锡山为表示抗日，接受了中国共产党的某些进步措施和口号，组织了一个抗日救亡团体——抗日牺牲同盟救国会（简称牺盟会），由阎自任会长，邀请和吸收共产党人和抗日进步人士参加和负责牺盟会的日常工作。为推动山西救亡运动的发展，推动阎锡山抗日，共产党方面接受了邀请，薄一波、宋劭文、牛荫冠、冯基平等一批山西籍共产党员开始在牺盟会中积极工作，利用这一组织深入山西各县

进行抗日救亡的宣传和组织、训练工作，使山西出现了前所未有的救亡新局面，抗日进步力量也通过牺盟会组织而逐步形成了山西"新派"的领导力量。

全国抗战爆发后，山西形势急遽变化。日军在占领平津后，很快向山西进逼。阎锡山为应付危局，急欲扩充军队，并更多地依靠牺盟会来组织抗战力量，于是他接受了薄一波等人的建议，下令由"牺盟会"组建新军，名称为山西青年抗敌决死队（简称"决死队"），由牺盟会当时举办的军政训练班、民训干部、教练团和国民兵军官教导团第 8、第 9 团各部组成。1937 年 8 月 1 日，山西青年抗敌决死队第 1 总队（相当于团）在太原正式成立，一个月后，迅速发展为 4 个总队，后又相继扩充为第 1、第 2、第 3、第 4 纵队和工人武装自卫队、政卫旅等，统称"山西新军"。① 新军成员基本来自各阶层的爱国青年和革命知识分子，经阎锡山同意，新军实行政治委员一长制，由薄一波、张文昂、戎子和、雷任民等分任纵队政治委员，并建立了政治工作制度，因而它实际上是中国共产党领导的、受八路军总部指挥的民众抗日武装。

1937 年 9 月 21 日，根据中共中央在山西建立 3 个战略支点的部署，薄一波率决死总队向晋东北进军，先期开赴五台。在八路军主力未抵之前，由决死总队控制该地区。11 月，按照朱德总司令的指示并取得阎锡山同意，决死队先后开赴晋东南、晋西南和晋西北，协同八路军主力进行群众抗日工作，展开游击战争，创建抗日根据地。12 月，日军纠集步、骑兵 5000 余人从平遥、阳泉、昔阳、和顺、寿阳、榆次分 6 路围攻驻扎在寿阳以南松塔、马坊地区的决死第 1 纵队。面临强敌，决死第 1 纵队英勇作战，5 天内毙敌 600 余，粉碎了敌人围攻，经受了战斗考验。②

1938 年初，日军分 9 路围攻晋东南抗日根据地。为配合八路军主力作战，粉碎敌人围攻，决死第 1 纵队组织群众进行空舍清野，并担任了牵制、消耗、袭击来犯之敌，拖垮敌军的任务。2 月下旬，决死 1 纵队配合第 129 师主力在神头岭

---

① 《决死队抗日战史》，第 14 军军史丛书，军科院藏。

② 《决死队抗日战史》，第 14 军军史丛书，军科院藏。

进行的歼灭战，在夏店附近出击日军，毙敌 50 余，随后迅即转至三不管岭，再次袭击日军，致敌死伤逾百。① 敌因摸不着我主力部队行踪，疲于奔命，逐步陷于困境之中。此后，决死 1 纵队又与友军第 83 师、第 47 师协同，在进占沁源之敌被迫撤退时截击、追击之，并配合八路军第 344 旅收复了沁县县城。② 4 月 27 日，决死 1 纵队第 2 总队再次与第 344 旅配合，侧击长治南退之日军，先后在襄垣的虎亭、长治、高平地区进行战斗，毙敌百余，收复了长治县城。③ 在这次反敌 9 路围攻作战中，决死队为保卫晋东南抗日根据地发挥了作用。

反围攻作战胜利后，决死第 1 纵队又活跃于同蒲铁路之霍县至临汾段。5 月 13 日，纵队第 1、2 总队袭击临汾车站，全歼守敌 30 余人。此后，又对洪洞县大、小胡麻据点进行突袭。为掩护灵（石）介（休）县政府开展工作，第 3 总队巧妙袭击了介休洪山村的日军，毙敌 60 余人。夏季，第 3 总队又发起榆次北田战斗，破坏马首至上湖段铁路，使日军一列运输车脱轨，伤亡惨重。8 月 28 日，决死 1 纵队一部夜袭赵城磨头火车站附近之三关庙据点，打死、打伤敌 111 人。④

图 21.1　1939 年 1 月，朱德（前左）到沁县南沟村视察

① 《决死队抗日战史》，第 14 军军史丛书，军科院藏。
② 《决死队抗日战史》，第 14 军军史丛书，军科院藏。
③ 《决死队抗日战史》，第 14 军军史丛书，军科院藏。
④ 《决死队抗日战史》，第 14 军军史丛书，军科院藏。

在晋西北，决死 4 纵队配合第 120 师反围攻，展开七城战役，在围困岢岚和追击残敌中胜利完成了阻击和袭扰任务。① 晋西南政卫队从 1938 年 2 月起，也先后进行了黑龙关、三关峪、古城镇、秦王岭、店头村、王庄等战斗，在晋南反"扫荡"战斗中屡立战功。决死 3 纵队也打了不少好仗，其中尤以夜袭沁水城的激烈战斗为最。4 月 20 日，3 纵队第 9 总队分数路攻入沁水城，打死守敌近百名，迫敌撤退，占领了县城。7 月，敌一运输大队 300 余人、汽车百余辆由阳城开往沁水，在翼城、沁水间的车坞岭遭 3 纵队第 7、第 8 总队各一部伏击，被全部消灭。② 同年秋，决死 3 纵队又参加了正太路与同蒲路连接处附近之北营、鸣季段的铁路破击，袭击寿阳东关，炸翻火车一列，缴获大批军用物资。③

图 21.2　山西新军官兵在山林中露营

1937 年冬至 1938 年夏是山西新军大发展的时期。牺盟会在山西进行救亡运动所做的颇有成效的工作，为山西新军的发展提供了有利条件，而八路军主力开赴山西战场英勇作战，给山西以至全国人民以振奋，对山西新军的壮大也起了巨

①　《决死队抗日战史》，第 14 军军史丛书，军科院藏；薄一波：《回忆山西新军》，载《八路军回忆史料》第 165～167 页。

②　《决死队抗日战史》，第 14 军军史丛书，军科院藏；薄一波：《回忆山西新军》，载《八路军回忆史料》第 165～167 页。

③　《决死队抗日战史》，第 14 军军史丛书，军科院藏；薄一波：《回忆山西新军》，载《八路军回忆史料》第 165～167 页。

大作用。山西新军在共产党人和其他抗日进步人士的实际领导下，与八路军主力密切配合，为创建、保卫抗日根据地立下了卓著功勋，而本身也在此过程中得到发展。到 1939 年年底（晋西事变前），山西新军已拥有：（1）4 个决死纵队，每纵队辖 3 个总队和 3 个游击团，合计 24 个团；（2）一个工人武装自卫总队，辖 3 个团；（3）3 个政治保卫旅即第 209、212、213 旅，每旅辖 3 个团，合计 9 个团，外加 3 个游击支队（团）；（4）1 个暂编第 1 师（由第 2 战区民族革命战争总动员委员会组织领导），该师辖 4 个团和 1 个游击支队（团）；[①] 另有山西第 3、第 5、第 6 行政区所组建的保安司令部下属的保安团。以上全部新军共 50 个团（其中 46 个正规团，4 个游击支队），约 5 万多人，[②] 在实际兵员和武器数量上都超过了山西旧军，成为活跃在山西各地的一支主要抗日民众武装。

二、河北民众抗日武装的建立

日军占领平津后，河北广大地区沦入敌手。遵照中共中央和北方局关于发动和组织人民抗战的指示，中共保属省委决定所属党员、干部，一律就地坚持抗日斗争，组织武装，开展游击战。9 月，日军沿平汉、津浦两线进攻，大批枪支散落民间，省委立即在各地广泛发动青年，组织武装，于两三个月内，在高阳、蠡县、定县、安国、天极、藁城、正定等县先后组织起河北游击军、抗日义勇军、人民自卫团等共两三千人的抗日队伍。

1937 年 10 月，东北军第 53 军第 130 师第 691 团在团长吕正操率领下，拒绝南撤，回师冀中，改称人民自卫军，与河北游击队等抗日武装会合，在当地发动群众，消灭土匪汉奸，开展游击战争，并收复了深泽、安平、博县等县城。部队也由此得到发展，成为有第 1、2、3 团和特务团 4 个团 3000 多人的一支抗日武

---

① 第 2 战区民族革命战争总动员委员会，成立于 1937 年 9 月，由共产党员、八路军以及晋绥察三省政府、军队、群众代表组成，常务委员续范亭。委员会设组织、宣传、人民武装等部，各专区和县均有相应机构。

② 山西新军发展情况见黄华《关于新军发展概况报告》1939 年，军科院藏。

装。是年 12 月，该部转平汉路西整训。于此期间，在中共保属省委的领导下，冀中相继建立了高阳、安新、新安、任丘、蠡县、博野、安国、深泽等抗日政权。各县并普遍组织了各界救国会团体、人民自卫武装。至 1938 年 1 月，河北游击军发展到 70000 多人，号称"十万"。冀中抗日力量的迅猛发展给日军以严重威胁。这时日军主力尚集中在第一线，后方交通沿线仅有少数兵力驻守，暂时抽不出较多兵力"扫荡"，乃实行袭劫、屠杀政策，于 1937 年底、1938 年初派兵占领高阳、安新和新乐，并在边沿区建立伪政权与我对抗。

为巩固冀中，自卫军整训部队根据晋察冀军区指令迅速返回冀中，协同河北游击军袭击日据点，破坏平汉路，打击汉奸土匪武装，并于 1938 年 2 月以一部北进大清河地区，连克新镇及霸县、永清县城，同时粉碎了日军的两次规模较大的"扫荡"，收复了高阳、安新。4 月下旬，河北游击军在抗击了交河、献县日军向河间的进犯后，乘胜收复了河间城。至此，冀中腹地土匪、日伪势力基本肃清，并在 38 县中建立起了抗日民主政权，西起平汉，北至北宁，南达沧石的广大地区基本为我控制。

5 月上旬，冀中区党委成立，接着又成立了冀中行政主任公署，人民自卫军与河北游击军合编为八路军第 3 纵队，吕正操任纵队和冀中军区司令，王平任政治委员，下辖 4 个支队和 4 个军分区，冀中抗日根据地得到开辟。

河北平西地区包括宛平、房山、涞水 3 个县大部，良乡、怀来、昌平、延庆等县一部。七七事变后，东北流亡学生赵同、高鹏等在北平近郊沙河、昌平一带拉起一支队伍，这支队伍在中共地下组织帮助下，发展为国民抗日军，主要活动于北平近郊地区。1937 年 8 月 22 日，抗日军袭入北平德胜门敌监狱，救出被捕同胞、爱国志士数十人，给敌造成震惊。抗日军声望不断增加，短短两个月后即发展成拥有千人的抗日武装，并于 12 月受八路军总部之命，编为八路军晋察冀军区第 5 支队。

为协助第 5 支队开辟平西、发展冀东抗日游击战，1938 年 3 月，由军分区政治委员邓华率领，组成邓华支队，挺进平西，接连攻克樊山堡、门头沟、桃花堡等敌据点。在第 5 支队协同下，把抗日游击战争推进到房山、涞水、良乡、宛平、昌平等地，成立了县的抗日联合政权。1938 年 5 月，晋察冀军区在平西设立了第 5 军区分区，地方工、农、青、妇抗日救国会也相继建立，平西区抗日游击战得到初步发展。

冀南地处平汉路东，沧石路南，卫河以西，漳河以北，拥有 34 个县，境内有卫河、漳河、滏阳河、沙河、里河等 5 条河流，除尧山县西北之尧山外，全是一片平原。1937 年 10 月，德州、邯郸先后陷落，冀南除南宫、清河、枣强、巨鹿等县外，悉数为敌占领。但为时不久，日军因一线需要大部南进，仅留少量部队控制德州经临清、馆陶、邱县至邯郸，临清经威县至邢台两条主要交通线。为不失时机打开冀南抗日局面，中共北方局于 1937 年 10 月成立了冀南特委，派马国瑞等返回当地，着手恢复地方党组织，发动民众抗日，在短期内于南宫、广宗、巨鹿一带组织起一支 200 多人的游击队，命名为八路军别动大队。赵县、藁城、栾城一带组成了沿用友军番号的第 5 路军，在漳南区也组织了命名为民军第 2 路第 4 支队的游击队。以赵辉楼为首的受中共影响的知识分子也在宁晋、束鹿一带建立了民众抗日自卫军。这些武装的建立为冀南抗日根据地的建立提供了基础。1937 年底，八路军第 129 师教导团干部 30 余人组成挺进支队越过平汉路进入冀南，又以第 769 团 4 个步兵连、1 个机枪连、1 个骑兵连组成八路军东进纵队，由第 386 旅副旅长陈再道和冀鲁豫省委书记李菁玉率领，挺进平汉路东，控制了南宫附近数县地区，在那里安定社会秩序，收编民军和匪、伪武装，发动群众，建立抗日政权，冀南抗日工作遂展开了局面。

三、山东民众抗日武装起义

1937 年 10 月，日军占领德州，12 月下旬分两路渡过黄河，次年 1 月占领济南。山东省主席韩复榘消极避战，率十万部队和政府机关南逃，山东广大地区沦入敌手。但日军仅占领了铁路沿线城镇，远离铁路的广大地区是空虚地带。

早在敌占德州之时，中共山东省委即对形势作了充分估计，在 10 月上旬召开的省委会议上详尽讨论了发动群众，建立数万武装，配合八路军开展游击战争的任务，决定抓住日军入侵，国民党撤退，人民抗日情绪高昂的时机，及时领导人民举行抗日武装起义，并具体拟订了分区发动起义的计划。为此，中共中央和北方局先后给省委派出了一批干部，作为领导武装起义的骨干，山东各地党组织也立即行动起来，深入民众，集聚力量。因此，在日本侵略军的铁蹄踏入山东后，中共领导下的民众抗日烽火便遍地燃烧起来。

最早发动的是中共冀鲁边工委领导的盐山等地的抗日民众起义。1937 年 11 月间，日军占据了盐山，冀鲁边人民最先遭到日军的蹂躏。在当地救国会的领导下，盐山一带的民众揭竿而起，于 7 月 15 日成立华北民众抗日救国军。1938 年 11 月，起义部队攻克盐山，消灭伪军 400 余人，日军 30 多人；2 月间，又乘胜攻克无棣县城；随即挥师西进，占领乐陵；进而收复南皮东部地区；又于 3 月间争取了庆云伪军一部反正，里应外合收复庆云城，并很快在乐陵、庆云、南皮 3 县成立了抗日民主政权。由于起义部队积极打击日伪，极大地鼓舞了人心，扩大了影响，"人民抗日救国军在短期内发展到两千多人"。[1]

在鲁西北地区，中共鲁西北特委与国民党山东第 6 区专员兼保安司令范筑先建立了良好的合作关系，实行共同抗战。日军侵入山东后，范筑先在共产党员的推动、帮助下，在聊城坚持抗战，中共与之配合，一起发展了抗日武装，在范部 19 个支队中建立了中共组织，并独立组建了第 10 支队。这支武装由中共直接领导，活动在鲁西北平原和肥城附近的大峰山区。

在胶东地区，中共胶东特委在 1937 年 12 月间直接领导了文登东部的天福山起义，成立了山东人民抗日救国第 3 军。为扩大影响，第 3 军于 2 月 13 日拂晓袭入牟平县城，俘虏伪县长以下 170 余人。战斗结束后，部队撤往城外休息，被烟台来援之敌包围。日军在 4 架飞机支援下，向雷神庙内第 3 军指挥部进攻。庙内

---

① 中国人民解放军济南军区战史编辑室编：《山东军区战史》。

同志临危不惧，依托院墙顽强抗击，连续打垮敌人 4 次冲击，战至黄昏，终在庙外部队配合下将敌击退，并击落敌机 1 架。起义武装在一天内攻克牟平、血战雷神庙的胜利很快传遍了胶东。3 月，第 3 军一部又收复福山城，摧毁了该县日伪组织。4 月间队伍发展到 1000 余人。与此同时，胶东掖县、蓬莱、黄县等地民众也在中共领导下组织了抗日武装，收复了 3 县县城，建立了掖县和蓬莱的抗日民主政权。为统一胶东人员抗日武装力量，1938 年 4 月，第 3 军军政委员会将各地起义部队分别编为第 1、第 2、第 3、第 4 路，各路设指挥部，下辖若干大队。第 3 军成为一支拥有 7000 余人、威震胶东的抗日生力军。①

继天福山起义后，就在济南陷落的当天，毗邻济南的长山与临淄之间的黑铁山也爆发了民众抗日武装起义，在中共领导下，成立了山东人民抗日救国第 5 军。起义部队于 1938 年 1 月中旬袭入长山城，消灭了伪"维持会"的武装，又在陶塘口、安家庄（邹平城北）小清河两岸埋伏，利用民船构成拦河障碍，以步枪、手榴弹、土炮击沉敌汽艇 1 艘。敌为了报复，由周村调动日伪军 400 人，向驻长白山区（长山城西南）的起义部队进攻。起义部队在群众支援下，扼守高地与敌激战终日，毙伤敌伪百余人，敌狼狈撤回。此后，起义队伍又开辟了邹平、益都、临淄地区，并与淄川矿区的武装共同攻克淄川城。至 1938 年春，这支队伍已发展到 6000 余人，活动在小清河以南、胶济线南北的广大地区。

与上述两次起义几乎同时爆发的是由中共山东省委直接领导的徂徕山起义。为发动这次起义，中共山东省委、泰安地委做了大量准备工作。1938 年 1 月 1 日，组织起来的抗日民众在徂徕山光华寺召开了起义誓师大会，宣布成立八路军山东人民抗日游击队第 4 支队，下辖 4 个中队。队伍略行整顿，即对敌开始战斗。1938 年 1 月中旬，在寺岭（泰安至新太的公路上）用地雷炸毁敌 3 辆汽车，歼灭日军 40 余人，取得首战大胜。此后，队伍分两路发展。一路向新太、蒙阴、费县、泗水方向活动，一路向莱芜、淄川、博山一带活动，与由清河区南下的第 5

---

① 中国人民解放军济南军区战史编辑室编：《山东军区战史》。

军一部会师，协同博山当地民众，武装攻入博山，歼灭守城伪军。由于我队伍英勇战斗，人民群众踊跃参加，各地起义武装纷纷前来会师，至1938年4月，第4支队迅速发展到4000多人。①

从天福山起义到徂徕山起义，前后仅一周时间，继此之后，山东民众抗日武装起义风起云涌。1937年底，中共鲁东工委领导寿光、潍县、昌邑等地人民武装起义，成立了八路军鲁东游击队第7、第8支队。1938年1月1日，泰西夏张镇也爆发了抗日民众起义，起义队伍开进肥城山区整顿，成立了山东西区人民抗敌自卫团，在津浦路附近给敌以打击，台儿庄作战时，在津浦线黑虎泉（泰安南）一带翻倒敌弹药车一辆，毙伤押车日军20余人，弹药车的爆炸持续了五六小时，致使七八天未能通车。起义部队还将泰安城北万德车站附近的铁路、公路、桥梁全部炸毁，并袭击敌修路部队，有力地支援了徐州会战。在鲁东南，中共在沂水以西组成了八路军山东人民抗日游击第4支队第6大队。在鲁南，中共以第5战区动委会的名义发动群众抗日，在日军向徐州外围推进时，在沛县、滕县、峄县发动了民众抗日起义，成立了鲁南人民抗日义勇队第1总队，在滕、峄边区之南塘一带打击敌人。5月，他们在临（城）枣（庄）公路上的邹坞、大甘林等地设伏，袭击敌辎重部队，毙敌数人。徐州沦陷后，山东微山湖西的人民也揭竿而起，在中共苏鲁特委和鲁西南工委的领导下，成立了苏鲁人民抗日支队第2总队。当日军沿铁路、公路大举西进时，这支队伍配合单（县）砀（山）边区的会门武装，在砀山西北的马良集截击敌人，毙敌数人，8月又袭入萧县西北之黄庙据点，全歼日军一个小队，缴获军用品若干。②

总之，自1937年底至1938年5月间，在中国共产党地方组织领导下，山东大地抗日烽火遍燃，武装起义此伏彼起。在不到半年中，全山东十几个地区普遍创立了抗日基地。起义的民众武装对日作战大小近百次，从日军手中收复了肥城、长山、邹平、淄川、牟平、蓬莱、掖县、黄县、福山、盐山、庆云、乐陵、

---

① 中国人民解放军济南军区战史编辑室编：《山东军区战史》。
② 中国人民解放军济南军区战史编辑室编：《山东军区战史》。

无棣、莱芜、博山等 15 座县城，不仅在徐州会战期间有力支持了津浦前线我军正面作战，而且迅速打开了山东抗日的局面，起义队伍至 1938 年夏已达 4 万余人，为日后八路军主力入鲁作战和山东抗日根据地的建立打下了基础。

四、东北抗联配合全国抗战

卢沟桥事变爆发后，东北日军大批入关，侵略华北。东北日军守备力量较弱。抗联各军乘此良机，主动出击，打击和牵制日军，积极配合全国抗战。

1937 年 7 月 16 日，杨靖宇率第 1 军一部从桓仁出发，向兴京、清源挺进，把抗日游击战争推向辽宁西部。18 日，该军第 3 师在开原县与日军交战，击毙冈田中佐和板本少佐以下 13 人。不久，又在清源县七道河子设伏，击毁敌汽车一辆，毙日军 20 余人，缴获机枪一挺，长短枪 20 余支。7 月，抗联第 1 路军发表《为响应中日大战告东北同胞书》，号召东北同胞，乘机崛起，为"恢复中国人之东北"而战。[①] 第 1 路军在杨靖宇的领导下，确定了在东南满地区，猛烈地开展抗日游击战争，全力牵制日军入关，支援关内抗战的任务。第 1 军在兴京、桓仁、宽甸、清源、开原等县，频繁袭击敌人。9 月 13 日，该军第 3 师手枪队深入沈阳东陵滴台活捉伪奉天省公署高级官员日人村上博。不久，又潜入抚顺城内活动，使敌大为惶恐。10 月底，杨靖宇指挥第 1 军军直部队在宽甸县四平街地区袭击日军守备队，毙伤日军水出大队长和陆岛小队长以下 20 多人，烧毁敌汽车 2 辆，缴获步枪 30 余支。12 月初，杨靖宇指挥一军直属队在本溪县南营房附近设伏，毙伤日伪军 20 名。[②]

抗联第 1 路军第 2 军在辉南、濛江、长白、临江、抚松、桦甸、金川、安图等地猛烈地打击日伪军。七七事变后不久，第 2 军第 5 师一部和第 5 军相配合，在敦化县涉河沿与敌交战，一举歼敌百余名。10 月下旬，魏拯民率第 2 军一部，

---

① 孙继英：《东北抗日联军第一军》，第 154 页。
② 《东北抗日联军史料》（上），第 315 页。

夜袭日伪盘踞的军事重镇辉南县城，毙日军20余名，获取大量军用物资。11月中旬，第2军第4师在桦甸老金厂附近设伏，全歼伪军一个营。12月中旬，魏拯民指挥第2军一部，夜袭濛江排子敌宿营地，歼敌200余名，缴获两部地线电收发报机和大量的枪支弹药。①

据粗略统计，从卢沟桥事变到1937年底，抗联第1路军进行较大规模的战斗有33次，毙伤日伪军1400余人，有力地配合了全国的抗日斗争。②

七七事变后，战斗在松花江中下游的抗联第4、5、7、8、10军，协同作战，屡创敌军。8月13日，第2、4、5、8军各一部，联合攻击勃利县三道通日军，毙伤日军40余名，缴获步枪4支、子弹500发。8月21日，周保中指挥第5、8军各一部和独立师骑兵队，在依兰县五道岗诱击日军黑石部队，毙伤日军350余人，毙敌战马200余匹，缴获轻机枪10余挺、四四式马枪220支、金鞍马50匹及许多战利品。③ 这一战斗后，敌人半个月不敢出扰。10月上旬，抗联第4、5、7、8、10军着手筹备组建抗联第2路军。周保中、柴世荣、李延平、王光宇、陈翰章、姚振山等为筹备委员，周保中担任总指挥。④ 这一筹备工作，促进了第4、5、7、8、10军的团结抗日。10月下旬，第5军第2、3师联合攻破富锦、宝清之间的大孤山伪军据点，毙敌10余名，俘敌50余人，缴步枪50余支。12月中旬，第5、7军各一部，联合袭击宝清县七星河镇，毙日军指挥官以下10余名，伤敌20余名，歼灭伪军1个连，缴获轻、重机枪5挺，迫击炮1门，步枪200余支和其他战利品。1937年底，第2路军正式成立，周保中任总指挥兼政委。

七七事变后，战斗在北满地区的第3、6、9和第11军，积极广泛地开展了扒铁路、毁桥梁、割电线、袭击敌人兵站等抗日游击战。1937年秋，第3军一部攻占了侯大老爷大屯，摧毁了警察署，活捉了警察署长及其下属官兵。第6军一部毙日军30名，缴九二式重机枪1挺。7至10月，第3军第9师共毙日军七八十

---

① 霍燎原：《东北抗日联军第二军》，第156页。
② 《东北抗日联军史料》（上），第17页。
③ 《东北抗日联军史料》（上），第312页。
④ 《东北抗日联军史料》（上），第179页。

名，俘伪军数百名，缴获轻重机 6 挺、炮 1 门、步枪百余支、子弹数万发。据统计，从 1937 年冬到 1938 年冬，第 3 军主力部队仅在三江省（今黑龙江省合江地区）即与日伪军作战 427 次，使日伪军伤亡 7690 人。1939 年初，第 3、第 6、第 9、第 11 军组成第 3 路军，以李兆麟为总指挥，冯仲云任政委。

整个说来，1936 年至 1937 年，是东北抗联大发展的年代。到 1937 年 10 月，抗联共组建了 11 个军，人数达 3 万余人。开辟了东南满、吉东和北满三大游击区。抗联沉重地打击了日伪在东北的统治，有力地配合了全国的抗日战争。

第 22 章
华北抗日游击战由山地向平原的发展

一、中共中央关于发展平原游击战的指示和部署

　　山西、河北、山东人民抗日武装的建立和游击战争的开展，对八路军完成在山西的展开和创建根据地是一个有力的策应和支援，也为八路军主力深入平原，开展敌后游击战争创造了有利条件。1938 年春，徐州会战开始，日本、华北方面军主力相继入鲁参战，冀、鲁、豫广大平原地区成为敌之空虚地带。为加强和巩固山东、河北等地民众抗日起义的战果，不失时机地创造和扩大敌后抗日区域，同时达到配合友军作战，牵制、滞留、打击日军的目的，华北八路军以山区根据地为依托，逐次向平原推进已势在必行。

　　1938 年 4 月 21 日，毛泽东、张闻天联名致电八路军总部朱德、彭德怀，就开展平原游击战争作了明确指示。电文指出："根据抗战以来的经验，在目前全国坚持抗战与正面深入群众工作两个条件之下，在河北、山东平原地区广大地发展抗日游击战争，坚持平原地区的游击战是可能的。""党与八路军部队在河北、

山东平原地区应坚决采取广大发展游击战争的方针，尽量发动最广大的群众进行公开的武装斗争。"电文并强调："应即在河北、山东平原划分若干游击分区，并在军区成立游击司令部，有计划、有系统地去普遍发展游击战争，并广泛地组织不脱离生产的自卫军……在收复地区应即建立政府……组织民众抗日战争，镇压汉奸，保护民众利益，帮助部队筹拢给养……使政府、部队、人民密切联系起来。"①

根据这一指示，八路军总部迅即作出派遣部队向冀东、冀南、冀鲁边和冀鲁豫平原地区推进的部署。4月22日，八路军总部下达命令如下：令徐向前率两个团、一个支队推进冀南；令陈再道、宋任穷部仍发展冀南，并组建一个支队挺进冀鲁边；令宋时轮支队与邓华支队组成一个纵队深入冀东；令129师主力在正太路和晋冀边区积极活动，以策应平汉路东的我军迅猛发展平原游击战争，和第344旅与决死一纵队开辟太岳山脉南部地区。②

从4月下旬起，八路军各主力派出部队陆续出发，平原抗日游击战很快得到加强和发展。

二、八路军在平原地区的初步展开

1938年4月下旬，由八路军第129师769团和第115师344旅之689团及第685团之一营组成的八路军第5支队，在第129师副师长徐向前亲自率领下，按照总部统一部署，率先由晋东南出发，挺进冀南。

5月初，部队到达南宫地区，与先期到达的东进纵队、骑兵团等部会合。5月10日发起威县战斗，于是夜攻入威县城，歼敌百余，震慑了邢（台）临（清）公路沿线敌军，纷向邢台窜逃。支队分两种乘胜向东、向南发展，至6月上旬，

---

① 《毛、洛关于发展和坚持平原游击战争给朱、彭等的指示》（1938年4月21日），见《中国人民解放军抗战史料选编》第1辑，军科院藏。

② 军科院军事历史研究部编著：《中国人民解放军战史》第2卷，第86页。

临清、高唐、夏津、枣强、永年、成安、肥乡等城先后为我收复，卫河东西和漳河以北广大地区得到开辟。与此同时，第 129 师第 386 旅 771 团也由旅政委王新亭率领，由晋东南开至永年、肥乡、成安地区，抗日民众武装王乃贵支队进至栾城、赵县、宁晋一带。上述部队到达后，即与当地群众一起，清除匪伪势力，建立和改造地方政权。至 6 月底，先后收编、改编民团、保安队等游杂武装两万余人。7 月，部队进行统一整编，编为新编第 1 团、冀豫支队、青年抗日游击纵队、东进纵队（包括第 1 至第 8 团和独立团）。同时部队还抽调出大批党员和干部，协助地方党开展根据地创建工作。8 月，冀南 50 余县军政民代表大会在南宫召开。会上成立了冀南行政主任公署，杨秀峰、宋任穷分任正、副主任。9 月，建立了全区工人、农民、妇女等各界抗日救国总会，同时在 30 余县建立了抗日民主政权和民兵自卫队。至此。以南宫为中心，西起平汉铁路，东抵津浦线，北至沧石路，南跨漳河的冀南抗日根据地基本形成。

为钳制企图进攻潼关、洛阳之敌，进一步开辟漳河以南，8 月下旬，第 129 师令陈再道、王新亭统一指挥青年纵队、东进纵队、第 689 团、新 1 团等部发起漳南战役。从 8 月底至 9 月初，在临漳、安阳、内黄间，连克楚旺、向隆、大韩集、崔家桥等重要集镇，又解放了豫北的滑县、道口。9 月中旬，漳南兵团组成，由王新亭、杨得志指挥继续南下。经过一个多月基本肃清了平汉路东、漳河以南、卫河以西、南北近百里的伪匪军，并协助中共直南特委开辟、巩固了安（阳）、内（黄）、汤（阴）、浚（县）、滑（县）地区，并开始作挺进冀热边，创建冀鲁豫边抗日游击根据地的准备。

第 129 师徐向前率主力之一部挺进冀南，迈出了抗日游击战争由山地向平原发展的决定性一步。为钳制日军向徐州方面的机动兵力，对日本华北方面军战略要地平津地区形成威胁，并策应东北抗联的游击战争，1938 年 4 月 1 日，八路军总部电示第 120 师，在平西抗日游击战争得到初步展开的基础上，派宋时轮率雁北支队东进平西，与晋察冀军区邓华支队会合，组成八路军第 4 纵队，受晋察冀军区指挥，进一步向冀东挺进，开辟雾灵山地区的抗日游击战争。①

6 月上旬，第 4 纵队由平西出发，取道平北，进入冀东，部队一路连克昌平、延庆、兴隆等县城，于 28 日抵平谷县一带。在第 4 纵队抵达冀东的有利形势下，中共冀热边特委根据中共北方局指示，决定立即发动民众起义，组织抗日联军，推翻冀东反共政府。从 7 月 7 日起由中共地方组织发动的抗日武装起义相继爆发，其中最大规模的是 7 月 18 日开滦煤矿两千矿工起义。在民众抗日起义的带动下，活动在这一地区的国民党游杂部队，昌黎、兴隆等地的绿林武装也纷举义旗，加入起义队伍。因此，在不到一个月的时间里，冀东各地西起通县，东至山海关，北起兴隆、青龙，南至渤海湾，到处燃起抗日烈火，起义队伍迅速发展至十多万人。八路军第 4 纵队在起义武装配合下，积极打击日军，推翻冀东伪政权，先后收复了平谷、蓟县、迁安、玉田、乐亭、卢龙等县城和冀东广大乡村，并一度切断北宁铁路线，冀东抗日出现蓬勃发展的局面。

图 22.1　八路军和抗日武装为开辟冀东等根据地，在长城待命

在第 129、第 120 师派出部分主力深入冀南、豫北、冀东，作平原作战尝试的同时，八路军第 115 师也根据总部决定从冀南抽调第 5 支队，与第 129 师津浦

---

① 《朱、彭关于发展向察冀发展给贺、聂的指示》（1938 年 4 月 1 日），见《中国人民解放军抗战史料选编》第 1 辑，军科院藏。

支队一起向山东境内发展，增援冀鲁边地区。7月上旬，部队经过鲁西北，越过津浦路，进抵乐陵、宁津，在那里会合了边区人民抗日武装，开始配合地方党组织积极展开抗日工作。9月下旬，第115师政治部副主任肖华奉总部令率第343旅政治部、司令部百余名干部到达乐陵，在那里成立了冀鲁边军政委员会，并统一将该地部队整编为八路军东进抗日挺进纵队，肖华任军政委员会书记兼纵队司令员、政治委员。军政委员会明确提出了创建冀鲁边平原根据地的任务和大力发展抗日武装的方针。在此方针下，纵队建立了领导机关，下属各支队分别进行扩大和整编。津浦支队由2个营扩编为3个营，第5支队由3个营扩编为3个团，冀鲁边起义武装整编为第6支队，辖3个团。部队整编后，迅速分散发展，又先后发展起津南支队、泰山支队以及宁津、鲁北、阳信、商河、惠民等若干个地方支队。至1939年初，冀鲁边区抗日武装已扩至两万余人，在津南、鲁北之15县地区展开活动，初步完成了开辟冀鲁边平原抗日基地的任务。

大青山位于绥远境内，横亘内蒙古高原。开辟这一地区，使其与晋西北抗日根据地连成一片，对坚持绥远抗战、钳制日军向大西北进攻、掩护我之战略侧翼，具有重要意义。1938年5月14日，毛泽东电示八路军总部"在平绥路以北，沿大青山脉建立游击根据地，甚关重要"。[①] 为此，八路军总部于6月间作出决定，由第120师第715团、独立第4支队和骑兵营一部，组成大青山支队，进入大青山地区。

7月下旬，大青山支队由第358旅政治委员李井泉与姚喆、武新宁率领，从晋西北五寨地区出发北进，首先进抵平鲁、左云、右玉地区，在那里积极进行挺进大青山的各项准备。8月下旬，支队由绥远出发，在凉城地区留下第715团一个营，建立以蛮汗山为依托的绥南根据地，以保障晋西北与大青山的联系。9月初，支队越过平绥路，进入大青山地区。不久，支队即与当地中共领导的蒙汉两族人民游击队会合，并于9月3日袭击了陶林敌据点，随后挥戈西进大滩地区，

---

① 《毛泽东致朱、彭电》（1938年5月14日），见《中国人民解放军抗战史料选编》（晋绥），军科院藏。

在那里广泛发动与组织群众，建立了绥蒙抗日总动员委员会。为在该地区扩大我军影响，大青山支队在查明地形、敌情后，决定攻击归绥以北重镇乌兰花（今属四子王旗）。9 日晚，支队由大滩进至乌兰花东南之五塔背、韭菜沟。10 日夜突入镇内，击退日军一部，俘伪蒙军 70 余人。[①]

陶林、乌兰花两次袭击作战，使日军大为惊慌，急向武川、陶林、乌兰花、百灵庙等地增强兵力。我军则乘敌调动，利用归绥、武川公路之间蜈蚣坝一带的险峻地形，打了个伏击战，歼敌 80 余。[②] 9 月下旬，大青山支队主力在武川以东的后窑子地区击退了日军数百人的阻击，进入归绥至武川公路以西。10 月 1 日，支队袭击了平绥线上的陶思浩、苏安盖等日军车站，占领了华克齐。包头、归绥之敌深感威胁。11 月上旬，日军华中 2000 多骑兵，分 4 路围攻萨拉齐以北地区，企图消灭、驱逐大青山支队。大青山支队在中共地方组织配合下，依靠各族群众，以游击战与敌周旋，支队主力则趁敌出动，深入敌侧后，在马厂梁、大沟等地予日军以打击，毙敌 200 余，粉碎了敌之围攻。[③] 与此同时，第 120 师遂以第 359 旅主力向大同以东之平绥铁路沿线进袭，在友宰堡和后子口，消灭日伪军 300 余人，并袭击了聚乐堡、罗文皂、永嘉堡等车站。总之，从 9 月上旬至是年底，大青山支队在 3 个月中，横扫阴山几百里，初步开辟了归绥至武川公路以西之绥西、归绥至武川公路以东之绥中，及平绥路南以蛮汗山为中心的绥南等含有 18 个市县在内的游击基地，大青山抗日游击战得到加强和发展。

为配合正面战场徐州会战、武汉会战的进行，钳制和打击敌人，同时支援加强冀、鲁、豫三省平原抗日游击战的开展，不失时机地开辟和扩大敌后抗日根据地，自 1938 年 4 月晋东南反敌 9 路围攻胜利，山区抗日根据地得到初步巩固后，遵照中共中央关于"开展平原游击战争"的指示，八路军各个部便以山区为依托，采取跳跃式和波浪式相结合的方式，积极向平原地区推进。至 1938 年 10 月

---

① 《乌兰花战斗详报》（1938 年 9 月 9 日），见《乌兰花袭击战斗》，军科院藏。
② 李井泉等：《大青山抗日游击根据地的开辟和发展》，载《八路军回忆史料》（1），第 377 页。
③ 李井泉等：《大青山抗日游击根据地的开辟和发展》，载《八路军回忆史料》（1），第 377 页。

武汉失守，八路军已在华北冀、鲁、豫广大地区的山区和平原接合部发展了抗日游击战争。在北线，沿管涔山、五台山、恒山、军都山，直至冀东雾灵山建立起晋西北和大青山，晋察冀边之北岳区、平西、平北、冀东一线山区根据地。在南线，由吕梁山、太岳山、太行山直至冀中、冀南、冀鲁豫平原等广大地区也开辟了新的抗日游击区，为更大规模地发展平原游击战争提供了前进的基地。

图22.2　1938年7月26日岢岚专区各界欢送晋察冀边区工作团

三、中国共产党关于持久战的理论和主张

至1938年5月，中国人民的抗日战争已进至第10个月。在这10个月中，中国军民为了民族的生存、国家的命运，与日本侵略者进行了殊死战斗，给敌以沉重打击，同时也付出了巨大代价。如何将抗战进行到底？今后战事将如何发展？战争结局如何？能不能取胜？……在这一系列有关抗日进程、前途、战略的根本问题上，人们心存疑虑，议论纷起。有人抱"速胜"观点，对抗战前程盲目乐观，有人持"亡国"论调，认为"战必败，战必亡"。尤其在徐州失守后，后一论调更是甚嚣尘上。对游击战在抗日作战中的地位和作用，人们的认识也莫衷一是，很多人把胜利的希望仅仅寄托在正规战上，贬低中共的抗日游击战。中国共

产党也有人对此认识不清，不赞成八路军"基本是游击战，但不放松有利条件下运动战"的战略方针。为了纠正上述错误观点，澄清模糊认识，并进一步向国内民众和党内同志阐明中国共产党关于抗日作战的正确军事路线、战略方针和作战原则，毛泽东在 1938 年 5 月间连续发表了《论持久战》和《抗日游击战争的战略问题》两部重要著作，在总结 10 个月抗战经验的基础上，就抗战之性质、特点、进程、前途以及发展规律、战略方针等诸问题作了全面论述。

在《论持久战》一文中，毛泽东首先对为什么抗日战争是持久战，最后胜利必然是中国这个众所关注的问题作了论证和分析。文章指出："中日战争不是任何别的战争，乃是半殖民地半封建的中国和帝国主义的日本之间在二十世纪三十年代进行的一个决死战争，全部问题的根据就在这里。"① 接着，毛泽东对抗战中敌我双方的基本特点作了具体分析。

日本方面：第一，它是一个强的帝国主义国家，它的军力、经济力和政治组织力在东方是一等的，在世界也是五六个著名帝国主义国家中的一个，这是日本侵略战争的基本条件，由此决定了战争的不可避免和中国的不能速胜。第二，由于日本社会经济的帝国主义性就产生了日本战争的帝国主义性，它的战争是退步的和野蛮的。这是日本战争必然失败的主要根据。第三，日本的军力、经济力和政治组织力虽强，但日本国度较小，其人力、军力、财力、物力均感缺乏，经不起长期的战争。第四，日本失道寡助，并且遭到日益增长的国际反法西斯力量的反对。

中国方面：第一，我们是一个半殖民地半封建的弱国，军力、经济力和政治组织力各方面都显得不如敌人，这是战争不可避免和中国之不能速胜之另一方面的依据；第二，中国的抗战是进步的、正义的，能够唤起全国的团结，激起敌国人民的同情，争取世界多数国家的援助；第三，中国是一个很大的国家，地大、物博、人多、兵多，能够支持长期战争；第四，中国得道多助。②

---

① 《毛泽东选集》（袖珍本），第 415 页。
② 《毛泽东选集》（袖珍本），第 416、417 页。

　　基于"敌强我弱，敌小我大，敌退步我进步，敌寡助我多助"这一中日战争互相矛盾着的基本特点，毛泽东从全部敌我因素相互关系的分析中得出了"抗日战争是持久战，最后的胜利属于中国而不属于日本"这一唯一正确的结论，同时也对"亡国论"和"速胜论"进行了有力的批驳。文章指出："亡国论"者只看到敌人暂时强大的一面和我们不利的一面，忽视了我们时代进步的一面和有利的方面，犯了"唯武器论"等错误；"速胜论"者或者忘记了敌强我弱这个矛盾，或者夸大了中国的长处，一叶障目，不见泰山，自以为是，这是战争问题上的主观性和片面性，犯了"唯心论"的错误。①

　　在科学分析了中日双方基本特点、力量对比及其发展趋势的基础上，毛泽东又进一步对持久抗战的发展阶段作了科学的预见。他把整个抗战时期分为三个阶段：第一，敌之战略进攻、我之战略防御阶段；第二，敌之战略保守、我之准备战略反攻的战略相持阶段；第三，我之战略反攻、敌之战略退却阶段。② 毛泽东并为这三个阶段战争发展的轮廓以及每一阶段中我军相应之主要作战形式作了勾勒、描画和说明，他指出：

　　第一阶段，日军挟其军事优势，采取"速战速决"的战略方针，攻城略地，妄图在短时间内灭亡中国。这时中国所采取的战争形式，"主要是运动战，而以游击战和阵地战辅助之"。由于日军兵力不足，中国的游击战争乘着敌后空虚将有一个普遍的发展，中国虽有颇大的损失，但也有颇大的进步，这种进步就成为第二阶段继续抗战的主要基础。

　　第二阶段，进入相持阶段。在这一阶段中，由于敌人兵力不足和我之坚强抵抗，敌人在第一阶段末期不得不停止其战略进攻，转入保守占领地的阶段。此阶段将仍有广大的战争，"我之作战形式主要是游击战，而以运动战辅助之"。除正面防御部队外，我军将大量地转入敌后，分散配置，依托一切敌人未占领的区域，配合民众武装，向敌人占领地进行广泛猛烈的游击战争，并尽可能地牵制敌

---

　　① 《毛泽东选集》（袖珍本），第 425、426 页。
　　② 《毛泽东选集》（袖珍本），第 431 页。

人于运动战中消灭之。所以毛泽东特别指出："第二阶段是整个战争的过渡阶段，也将是最困难的时期，然而它是转变的枢纽，中国将变成独立国，还是沦为殖民地，不决定于第一阶段大城市之是否丧失，而决定于第二阶段全民族努力的程度。"①

第三阶段是收复失地的反攻阶段，这个阶段，"战争已不是战略防御，而将变为战略反攻"，"并将表现为战略进攻，已不是战略内线，而将逐渐地变为战略外线"。"所以这个阶段，我所采取的主要战争形式，仍将是运动战，但是阵地战将提到重要地位"。"此阶段内的游击战，仍将辅助运动战和阵地战而起其战略配合的作用"。毛泽东特别强调：在战略反攻阶段"收复失地，主要地依靠中国自己不断增长的力量，同时还依靠国际力量和敌国内部变化的援助"。"根据中国政治、经济不平衡状态，战略反攻在其前一时期将不是全国整齐划一的姿态，而是带地域性的此起彼落的姿态"。②

在作了上述三个阶段的划分后，毛泽东总结说："长期而又广大的抗日战争是军事、政治、经济、文化各方面犬牙交错的战争，这是战争史上的奇观。"以后抗日战争的实际进程与发展完全证实了毛泽东的科学预见。

认识战争发展规律的一个根本目的在于能动地、正确地指导战争，赢得战争的最后胜利。因此，毛泽东在对中国抗战为什么是持久战、持久战三个阶段的发展规律以及战争的主要形式作了分析后，又进一步就持久战靠什么取胜以及持久战的具体作战方针、原则作了深入探讨和论述。

毛泽东首先正确阐明了战争与政治的关系，指出抗日战争的性质是"全民族的革命战争"，因此它的胜利离不开驱逐日本帝国主义，建立自由平等的新中国的政治目的，离不开坚持抗战和坚持统一战线的总方针，离不开全国人民的动员。只有"动员了全国的老百姓，就造成了陷敌于灭顶之灾的汪洋大海，造成了弥补武器等等缺陷的补救条件，造成了克服一切战争困难的前提"，这是持久战

① 《毛泽东选集》（袖珍本），第 433 页。
② 《毛泽东选集》（袖珍本），第 436 页。

取得胜利的根本保证。① 至于具体作战方针，毛泽东以"防御中的进攻，持久中的速决，内线中的外线"作了高度总结和概括，也即在战略上是内线的持久的防御战，在战役战斗上，必须实行外线的速决的进攻战，这样才能变战略上的劣势，被动的不利态势为战役、战斗的优势，主动的有利态势。② 毛泽东并强调：实行这一方针"离不了主动性、灵活性和计划性"，在作战形式上则要善于根据战争发展的不同阶段，正确地运用运动战、游击战和阵地战三种不同形式。③

毛泽东还在《抗日游击战的战略问题》一文中，对游击战争在整个抗日作战中的地位、作用作了重点考察和论述，他指出："游击战争在整个抗日战争中的战略地位仅仅次于运动战，其战略作用，一是辅助正规战，一是把自己变成正规战，即向运动战发展。"针对某些人头脑中轻视游击战争的思想，毛泽东指出："和正规战争相比，游击战争虽然没有那样迅速的成效和显赫的名声，但是路遥知马力，事久见人心，在长期的和残酷的战争中，游击战争将表现其很大的威力，实是非同小可的事业。"④ 毛泽东在《论持久战》等文中还突出阐明了人民战争的光辉思想，提出了"兵民是胜利之本"的著名观点。⑤ 毛泽东提出："武器是战争的重要因素，但不是决定的因素，决定的因素是人不是物。力量对比不但是军力和经济力的对比，而且是人力和人心的对比，军力和经济力是要人去掌握的。"⑥

毛泽东在《论持久战》、《抗日游击战争的战略问题》等文中详加阐述的有关持久战、游击战的精辟思想，是中国抗战以来10个月经验的科学总结，是对"亡国论"、"速胜论"以及轻视游击战争等错误观念、论调的有力批驳。毛泽东

---

① 《毛泽东选集》（袖珍本），第448页。
② 《毛泽东选集》（袖珍本），第451页。
③ 《毛泽东选集》（袖珍本），第455页。
④ 《毛泽东选集》（袖珍本），第467页。
⑤ 《毛泽东选集》（袖珍本），第476页。
⑥ 《毛泽东选集》（袖珍本），第437页。

以及中国共产党其他领导人此一时期就抗战路线、方针、前途等问题所进行的深入探讨和一系列重要文章的发表，极大地鼓舞了全国军民争取抗战最后胜利的信心。对相持阶段到来后，抗日游击战争的深入开展和及时动员、组织、指导全国军民进行持久抗战、全面抗战起了重大作用。

小　结

　　武汉地处中原，为水陆交通枢纽，南京失守后，更成为中国抗战的大本营。故日军大本营视攻占武汉及广州为一举结束中日战争的最佳时机。保卫大武汉成了全国各界人士的共同呼声。中国政府鉴于武汉之得失为国内外所瞩目，无意轻易放弃，决定发动武汉保卫战，因而在武汉会战准备阶段和进行期间，中华民族的全面抗战迅速达到高潮。1938 年 3 月，国民党临时全国代表大会制定的《抗战建国纲领》成为各政治派别所赞同的政治纲领，国民参政会的召开象征着抗日民族统一战线内部团结的加强。武汉会战期间，国共两党显示了团结合作的姿态，国民党在政治上采取一些开明措施，使民众的抗日救亡运动得以在武汉等地广泛开展"保卫大武汉"的热潮。中国共产党驻武汉的机构积极参与了保卫武汉的动员宣传工作和献金活动。同时，八路军、新四军及共产党领导的民众武装则在华北、华中敌占区开展广泛的游击战争，有力地配合了武汉会战。

　　武汉会战开始后，日军先后投入了 12 个师团的兵力，从长江两岸及大别山北麓地区进攻武汉。军事委员会决定守武汉而应战于武汉外围，利用豫南、鄂东、赣北的山丘湖沼地区与优势日军周旋，会战的最终目的并非死守武汉，而是利用武汉保卫战尽可能消耗日军的力量，此种战略构想比较恰当，因而中国的官兵以同仇敌忾的精神，巧妙利用地理形势，在富金山、大别山、金官桥、田家镇、万家岭等地均重创日军。日军虽占领了武汉，但付出了伤亡达 10 万人的高昂代价。中国的野战军主力并未被摧毁，中国政府和人民也无意向日本屈服妥协，日军速战速决的企图归于失败，且其兵力随着占领区的扩大而日感短绌，结果不得不停止在中国战场上的大规模战略进攻，转入持久战态势。

武汉会战前后，日军还在华南采取军事行动，先后占领了厦门和以广州为中心的珠江三角洲、海南岛及潮州、汕头地区，加强对中国东南沿海的封锁，企图切断中国的海上补给线，以便孤立窒息中国。